U0679862

时代企业：能力制胜

张玉臣　著

本书受到同济大学经济与管理学院资助

科　学　出　版　社

北　京

内 容 简 介

科技在发展、时代在更迁、商业生态在演化，企业要做到与时俱进，必须适时拓展和升级其创新能力。柯达、诺基亚的故事不断重演，说明企业创新能力的持续升级并非易事。其难主要体现在随着时代变迁，衍生出不同质的技术，如信息时代衍生出数字技术，而不同质的技术具有不同的生成和演化规律，其创新能力的合理构建模式和机制也不尽相同。本书揭示了不同类型企业创新能力的基本构成和演化机理，提出了基于商业生态与创新主导逻辑不断演化视角、企业构建和持续改进创新能力的有效路径和模式，以帮助企业达到以"能力制胜"的境界。

本书适合所有关心企业持续发展、创新能力动态升级的人士，包括企业中高层管理人员、科技管理人员、创新创业者及相关领域的研究人员等。

图书在版编目（CIP）数据

时代企业：能力制胜 / 张玉臣著. —北京：科学出版社，2021.6

ISBN 978-7-03-068916-0

Ⅰ.①时… Ⅱ.①张… Ⅲ.①企业创新—研究 Ⅳ.①F273.1

中国版本图书馆 CIP 数据核字（2021）第 100490 号

责任编辑：魏如萍 / 责任校对：王晓茜
责任印制：张 伟 / 封面设计：蓝正设计

科 学 出 版 社 出版

北京东黄城根北街 16 号
邮政编码：100717
http://www.sciencep.com

北京中石油彩色印刷有限责任公司 印刷

科学出版社发行 各地新华书店经销

＊

2021 年 6 月第 一 版 开本：720×1000 1/16
2021 年 6 月第一次印刷 印张：17 1/2
字数：350 000

定价：158.00 元

（如有印装质量问题，我社负责调换）

前　　言

"没有成功的企业，只有时代的企业"，海尔集团公司首席执行官（chief executive officer，CEO）张瑞敏的睿智之语深得学界、商界认同。那么，什么样的企业才是时代的企业？或者说，时代的企业有什么特点呢？在我看来，所谓时代的企业，就是能够站在时代潮头、洞悉时代逻辑、引领时代发展的企业；而一个企业能否成为时代的企业，决定性因素就是其是否具备持续刀级的创新能力！当然，这个持续升级的创新能力是多元、复杂的，不单纯指技术研发和创新能力，还包括对社会发展前景及企业经营环境变化的认知和预见能力，对企业业务活动特征及本质逻辑的洞悉和发现能力，对市场价值缺口和客户实际需求的判断和把握能力，对关键创新资源进行有效组合和配置的能动管理能力，等等。尽管在不同情境下我们对创新能力的分类和称谓不尽相同，但将上述能力有机组合起来并实现动态升级，就构成了企业系统、可持续的创新能力。正是因为认识到能力至关重要的作用，本书作者才将企业创新的研究焦点多年集中于此，力图通过对企业创新能力基本构成、演化机理、构建模式、改进方法等的深刻揭示，提出基于商业生态与创新主导逻辑不断演化视角、企业构建和持续改进创新能力的有效模式与方法，进而帮助企业以"持续及卓越的创新能力"来应对不断变化的时代，即达到以"能力制胜"的境界。

一、诺基亚的失败及给我们的启示

2014 年 10 月，在将手机业务出售给微软公司后，时任诺基亚公司 CEO 的埃洛普曾经悲情地说：我们不知道做错了什么，但我们却输了！"不知道错在哪里的错误"一定不会发生在操作或执行层面，而发生在认知和逻辑层次。诺基亚的经典失败案例给我们留下丰富而多元的启示，我们不妨简单地梳理一下其坠落的过程。

（一）诺基亚遭遇危机及演化过程

2007 年 1 月 9 日，苹果公司推出 iPhone 智能手机，并在当年 6 月 29 日正式发售，实际上对诺基亚形成巨大挑战，或者说，诺基亚的危机已经开始显现。然而，当时诺基亚管理层并没有认识到问题的严重性。当时诺基亚公司的 CEO 康培凯信心满满地说：诺基亚专注手机领域已经多年，有满足任何价位和需求的充沛产品线，我们不惧怕任何对手的竞争。作为对 iPhone 手机上市的反应，诺基亚布局了一个全新的手机操作系统 Maemo。2007 年 8 月，谷歌公司推出面向智能手机的操作系统 Android，并免费供手机厂商使用。诺基亚更没把 Android 放在眼里，认为谷歌公司根本不可能对他构成挑战。2008 年，HTC（宏达国际电子股份有限公司，HTC 源自公司原来的名字 High Tech Computer Corporation）推出全球第一部搭载 Android 系统的智能手机 HTC-G1，很快三星公司等也开发出搭载 Android 系统的智能手机，并相继放弃当时的 Symbian 操作系统（由 1998 年爱立信、诺基亚、摩托罗拉和 Psion 公司共同组建的 Symbian 软件公司开发，2008 年 12 月 2 日 Symbian 公司被诺基亚收购）。然而诺基亚内部，对智能手机产业已经出现的重大变化没有尽快达成共识，对具体应该做出什么反应争论不休，彷徨和迟疑使 Maemo 的开发动作迟缓。短短半年多一点的时间，搭载 Android 系统的智能手机占据了全球半数以上的市场份额，诺基亚也丧失了抢夺智能手机市场的最佳时机。由于 Maemo 的开发进展不尽如人意，诺基亚匆忙中携手英特尔打造了一款操作系统——MeeGo，并于 2010 年 9 月发布了搭载 MeeGo 的智能手机 N8，但结果令人失望。转眼 3 年过去了，当初还信心满满的诺基亚真正感到了迷茫和危机，换帅便成了自然的选择。2010 年 9 月 21 日，来自微软公司的埃洛普接任了诺基亚公司的 CEO。为了快速扭转诺基亚在智能手机上的颓势，埃洛普相中了谷歌公司的 Android 系统，但因谷歌公司与诺基亚公司之间存在操作系统开发上的业务冲突，诺基亚智能手机使用 Android 系统的努力化为泡影。在这种背景下，埃洛普选择了彻底投奔在操作系统开发上最具优势的老东家——微软公司。2011 年 2 月，诺基亚公司和微软公司建立了战略合作关系，搭载微软 WP（Windows Phone）7 的 Lumia 系列确实给诺基亚智能手机带来一丝生机；然而，微软公司基于竞争需要很快推出了 WP8 而放弃了 WP7。由于 WP8 采用了 Windows NT 内核放弃了 WP7 的 Windows CE 内核，WP7 不能升级到 WP8，这使得刚刚推出几款搭载 WP7 智能手机、企图凭借其东山再起的诺基亚再次梦碎。在诺基亚公司员工看来，微软的这种做法无异于"落井下石"，他们中的一些人开始怀疑埃洛普是微软公司的"卧底"。当时，甚至有诺基亚公司的员工说："我们最大的错误在于过分信任了埃洛普。"转眼到了 2012 年第三季度，诺基亚手机销售量快速下降，手机市场份额从当年上半年的 23.8%下降到（第三季度）19.1%，公司收入明显低于预期。同时，标准普尔对诺基亚股票进行降级处理，从 BB+降级为 BB。自 1998 年以来，占据世界手机市场霸主地位长达 14 年的诺基亚，2010 年换帅后仍雄心勃勃，志在与苹果公司和谷歌公司一决高下，此时却显露出无可奈何花落去、英雄垂暮之悲凉态势，最终落得被微软"肢解"的命运。

（二）诺基亚失败的原因到底是什么？

时至今日，很多人可能仍然认为，诺基亚是被苹果公司打垮的，诺基亚在智能手机上没有布局、起步太晚。实际上，早在 1990 年底，诺基亚就提出"手机是把网络放在每个人的口袋"的产品概念，1996 年就推出了智能手机的概念机；2004年，诺基亚内部就开发出手机屏幕触控技术，甚至是现在当红的 3D（three-dimensional）技术。2010 年，诺基亚公司的研发费用高达 58 亿欧元，是当年苹果公司研发费用的 4 倍以上。同时，诺基亚公司持有与移动通信技术有关的专利约 3 万项，在手机技术上的确是遥遥领先。显然，诺基亚并非输在手机技术上。那么，是不是因其长期占据行业领先地位，已经使其产生骄娇之气而缺乏危机感？曾经的诺基亚旗下手机公司——Nokia Mobira 的 CEO 说过：硅谷的创业者一开门就能找到五成的市场（寓意为：硅谷的创业公司，在硅谷就能找到 50%的客户），而芬兰人一开门，却只能见到三寸雪。曾经的诺基亚董事长拉斐欧也说：诺基亚公司与芬兰的命运相似，从未处于安逸之中。是不是因为其规模庞大，大公司病使其管理体系不够精良、执行力严重下降？诺基亚公司能做到销售 100款手机只储备 500 种零件，其成本控制被哈佛商学院选为经典成功教案。诺基亚公司高效的供应链及采购体系，加之大规模生产优势，使其 1616 手机的成本能降低到 32 美元以下，而同类手机在欧美市场的售价在 200 美元以上。那诺基亚是不是缺乏预见，对智能手机的应用缺乏规划？诺基亚不仅在 1990 年就提出"手机是把网络放在每个人的口袋"的产品概念，2007 年就推出了移动网络服务品牌 Ovi，其比苹果公司的 App Store 还早一年；同年 10 月，诺基亚以 81 亿美元的价格收购了美国地图供应商 Navteq，主要是为未来的内容和服务竞争奠定基础。从技术、资金、人才、管理等各个方面考察，诺基亚都堪称一家优秀的公司。从公司运作层次进行考察，这样的公司不应该输。然而，拥有一系列优势的诺基亚确实是输了，而且输得很惨。

那么，诺基亚到底输在哪里呢？可以梳理出以下三个主要原因。

其一，诺基亚管理层的认知失误导致其在智能手机商业化开发上行动迟缓。前文已经提到，诺基亚 1996 年就开发出智能手机的概念机，为何在其市场化上却走在了苹果公司后边呢？主要是因为诺基亚管理层认为，智能手机价格较高，不会快速在市场上得到普及。这种现象与柯达公司在数码相机上的失误非常相似，均是现有产品的市场领先者和最大既得利益者，不愿意以新产品颠覆现有产品，致使其在新一代产品商业化开发上迟疑、拖沓。这个原因应该是客观存在的，的确应该算作导致诺基亚失败的原因之一。

其二，高效率控制成本的刚性管理体系，形成了限制多元创新，特别是基层创新的一堵高墙。在诺基亚被微软收购以后，有学者到诺基亚公司做过深入调研，发现在苹果公司推出 iPhone 之前就有员工向诺基亚管理层做过反映，提示要加快智能手机的商业化步伐。然而，这样的意见大多没能传递到高层，有些基层或中层管理者甚至因为知晓高层管理者的认知，不愿意将与高层认知不一致的意见向上级反映。这说明在当时的诺基亚公司，的确存在着组织刚性现象，这种现象是导致其失败的一个原因也应该成立。

其三，谷歌公司以免费的方式推出 Android 系统，旨在构建一个庞大的商业生态系统，颠覆传统手机行业的商业模式和商业逻辑，而诺基亚管理层没有意识到商业逻辑的重大变化。我们认为，这可能是导致诺基亚失败的最主要原因。依据诺基亚管理层对 Android 系统的反应，特别是其在智能手机操作系统上行动迟缓，并最终失败在没有合适的操作系统上可以断定，那时诺基亚管理层及后来的埃洛普可能没有意识到：当移动互联网走入社会经济生活以后，商业活动的时空实现了飞跃式拓展，商业价值的创造逻辑也发生了革命性变化。原来的非智能手机是个独立的功能性产品，诺基亚的塞班系统是驱动其运行的核心软件，具有核心技术及主导产品创新能力的诺基亚自然就成为那个时代行业的主导者；到了移动互联网时代，智能手机蜕化为基于网络的终端，谷歌公司的 Android 不仅是驱动手机运行的操作系统，更是支撑和维系庞大生态的中枢神经。在智能手机生态系统中，企业单纯凭借手机技术和产品创新能力难以再占据主导地位，而只能让位给具备互联网思维和商业生态系统构建和掌控（通过标准和运行规则）能力的操作系统提供者。我们认为，诺基亚管理层及埃洛普缺乏的是对不同时代商业活动时空及价值创造逻辑变化的洞察和认知能力。这种能力虽然抽象，却属于高层次的企业创新能力，是超越产品设计和技术开发的能力。可以认为，随着人类社会的发展进步，企业所需要的能力类型不断拓展和日益丰富，要想在不断的时代变迁中长期立于不败之地，企业必须与时俱进地构建可持续升级的创新能力。

二、时代变迁及社会商业生态演化

实际上，随着科技进步和人类社会的发展，商业活动本身及其所处的时空和价值创造逻辑一直都在发展演化之中。远古不论，仅科技及产业革命以来，商业活动的时空和价值创造逻辑就发生了多次重大变化。我们依据社会生产组织方式及企业市场竞争依据的变化，将科技及产业革命以来的社会经济活动定义为以下三个时代。

（一）工业时代的企业活动时空

工业时代涵盖前两次科技与产业革命（即以纺织机、蒸汽机发明和应用为标志的第一次科技及产业革命，以及以电的发明和应用为标志的第二次科技及产业革命），突出标志是大规模生产线和内部一体化的社会生产组织方式。在工业时代，企业经营和创新的载体或对象主要是一体化产品，产品设计、研发及主要零部件的生产、制造，产品的装配等均在企业内部完成；或者说，产品主要的价值增值环节均在一个企业内部完成。在卖方市场的情况下，企业生产经营活动的空间主要在企业内部，即追求高效生产；而在有市场竞争的情况下，企业生产经营活动也主要在相对明确的空间内展开，即面对特定的竞争对手谋求产品的性价比优势。因而，工业时代的企业可以被视为"院子中的企业"或"特定市场空间中的企业"。同行业中的企业绝大多数是同质性的，即具有相同的生产组织方式及生产制造过程、同质或类似的产品、相同和近似的客户群体等。

（二）信息时代的企业活动时空

信息时代对应以计算机和控制技术发明与应用为主要标志的第三次科技与产业革命。计算机及控制技术走入社会生产过程，导致社会生产组织方式出现了模块化专业分工，同时也使产业技术丰富和分化。驱动社会生产模块化分工的力量来自三个方面：一是顾客需求的快速增加及日益多样化，要求企业既要提高生产规模，又要增加产品品种及类型，生产过程的专业化分工及外包就成为理想选择；二是企业提高自身灵活性及经济性的追求，即企业通过非重要零部件的外包，不再建设资本门槛要求很高的大规模生产线，既提高了适应外部环境变化的灵活性，也降低了面对产业转型升级需要承担的风险；三是应用计算机及控制技术可以对高度分散的社会生产过程及产业链（包括大量供应商）实施有效管理。到了信息时代，社会生产方式出现的模块化分工使企业不再是"院子中的企业"或"特定市场空间中的企业"，而是"广泛市场空间中的企业"或"社会中的企业"。当跨国公司将一些产品或构件的生产制造任务转移到世界各地，一种产品由分布在全球的诸多厂商共同完成时，即形成了全球产业链，企业就变成"全球产业生态中的企业"。同时，生产和技术的专业化社会分工引致同一产业中演化出四种不同类型的企业：一是掌握产业核心技术且单独从事核心技术研发及生产的企业，如汽车行业的发动机、变速箱及控制系统等生产企业；二是不掌握产业核心技术、主要从事功能性零部件生产和制造的配套企业，如汽车行业的外饰、座椅等生产企业（这些企业可能具有所生产产品的核心技术，但并不构成产业核心技术）；三是从事产品开发设计和集成制造的品牌企业，如品牌汽车设计开发及总装企业等；四是接受品牌企业委托，单纯为其进行产品组装的企业，如贴牌生产制造商（original equipment manufacturer, OEM）等。四类企业呈现高度的异质化特征，具有不同的生产组织方式及生产制造过程、异质的产品形态及结构、不同的客户群体等。

（三）智能时代的企业活动时空

智能时代对应以移动互联网络和人工智能技术的发明与应用为主要标志的第四次科技及产业革命。首先，移动互联网技术被引入社会生产过程，使人类社会的产品生产制造、知识创造发现、产品使用运行等均可以在互联网平台上进行。任何社会活动、思想、知识和创意，只要搭上互联网便构成了一个平台性产品。平台性产品则具有网络外部性和先发优势特征。其次，依托互联网的商业活动具有产业递阶衍生性，即由一种商业活动或商业形态引申出多元商业活动或商业形态，进而形成多元活动、业态叠加的商业生态系统。例如，阿里巴巴的网上商品交易，引申出快递、网络支付等，网络支付业务又递进衍生出互联网金融；与此同时，网上商品交易还有知识、数据聚集效应，进而形成多种类型的大数据。对大数据进行知识挖掘、加工，不仅可从中提炼出产品设计、研发、制造、销售等相关规律，还可以形成在数据处理、算法等智能技术方面的领先优势，借助智能控制、传导等技术的支撑，使众多工作可以智能化或由智能装备完成。最后，通过互联网交互平台，企业可以便捷地获得消费者的个性化需求，同时邀请所有人员参与企业的研发和创新活动。可以设想，为了更好地满足消费者的个性化需求，企业生产组织方式或人类社会的生产及服务方式应该出现一次更加精细、更为深刻的专业化分工，即将现有的模块化生产划分为更小的生产和服务单元，甚至在3D打印等个体制造技术的支撑下直接走向个体生产或服务。显然，通过无边界网络连接的生产及消费等主体数量将更加庞大，商业生态的参与主体更加多元、覆盖范围更加广阔、相互联系更加紧密、彼此依存更加明显、协同进化更加频繁。此时的企业已经超越"广泛市场空间中的企业"而升级为"完全开放的社会中企业"或"生态中的企业"。在这种背景下，商业生态系统中的企业演化为三个层次或三种类型：一是商业生态系统的构建和主导者，通过开发万物相连"商业互联网"的操作系统，将分布在全球的特定产品的生产、转运、使用等过程连接起来，指挥和掌控由多元非限定主体构成的综合商业生态系统的动态演化和运行过程。这类企业实际上成为"商业互联网"或商业生态系统中不同技术模块连接技术标准和运行规则的制定和掌控者，处于商业生态位的顶端，如全球智能手机生态系统中的谷歌。二是商业群落的支配者，即通过掌控产品核心技术等，实现对商业生态系统中某些群落的支配，如全球智能手机生态系统中的三星、诺基亚通过掌握核心零部件及产品专利技术，在手机硬件制造中占据支配地位。三是寄居生存者，凭借自身的制造成本等优势，在商业生态中寄居发展。例如，全球智能手机生态系统中的零部件代工企业，处于商业生态位的低端，在商业生态系统运行和演化中居于从属地位。上述三个层次的企业亦呈现高度的异质化特征，具有不同的商业追求、遵从不同的商业和创新逻辑。

三、商业生态演化与企业创新主导逻辑

商业生态的形成和持续演化，首先表现为企业生产经营活动时空的巨大变化，其更深层次的影响在于导致企业商业与创新逻辑的更迭。商业逻辑可以理解为企业在特定时代从事经营活动，为获得成功或达成商业目标所应遵循的一般准则或规律。可以从以下几个维度对商业逻辑进行界定和表征：一是企业经营活动的主要载体或对象，这直接决定着企业商业活动的主要内容；二是企业经营活动的主导追求或目标，这决定着企业参与市场竞争、获取商业价值分配的依据；三是企业经营活动的组织方式或商业活动的空间，这直接决定着企业与环境之间的关系，以及企业与利益相关者之间的连接形式。创新是企业经营活动的重要组成部分，服务于企业经营目标。企业商业逻辑的变化，自然导致其创新主导逻辑发生变化。

（一）工业时代的企业创新主导逻辑

由于工业时代同行业的企业具有较大的同质性，其生产经营活动特点类似，决定其创新主导逻辑也基本相同。首先，企业经营的主要对象都是一体化产品，技术知识（如瓦特发现开水可以顶起壶盖的科学知识）必须转化为可用技术（气缸和活塞技术），进而将技术开发成功能性构件（蒸汽机），然后才能融入一体化产品（火车）作用于社会生产过程。因而，工业时代企业创新是技术受制于产业资本，科技人员的创新成果必须得到产业资本家的认可才能实现创造价值。其次，既然产品是创新的主要载体和对象，则创新活动的目标（亦是市场竞争依据）就是追求产品的性价比最优，即只有企业的产品拥有良好的性价比，其在市场竞争中才能形成比较优势。正如实践中我们看到的，工业时代围绕企业生产运作过程而产生的管理创新成果，如大规模生产线、精益生产和质量管理等，均以提高企业生产运作效率（增加产出、降低成本）进而优化产品性价比为目标。最后，基于创新活动的依附性特征，企业创新组织也呈现出辅助性特点。初期作为生产技术活动的补充，主要从事生产工艺及技术改进等方面的研究；后期认识到新兴技术或原始性创新成果对企业发展的重大推动作用，基于对创新成果的独占性目标，企业创新亦采用内部一体化组织方式，即将一群聪明的科学家或工程师组织起来，使其按照企业的生产经营和发展需要进行创新活动。

（二）信息时代的企业创新主导逻辑

信息时代的模块化分工，不仅导致一个产品由多个专业化厂商共同生产经营，进而形成上下游企业相互连接的产业链，还使产业技术出现丰富化和分化趋势。所谓产业技术丰富化，是指信息技术融入社会生产过程及社会产品中，使社会生

产方式和产品形态均发生革命性变化。以汽车产业为例，伴随着汽车产品吸纳了越来越多的科学技术知识，特别是信息控制技术的应用使其形成了一个控制系统（类似于计算机的操作系统，进而衍生出一个控制系统技术）。实际上，这种技术就是初始形态的数字技术。因而，信息时代的汽车首先已不再是工业时代的机械化产品，而演化成为包含无级变速控制系统（数字技术）的自动化或半智能化产品。其次，信息时代的汽车技术也不再是单纯的材料加工、产品制造等功能性技术，而丰富为包含功能性（零部件）制造及产品组装、控制系统、规划设计等多元技术的综合技术体系。特别是信息时代的产品设计技术，已经与工业时代的设计技术截然不同。工业时代面向一体化产品的设计技术主要是确定其合理物理结构，而信息时代面向模块化产业链的产品设计技术不仅要确定其合理物理结构，更重要的是在存在供应商竞争和多元选择的背景下，选择符合企业要求的供应商并确立连接不同技术模块的技术标准；同时，为了适应信息时代日益激烈的市场竞争，产品设计阶段进行必须考虑市场细分问题，进而要求依据市场细分技术水平对产品进行系统规划，使原来的产品设计升级为产品规划和设计技术。与此同时，产品规划和设计的手段也由依赖设计人员的经验和知识，转化为主要依赖逐步积累的产品和技术平台数据，即进入数字化生产和设计阶段。最后，信息控制技术作为生产工具及控制手段融入企业生产过程，也使企业生产的自动化程度有了极大提高，生产组织方式发生重大变化（即时制造、零库存等成为可能）。所谓产业技术分化，是指产品中的有些技术演化为核心关键技术，有些技术蜕化为一般技术，其中控制系统、产品规划设计等数字形态的技术成为产品中重要的核心技术。因而，信息时代某些产业中的主导或领先企业，其创新对象（市场竞争和价值配置依据）不再是一体化产品，而是核心零部件及依托其建立的行业技术标准，进而影响产业的价值分配。也就是说，信息时代的优势企业不再通过产品或服务的性价比谋求市场份额，而是通过构建稀缺独占的核心技术占据产业价值链高端。例如，Wintel 联盟虽然由两家并不生产电脑的微软与英特尔于 20 世纪 80 年代初期合作建立，但它们却将携手打造的 PC（personal computer，个人计算机）软件和硬件平台作为行业标准推广到全球各个角落，主导全球 PC 市场及产业价值分配达 30 年时间。一些掌握规划设计技术的复杂产品品牌企业，其创新主导逻辑也不再是一体化产品的生产和制造，而是品牌经营和售后服务，并通过品牌和服务赚取利润。对于不掌握核心技术的一般零部件生产企业或贴牌生产企业而言，则依然遵循着工业时代的逻辑，追求其经营产品的性价比最优。

（三）智能时代的企业创新主导逻辑

在移动互联网和人工智能技术的推动下，人类社会将进入智能时代。智能网络时代具有三个鲜明特点：一是所有的创新活动，所有的实体经济，只要搭上互联网都将成为平台性产品，而平台性产品则具有先发优势特征；二是基于移动互联网的万物相连，必然形成数据、知识聚集效应，使得依赖数据可以挖掘出诸多有益的规律，进而推动社会及商业活动的智能化；三是互联网平台具有多元业态递进累加特征，即依据互联网开展一个商业活动，必然引申出不同的新兴商业活动，如网上购物会催生网上支付及快递，网上聊天会带来数据分析及业务活动推广等。因而，智能网络时代优势企业的创新主导逻辑与工业时代、信息时代有重大不同。第一，不论是德国的工业4.0，还是美国的再工业化战略，基于移动互联的企业创新，都将重心放在工业互联网操作系统上。工业互联网实现万物相连需要一个操作系统，这个操作系统则成为优势企业的重要创新对象和载体。首先，万物相连需要各种端口的连接标准，被业界普遍接受的工业操作系统就成为这个标准的重要载体；其次，工业互联网下的商业生态系统运行需要规则，这套规则也自然内化到操作系统之中；最后，商业生态系统运行会产生大量有价值的数据，这些数据无疑将落到工业操作系统的构建和掌控主体手中。显然，构建和掌控工业互联网的操作系统，成为智能网络时代企业创新的制高点，也是行业内优势企业或领先企业的重要追求。不做手机的谷歌公司，恰恰在互联网和商业生态系统构建上具有领先优势和能力。其实，德国的工业4.0中的领先供应商战略，就是要使博世、西门子等公司凭借技术优势和领先地位，成为万物相连工业操作系统的开发构建主体，进而通过其实现对全球制造商业生态的控制。第二，基于万物相连的商业生态系统，企业的创新追求被分为三个层次：一是掌握最先进技术，特别是端口连接标准的商业生态构建及掌控主体，如力图构建工业互联网操作系统的德国博世、西门子公司，美国的谷歌、通用电气等公司。二是某些产品或技术群落的主导者，如英特尔、高通等，凭借核心技术控制芯片等技术群落或产品。上述两类企业凭借信息时代形成的数据优势，已经构筑了强大的技术平台和自动化生产技术，也必将搭乘互联网快车使自己的研发、制造升级到智能化水平。三是寄居生存者，依赖成本优势或生产制造能力等寄居生存，分享较低的价值分配。当然，这类企业也可以在互联网时代努力跨越，争取率先搭乘上智能制造和工业互联网快车。显然，在智能网络时代，并不是网络技术替代了信息时代的核心技术和工业时代的生产制造技术，而是衍生出一个新的生态运行及控制技术。生态运行及控制技术决定着生态的运行规则和质量，掌握着生态系统最重要的数据及信息资源，故其具有更为重要的地位，对价值分配具有更大的决定作用。第三，基于万物相连的商业生态系统，优势及主导企业将采用新的商业模式及创新组织方式。首先，优势及主导企业的竞争目标是成为生态的构建和掌控者，而决定竞争输赢的根本依据是拥有客户或数据的数量；因而，为了快速获得客户认同以获取大量有用数据和信息，企业必将采用新的商业模式，即先以免费或赠送等方式将客户吸引到平台上来，待商业生态系统形成一定规模以后，再探讨不同利益相关者间的合理价值分配。其次，由于依托互联网可以快速获得顾客个性化或多样性需求，在企业创新过程中可以随时听取顾客意见，以往由企业技术人员规划好的系统性创新将遭到摒弃，而随时吸纳顾客参与的迭代式创新日益受到青睐。最后，借助互联网平台，企业的创新活动亦可邀请企业内外所有人员参与，将过去面向特定主体的开放式创新升级为面向非限定性公众，进而形成真正的"众创"和"众包"。与此同时，以追求生态构建及掌控为目标的优势企业，不仅将开放创新过程，甚至可能将开放创新成果，力图通过与业界共享创新成果实现推动产业生态快速形成，并以技术端口标准抢占生态系统构建主体先机。

四、企业创新逻辑更迭与创新能力需求

从工业时代到信息时代，再到智能网络时代，伴随产业或产品技术越来越复杂，企业创新活动的时空越来越广阔、活动内容越来越多元，其目标亦从追求一体化产品的性价比，升级为追求以核心技术实现对产业价值链的控制，再上升到以操作系统和接口标准等实现对商业生态系统运作规则及价值分配的控制。企业创新逻辑的更迭和变化，自然要求企业具有不同的创新能力。从总体趋势上讲，由于随着人类社会世代的发展演变，企业面对的发展环境越来越复杂，面临的各种挑战越来越严峻，需要具备的创新能力自然越来越综合。要成为适应、引领时代的企业，必须随着商业生态的演化不断升级和拓展自身的创新能力。

（一）工业时代的企业创新能力

企业创新能力当然服务于企业发展，主要体现在支撑竞争优势和价值配置能力构建上。工业时代的企业以一体化产品为主要经营和创新对象，以好产品和技术作为获得市场认同的重要手段，以性价比作为应对市场竞争并形成相对优势的根本依托；因此，企业创新能力主要体现在开发产品及相对优势构建上，具体包括以下三个方面：一是产品技术研发和创新能力，主要指作为产品组成部分的零部件技术的开发能力，特别是承担重要功能的核心零部件技术的开发能力；二是产品设计和开发能力，主要是基于不同零部件技术之间的合理联系及实现产品整体功能目标，对零部件技术进行系统整合和集成的能力；三是产品生产和制造能力，主要指按产品和工装设计将各种原材料及零部件转化为一个系统性产品的能力，其中包括生产装备操控、生产工艺开发及使用等能力。

工业时代的企业创新能力具有以下特征：一是属性类似，即虽然将其分为三种类型，但三种都属于技术性能力，都建立在相关技术知识或经验基础之上；也就是说，没有相关的理论基础知识作铺垫，这样的技术能力难以形成和发展；二

是进化依据相同，即三种能力均具有熟能生巧的特征，通过广泛的试验和"做中学"，便可以使这些能力得到进化和提升；三是具有装备依附性，即这些能力均建立在工程试验基础之上，没有适宜的仪器装备支撑，这种能力难以形成和发展。

（二）信息时代的企业创新能力

信息时代推动了产业的专业化分工，同行业内的企业分化为多种不同类型的企业。由于这些企业具有不同的生产经营及创新对象，从事不同的创新活动，其创新追求和目标也不一致，要求其具有不同的创新能力。接受品牌企业委托，单纯进行产品组装的企业（如贴牌生产）基本不涉及创新，主要是应用成熟的生产制造装备或技术进行生产，故不对这种类型的企业进行分析，而只研究具有创新任务的另外三类企业的创新能力。

1. 掌握产业核心技术的优势企业

对掌握产业核心技术的优势企业而言，如 PC 行业的微软及英特尔、汽车行业的博世和德尔福，其经营和创新的主要对象不再是一体化产品，而是模块化分工后产生的产品核心零部件；企业生产经营活动的主要追求是构筑核心技术的稀缺性和独占性，谋求在产业价值链中具有影响和决定性作用，进而实现控制产业价值分配。因而，这类企业需要以下三个方面的创新能力：一是企业所经营产品（复杂产品核心零部件及产业核心技术）的研发和设计能力，这是这类企业的核心竞争依托或优势；二是产品的生产和制造能力，主要是关键材料、制造装备及工艺等；三是以自身核心技术为基础构建行业技术标准的能力，即提出能够被行业普遍接受或认同的技术标准。

显然，这种企业的创新能力需求更为复杂和多元。其中，前两种能力貌似工业时代的技术研发和创新能力，仍然具有技术知识、装备依附性，但其已经建立在数字化、信息化基础上。以芯片的设计和制造能力为例，设计过程已经高度依赖数据平台，生产制造已经高度依赖自动化装备。特别是作为产品重要组成部分的控制或操作系统，也以核心零部件形式由一些专业化厂商提供，如汽车领域的博世、PC 领域的微软等，这种企业开发产品的平台特征就更为明显。因而，这些能力很大程度上已经不具备熟能生巧特征，而呈现数据平台的先发优势特征。也就是说，由于这些产品的设计和制造已经不再依赖人的技能和经验，而是依赖将人的技能、经验和大量试验数据高度数字化后形成的数据平台，个人的技能和经验被高度淡化，并已经无关紧要；重要的是平台具备的数据和知识量，以及对平台数据和知识的有效挖掘和利用。

第三种能力主要属于商业模式创新能力。为了实现以核心技术掌控产业价值分配的目标，该类企业一定会努力构筑自己所经营产品（零部件）的独占性和稀缺性。构筑技术或产品独占和稀缺的手段无外乎两种：其一，通过兼并收购等使自身成为具有垄断地位的企业，但通常会面临较大的政府反垄断压力。其二，通过将自身技术确立为行业技术标准，实现以独占技术达成专有的目的。例如，PC的微软公司，利用计算机操作系统技术具有先发优势和网络外部性等特点，通过技术与商业模式创新的融合，成功将自身技术确立为行业技术标准，进而构筑了其在行业内的技术独占和市场垄断地位，实现了对产业价值链的有效控制。要想实现以自身技术构筑行业技术标准的目标，企业首先必须具备原创或首创技术能力，即能够对特定技术进行原始创新，或将相关原创技术在商业领域进行第一次（首次）应用。因为行业技术标准不可能建立在已被应用技术的基础之上。其次，这类企业还必须具备较强的商业模式创新能力。因为不通过商业模式创新，难以构建以自己的技术为核心且被市场广泛接受或认同的技术标准。

2. 功能性零部件生产和制造企业

功能性零部件生产和制造企业一般不掌握产业核心技术，其经营和创新对象也不是完整产品，而是作为一体化产品组成部分的某些配件。这些配件不属于产品核心构成单元，技术含量较低，其生产制造企业一般会面临较为激烈的市场竞争，这类企业的价值追求主要还是性价比。可以说，这类企业扮演的是工业时代传承者的角色，即虽然处于信息时代，但其遵从的商业逻辑基本与工业时代的企业相同，只是实现价值的载体由工业时代的一体化产品变成了信息时代的产品配件。这类企业主要需要以下两种创新能力：一是技术研发能力，主要是产品结构和功能设计能力，以使自己生产制造的产品以更好的性价比实现特定功能；二是产品生产制造能力，主要指通过改进生产工艺、装备、操作方法或改善管理方式等，使自己生产制造的产品具有稳定的质量和产出。一般产品配件结构并不复杂，并且要服从于一体化产品的系统设计，故其本身设计相对容易实现，这类企业也不需要复杂的设计能力。同时，由于这类企业主要依赖性价比获取竞争优势，其技术并非一定来自独创，也可以是学习和模仿技术。当然，这类企业也可以有独创的自主技术，特别是在生产制造工艺上的独创技术；但总体而言，这类企业的技术属于辅助性的功能性技术。

3. 产品开发设计和集成制造的品牌企业

产品开发设计和集成制造的品牌企业经营和创新的对象是集成性产品，但并不涉及产品的所有生产和制造环节，而是前端的产品规划和设计，后端的产品总体集成制造和服务。因而，这类企业对创新能力的需求主要体现在以下几个方面：一是产品规划和设计能力，即依据顾客细分、市场竞争态势及企业的创新能力基础等，规划和设计出适销对路的产品或产品系列；二是产品集成制造能力，即依据产品规划确定的技术体系，基于全球供应商网络或供应链体系，生产制造出高质量的集成性产品；三是产品销售和售后服务创新能力，即在存在高度市场竞争的背景下，创造和开发出被市场或顾客接受、能够使利益相关主体共赢的营销和售后服务模式。

尽管信息时代的品牌产品集成制造企业也以完整产品为经营和创新对象，但与工业时代的一体化产品经营企业已截然不同。因此，两类企业的创新能力要求也相距甚远。首先，由于信息时代消费者或客户对产品的需求日益多元和个性化，对企业的产品规划和设计能力的要求也越来越高。产品设计中既要有体现时代特征、多元化特点、个性化需要的设计者创意和构想，还要有保证不同技术模块连接完美性、可靠性、稳定性的数字平台技术，因而，品牌集成制造企业的产品规划和设计能力是人的主观创造力与数字平台的稳定性和丰富性的结合。其次，信息时代品牌企业的集成制造大多已高度自动化，一般生产环节通过自动化装备完成，但少数特殊工艺仍然需要人的专有化技艺。显然，品牌企业的集成制造能力也是必不可少的高级技师或工匠的个人技艺与自动化生产线或生产控制平台技术的有机结合。因而，信息时代品牌集成制造企业的上述两个能力基本也不具有明显的熟能生巧特征。因为高度依赖数字化平台的自动化制造和设计基本没有个体经验的作用，而新产品的概念设计等更多依靠设计师的个人天赋和创造能力，熟能生巧的成分很小；而集成制造中少数专业技师或工匠的超一流技艺（难以被自动化机器取代的技艺）也具有明显的天赋成分，并非所有的人经过努力、依靠熟能生巧规律便可获得。

品牌集成制造企业的产品销售和售后服务创新主要属于管理能力。首先，合理营销模式构建与创造主要体现商业思维，如汽车分期付款和融资销售都曾经是该领域重大的模式创新，主要来自创建者对客户痛点及产品销售制约因素的深刻认知。其次，售后服务模式基本可以归属商业模式创新范畴，如有些品牌装备集成制造企业通过对产品运行状态的信息化跟踪，将以往的出现故障后维修转化为适时的保健，不仅降低了用户的维修成本和停工损失，也使品牌企业获得更多的服务费用。同时，通过对客户使用装备情况进行长期监控获得的数据，既可以为客户提供更为合理的设备使用方案（当然可以收取一定的服务费用），也可以支撑自己的产品改进。最后，不论是为了拓展产品市场份额，还是为了赢得更多的售后服务，产品品牌建设与维护都是重要依托。对企业而言，品牌建设不仅是一种意识，凝练品牌内涵、确定品牌形象、扩大品牌影响、打造品牌地位，也是一种综合的创新能力。

（三）智能时代的企业创新能力

智能网络时代的企业，其生产经营和创新活动均可以在互联网平台上进行和完成。首先，更为广阔的空间为其创新提供了更大舞台，同时也使其面临更为严峻的竞争；其次，不同企业虽然在一个平台之上，但多种原因使其具有不同的生态位，进而引致不同的创新目标和追求，也具有不同的创新内容；最后，多种类型企业构成一个动态演化和持续发展的生态系统，不同类型企业生态位并非一成不变，在生态演化过程中可能出现"弱势企业逆袭"，甚至使得商业和创新逻辑被不断被改写。因而，智能时代的企业创新能力更为复杂。

1. 作为商业生态构建和控制主体的企业

按照生态位，可以把智能时代的企业分为三个层次。其中，居于最高生态位的企业是商业生态的构建和控制主体，如智能手机 Android 生态系统的构建和掌控者——谷歌公司。这类企业目标追求最高，对创新能力的要求也最高。概括起来，可以把商业生态构建和控制主体的创新能力分为三种具体类型。

第一，商业生态系统构建和开发能力。商业生态系统构建和开发可以分解为三个活动，对应三种创新能力：一是商业生态系统构想及设计活动，对应商业逻辑认知及商业模式设计能力。提出商业生态系统构想，必须能够洞悉商业价值的创造逻辑及演化规律，并依据这种逻辑和规律设计出符合时代特征、具有鲜明特色的商业模式。例如，谷歌公司高层意识到移动互联网时代客户规模、数据成为创造价值的重要资源，通过收购 Android（谷歌收购 Android 系统时，很多人都搞不清楚谷歌到底要干什么）设计出开源、免费提供服务的商业模式，进而快速形成了领先全球的智能手机生态系统；今天的阿里巴巴生态系统、腾讯生态系统均得益于两家公司管理层对互联网时代商业逻辑的准确洞悉和认知，各自开发了具有特色的商业模式。二是商业生态构建和组织活动，对应生态管理理念和运行机制创新能力。以曾经风靡我国的共享单车为例，绝大多数都以构建商业生态系统为目标，奉行相同或类似的商业模式，但在争取多元利益相关者认同和承诺上表现出巨大差异，致使一些公司快速发展，一些公司很快夭折。实际上，这就体现了不同公司商业生态运行和管理能力的差异。这种能力表面上体现为公司管理团队的战略制定和执行能力，实质上是新兴商业生态下的管理理念和运行机制创新能力。例如，腾讯公司奉行与利益相关者共生、共享、共赢的理念，创设对寄居于其生态上的小微企业及创业者主动赋能的机制，使其生态系统快速繁衍和扩大。三是商业生态技术实现和维护活动，对应管理软件或操作系统开发及创新能力。以互联网为载体的商业生态系统均需要通过管理软件或操作系统等技术手段来实现，其技术开发及创新能力影响利益相关者，特别是顾客等使用平台的便捷性和经济性，是影响生态系统运行稳定性和发展速度的重要变量。例如，有些平台管理系统接入简单、使用方便，则容易获得更多顾客的认同。当然，这些主要属于技术性能力，可以通过雇佣高水平技术人员或技术学习获得，其在生态系统构建中的作用和地位相对较低。

　　第二，复杂产品及核心零部件的技术标准构建能力。基于互联网的商业生态系统不仅包括智能手机的 Android 等系统，也包括以工业 4.0 为标志的全球制造业万物相连网络。Android 作为连接手机并支撑其运作的全球生态系统，其构建主体并非手机行业的龙头，而是互联网公司。这主要是因为手机产品技术体系相对简单，谷歌熟悉手机产品比较容易。即使如此，Android 系统开发中谷歌也与 HTC 等手机公司开展了密切合作；而且，谷歌于 2014 年收购摩托罗拉，主要是为了获得其在手机上的多项专利。为什么要求商业生态构建和控制主体掌握相关群落或终端产品的核心技术及技术标准呢？主要在于商业生态系统实际上需要一个底层技术标准，一方面，系统自身要构成一个以技术标准连接的完整技术功能体系；另一方面，系统要与终端产品有效连接，这主要通过技术接口标准实现。不论是商业生态系统自身的功能性技术标准，还是其与终端产品连接的接口标准，都需要对终端产品技术有深刻了解。然而对于以复杂产品制造过程为主要对象的工业互联网商业生态而言，由于产品技术体系高度复杂，本身具有严密的技术连接标准，系统的构建必须充分考虑已经存在的产品技术标准。一般说来，为了实现工业互联网生态系统与产品技术标准的高度兼容，应该将产品技术标准确立为工业互联网生态系统的底层技术标准。产品技术标准主要是围绕核心技术或零部件进行构建的，故只有掌握核心零部件的技术标准构建能力，才能完成工业互联网生态系统构建任务。例如，在燃气轮机等技术领域，只有像德国西门子、美国通用电气公司这样掌握复杂产品核心技术的公司，才具备构建并引领工业互联网生态系统运作的能力。像谷歌公司、阿里巴巴、腾讯等互联网公司，若想构建复杂产品的全球制造生态系统，首先需要跨越复杂产品本身的核心技术关口，必须熟练掌握产品本身的技术标准。然而像西门子、美国通用电气公司这样掌握复杂产品核心技术的企业，主导构建全球制造生态网络当然具有核心技术优势，但也面临互联网思维的重大挑战。美国通用电气公司在工业互联网建设上遭遇的困难，恰恰说明制造企业构建互联网生态系统也并非易事，其最大的挑战可能是商业生态的思维。从企业创新能力需求讲，不论是商业逻辑认知及商业模式设计能力，还是商业生态管理理念和运行机制创新能力，本质上都建立在掌握互联网企业运行和发展逻辑、具备强烈的互联网思维基础之上。

　　第三，商业生态拓展和价值实现能力。构建和维系商业生态的目的在于创造和实现价值，而实现价值则必须对商业生态进行有效拓展，并在商业生态丰富到一定程度后构造合理的价值分配方案。以谷歌公司构建的智能手机 Android 生态系统为例，由于实行面对手机厂商和个人用户都免费的政策，在生态系统构建初期肯定入不敷出（当然，谷歌公司通过智能终端拓展和巩固了其广告收入），微信、脸书等很多基于互联网的商业生态构建都有这样的特征。因而，这样的商业生态构建主体必须具备商业生态系统拓展能力，即依靠互联网平台具有的产业递进衍生特征，在其上拓展能够带来收益的业务或产业形态，如阿里巴巴在产品交易平台的基础上衍生和拓展出网络支付和金融，循序拓展出大数据和云业务等。应该说，所有的互联网平台企业都具备产业递阶衍生的可能，但能否将这种可能变成现实，就考验企业的创新能力。因为互联网平台的产业递阶衍生并非自然产生，需要运营主体的主动构建，同时还必须面对多元主体的激烈竞争，如网络交易必有支付问题，但并非所有的互联网服务企业都能建立起网络支付产业，因为它们需要面对阿里巴巴等先行企业的竞争和挑战。商业生态拓展和价值实现能力实际上可以理解为商业模式的迭代创新能力，即对商业模式进行持续拓展和优化，使其真正实现商业价值的能力。对基于互联网的商业生态系统而言，由于其商业价值实现大多取决于有效的产业递阶衍生，商业模式的迭代创新能力具有极其重要的地位。

2. 作为生态中重要群落控制主体的企业

一个完整的商业生态中有很多群落，其中一些群落具有重要和支配地位。对重要群落具有掌控能力的企业，居于商业生态三个层次中的第二层，如智能手机行业应用 Android 生态系统的三星公司、华为公司等。就基于互联网的商业生态系统而言，有些群落可以归结为子生态系统，如阿里巴巴生态系统的金融服务群落，实际上是一个子生态系统；腾讯生态系统中的社交群落，也可以视为一个子生态系统。对这些子生态系统的控制主体而言，对其创新能力的需求主要并不体现在商业生态系统的构建上，而是在其稳定运作、持续发展并创造应有商业价值上，故其应该具备较强的商业生态拓展和价值实现能力。对基于万物互联的产业生态系统而言，群落包括终端产品的群落、核心零部件群落等。其中，终端产品及核心零部件群落的掌控者主要通过品牌和核心技术等实现其控制，类似于信息时代掌握产业核心技术的优势企业及从事产品开发设计和集成制造的品牌企业等两类企业。当然，对这两类企业创新能力的要求也与信息时代类似。也可以认为，对于掌控某些群落的企业而言，其依然遵从信息时代依靠核心技术影响和决定产业价值配置的逻辑。

3. 在商业生态中寄居生存的企业

对于在商业生态系统中位于第三个层次的寄居生存企业而言，其主要是利用自然资源或成本低廉等优势从事配套生产，对创新能力的要求不高，只要具备生产制造能力即可。当然，在现代生产技术条件下，生产制造能力也建立在较高技术基础之上，特别是伴随科技进步推动产业生产制造技术不断变化，企业必须与时俱进地开展生产制造装备及工艺创新，故这类企业首先需要建立与现代生产技术水平相适应的制造装备及工艺持续创新能力。其次，从这些企业应对市场竞争及长远发展需要出发，需要逐步积累更高层次的创新能力。以现在的智能手机商业生态系统为例，代工生产的富士康工业互联网股份有限公司（以下简称富士康）无疑是寄居生存者，其一方面面临其他代工企业的竞争，另一方面也必须及时布局智能制造技术，以继续保持并不断拓展自身优势。2015年3月6日成立的富士康，以工业互联网技术研发、通信系统研发等为主要业务，就是应工业4.0时代的要求而生。经营和管理好富士康显然不能停留在生产制造技术，也不仅是生产装备和工艺创新，还应该具备工业互联网技术系统开发，甚至是具备形成行业技术标准、开创新的商业模式等能力。

总之，科技（社会生产及经济活动的手段）在进步，社会（对社会产品及服务的需求）在发展，时代（生产方式及需求特征决定的商业及创新逻辑）在更迭，由信息化、数字化引致的专业化分工，特别是由互联网、智能化催生的商业生态系统亦处于持续动态演化之中。对于处在新兴商业生态背景下的企业而言，创新能力也必须从低到高、从简单到复杂、从单一到系统逐步拓展和升级。然而，柯达、诺基亚的故事不断重演的商业实践告诉我们，企业创新能力的持续升级和改进并非易事。特别是在商业时代出现革命性更迭的时候，企业所需要的不仅是同质创新能力从低到高的积累，还需要升级到更高层次、不同质的创新能力，即实现创新能力革命性的质的飞跃。不同质的创新能力具有不同的生成和演化规律，需要依托不同的核心要素和创新活动，其合理的构建模式和机制也不尽相同。同时，实践中的企业创新能力升级通常表现为领导或少数精英的超前认知和领先意识，进而布局并开展一系列（既包括单项，也包括系统整合）的创新活动，但真正形成能够适应环境变化、应对竞争挑战的能力，更多依赖于建立起系统性的组织机制。也就是说，企业创新能力的升级最终体现在组织要素的优化和组织机制的调整上，并在更高层次上实现系统性重构和协同。组织要素和机制的优化与重构非常复杂，难以一蹴而就，甚至需要较长时间的动态调试。因此，实现企业创新能力的持续优化和升级，必须对其概念和类型有全面认识，知悉其构成要素与核心依托，了解不同创新能力的形成规律、演化路径和合理构建模式，并形成持续改进、迭代升级的组织意识和机制；同时，针对企业创新能力建设中存在的问题，要掌握"解决矛盾""补齐短板"的科学方法体系（关于创新能力改进科学方法体系参见作者的另一部著作《基于战略视角的企业技术创新方法》）。

本书的研究逻辑和内容结构如下。

第一章，企业技术创新能力概念及主要类型：基于企业技术创新活动的多元及复杂特征，提炼出企业技术创新能力的不同类型，并对不同类型的企业技术创新能力概念进行界定，对不同能力的特点和性质进行区分；同时，揭示不同类型企业技术创新能力之间的逻辑关系。

第二章，企业技术创新能力结构及核心能力：在组织背景下阐释企业技术创新能力的具体构成，从静态和动态两种视角揭示企业技术创新能力的构成要素；同时，分析不同发展情境下，哪些构成要素具有核心地位和关键作用，进而引出企业核心技术及核心技术能力概念。

第三章，企业技术创新能力生成与发展进化：基于社会生产方式的发展演化，揭示企业技术创新能力的显著层次性和递阶成长性特征，分析战略、战术及操作等不同层次技术能力的生成特点和演化规律，通过案例揭示企业从低层次能力到高层次能力的进化机理。

第四章，企业技术创新能力提升路径与实践：以制造企业为样本，以专有及系统两种不同质技术为基础维度，分析不同类型企业技术创新能力的构建起点，并基于创新能力与活动的对应性，阐释不同目标下企业创新能力构建及提升的合理路径，并以实践案例加以佐证。

第五章，企业技术创新能力构建模式与路径：总结企业技术创新能力构建的三种模式，分析不同核心依托要素的作用方式及创新能力形成机制，阐释以不同组织方式构建企业创新能力的合理过程和实际效应，并通过案例揭示创新能力构建不同环节应完成的工作。

关于企业技术创新能力的系统研究起步于作者自 2002 年起承担上海市经济委员会（现已更名为上海市经济和信息化委员会）委托的"上海市企业技术中心建设评价体系"研究项目，该研究成果被上海市政府部门采用并呈报国家发展和改革委员会高技术产业司（国家级企业技术中心管理部门），其后随形势变化又进行了两次修订；同时，作者还承担过上海市科学技术委员会（以下简称上海市科委）重点招标项目"上海市企业核心技术能力现状与提升对策研究"、上海市科委委托项目"上海市高新技术企业发展态势分析"等持续性研究工作。2010 年，作者主持国家创新方法工作专项"基于战略视角的企业技术创新能力评价模型及持续改进方法库开发"（2010IM020900），对企业技术创新能力的研究进行了系统性整合和思考。近年来，也跟踪了一些国内外企业的创新能力建设案例。本书虽是作者多年心血的结晶，但限于个人水平，难免存在不足，请各位读者不吝指正。

张玉臣

2019 年 3 月

目　　录

第一章 企业技术创新能力概念及主要类型

古今中外优秀和卓越企业的成功实践都已经证明，持续创新是其发展不竭的动力。然而，企业创新并不是一件容易的事情，做到持续创新则更难。其难就在于能力，即企业在技术创新实践中，不仅要取得预期的创新成果，还要培育和形成持续创新的能力。21世纪初，在对我国改革开放前30年经济社会发展，特别是装备制造等重要产业发展情况进行总结时，我们得到的最深刻教训是：在引进技术装备进行生产组装的过程中，没有获得核心关键技术，更没有形成相应的技术能力。审视第一次世界大战后众多国家经济发展的实践，大量事实足以证明：技术能力并不会随着技术装置、生产线从发达国家向后发国家的转移而自动移植，当然更不会从天而降。显然，技术能力与生产制造能力不是孪生兄弟，技术创新能力有更深层次的生成机理与演化规律。充分认识和把握这种机理和规律，是企业构建和形成技术创新能力的重要基础和前提。

第一节 企业技术创新活动及能力需求

认识企业技术创新能力的生成及演化规律，首先需要对其进行解构，以科学的视角认识技术创新能力本身及其影响因素。我们知道，能力并不是一个抽象的学术名词，而是与特定主体的活动水平或行为结果相伴而生的。就某一特定主体而言，能力是指其在某一领域从事特定活动或完成特定任务的可能性。企业技术创新能力可以理解为某一企业在从事技术创新活动或完成创新领域特定任务时的内在潜力及外在表现。由于创新活动具有多种类型或创新领域具有多元任务需要完成，企业技术创新能力也应该是多元的。显然，准确认识企业技术创新能力，首先需要认识企业从事或承担的技术创新活动或任务。

一、企业技术创新活动及主要类型

由于人们对企业技术创新活动类型及特征的认识直接影响对技术创新能力概念及构成的认知，有必要对学术界关于企业技术创新活动类型及特征的认识演化进行梳理。实际上，人们对创新重要性的认识并非在熊彼特提出其概念后很快就达成了共识；人们对创新活动类型及特征的认识纷争则更为多元和持久，时至今日依然处在发展过程中。

（一）对企业技术创新活动特征认识的演化

1. 熊彼特等学者的早期认识

回顾对企业技术创新活动类型及特征的认识历史，不能不涉及创新概念的提出者约瑟夫·熊彼特（Joseph Alois Schumpeter）。熊彼特（1991）在《经济发展理论》中提出了经济增长非均衡变化思想，认为导致经济增长恒常状态（stationary state）被破坏的原因在于：少数天才企业家使用技术变革成果对生产工具等进行了改进，并将这种活动视为创新。1934年，《经济发展理论》译成英文版时使用了"创新"（innovation）一词。其实，熊彼特在提出创新概念及作用时，就注意到了创新活动对人才能力及禀赋的特殊要求。他将创新定义为技术在商业上的首次应用，并明确其是以企业家精神为基础、以创造价值为根本追求的商业活动。熊彼特认为，创新本质上是一种生产函数的转换，是一种生产要素与生产条件的新组合，是以超额利润或经济价值为追求的经济活动。因而，创新的主体是那些具有创造性破坏精神，敢于承担创新风险，并对社会经济发展起到推动作用的企业家。熊彼特特别强调：创新首先是一个精神活动，企业家对创新风险和不确定性的承受、识别和排除能力，是其与其他社会人群的主要区别。因而，"经理并不都有资格被称为企业家，只有对经济环境做出创造性的反应以推进生产增长的经理才能被称为企业家"。熊彼特甚至提出企业家的三个基本特征：第一，具有创建一个私人商业王国或一个皇朝（虽然不一定是）的梦想与坚强的意志，以获得自己期盼的权力和独立感觉，而且这种梦想与意志坚不可摧。在熊彼特看来，对于没有其他机会获得社会名望的人来说，商业上成功的引诱力特别强烈。第二，具有征服困难、表明自己出类拔萃的愿望，而且求得成功不仅是为了成功的果实，更是为了成功本身。因而，企业家从来不畏惧困难，从来不会中途退缩或者半途而废，勇往直前、战胜困难和挑战是他们的内在禀赋。第三，把创造的过程、完成创造任务当作快乐的体验，或者是施展个人能力和智谋的欢乐。也许创新的结果对他们具有巨大激励作用，但创新、创造过程中的欢乐可能是他们更本真的追求。

基于当时的社会物质基础和经济发展水平，熊彼特将创新具体分为五种活动：一是引入一种新技术、新产品或提高现有产品的质量；二是引入一种新的生产方法或工艺流程；三是开辟一个新的市场空间或领域；四是利用一种新的原材料或半制成品供给来源；五是采用一种新的组织方法。通过比较可以看出，前四种主要是技术创新活动，第五种属于管理创新活动。从此可以看出：首先，熊彼特认识的技术创新活动并不包括技术发明和创造活动，而主要是技术应用活动；其次，技术创新中的技术是广义概念，不仅包括改进产品档次、性能、质量及生产工艺过程的手段和方法，也包括改进管理组织效率的手段和方法。

索罗（S. C. Solo）是最早对技术创新活动过程进行揭示的学者。其在熊彼特创新概念的基础上，进一步研究了创新实现的条件。索罗注意到：创新并不是由企业家单一主体完成的活动。Solo（1951）在发表的 *Innovation in the capitalist process: a critique of the Schumpeterian theory*（《在资本化过程中的创新：对熊彼特理论的评论》）一文中提出技术创新活动的"两步论"：一是新思想及创意的来源；二是创新的发展和实现。"两步论"实现了对创新活动的分解，被认为是创新概念认识新的里程碑，也启发了人们从实践的角度思考不同创新活动对人才能力及禀赋的需求。考察人类社会 19～20 世纪技术从产生到在经济中实际应用：1821 年发明的电动机到 1886 年实现应用，其间经历了 65 年；1820 年发明的电话到 1876 年实现应用，其间经历了 56 年；1922 年发明的电视机到 1834 年实现应用，其间经历了 12 年。图 1-1 为索罗的技术创新"两步论"模型。

技术创新＝创新来源及开发＋创新发展和实现

图 1-1　索罗的技术创新"两步论"模型

从技术发明到其应用十几年到几十年不等的周期说明：技术发明与技术应用两类活动绝大多数是由不同主体完成的。这种现象促使人们思考：为什么创新思想及创意开发者不直接将自己的成果开发为具有实用价值的技术，进而将技术转为商业价值呢？或者说，为什么知识及思想的创新者要将实现市场价值的机会留给他人呢？实际上，这是创新过程中两类不同性质的活动。哈佛商学院的西奥多·莱维特（Theodore Levitt）教授专门研究了这个问题。他通过实践观察发现：创造力、创意并不等于能够导致企业发展和富足的创新。他还借助心理学工具说明：从事新思想及创意开发的"创造型人才"并不愿意承担组织及社会责任，他们在意的是引起人们的关注和新技术的发明，而不是组织的经济业绩。实际上，西奥多·莱维特没有进一步追问：为什么"创造型人才"不愿意承担组织及社会责任呢？真的是由于承担组织及社会责任不能引起人们的注意吗？事实可能并非如此。更深层次的原因在于：从事创造和承担组织及社会责任不仅需要不同的活动动机，更需要不同的个人能力和禀赋。只要通过简单的实践观察就可以发现："创造型人才"缺乏承担组织及社会责任的能力和禀赋，没有做这方面工作的兴趣。尽管西奥多·莱维特阐释的原因并非完全准确，但他提出的见识无疑是正确的：把"创新实现"交给"创造型人才"是最糟糕的事情。

随着人们对创新重要性的认识逐步提高，激发创新的欲望日益强烈，对创新过程机理的研究更加深入。Lynn 和 Carhart（1963）开创了从创新时序过程角度描述技术创新的思路，认为技术创新是"始于对技术的商业潜力的认识而终于将其完全转化为商业化产品的整个行为过程"。这样，技术创新活动便可以分解为"对技术潜力进行分析和判断、技术开发及应用、产品设计及制造、产品市场实现"等多个环节。Enos（1986）通过对韩国产业政策的研究，发现技术创新实际上是发明、选择、资本投入、组织建立、计划实施、开辟市场等多种行为综合的结果。显然，Enos 对技术创新活动的认识更宽泛，其将技术发明也纳入了创新过程中。Mansfield（1962）主要从产品创新角度对技术创新进行了阐释，认为产品创新是从企业对新产品的构思开始，以新产品的销售和交货为终结的探索性活动。显然，企业技术创新对主体能力的要求更加多元和丰富。

总之，随着人们对技术创新活动及过程机理的认识不断深化和拓展，技术创新活动过程被分解为更多环节。人们也越来越清楚地认识到，系统的技术创新是多个环节、多元主体、多种活动或行为的集合，既包括多个活动或行为在特定时点的并行推进，也包括不同活动或行为在时序上的逐步延续，是技术知识发明创造、技术知识应用性开发、技术应用及资本筹集、技术产品市场拓展、企业商业化运作等多种行为的集合。然而，不论学者对创新过程如何分解，将创新活动分成几种类型，上述学者的基本认知和思想都可以归结为创新的技术推动模型或线性模型。

技术推动或线性模型是指将创新描述为按照基础研究、应用研究、试验开发顺序发展的过程。这个模型的代表人物是美国科技政策及管理的奠基人万尼瓦尔·布什（Vannevar Bush）。布什等（2004）在其出版的经典图书《科学：没有止境的前沿》中提出：科学研究可以明确地分为基础研究和应用研究。基础研究主要由好奇心驱动，目的在于认识自然和理解自然，其基本动力是个人的求知欲望和兴趣；应用研究是实践需求导向，目的在于知识在实践中的应用，其基本动力是知识的实际需要。从基础科学研究到科技创新的发展，沿着线性路径逐步推进，即基础研究产生新知识、新知识推动应用研究，应用研究转换和发展为技术创新。显然，基础科学研究是科技创新的重要源泉，没有基础科学研究，就没有科技创新。技术推动或线性模型如图 1-2 所示。

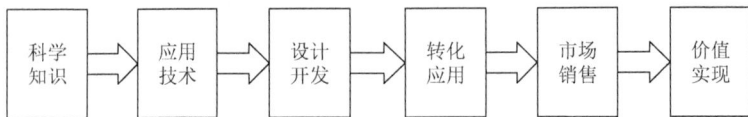

图 1-2　技术创新的技术推动或线性模型

2. 罗森伯格等的深化认识

在随后的创新活动特征研究中，人们不仅认识到创新过程中多元主体的互动性和多种活动的集成性，还发现真正的创新并非线性发展过程。首先，对企业技术创新来源的研究发现，绝大多数的技术创新并不来源于技术推动，而是来自企业及社会生产实践需求，特别是来自市场需求的拉动。因而，进入 20 世纪 60 年代后半期，学者开始重视需求在创新中的地位与作用，强调众多创新是消费者需求拉动的结果，而研究开发只是对市场需求变动所作出的一种反应。表 1-1 为美国和英国两个国家企业技术创新的来源。显然，技术创新的线性发展模型并不是解释技术创新活动过程的唯一理论。对创新活动特征认识的深化，也引致对从事创新的个体及企业能力需求的提升。企业开展技术创新活动，不仅要关注相关技术的发展趋势及孕育的潜在机会，更要洞悉市场需求的不断变化和发展，从市场中捕捉更多、更现实的技术创新机会。

表 1-1　美英两国技术创新的来源

项目	美国	英国
来自科技推动	22%	27%
来自市场需求	47%	48%
来自生产需求	31%	25%

资料来源：依据克利斯·弗里曼所著 *The Economics of Industrial Innovation* 等相关文献整理

其次，有些学者基于理论逻辑和实践考证，并不认同布什等对创新活动演化和发展的认识。早在 1951 年，美国国家科学基金会的理事会——国家科学委员会的首任主席詹姆斯·布赖恩特·科南特（James Bryant Conant）就指出：基础研究和应用研究之间并没有明显界限，求知目标和应用目标之间存在着交叉。Mowery 和 Rosenberg（1991）也指出：基础研究与应用研究的划分常常是事后的。很多学者认为，在科学研究和创新活动实践中，不论是从认识内容、研究者动机还是从研究者所在机构的运行特点等进行考察，都无法将基础研究与应用研究从实质上分离。更多的学者认为，基础研究与应用研究紧密联系在一起，而且彼此之间可以相互转换。甚至有些学者认为，创新的不同环节之间存在着多重交互和反馈关系。

Kline 和 Rosenberg（2009）发表了经典文章 *An overview of innovation*（《对创新的总体看法》），从四个方面论述了线性模型的不足：一是没有反馈路径，既没有来自发展过程中的反馈，也没有来自用户的反馈，而反馈对创新而言是必不可少的；二是创新过程的中心是设计而不是科学，一种新的设计是启动技术创新过程的基础，重新设计是根本性创新的前提；三是设计和检验新产品的过程常常产生知识，创新并不完全依赖最新的科学知识，科学的进展往往依靠技术产品和技术工艺；四是忽视了创新的学习过程，即使科学不存在，甚至完全缺乏科学，仍然能够产生出重要的创新和无数虽然微小但积累起来具有重要意义的进化过程，说明创新是一个通过积累经验的学习过程。图 1-3 为 Kline 和 Rosenberg 给出的创新反馈图，亦被称为创新的链型模型。

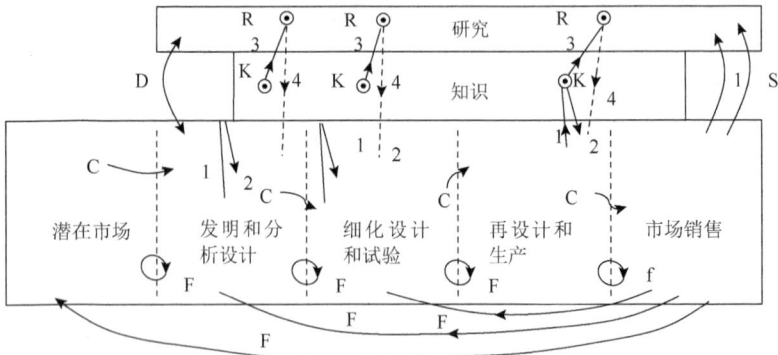

图 1-3　创新的链型模型

学术界对企业技术创新活动特征认识的逐步深化，引致实践界对技术创新活动的组织模式不断调整和优化。到了 20 世纪 70 年代，出现了兼顾企业技术基础与社会及市场需求、实现技术与市场交互作用的平衡创新模式；到了 20 世纪 80 年代后期，在日本出现了动员企业研发设计、生产制造、市场销售等相关人员同时参与创新活动和过程的并行组织模式；进入 20 世纪 90 年代，伴随学者发现影响技术创新活动的因素非常复杂和多元，揭示了其显著的系统化特征，即企业技术创新实质上处于一个社会网络中，企业不仅要关注内部资源和要素的合理配置，还必须关注对社会资源的有效运用，创新活动必须在开放的社会系统中进行，进而提出开放式创新组织模式和创新系统理论。承担或完成创新活动及任务对企业的能力要求更高，需要对外界知识进行识别和导入、需要对多元主体进行有效整合、需要对不同来源的技术进行系统集成。故可以认为，企业对技术创新组织模式不断调整和优化的根本目的在于：更好地发挥企业对不同类型创新资源和不同类型活动的整合作用，以应对创新活动复杂化对主体能力提出的新要求，进而提高企业创新效率。

3. Hamilton（汉密尔顿）等的现代认识

由于企业技术创新是在一个社会系统或网络中完成的，Mitchell 和 Hamilton（2007）从更为宽泛的技术物种进化思想方面对技术创新活动特征进行了探讨。进入 20 世纪 90 年代，基于新兴技术向产业发展的演变过程，汉密尔顿等提出了一个技术进化模型，见图 1-4。其中，横坐标轴为时间，代表新技术创新与发展的不同阶段；纵坐标轴为推进技术发展的努力程度，代表随时间演化而呈现的技术成熟度。

依据汉密尔顿的模型，可以将一项技术从科学研究到进入市场的发展过程分为四个阶段：一是以科学研究为主的技术发现和探索阶段，这个阶段中会出现很多不同技术方案的相互角逐；新技术发展初期主要是依赖科学知识构造技术方案，自然存在多元技术方案的比选。此时，由于技术方案的探索性和成熟度较低，科学探索的活跃度较高，人们推进特定技术发展的努力程度不会很高。二是以研究和试验为主要内容的技术发展阶段，在这个阶段中寻找到具有发展前景的可行技术；此时技术方案竞争的依据是不同技术知识之间的匹配度、协同度，技术方案被社会法律及其他社会规则接受的程度等。可将这个阶段的竞争称为形式竞争。当经过比选确定了可行的技术方案后，人们推动特定技术发展的努力程度快速提升，新技术以较快的速度向成熟发展。当然，此时经过比选具备可行性的技术方案可能仍有多个，各个技术方案构建者按照自己的认知和意志完善技术方案。三是推动技术向产品及商品转化的阶段，在这个阶段中通过比较确定产品的主导设计形式，构建其行业的初始结构；可行的技术方案再次经历市场需求接受度竞争，其竞争内容包括技术方案本身的经济性、技术应用条件的成熟度、顾客及市场偏好、接受程度及盈利前景等。可将这个阶段的竞争称为应用竞争。四是产品进入市场的竞争阶段，领先厂商构建先发优势并推动商品社会化应用的价值网。当经过市场竞争，确定某一种技术为产品主要设计方案后，人们推动技术发展的努力程度降低，转变为推进其向商品化方向发展。显然，在技术创新的不同阶段都充斥着竞争，不同阶段的竞争内容和依据各不相同。在汉密尔顿看来，就社会而言，一代技术成为产品或产业主导技术后，下一代技术的培育被提到议事日程（图 1-4）。在新技术已经转化为商品以后，人们工作的重点转向商品的市场拓展，同时关注新一代技术培育。当新兴技术越过成熟阶段走向衰落时，逐步被下一代新技术所替代。

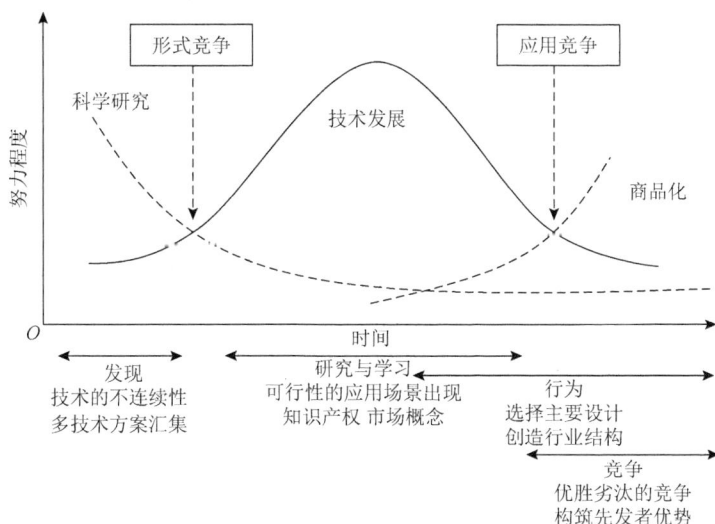

图 1-4　汉密尔顿的新技术进化模型

基于汉密尔顿模型，可以将新兴技术向产业演化过程中的创新活动主要分为四类：一是基础研发和技术探索，即洞悉技术机遇及构建初始技术方案；二是可行技术方案确立，即发展和完善可行技术方案，使之形成技术体；三是选择主导设计及示范，即通过竞争选择主导设计，并对主导设计方案进行应用和示范；四是产业化拓展，即对新兴产品进行产业化开发。四种技术创新活动与四个发展阶段的对应关系如图 1-5 所示。

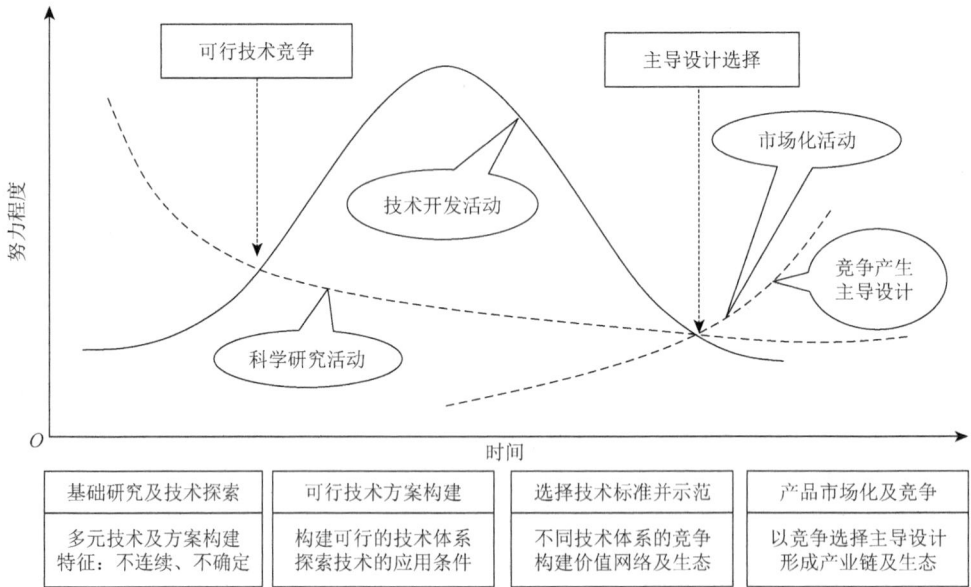

基础研究及技术探索	可行技术方案构建	选择技术标准并示范	产品市场化及竞争
多元技术及方案构建 特征：不连续、不确定	构建可行的技术体系 探索技术的应用条件	不同技术体系的竞争 构建价值网络及生态	以竞争选择主导设计 形成产业链及生态

图 1-5　新兴技术演化中的技术创新活动

英国苏塞克斯大学（University of Sussex）SPRU（Science Policy Research Unit，科学政策研究所）荣誉研究员佩蕾丝（2007）通过对历次新技术革命及新技术向产业演进机理的研究，发现新技术创新和发展的过程可分为以下几个阶段：一是导入期（installation），一些抢抓热点的金融资本涌现到新兴技术领域，投资技术研发及基础设施等，引致有泡沫的繁荣；二是转折点（turning point），一些不合理或不符合社会规制和法律等要求的技术遭到淘汰，技术热潮消退或崩溃；三是展开期 （deployment），经过社会选择及市场检验的技术得到发展，新兴技术及产业进入黄金时代的繁荣；四是发展期，进入市场的技术产品经过市场竞争，演化为成熟的主导产业或衰退结束。显然，上述四个阶段是新兴技术经过不同形式的竞争，接受社会及市场检验，不断淘汰和发展的过程。在技术竞争发展过程中，初始新兴技术的可能性范围相对较大，被社会规制、法律等接受的技术空间相对较小，最终经过市场检验、能够实现经济效益的技术空间则更小，如图 1-6 所示。

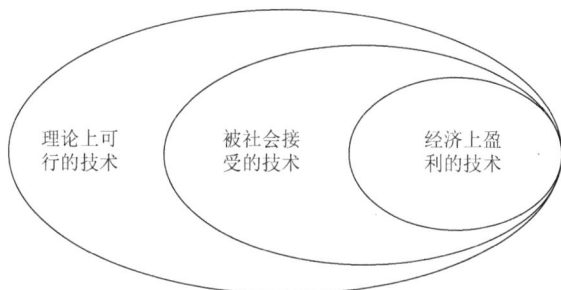

图 1-6 新兴技术的社会及市场选择机理

在佩蕾丝看来，伴随社会及市场对新技术的选择和淘汰，必然导致金融资本投资积极性下降。通过选择的技术逐步成熟，建立起自己的技术体系或范式，推动与其相关的各种产业要素聚集、创新和扩展，生产资本开始为新技术范式或产业生态注入动力。此时，由于新兴技术及产业处于幼稚状态，需要政府为其发展创造适宜条件，并使生产资本得到有效激励而逐步扩大。一方面，政府要致力于塑造新技术及产业的供给空间，引导不同创新主体产生协同效应，如持续推进科学知识、通用技术、基础设施、原材料及创新人才等的要素供给；另一方面，要努力推动新兴技术及产业需求的稳定增长，拓展新技术应用的潜在领域，为创新注入更多新鲜活力，并保持需求具有强劲和持续的驱动力。创新供给和需求之间的契合程度越高，新兴技术及产业的创新活力就越强，创新成功率也就越高。

将佩蕾丝和汉密尔顿的模型进行比较可以看出：二者从不同视角阐释了新兴技术向产业进化的创新过程机理。二者的不同点主要休现在两个方面：一是佩蕾丝提出的导入期没有考虑新兴技术的来源，汉密尔顿提出的发现和探索阶段说明了新兴技术方案来源于不同科学知识的探索性组合和发展；二是汉密尔顿从技术本身的成熟度、技术应用条件及市场竞争等方面解析技术发展过程，而佩蕾丝不仅重视了社会、市场对技术的选择，更注重了金融资本在技术演化过程中的作用。二者的相同点也主要体现在两个方面：一是都将新兴技术产生以后的演化过程分为四个阶段；二是都强调了新兴技术演化发展不是单一技术的线性发展，而是技术方案由多到少、不断淘汰和优化竞争发展过程。但依据两个模型对技术创新活动的分析，都对技术创新活动主体的能力提出了更高要求，即不仅要注意发挥和调动一切可以利用的创新资源的能力，还必须在多元技术方案构建主体的竞争中谋求发展先机；不仅要关注技术方案本身的可行性、成熟度，还必须关注技术应用条件的完善性和成熟度；不仅要关注资本等生产要素所有者对技术投资的热情，还必须关注政府对特定技术发展的支持程度。显然，基于社会创新生态认识技术创新活动特征，对创新主体能力的要求更加多元和系统。

（二）企业技术创新活动的主要类型

正是由于认识到技术创新活动的复杂性及系统性，1969年美国国家科学基金会将技术创新定义为一个复杂的活动过程，它始于新思想和新概念，通过不断解决各种问题，使一个有经济和社会价值的新项目在实际中成功应用。著名创新经济学家弗里曼（2008）认为：技术创新是一个包含技术创造、工艺开发和商业化实现的全过程，其导致新产品的市场实现和新技术工艺与装备的商业化应用；是新产品、新技术、新系统和新服务的首次商业性转化。综合起来，我们可以将技术创新理解为：在现有相关环境和条件下，在已有知识和技术发明创造的基础上，运用全新的思考方式及系统管理模式，创造性地破坏原有的思维定式和条件；开发创造出一套新的思想，新的管理模式，新的产品、服务或方法，并首先在第一领域、第一环节使用，令人耳目一新、豁然开朗，并被实践和市场证明确实取得了令人满意的成果的过程。综合分析技术创新过程，可以将其确定为六种活动，其中四种为基本创新活动，包括知识创造与选择、技术方案构建与开发、产品设计与价值模式构造、市场开拓与价值实现；同时，还有两种基础性活动，一是技术创新决策与管理，二是技术创新支持与保障，各种活动及彼此之间的关系如图1-7所示。其中，社会公共知识共享空间为企业知识创新与选择活动的重要来源，即企业的技术知识选择既有来自企业内部，也要吸纳不同的外部知识成果，即使到了技术方案完善阶段，也需要对外部知识有效利用；顾客市场需求信息空间隐含着消费者对产品或服务的多元化需要，是市场开拓与价值实现及产品设计与价值模式构造活动的重要依据。

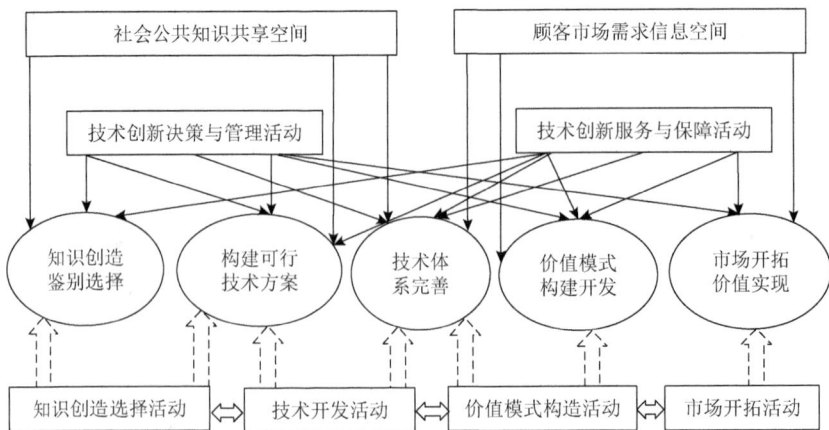

图1-7　六种主要的创新活动

知识创造与选择是探索和创造新知识，并对新知识进行鉴别和选择的科学研究活动。科学研究活动是社会技术创新的基础；没有雄厚的科学研究基础及依赖科学研究发现及创造的知识成果构成的社会公共知识空间，企业等技术创新主体的选择机遇将受到限制。布什等（2004）在其出版的《科学：没有止境的前沿》这本具有划时代意义的图书中就精辟指出：一个在基础科学领域依附他人的国家，必将延缓其工业技术进步的步伐，也将在世界贸易的竞争中处于劣势。知识创造和选择活动具有以下四个基本特征：一是个体化探索，即研究主体往往依赖个人洞见开启研究，并主要利用个体知识和能力开展探索性活动；二是问题具体化倾向，即研究主体倾向将需要探索的问题分解，使探索性问题向具体化方向发展；三是远离具体需求，这类研究一般不针对具体问题，而是旨在探索和寻找一般原理；四是无时间期限，即这类研究活动一般难以确定具体时限。其中，最为重要的问题是具体化的个体化探索特征。

技术开发是将知识进行组合并将其在工程实践中进行应用为目的的研究活动。就整个社会而言，技术开发和工程实践必须立足于知识创新和科学研究基础之上；当然，就某一个技术开发和工程实践主体来说，可以直接利用社会公共知识空间或其他人拥有的各种成果，开展以满足现实社会需要为目的的应用性创新。从活动内容上说，技术开发包括技术方案构建和技术体系完善两个环节。技术方案构建是指提出解决问题的初始方案，技术体系完善是指在技术方案竞争的过程中对胜出方案进行体系化加工，使之形成完整技术体系或系统性方案。这种活动具有以下四个基本特征：一是以总体解决为标志，即技术开发及工程化一般针对产品或工艺等具体目标，并以问题整体解决为开发活动完成的标志；二是问题整体化倾向，即研究主体主要通过知识综合与系统集成的方式使问题向整体化方向发展；三是问题的确定性，即研究开发的对象及过程基本可以规划，相对稳定；四是有明确的完成时点，即技术开发活动一般有明确的研究计划，确定出研究任务完成的具体时点。其中，以知识综合和系统集成为主要方式的问题整体化倾向是技术开发与工程实践的最重要特征。

价值模式构造是以产品或服务开发为载体、以获取商业价值为目的的创新活动。价值模式构造活动与知识创新活动及技术开发活动明显不同，它是一种基于个体概念技能的顶层设计和规划活动。价值模式构造活动具有以下四个特征：一是高创意，即价值模式构造首先是探索以技术获取商业价值的可行逻辑及实现形式，这种模式创造高度依赖概念技能；同时，技术应用模式构造必然包含针对用户需要的特定技术深度开发及创新，呈现技术与商业模式创新并行特征。二是商业价值导向，即价值模式构造活动以获得市场利益为根本目标，不以知识创新及技术领先为追求。三是资源整合，即价值模式构造是多种资源或市场要素的集聚过程，必然伴随大量的资源遴选及整合。四是高风险，价值模式构造比技术创新更具挑战性，也涉及更为复杂的外部环境及资源整合，具有高风险特征。

市场拓展及价值实现是以获取市场认同为目的的商业活动。市场拓展及价值实现活动不仅不同于知识创造与技术开发，也不同于价值构造，更多是与内部员工、外部消费者等环境相互作用的协调性。市场拓展及价值实现活动具有以下特征：一是行为导向，即价值实现活动主体应以使消费者认同并持续购买自己的产品或服务为基本追求，通过分析消费者心理，引导持续稳定的消费行为。二是效率为先，价值实现活动需要依据价值构造确定的方向和目标组织执行，必然涉及大量资源的协调和利用，管理和运行效率是这种活动的首要追求。三是先行优势，即消费者具有先入为主的消费习惯，价值实现活动先行者往往能够获得更多稳定客户的支持；同时，率先获得客户认同能够创造与后来企业进入市场的时间差，为先行者塑造领先优势和市场壁垒提供机遇和条件。四是无地域边界，市场拓展及价值实现活动中的市场开发理论上可以不受市场空间或地域边界限制，可以在从本土市场到全球市场的所有可及空间开展。显然，市场拓展及价值实现活动具有更强烈的竞争性。

技术创新决策是对创新发现和内容进行选择的活动，而创新管理是对创新资源进行筹集和配置，并追求高绩效的活动。技术创新决策及管理活动具有以下特征：一是绩效目标导向，即创新决策及管理追求创新活动的高绩效，既要保证决策及时、正确，又要保证运作过程科学、有序；二是高风险，创新过程本身的复杂性及高度不确定性，决定了创新决策与管理活动的高风险性，特别是创新决策往往是在缺乏参照系下，决策者依据个人的洞察力及认知判断所做的选择，高风险难以避免；三是系统复杂，创新活动具有多个环节、涉及因素多，而且对经济社会发展影响长远、重大，创新决策及管理必须坚持系统思想，必须综合考虑各种因素的影响。

创新支持及保障活动以创新活动得以顺利开展为追求，以为创新活动提供各种服务为主要内容。创新支持及保障活动具有以下几个特征：一是依附性，即这些活动是伴随创新活动开展而开展的，如果创新活动不存在，这样的活动也没有必要发生；二是专业性，由于创新活动本身的综合性、知识性及复杂性特征，创新支持保障活动也呈现专业化特征，即一般由具有专业技能的专业人士或专业机构承担；三是能动性，虽然创新支持及保障活动依附于创新活动产生，但并不是创新活动的拾遗补阙，也不是被动地满足创新活动的需要，而是能动地融入创新活动过程中，对创新活动的正常开展起积极的推动、促进和保障作用，甚至对创新活动有积极强化作用。

二、企业技术创新活动的能力需求

通过上述分析可以看出，不同的技术创新活动具有不同质的特征，其对能力的需求显著不同。同时，企业作为技术创新的主体，为了实现创造价值目标，其承担的技术创新任务或从事的技术创新活动必然呈现系统性特征，或者说必然是个系统工程，故其对能力的需求显然是多元、系统的。当然，由于企业在开展创新活动或承担创新任务时以个体、团队和组织三个行为层次出现，企业技术创新活动对能力的需求也自然体现在三个行为层次上。我们将企业技术创新活动主要区分为六种。有些活动具有明显的个体行为特征，其对个体能力的需求相对更高；有些活动呈现明显的团队或组织行为特点，其对团队或组织能力的需求相对更高。我们分别研究六种创新活动对三个层次行为主体的能力需求。

（一）知识创造与选择活动的能力需求

前文分析了知识创造与选择活动的四个基本特征，其中具有典型意义的是个体化探索特征。也就是说，知识创造与选择活动具有明显的个体行为特点。这些特点对活动主体的能力及禀赋提出了特殊要求。

1. 对个体能力的需求

任何创新都是由人承担的，个体是企业技术创新的主要承担者，也是企业技术创新能力的基础性元素。对从事知识创造与选择活动的科学技术人员个体而言，其行为倾向及个性禀赋应该具有以下特点：一是强烈的好奇心、求知欲望和探索精神，对科学怀有热爱之心，对人类怀有巨大责任和使命感；二是他们愿意并能够站在世界科技前沿，了解科技发展趋势，具有敏锐的科学预见性，能够提出创新思想并付诸研究活动。同时，他们通常心怀对自然的敬仰、对真理的敬畏，不受世俗干扰，具有"仰望星空"的精神境界和特立独行的行为特征。然而要在上述行为倾向的基础上做好知识创造与选择活动，需要以下三个方面的能力：一是风险承担能力，即要有明显的个性化行为倾向和探索意愿，具有比较强的独立意识和冒险精神；二是要有敏锐的洞察力，要有独特眼光和宽广的视野，密切关注环境和技术知识的发展变化，并以独特的认知判断收敛于关键核心点；三是技术知识创造和体系构建能力，能够清晰辨识技术知识的发展脉络和深层次原理，基于解决实践问题的需要创造必要的知识，并对多元知识进行有效整合和构建，形成具有合理性和可行性的技术方案。

2. 对团队能力需求

团队能力并不等于个体能力的简单相加。如果我们将个体能力视为三角形的一个边的话，团队能力可以用这个三角形的面积表征，而另外两个边则分别是团队成员的协作意愿和行为、团队结构（流程）及运作机制，如图1-8所示。显然，团队的能力主要由三个因素构成：一是团队成员具备的技术知识和能力基础，特别是在技术知识创造和识别方面的知识能力基础；二是团队成员在技术创新活动中的协作意愿和行为，包括从事创新活动的主动性、积极性，与同事合作的自觉性、包容性（随和性）及行为稳定性等；三是团队的结构及运行机制，包括团队成员的构成、在创新活动中相互关系、彼此之间的工作程序或运作流程、合作模式及激励、约束机制等。显然，团队能力不是个体能力的简单累加，而是个体能力相互补充、互信协同作用的结果。

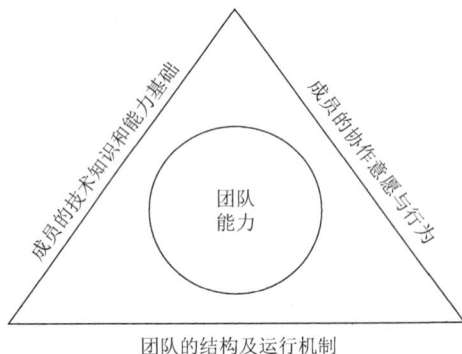

图 1-8　团队能力示意图

　　基于知识创造与选择活动的高度个性化探索特征，团队在从事知识创造与选择活动的能力要求主要体现在三个方面：一是要按照因事选人的原则和团队成员的知识能力基础，构建或形成合理的人员结构或能力组合，即要使团队具备完成知识创造与选择的能力组合；二是促进团队成员形成彼此之间相互信任的协作关系和合作工作意愿，保证不同知识和能力主体的协同作用和协同效应；三是要建立以首席科学家或技术领军人物为主、其他人员为辅的团队工作机制，保证具备核心能力的人员处于核心主导地位。

　　3. 对组织能力需求

　　组织创新能力有更为复杂的构造和影响因素。就从事知识创造与选择活动而言，对组织能力的要求主要体现为机制和文化。这里的机制要求就是指企业要建立尊重技术专家知识产权的创新管理制度，文化要求就是指要形成鼓励技术专家个性化探索和宽容失败的组织氛围。就知识创造与选择活动属性而言，个性化探索的常用解决问题方式是分解，即将需要解决特定问题需要的知识进行专业化分解（图 1-9），通过对分解后知识（图 1-9 中 $R1$、$R2$ 等）的深入研发，寻求或获得解决特定问题的不同类型知识。因而，在组织绩效考核上，要依据知识创造与选择活动的基本特征，设计有针对性的考核体系。依据知识创造与选择活动基本特征，可以借鉴的组织合理管理体制如图 1-9 所示。

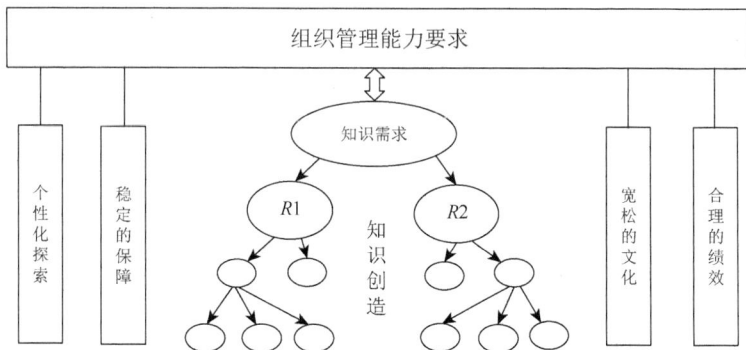

图 1-9　知识创造与选择活动的管理体制

（二）技术开发及工程化活动的能力需求

相对」知识创造与选择活动的个性化探索等特征，技术开发及工程实践更强调问题的总体解决，自然对活动主体的综合能力、集成能力等有特殊要求；当然，从事基于工程实践需求的技术创新活动仍然需要对技术方案不断进行优化和调整，还需要适时引进新的技术知识，敏锐的知识鉴别和需求洞悉能力也非常重要。

1. 对个体能力的需求

在企业技术创新实践中，技术开发及工程化活动绝大多数情况下是组织或团队的活动，个体只是承担其中的某些任务。即使如此，技术开发及工程化活动的固有特征，使得其对适宜承担技术创新及工程实践活动的主体或人才也提出了特定的能力要求。首先，技术开发及工程化活动主要是技术知识的应用活动。如果说知识创造与选择活动是以个性化探索性为主的话，知识应用活动则主要是问题导向的特定解决方案求解过程。其次，技术开发及工程化活动主要是技术知识集成活动。由于知识创造和选择活动主要为基于需求创造和寻找新的知识、发明新的技术，解决问题的思路和方法主要是分解，即把问题分解为不同的子问题逐一研发；而技术开发及工程化活动更多是基于需求开发新产品，解决问题的思路和方法主要是综合和集成，即把不同技术知识集成为一个体系支撑产品创新。显然，技术开发及工程化活动对个体能力的要求更为综合。一是要有技术知识认知判断和选择能力，即对企业内外研发的技术知识有清晰认识和把握，对知识的用途及价值有敏锐洞悉，能够对用以解决企业技术问题的知识做出有效选择；二是要有技术方案或技术体系构建能力，即能够提出解决企业问题的技术方案构架，并依据其结构及技术知识之间的内在联系，将其整合为一个完整的技术体系；三是要有技术方案优化及工程化实现能力，即能够对技术方案进行持续优化，在不断提升其技术可行性、经济合理性的同时，强化其满足客户需求的有效性，研发出具有市场价值和前景的产品或服务。因而，从事技术开发及工程化活动的工程技术人员以知识实际应用为特征，以新技术或新产品创新为追求。他们并不像从事知识创造与选择的科研人员那样，坚守科学的"象牙塔"，而是在探索、积累和掌握科学知识的同时，更关注科学知识在社会中的应用，进而创造出满足人类社会需要的新技术及产品。同时，工程技术人员还要表现出强烈的关注社会特征，有很强的知识信息接收能力，能够理解外部技术信息并有效融合到自己的研发及创新活动中，这些信息包括来自科学的知识创新信息，也包括来自市场的需求信息。综合起来，可以将技术开发及工程化活动对个体能力的需求归纳为图 1-10。

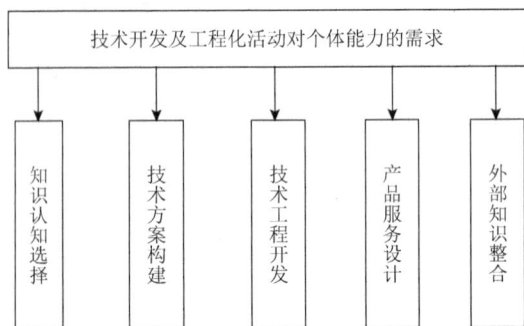

图 1-10　技术开发及工程化活动对个体能力的需求

2. 对团队能力的需求

实际上，技术开发及工程化活动对个体能力的多方面需求难以同时聚集在一个人身上。我们知道，个体能力实际上是个结构，是不同能力的组合；但每个个体一般在某些方面表现强些，在某些方面表现弱些。合理的团队不仅是多元主体的集合，而且不同主体的主导能力之间也要相互协同，形成均发挥各自优势的多赢局面。因而，技术开发及工程化活动对团队能力的要求集中体现在三个方面：一是合适个体的选择能力，即能够将具备图 1-10 所示某一方面突出能力的个体引入团队；二是不同主体之间的合作能力，即通过团队教育和有效机制激发和保证不同主体之间通力合作；三是形成以关键能力主体为核心的团队结构，即依据技术创新及工程化活动所依赖的最关键能力，构造不同团队成员之间的合理机构。在图 1-10 所示的能力需求中，对高效完成技术开发及工程化任务而言，技术方案构建应该是最为关键的能力，在当今技术创新高度依赖平台数据，产品或服务高度信息化、智能化的情况下，这种能力不是简单的技术开发和产品研制能力，而是一种规划和设计能力。对技术方案或技术体系的规划和设计，恰恰成为依赖其开发的产品或服务赢得市场竞争、升级为主导设计的重要基石。在企业技术创新及工程化活动实践中，承担这一角色的往往是技术或产品总规划师或总设计师。从事技术开发及工程化活动的团队，则应该以总规划师或总设计师为核心，围绕其形成合理结构。概括起来，技术开发及工程化活动对团队能力的需求可以用图 1-11 表达。

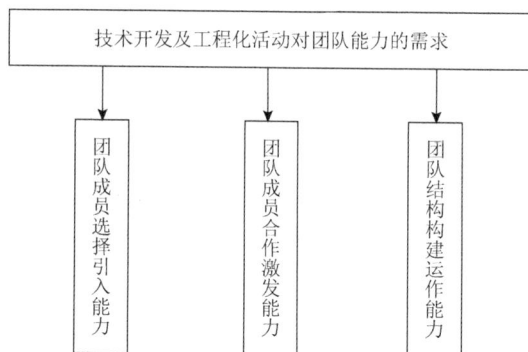

图 1-11　技术开发及工程化活动对团队能力的需求

3. 对组织能力的需求

如果说，个体及团队是技术开发及工程化活动某一方面或环节的任务承担主体，则企业就是全部活动及责任的承担主体；因而，技术开发及工程化活动对组织的能力要求相对更高、更为综合和系统。这种能力要求主要体现在以下四个方面，如图 1-12 所示。

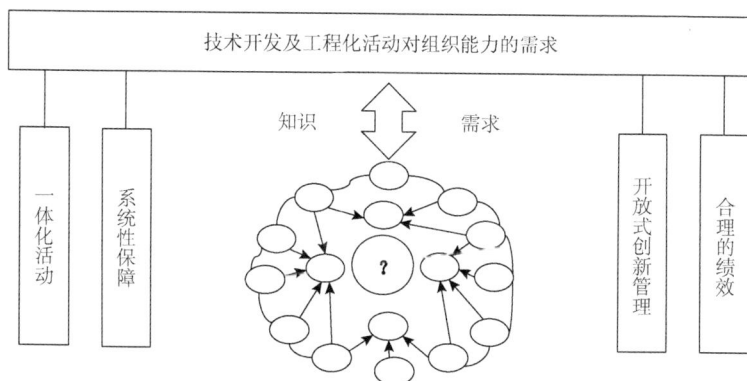

图 1-12　技术开发与工程化活动对组织能力的需求

第一，一体化的活动。技术开发及工程化有别于知识创造与选择，其是技术知识向产品转化的阶段，也是产品实现商业价值的重要基础。因而，合理的技术开发及工程化活动应该吸收技术研发人员、生产制造人员、生产销售人员及售后服务人员等共同参与，形成一体化的创新活动，如图 1-13 所示。组织作为一体化活动的承担主体，需要具备一体化活动的管理能力。

第二，系统性的保障。由于技术开发及工程化活动本身的系统性，对其的保障也应该是系统性的。首先，要有充足的人员和经费保障，特别是高水平的研发设计人员；其次，要有必要的物质条件支撑，包括开发试验、产品中试等设施；最后，要有基于产品或服务推向市场所必需的价值网络或生态构建能力。尽管价

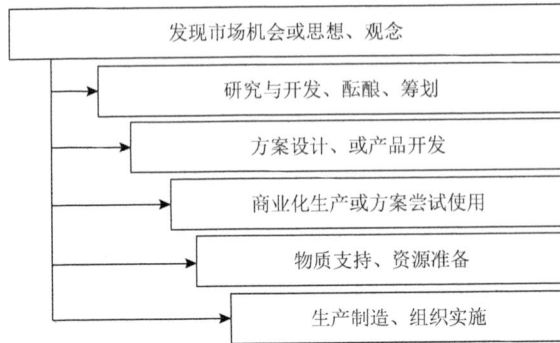

图 1-13　一体化创新活动示意

值网络或生态构建能力是随着产品和服务推向市场逐步形成和提高的，但在技术开发及工程化中必须形成这种能力的构建意识，并对这种能力能否有效形成进行探测和检验。价值网由斯莱沃斯基等（2010）在《发现利润区》（*Profit Zone*）一书首次提出，是指由真实的顾客需求所触发、能够快速可靠地对顾客偏好做出反应的一个网状架构。价值网突破了原有价值链的范畴，从更大范围内根据顾客需求组成一个由各个相互协作企业所构成的价值网，也可以视为一个企业或产品在市场得以实现的生态系统。为了说明企业系统性的保障能力的重要性，我们引入专栏 1-1：Prairietek 公司的创新为什么失败？

专栏 1-1：Prairietek 公司的创新为什么失败？

　　1989 年，位于科罗拉多州隆蒙特市的一家新兴企业 Prairietek 公司宣布研制推出 2.5 英寸（1 英寸≈0.0254 米）硬盘，可以更好地服务于便携式笔记本电脑。该产品即刻成为行业焦点，并几乎赢得了这个新兴市场全部的 3000 万美元订单。当时市场上 3.5 英寸硬盘的主导厂商康诺公司于 1990 年初推出 2.5 英寸硬盘产品，到 1990 年底就占到了 95% 的 2.5 英寸硬盘市场份额。随后，市场上其他硬盘厂商纷纷推出 2.5 英寸硬盘产品。1991 年底，Prairietek 公司宣布倒闭。作为 2.5 英寸硬盘的创新者，为什么会如此快地失败呢？原因在于其研制的 2.5 英寸硬盘是 3.5 英寸硬盘的延续技术，而生产 2.5 英寸硬盘需要一系列供应商的配合，也需要用户（笔记本电脑厂商）的协同。用克里斯坦森的话说，就是如图 1-14 所示的价值网支持。

　　作为行业中的一家新兴公司，Prairietek 公司并不能掌控其 2.5 英寸硬盘产品所寄居的价值网，亦不具备其创新产品的系统性支撑能力。尽管其最初产品得到了市场接受，但当康诺公司推出 2.5 英寸硬盘产品后，很快便被击退。康诺公司是 2.5 英寸硬盘产品的后进入市场者，为什么

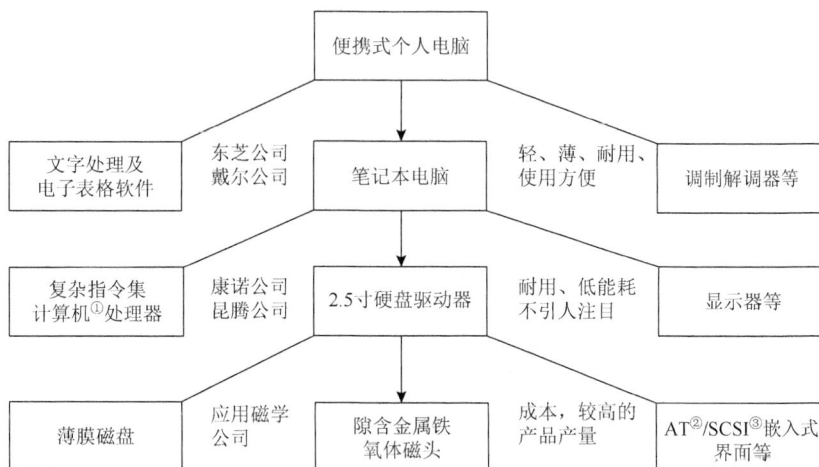

图 1-14　2.5 英寸硬盘的价值网

它有如此神功呢？关键在于其是 3.5 英寸硬盘产品的技术和市场领先者。首先，其研制出 2.5 英寸硬盘不存在实质困难。其次，康诺公司在 3.5 英寸硬盘产品上与供应商、客户等都形成了良好的协同关系。特别是在 2.5 英寸硬盘产品推动下，笔记本电脑被市场接受后。与康诺公司具有良好合作关系的东芝公司、夏普公司、Zenith 公司等原来的膝上和小型台式电脑厂商，很快成为手提笔记本电脑的领先厂商。康诺公司利用其对 2.5 英寸硬盘产品价值网的掌控能力，迅速攻占了 Prairietek 公司开拓的阵地，成为市场竞争的赢家。而 Prairietek 公司因难以得到供应商、客户的广泛接受，只能无奈败下阵来。

资源来源：克里斯坦森（2010）

第三，开放式创新管理。技术开发及工程化活动过程中，企业的开放式创新管理能力非常重要。这种能力主要体现在三个方面：一是新技术知识的吸纳能力，即在技术方案构建及完善的过程中，密切关注外部有用的技术知识成果，并将其及时吸纳到企业的技术方案和技术体系之中；二是客户知识利用能力，即要高度重视消费者或客户对技术方案或产品的需求，通过先期介入等方式将其吸引到技术方案构建或产品开发过程中，使技术方案及产品更好地满足消费者的需求；三是开放创新程度有效管理能力，即准确把握技术创新及工程化活动的开放程度，实现自主核心能力建设与外部知识信息有效利用的有效平衡。之所以提出开放式

---

① 复杂指令集计算机即 complex instruction set computing，简称 CISC。

② AT 为当时的一种计算机类型。

③ SCIC 即 small computer system interface，小型计算机系统接口。

创新管理能力是由于在企业技术创新实践中，不实施开放创新不仅容易造成企业开发系统的封闭，也不利于提高创新速度、提高创新质量、降低创新成本；但是，开放程度过高也不合理。首先，开放程度过高容易造成企业的研发动态信息及相关技术知识外泄，造成企业的技术知识损失；其次，在企业自身技术知识能力构建过程中，过早、过高地依赖开放式创新管理，不利于形成核心技术知识及企业持续发展的可靠依托。因而，企业的开放式创新管理程度非常重要。总的原则是：要以构建自身的核心技术能力为主，以有效利用社会资源为辅。为了说明开放式创新管理的程度重要性，我们引入专栏1-2：企业不宜过早、过度实施开放式创新。

专栏1-2：企业不宜过早、过度实施开放式创新

由于竞争加剧引致对速度要求越来越高、技术综合性所需要的知识越来越多元等，企业创新活动的开放性成为影响创新效率、质量，进而影响创业企业成长的重要因素。Lee 和 Cavusgil（2006）发现企业仅依靠内部有限资源很难满足社会及市场对创新活动的要求，Ruckman（2009）认为企业积极发展外部关系网络并通过协作获取外部创新资源是正确的战略选择。詹雯婷等（2015）研究发现创新活动开放性影响企业技术能力结构，Laursen 和 Salter（2006）以英国制造业公司为例研究发现开放性创新与企业成长性呈倒"U"形关系。我们以上海市2005～2008年新创立的高新技术企业为研究对象，以企业委托其他单位或与其他单位合作开展科技活动而支付给其他单位的经费表征创新活动的开放性，结果表明：创新开放性对创业企业成长绩效的影响在不同分位点上亦不相同。在分位点0.8之前，两者之间关系系数均不显著，而在分位点0.8、0.9处，两者之间关系系数显著但为负。对低成长性创业企业而言，创新开放性对其成长绩效没有影响。然而对高成长性创业企业而言，创新开放性对成长绩效有负向影响。我们认为主要原因在于以下两点：一是创新开放程度较高的创业企业，其技术自给程度及难以复制性一般都较低，进入快速成长阶段技术受制于人或缺乏持续性的可能性高，总收入增长率下降是必然现象；二是正如 Laursen 和 Salter（2006）发现的，开放性创新与企业成长性呈倒"U"形关系，创业企业总体处于倒"U"形的左部下降阶段（张玉臣和杜千卉，2018）。

第四，合理的绩效管理能力。由于技术开发及工程化活动的基本属性、目标追求及组织方式等均与知识创造与选择活动有很大不同，其绩效管理方式及方法也应具有很大区别。首先，就活动属性而言，知识创造与选择活动具有较强的个性探索特征，常用的解决问题方式是分解，而技术开发及工程化活动具有很强的组织一体化活动特征，合理的解决问题方式是问题导向的技术知识集成和应用，如图 1-11 中间部分所示。其次，就目标追求及活动结果而言，知识创造与选择活动追求的是被分解的具体知识，而技术开发及工程化追求的是综合知识和集成知识，是一个由多元知识构成的技术方案和技术体系。最后，就活动组织方式而言，知识创造与选择活动主体是技术研发人员，而技术开发及工程化活动的主体更加多元，包括企业内部生产制造、销售等人员，甚至还要引入较多的外部人员。从有效实现技术开发及工程化活动使命而言，合理的绩效管理能力应该达到如下状态：一是技术开发人员基于企业持续发展需要及市场多元化需求，在技术方案及产品开发过程中，具有强烈市场导向、客户导向、生产导向意愿；二是企业生产制造部门具有参与新技术方案或技术体系构建的积极性，并愿意将新技术方案引入企业的生产制造体系；三是客户及合作伙伴等具有长期行为导向。为了说明创新绩效管理的重要性，引入专栏 1-3：施乐 PARC（Palo Alto Research Center）的创新绩效管理。

专栏 1-3：施乐 PARC 的创新绩效管理[①]

1970 年，施乐（Xerox）成为美国第一个依靠一项技术（复印机技术）在十年内收入超过 10 亿美元的公司。在公司首席科学家 Jacob Goldman 的倡导下，施乐公司的研究中心——PARC 在离斯坦福大学不远的地方成立。PARC 的科学家及工程技术人员的创造力和想象力毋庸置疑。整个 20 世纪 70 年代是 PARC 的黄金时期，其发明了个人电脑、激光打印机、鼠标、以太网、图形用户界面、语言压缩技术、图标及下拉菜单等几乎涵盖当今计算机科技的全部基础技术。但尴尬的是，PARC 创造了第一台个人电脑，而在这个领域大放异彩的却是苹果公司和 IBM；图形用户界面在 PARC 诞生，赢得商业价值的却是苹果公司和微软，甚至很多人认为这个技术就是苹果公司或微软发明的；即使是在其具有传统优势的复印机市场，如今抢尽风头的是佳能和惠普……站在今天审视 PARC，这个拥有过诸多技术成就的实验室可能就是为他人作嫁衣的宿命。之所以出现这种状况，有人将其归结为两个原因：一是已经靠复印机赚取了惊人利润的施乐公司，并没有动机与 PARC 产生紧密的商业联系，这家公司的管理层太没有远见了；二是 PARC 的科学家并不关心怎么把自己的主意变成"摇钱树"，甚至不太在意如何保护自己的发明（图形用户界面正是被乔布斯"参观"后将其率先将推向市场）（李晓慧，2008）。看看那些重大的发明，有人发出这样的感慨：如果 PARC 及时解决了专利保护和商业化问题，或许硅谷的故事就要改写。2002 年，PARC 从施乐公司剥离，成为独立运营的全资子公司。

---

① 资料来源于中国专业 IT（Internet technology，互联网技术）社区 CSDN（Chinese Software Developer Network）。

其实，造成这种局面与施乐对 PARC 的管理密切相关。因为施乐对 PARC 实施了宽松的放任式管理，PARC 是施乐直属的成本中心，公司提供经费预算支持科学家自由探索和创造；故科学家及 PARC 只关心将预算花完和取得科学技术成果，并不对为商业价值做贡献感兴趣，当然也就没有保护知识产权和成果转化的欲望。同时，由于科学家的探索并非直接为施乐的生产服务，其与现有生产体系也缺乏紧密联系。如果将 PARC 转变为基于生产部门要求而进行针对性研发的机构，势必又影响其前沿科技的探索和科学知识积累。设想一下，如果当时施乐公司在对 PARC 的管理上设立一种缓冲机制，即在实施成本中心管理体制下，允许其向市场出卖技术获取收益：一方面，有些技术人员出于获取经济回报的动机，会产生出卖技术成果的动机或欲望；另一方面，有些技术人员出于证明自己研究成果有价值的动机，也会推动技术成果出售。显然，这种管理模式有利于引导研发部门更多地研究有用技术，也会对生产等业务部门造成巨大压力。因为，如果 PARC 的技术都被外部买走并创造了巨大价值，说明生产业务部门缺乏识别技术的眼光，也缺乏应用创新成果的意识和能力。进而，会激发生产业务部门采用 PARC 技术成果的积极性。当然，为了保证研发机构在前沿技术及科学知识积累上的稳定性，依然对其按照成本中心管理，给予稳定的预算经费支持。再进一步，将研发机构直接设立为利润中心，其既可以通过出卖技术获取利润，也强化了其对成本的控制（可能会通过与高校等合作获取基础科学知识，或通过购买技术、研发外包等措施降低成本）。这样做的结果是，激发了科技成果转化，但也使得其前沿科技创新积极性下降。以后的事实证明：PARC 从施乐分离后，将 35 个项目卖出，其中 11 个成功项目创造的价值远远大于施乐公司本身，有力地推动了科技成果转化；但是，独立后的 PARC 再也没有创造出具有重大影响的创新成果。显然，对研发及业务部门的创新绩效管理非常重要。

（三）价值模式构造活动的能力需求

在企业技术创新活动中，如果一项创新成果直接融入现有的产品或服务中，其主要作用在于改进质量、提高性能等，可能不涉及价值模式构造问题，即技术成果可以继续在原有价值模式中发挥作用。如果是一个新的技术成果，涉及在商业上的首次应用，或者原有技术成果改进以后需要探索新的商业应用模式，类似于现有企业需要开展内创业活动，则有价值模式构造问题。价值模式构造的主要任务就是商业模式的探索、构建和开发。

1. 对个体能力的需求

尽管价值模式构造的初始创意和思想可能来自个体，但形成一个完整、可重复的价值创造逻辑或模式，更多是依靠系统性的组织力量。也就是说，价值模式构造具有典型的组织或团队活动特征。当然，初始创意或构想不可或缺；而提出初始创意或构想对个体能力的要求主要体现在对企业家或创业者的能力需求上。

对企业家或创业者而言，价值模式构造的能力需求主要体现在以下两个方面：一是对商业价值的洞悉和鉴别能力，即能够先于他人敏锐感知技术成果的潜在商业价值，并能够洞悉这种价值的有效实现形式；二是商业逻辑辨析及构建能力，即能够识别关键核心技术成果并以其为核心，构造连接市场及社会资源的赢利模式或被市场及社会接受的商业逻辑。

比较价值模式构造与技术开发及工程化，二者对能力的要求显著不同。首先，价值模式构造是一种商业能力。价值模式构造不仅要关注技术成果与市场的关系，特别是技术成果与消费者需求之间的联系，更要关注技术成果与社会经济之间的内在联系，特别是技术成果在市场上应用能够创造价值的载体、价值的表现形式及价值在不同利益相关者之间分配等商业逻辑。因而，价值模式构造超越技术开发和技术方案构建、产品设计试验等技术活动，不是通常的技术能力，而是更高层次的高智力活动。在企业创新活动实践中，提出价值模式构造初始创意或构想的大多是企业家或创业者，或者是具有企业家或创业者潜质的商业人才。其次，价值模式构造是一种概念能力。概念能力是指某一主体将复杂事物进行抽象、提炼和概括性描述，进而以概念化工具或模型对其本质特征及构成要素之间关系进行准确表征的程度或水平。

2. 对组织能力的需求

价值模式构造任务主要由企业家或企业高层管理团队承担，在一些企业中，尽管有时由战略规划部门提出价值模式构造的初始方案，但其核心思想大多来源于高层管理者；而其被接受与否，更取决于高层管理者。因而，价值模式构造活动主要是组织性活动，故不再探讨其对团队能力的需求，而直接分析其对组织能力的需求。就价值模式构造活动自身的特点而言，其创造性活动特征其实更为强烈，对创造力的要求甚至比技术开发活动要求更高，也需要更为宽广的视野和更为敏锐的洞察力。从组织能力的视角进行考察，其能力需求可以概括为以下两个方面。

第一，商业价值洞悉与鉴别能力的有效发挥。商业价值洞悉与鉴别能力是技术成果价值模式构造的重要基础，但基于现代产业技术的复杂性，特别是技术知识在社会应用的系统性特征，凭借单一主体难以对技术知识的商业价值进行及时和准确的洞悉与鉴别。首先，拥有某一技术成果的人，可以对其拥有的技术成果应用前景进行识别和判断，但往往不了解其拥有技术与其他技术协同应用能够创造多大价值，甚至因为不了解其拥有技术可以与其他技术协同应用，而丧失对其应用前景及价值的判断。其次，技术成果的商业价值洞悉与鉴别影响因素更为复杂和多元，具有更大的不确定性特征，初始的构想和方案得到其他人认同更为困难。最后，难以将商业价值洞悉与鉴别确定为企业管理序列某一特定部门的责任，更容易使其变成"可做可不做"的事情。因而，推动和促进商业价值洞悉与鉴别能力的有效发挥是一种组织能力。这种能力体现在能够有效激发组织内部不同人员的互动和交流，能够引导相关人员在价值识别上相互切磋。

第二，商业逻辑辨析及构建能力的组织实现。如果说技术成果的商业价值洞悉与鉴别能力主要需要组织激发的话，商业逻辑辨析及构建能力则需要组织去推动和落实。显然，这是一种更为明显的组织能力需求。首先，商业逻辑辨析涉及核心技术、核心资源、核心环节等的认知，这种认知必须得到组织认同才能成为构建相互联系逻辑的基础。在企业技术创新实践中，往往遇到这样的矛盾：有些人认为 A 技术为核心技术，必须置于企业价值模式的核心；而有人认为 B 技术具有更高层次、更大价值，是更为重要的关键核心技术。如汽车的发动机技术和控制系统技术，到底哪种技术为核心技术？往往引起人们的争议。因而，将商业逻辑辨析成果转化为组织认知，特别是组织意志，需要系统性的组织工作，当然是组织能力的重要表现。其次，构建商业逻辑需要组织内外多元主体的协同行动。就组织内部而言，即使明确了价值模式中的关键核心技术或关节，如何构造彼此之间的连接也并非易事。因为这不是简单的认知问题，而涉及组织的权力和利益分配。也就是说，即使相关部门或主体接受关键核心技术认知，也会在相互之间地位安排上有一番争夺。就组织外部而言，以相关技术为核心构建价值模式，不仅要求在逻辑上能够成立，还需要考虑环境对价值模式的包容性，特别是得到利益相关者的认同；同时，还必须考虑消费者的替代性选择和潜在同行的竞争等。价值模式构造活动对组织的能力需求如图 1-15 所示。

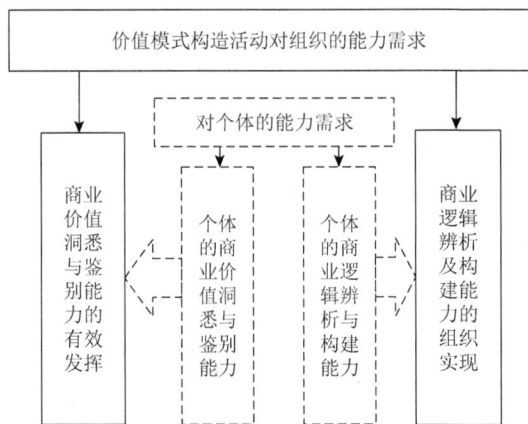

图 1-15　价值模式构造活动对组织的能力需求

（四）价值实现活动及能力需求

在企业技术创新过程中，价值实现是最为复杂的活动环节。首先，该阶段要将构建的价值模式在企业实施，需要动员企业内外所有资源和要素、所有主体及利益相关者协同行动，涉及的要素和主体等非常广泛和复杂；其次，价值实现要将企业的产品或服务推向市场，不仅要满足顾客多元化的需求，引导顾客接受产品或服务，还要激发顾客产生实际购买行为，进而实现创新回报，活动内容富有挑战性和复杂性；最后，对于技术研发和价值模式构建而言，很多都可以由一个人完成，但价值实现活动一定由组织形态的多个主体完成，组织管理工作非常复杂。基于此，价值实现活动对个体及组织的能力要求更高。

1. 对个体能力的需求

由于价值实现活动的组织化特征，其对个体的要求不是指哪个特定的主体，而是指在组织或团队背景下具备这种能力的个人。因而，这里的个体是一类人或一群人，而不是某个人。价值实现活动对个体的能力要求主要有以下三个。

第一，战略执行能力。战略执行是指战略的落实与实施，是将战略和目标付之于行为或行动并输出结果的过程。执行力就是把战略落实到位，把事情做好并实现组织既定战略目标的可能性或程度。基于组织背景探讨个体执行并完成任务的能力，可以考察其六个方面的能力状态和水平：一是战略分解能力，即对企业战略或价值模式设计做出准确解读，并将战略或价值模式目标及与之对应的任务分解到合适的部门、合适的人来承担和完成的能力。二是标准设定能力，主要指为分配给各个部门或组织成员的业务活动确定评价标准的能力。我们知道，企业的目标是通过一系列活动完成的。将企业目标分解到各个部门或组织成员，实际上是分配其承担特定活动，并要求其达到特定目标要求，这个业务活动目标要求就是工作标准。由于技术创新活动中有些业务活动的标准难以计量，甚至难以清晰、准确地描述；而业务活动标准对人的后续行为具有重要引导作用，标准设定极其重要。三是时间规划能力，即将特定任务在给定时间内合理配置的能力。由于不同部门、不同岗位之间的业务活动需要保持协同，既要求每个部门、每个岗位均能够按时完成任务，也要求总体任务按照预定时间完成；因而，时间规划能力对不同层次的个体均十分必要。四是岗位行动能力，即完成特定岗位职责的能力。依据每个个体的岗位不同，这种能力可能是技术能力，也可能是管理能力，还可能是综合能力。五是过程控制能力，主要是指组织战略或价值模式落实过程中各种要素、各个部门之间的协调能力，包括对意外或随机情况的处理等。六是结果评估能力，主要指对各个部门、各个岗位的业务活动及全部目标完成情况进行准确的评估以客观衡量工作绩效的能力。在有些业务难以计量的情况下，客观评价各个部门及岗位的工作绩效并非易事。当然，好的战略或价值模式是好的执行的基础，因而，战略制定能力对执行有效性有至关重要的影响。组织中不同层次成员对执行能力的要求如表 1-2 所示。

表 1-2　组织中不同层次成员对执行能力的要求

层级	战略制定	战略分解	标准设定	时间规划	岗位行动	过程控制	结果评估
高级管理	√√	√√	√	√	√	√	√
中层管理		√	√√	√√	√√	√√	√√
基层管理				√√	√√	√√	√√
普通员工					√√	√√	√√

注：√ 表示需要；√√ 表示非常需要

第二，市场洞察能力。由于价值实现活动要将产品或服务送到客户手中并获取价值，首先需要识别哪些客户需要产品或服务，哪些客户会实际购买，用什么方式推广产品或服务，以什么渠道实现销售更为有效。要完成上述任务，就需要相关人员具备市场洞察能力。简单地讲，市场洞察就是在瞬息万变的市场中捕捉信息，从端倪中及时发现多元化消费者的需求特征及变化，敏锐感知利益相关主体及竞争对手的动作等。实践中的市场洞察是一种能力，既受作为行为主体的个人的潜质和禀赋影响，更与系统分析模型或工具密不可分。在当今时代，市场洞察更多体现为在客户数据管理的基础上，实现与客户分析、客户洞察的相互驱动，在闭环过程中逐步积累并不断优化客户认知和分析能力。真正的市场洞察具备以下四个特征：一是模糊发现。一般说来，客户的想法并非先验地存在，在被察觉以前其实并不一定显而易见。很多时候，人们在发现客户想法之后很长一段时间内还不能看清它们的真相。因而，在寻找和分析客户想法时，初期分析一般具有一定的模糊性。二是独特而新鲜的视角。要想获取丰富多元的知识和客户真实想法，既要听取不同声音，更要善于以独特的视角观察问题，以不同参照物进行细致比较。以杜邦公司为例，在开发新市场机会时通常邀请三种不同的局外人参与，即学术界专家（开发新的产品）、顾问（提供最佳做法）和行业专家（了解业内状况）。三是不同寻常事物的解剖。一般说来，不同寻常的事物一般蕴含重要信息，从其入手由表及里进行解剖，容易揭示事物的关键因素、真实面目及本质特征，也能够激发认知主体颠覆传统思维和观念。四是直接观察。一定要走出办公室、走出书斋，要与客户进行面对面的直接接触，通过直接观察洞悉其内心潜藏的需求。

第三，市场开发能力。市场开发是指将特定产品或服务实际打入特定市场。

由于一般现有产品或服务市场都存在竞争，新产品尚未得到市场认同，市场开发是企业及销售等人员必须具备的重要能力。这种能力主要体现在三个方面：首先，对现实客户具有认知和判断能力。消费者对特定产品或服务的需求呈现多种状态，无需求的我们暂且不用考虑，仅有需求的就可以分为三种类型，即无实际购买意愿、有购买意愿但无实际购买能力、有购买意愿亦有实际购买能力。有需求、无实际购买意愿可能会购买替代产品，有购买意愿但无实际购买能力的可能是由于收入不足，只有有购买意愿亦有实际购买能力的才能成为现实客户。对现实客户需要进行认真考证，这依赖行为主体的认知和判断能力，也需要使用科学的分析工具和方法。其次，将潜在客户发展成为现实客户的能力。潜在客户包括有需求、无实际购买意愿的客户，也包括具有潜在需求也有实际购买能力的客户。将前者发展成为现实客户需要通过与替代厂商的竞争实现，将后者发展成为现实客户需要通过深入沟通和开发性营销策略。所谓开发性营销策略，是指通过提供有效的精神和物质刺激，将消费者的潜在需求转化为现实需求。具体措施是识别和捕捉消费者尚未得到满足的需求，有针对性地开发和研制新产品，包括改进产品、调整价格、疏通渠道、加强服务、扩大宣传、沟通产销关系等。最后，不断开发新客户的能力。新客户包括原来没有需求的客户，也包括原来没有购买能力的客户。开发新客户不仅要时刻关注市场竞争格局的变化，也要关注顾客群体及其需求、消费能力等的变化，通过主动的开发性营销等策略，将他们发展成为现实客户。

2. 对组织能力的需求

前文已经指出，价值实现活动是典型的组织性活动，其对个体能力的需求是多方面的，而其对组织的能力需求既包括多个主体能力的集合或集成，也包括基于组织层次自身的能力。基于组织层次自身的能力主要包括两种：第一，资源网络和组织能力。由于价值实现活动需要汇聚多种资源、需要组织企业内外的多元主体参与，其资源网络和组织能力非常重要。要求企业作为价值实现活动的主导者，首先，能够组织和筹资必要的社会资源，以保障活动的顺利实施。其次，参与主体具有比较强的合作意识，这就要求每个人在充分认识和发挥自身优势的同时，更要充分尊重别人的长处，重视他人的作用。最后，价值实现要求有比较强的执行能力，即按照既定价值规划和构造把事情做好的能力。因而，价值实现参与主体要善于行动、善于协调、善于管理。第二，对市场变化的快速识别和反应能力。价值实现的本质是使自己的产品或服务得到顾客认同；因而，价值实现活动主体首先要准确并及时洞悉消费者行为特点，善于关注市场、顾客及政策等多元信息。其次，要有较强的信息及资源整合能力，以及时把握市场竞争机遇，形成领先优势。

第二节　企业技术创新能力概念及类型

前文已经指出，企业技术创新能力是指企业在从事技术创新活动或完成创新领域特定任务时的内在潜力及外在表现。这样的定义当然符合逻辑，但在实践中使用显得有些抽象。首先，企业是个组织，其能力包括构成个体、部门或团队能力的集成；同时，企业作为独立的社会单元，也有与外部环境相互作用时表现出的自身层次能力。个体、团队、组织三个层次主体的能力孰重孰轻，如何集成，这在实践中是个重要问题。其次，内在潜力和外在表现是表征企业技术创新能力的两个不同视角，但二者显然不尽相同。暂且不论内在潜力和外在表现哪种视角更为合理，仅就内在素质而言，在企业层次还缺乏像个体层次那样相对成熟的行为科学测度工具，无疑增加了其在实践中使用的困难。最后，基于企业技术创新活动的复杂特点，多元化的企业技术创新能力一定呈现为某种结构，如个体智力可以分解为认知、记忆、计算、规划、演绎、分析等多种类型，企业技术创新能力也应该可以分为多种类型的能力。显然，有必要结合企业技术创新活动的特征及能力需求，对技术创新能力的概念和类型进行深入分析。

一、企业技术创新能力的概念

企业技术创新能力是个在理论和实践上都得到普遍使用的概念，为了对其含义做出清晰界定，我们首先对现有研究做出综述和比较。

（一）企业技术创新能力的研究综述

企业技术创新是最为普遍且重要的创新活动，故企业技术创新能力是受学术界关注度较高的学术名词。早在 20 世纪 60 年代，学者就开始了关于企业技术创新能力内涵的争论（史宪睿和李兆友，2004）。当时有两种代表性观点：一是以阿罗（Arrow）为代表的"干中学"观点，认为技术进步及技术能力是人们不断从其环境中学习的结果，一个经济系统的知识量和能力取决于过去的经验，而生产技术的提高，则主要是因生产而积累经验的结果。该理论的积极贡献在于揭示了企业技术能力的提高应该建立在不断的学习与知识积累之上，其局限在于主要反映了当时工业时代制造装配等技术能力的形成和发展特征，而不能体现信息时代控制系统等数字技术能力的特点；同时，"干中学"观点将技术学习和进步看成是渐进的过程而不包括跃迁式、不连续的变化，并不能完整表征社会技术进步的全部情况。二是以罗森伯格为代表的"用中学"观点，认为技术能力有如许多耐用品，其使用过程也是学习过程，自然也是能力逐步提高的过程。比如家庭轿车等耐用品，其本身技术相对复杂，人们只有在有了一定时间的使用后，才能理解其复杂的功能，才能更好地使用这种产品，具备更强的技术应用能力（Kline and Rosenberg，2009）。同时，"用中学"理论还包含这样一种思想，即一种新产品在刚刚走向市场时并不完善，只有通过使用才能不断加深对产品性能的了解，做出许多技术改进使其成熟起来。显然，"用中学"理论认识到了企业技术能力的逐步提高过程，并认识到吸收外部知识信息（包括用户信息）的重要性。国外研究技术创新能力的代表人物还有伯格曼和曼迪奇，他们认为企业技术创新能力是便于组织支持企业技术创新战略的企业一系列综合特征，包括可利用资源及分配、对行业发展的理解能力、对技术发展的理解能力、结构和文化条件、战略管理能力等。该定义从战略管理角度对企业技术创新能力进行了分析和解构，但过于抽象和笼统，难以对实践起指导作用；与此同时，其列出的支持企业技术创新战略实现的要素也不够完整，除了技术创新能力外，还应包括制度创新能力、产权创新能力等。哈佛大学的巴顿（2000）基于组织动态知识视角，将企业核心技术创新能力界定为四个核心要素，包括掌握专业知识的人、物理技术系统、管理系统及企业的价值观等。这一定义揭示了技术创新能力的核心内容，但更多揭示了企业技术创新能力的构成维度，而不是企业技术创新能力概念本身（Barton，1992）。国内企业技术创新研究的主要代表人物有傅家骥、许庆瑞、高建、魏江、陈劲、路风等。许庆瑞（2000）认为，技术创新主要是指产品创新和工艺创新，企业技术创新能力是支持企业创新战略实现的产品创新能力和工艺创新能力的耦合及由此决定的系统的整体功能。同样，这个定义主要是对工业文明或工业时代下企业技术创新能力的描述，而信息技术及网络经济时代下，产品规划和设计能力更为重要。魏江和寒午（1998）则认为，企业技术创新能力应有如下特点：一是（体现）产品创新能力和工艺创新能力的整体功能；二是（由）一个系统（构成或决定）的能力；三是与技术创新战略密切联系。同样，这种技术创新能力定义仍然主要局限在技术能力，而未能包括技术价值模式、商业模式构造等能力。路风等综合了"干中学"和"用中学"两个理论的观点，将企业技术能力直接定义为能够有效使用技术知识的能力。一是强调由于企业的技术知识中包含大量的"缄默知识"（tacit knowledge），技术能力只能在企业技术研发和创新实践中形成（"干中学"）；二是由于现代技术知识的高度复杂性，绝大多数企业技术超越个人所贮备的知识和技能，技术能力只能在组织创新活动中、在使用技术知识的过程中内生性地形成并逐步提升（焦玉灿和罗亚非，2005）。

　　早期有学者从资源要素角度出发，将技术创新能力视为由多种要素构成的有机整体，可以将其称为资源观。按照资源观的理解，企业技术创新能力是以技术创新为内在机制推进企业经济增长和发展的能力。技术创新能力包括投入能力、产出能力、活动过程能力及企业内部支持能力和社会支持能力等。其中，技术创新投入能力反映企业技术创新的战略意志和实力，技术创新产出能力反映创新资源投入转化的价值形态，是企业技术创新能力的现实体现。后来有学者从技术创新的过程出发，将技术创新能力视为在不同创新环节上表现出来的能力，可以将这种视角称为过程论。然而，要素和资源并不等于能力，要素和资源要经过合理配置、以正确的方式使用才能转化为能力。实际上，单纯从企业角度讨论技术能力结构的文献并不很多，更多学者跳出企业技术的视野，从更为宽泛的视角探讨技术能力的构成（吴运建和王晓松，1994）。例如，有学者将技术创新能力与企业活动类型相对应，认为创新能力是企业开展创新活动时展现的能力，其同生产能力、吸收能力等一样既是企业能力的重要组成部分，也是多种能力的综合（高建，1997）。基于这种认识，有学者把技术创新能力分解为创新资源投入能力、创新管理能力、创新倾向、研究开发能力、制造能力和营销能力等（张学文等，2001）。陈力田（2012）结合创新过程和创新内容的分析，基于资源观、知识基础观、吸收能力观和动态能力观等多元理论视角，将创新能力的内涵界定为：企业搜寻、识别、获得外部新知识，或发现已有知识的新组合，或发现知识的新应用，进而产生能创造市场价值的内生性的新知识所需要的一系列战略、组织、技术、市场的能力。这个定义不仅系统阐述了技术创新能力的一系列特点，还揭示了其具有的动态变化特征，是较为全面的研究成果。

（二）企业技术创新能力的概念界定

通过上述研究综述可以看出，人们观察和界定企业技术创新能力概念有不同的视角。尽管各种视角都有其道理，但我们认为，能力是在活动和承担任务中体现出来的，基于活动特征界定企业技术创新能力更为合理。

1. 基于技术成果转化的技术创新能力

所谓基于技术成果转化的技术创新能力，是指企业基于新兴技术研究成果，在对其进行持续开发以获取商业价值的整个过程中，所需要的各种能力的综合。显然，企业技术创新能力是多种能力的集成和综合。在企业技术创新实践中，每一种创新能力既在从事特定活动过程中发挥主导作用，也作为企业技术创新整体能力的重要组成部分，与其他类型能力协同发挥作用。一般说来，率先进行技术成果转化的企业均居于行业技术引领或前沿地位，对技术创新能力的要求亦相对较高。

图 1-16 是基于技术成果转化的技术创新活动过程，我们将这个过程中的企业技术创新能力界定为：企业对技术知识进行有效识别和选择、依据对其价值和用途的判断提出技术方案、在竞争中不断完善技术方案及技术体系并进行产品设计与开发、基于商业生态构建价值创造模式并将其实施、将产品或服务推向市场完成技术知识转化为经济价值等诸多能力的总和。按照这样的理解，企业技术创新能力呈现如图 1-16 所示的层次递进结构。

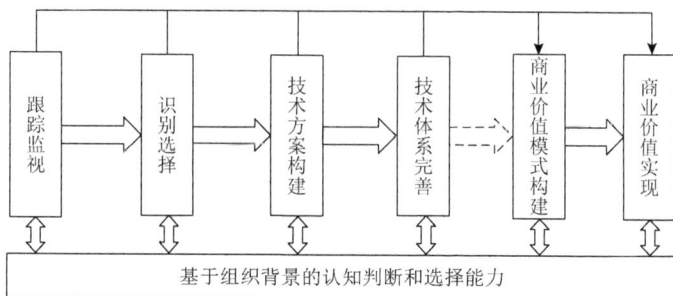

图 1-16　企业技术创新能力层次递进结构（一）

在图 1-16 中，我们可以将技术知识的跟踪监视、识别选择、技术方案构建、技术体系完善等几种能力归结为技术能力；而将商业价值模式构建、商业价值实现归结为商业能力。同时，基于我们的认知，有以下三点需要说明：首先，基于技术方案的技术体系在不断优化并被确定以后，体现其实体化形态的产品或服务便已经确定，其后的产品或服务开发便与价值模式构建融为一体，故在图 1-16 所示的企业技术创新能力层次递进结构中没有单独列出产品或服务的开发。其次，技术能力与商业能力是截然不同的两类能力，技术能力之间有明显或强烈的递进关系，而技术能力与商业能力之间并不存在明显的递进关系。因此，在图 1-16 中技术体系完善与商业价值模式构建之间使用了虚线头连接，主要表示商业价值模式构建与技术体系完善不是相同类型的能力，二者之间没有明显的递进关系。最后，图 1-16 中用一条实线（图的上方）将所有技术能力与商业价值模式构建、商业价值实现连接，主要表示商业价值模式构建未必一定在技术体系完善后才展开，其在技术能力发展的各个阶段都可以展开。也就是说，基于技术或技术能力发展的各个节点，都可以直接进入商业价值模式构建，如将专有技术知识卖掉、与其他主体进行合作等。各种不同类型能力的含义及具体特点，在稍后的企业技术创新能力类型中详细阐述。

2. 基于技术学习的技术创新能力

基于技术学习的技术创新能力是指后发企业通过引进获得技术知识、通过模仿和学习逐步掌握自主技术并将其转化为经济价值的过程中所需要的各种能力的集合。显然，基于不同的技术知识来源、不同的技术发展起点，技术能力建设的路径也有所不同。基于技术学习的企业技术创新能力可以定义为：企业对技术知识进行识别、选择、跟踪或监视，进而进行吸收、运用、改进和创造，并使其转化为经济价值等诸多能力的总和。

图 1-17 为基于技术学习的企业技术创新能力层次递进过程。从中可以看出，基于不同的技术能力发展路径，有不同的技术创新能力类型。例如，在对引进的技术知识进行跟踪监视以后，直接开展的创新活动是技术成果的模仿和学习，

在此基础上进行内化，逐步进行技术应用和改进，进而实现自主创新，建立自主技术。

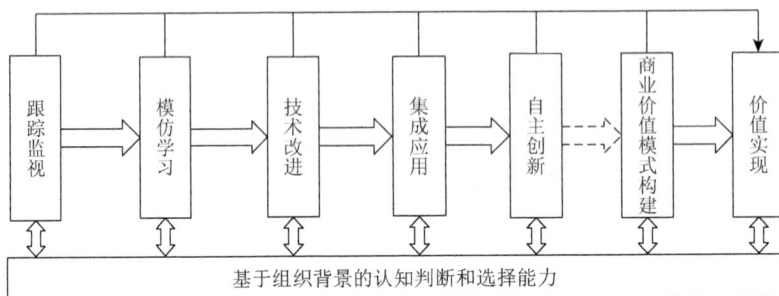

图 1-17　企业技术创新能力层次递进结构（二）

图 1-17 中其他表示与图 1-16 类似，这里不再详细解释。同样，与基于技术成果转化路径不同的各种技术能力类型，在企业技术创新能力类型中详细阐述。

（三）企业技术创新能力的主要特征

企业技术创新能力既有与一般能力共有的普通特征，也有体现创新活动特点的专属特征，我们分别对其进行阐述。

1. 普通特征

第一，内生性。内生性是所有能力的共有特征，主要是指其具有行为和实践内生性。也就是说，能力必须在特定活动实践中产生，通过特定的行为实践获得。能力与技能具有类似性，与专业知识密切相关；但能力不同于知识，也不同于应用知识的技能和方法。知识和技能可以通过读书、学习获得，能力却难以单纯通过读书及学习获得。也正是由于能力的内生性，其一般情况下不能复制、不能简单移植，更不可能从外部注入。

第二，潜在性。潜在性是指个体或组织的能力并非完全能够通过外在表现或工作业绩来测度和表征，而具有明显的内隐性和情境特点。也就是说，特定主体能力的发挥受多种因素影响，未直接表现出来并不代表主体不具备能力，如运动员经常在重大运动会上失利，只能说明其能力没有得到有效发挥。

第三，结构性。结构性是指任何主体的能力大多由多种能力混合而成，其能力具有结构性特点。就特定主体而言，可能其某一方面能力强于其他主体，但这并不代表其总体能力高；其某一方面能力弱于其他主体，也不意味其总体能力低。所有主体的能力都有强弱搭配，并呈现互不相同的组合结构。

第四，可比性。可比性是指不同主体之间的能力可以通过科学的手段和方法进行测度，进而进行相互比较。例如，每个人的智力都是一个由多种能力复合而成的结构，我们可以通过不同能力测度量表的开发，测度不同类型的智力能力，并通过智商等指标对不同主体之间的智力能力水平进行评价和比较。

2. 专属特征

技术创新能力不仅具有一般能力的普通特征，也因技术创新活动本身的特点，使得其具有一些与创新活动特征密切相关的专属特征。

第一，综合性。基于创新具有多种活动高度融合的特征，特定主体的创新能力也具有综合特点。在企业技术创新实践中可以发现，有些主体具备较强的技术知识创造能力，一般也具备较强的技术知识识别和选择能力；有些主体具有很强的商业模式设计能力，同时具有较强的战略决策和选择能力等。

第二，独特性。独特性是指针对不同的创新主体而言，每个主体的创新能力都具有鲜明的个性和特色。也可以说，不同创新主体之间很难具有完全相同的创新能力结构。正是由于创新能力的独特性，实践中每个主体的创新行为和结果都是不同的。

第三，动态性。动态性是指特定主体的创新能力处于不断发展变化之中，个体和企业都是如此。特定主体创新能力的不断变化可能来自创新实践活动，由活动主体知识和经验积累等导致的能力提升；也可能受情境、资源、环境等的多元变化影响，使得自身的认知和判断能力、活动适应性等增强。

第四，递进性。递进性是指企业的技术创新能力具有从低到高、逐步积累和发展、逐步提升的递进特征。也就是说，高层次的技术创新能力必须建立在低层次能力基础上。没有低层次的技术学习和模仿等，就不可能有中层次的技术应用和改进，更不可能有高层次的自主开发和原始创新能力。

二、企业技术创新能力的主要类型

不同的技术创新活动需要不同的技术创新能力，不同的技术创新能力也需要在不同的技术创新活动中实践积累和形成。因而，依据技术创新活动特征对技术创新能力进行分类非常必要。

（一）基于技术成果转化的技术创新能力类型

在图 1-16 所示的基于技术成果转化的技术创新能力递进模型中，列出了七种技术创新能力类型。其中，绝大多数能力具有明显的递进特征，有些能力伴随所有活动出现，具有共同基础性特点。

1. 技术跟踪监视能力

技术跟踪监视能力是指企业紧密跟踪技术发展前沿和趋势，对技术发展动态进行有效监视的能力。有如开展一项技术研究必须做好文献和情报研究一样，企业的技术跟踪监视能力非常重要。有些博士研究生导师在指导学生论文开题时，经常要求学生回答三个问题：一是哪些学者在研究这个问题，可以说出三个最著名的学者吗？二是这些学者最近都有什么著述发表，其中最著名的学术思想和观点是什么？三是他们的研究还存在哪些不足或未尽工作，你的研究和他们的研究是什么关系？有些创业投资机构在面对科技创业企业融资时，通常也喜欢问创业者或管理团队下述问题：在您所在的行业或技术领域里，最大的三个同行或最强劲的三个竞争对手是谁？如果一个博士研究生不能回答上述三个问题，显然不具备开题条件；如果一个科技创业企业不清楚其行业内三个最大的竞争者，这种创业显然是盲目的。同样，如果一个企业不能对技术趋势进行有效跟踪、不能对技术发展动态进行有效监视，就不可能做出合理的技术战略和方案选择，非常有可能掉入低水平重复和夜郎自大陷阱。所谓低水平重复，是指对别人已经研究或开发甚至在市场已经成熟应用的技术缺乏了解，盲目进行"钻木取火"式低水平开发；所谓夜郎自大，是指不了解有些技术的难度及其在市场上的应用情况，动辄以行业技术开拓者、领军者自居。

建立企业的技术跟踪监视能力必须做基础的人力、物力投入，构建与之相适应的工作网络和机制。技术跟踪监视能力以广泛的技术信息搜集为基础，对从事这项工作的人员有特定人格和能力要求。企业要按照"因事选人"的原则，首先找到合适的人。一般说来，这种人既要有宽泛而扎实的专业技术知识基础，有涉猎广博而新颖技术知识信息的兴趣，善于思维发散；又要清晰理解企业的技术战略和技术知识需求，熟悉企业的技术方案和技术体系构想。其次，企业要投入必要的经费建设先进的技术信息获取手段，能够便捷地拥有或使用行业技术文献及各类信息库等，同时建设必要的专有技术信息系统。最后，企业要着力建设与技术跟踪监视工作相适应的工作机制，如外部信息加工机制、内部知识管理机制等，通过机制实现行业技术信息的不断充实和积累，也实现企业技术跟踪监视能力的稳步拓展和提升。

2. 知识识别选择能力

基于应用目的将知识转化为技术，是通过技术方案或技术体系的构建实现的。也就是说，真正服务于社会的知识不是单个知识，而是系列化、体系化的知识。企业通过对知识价值和市场需求的认知和判断，提出构建技术方案或技术体系的基本构想，并识别、选择和引入能够支撑技术方案或技术体系的知识。显然，基于技术方案或技术体系构建的技术知识识别与选择，是创新机遇识别和洞悉过程，也是技术知识的应用与拓展过程。任何创新机会的产生、识别、评估和利用都离不开个人或组织的知识体系构建和鉴别能力。在企业技术创新实践中，技术方案构建与技术知识识别和选择是相伴而生、彼此交互的。

之所以将技术知识识别与选择列于技术方案构建之前，主要基于以下理由：首先，很多情况下是企业在技术知识跟踪和监视过程中，发现了某些知识具有巨大的潜在价值，进而产生将该知识进行持续开发的构想。在这种情况下，该知识便成为技术方案或技术体系构建的基础。此时的技术知识识别与选择活动在前，技术方案或技术体系构建活动在后。其次，即使是基于市场需求构建技术方案或技术体系，寻找和识别能够构造技术方案的知识也是前提性工作。假如，企业首先洞察到某些方面的市场需求尚未得到很好满足，进而提出一个满足这种需求的技术方案构想。然而，这种情况下的技术方案构想只是一个虚拟构想。企业在提出虚拟技术方案构想的同时，一定先要去寻找和识别能够构成技术方案基础的知识。找到了这样的知识，虚拟技术方案则会向实际的技术方案转化；没有找到基础性支撑知识，虚拟技术方案则停留在初始构想阶段。

影响企业技术知识识别与选择能力的因素很多。技术知识识别和选择不同于技术知识跟踪和监视：跟踪和监视能力既在于知识基础和兴趣，也在于勤奋和工具、方法等；而技术知识识别和选择更多依赖于个体认知能力和组织机制。显然，从事这项工作的个体的认知方法与心智模式，是极其重要的基础性因素。因而，首先必须高度重视对从事这项工作人员的选拔。其次，必须注重企业的技术知识识别和选择机制建设。在企业技术创新体系建设实践中，必须注重技术知识认知和选择体系的构建，要使其具备技术知识供给与拓展功能，包括技术知识的识别与创造、知识能力的积累与拓展、知识能力的重构与整合等；同时，要创造良好的知识流动和转移机制，保证在知识发展、流动中提升企业的识别和选择能力。

3. 技术方案构建能力

技术方案构建能力是提出技术方案、对技术方案架构进行有效描述和界定的能力。关于这种能力的要求，在前文的技术开发及工程化活动中已有阐述，其重要性也毋庸置疑。基于对这个能力的解构，这里重点分析以下两种能力。

第一，提出技术方案的能力。不论多么复杂的技术方案，其初始形态一定由某些个体提出；而就个体而言，提出技术方案实际上有以下两个方面的能力需求：一是拥有丰富的相关技术基础性知识，既能够对技术知识价值进行有效判断，也可以对多技术知识之间的联系有清晰认知。前文已经提到，一个技术方案一定有其基础性知识，而这个基础性知识应该是能够奠定技术方案核心的知识。显然，对这个知识的判断需要个体具有很强的价值认知和判断力，即能够从多元、错综复杂的知识空间中发现具有技术开发可行性和突出价值的知识。二是拥有技术应用前景或需求的认知判断能力。提出或构建技术方案不仅要考虑技术知识自身的价值和相互关系，还需要了解市场需求。一个能够奠定技术方案核心的知识，亦应该是具有市场需求和广泛应用前景的知识；当然，对技术知识应用前景的判断也不可或缺。在技术方案构建实践中，同时具备这两种能力对个体要求较高。因而，在企业技术方案构建实践中，更多的是某些个体基于自身知识和认知提出设想，然后与企业其他人员进行交流和沟通。也就是说，大多数企业技术方案的初始构想由个体提出，而技术方案的形成更多依靠团队的合作。

第二，对技术方案构架进行描述和界定的能力。提出技术方案构想并不等于技术方案已经成立或具备可行性。因为社会对技术方案的选择并非基于技术本身，还要考虑技术的社会接受程度、技术应用领域和前景等。由于技术方案构建是探索性很强的活动，人们对技术方案的初始设想、对其服务领域的认识等，都处于尝试和探索阶段，故其初始形态结构化程度很低。技术方案构架描述和界定是指在经过初步探索以后，验证技术方案的社会接受程度、明确其服务领域、界定其包含的技术知识内容及相互联系。验证技术方案的社会接受程度是审视其发展方向是否符合社会制度规范及法律，特别是其是否会产生有悖于社会制度规范的不良后果等。例如，现在农业上的转基因技术，生命科学上的干细胞技术、克隆技术等，都需要接受社会伦理及规范的检验。明确其服务领域是通过一定的探索过程逐步明确其主要发展方向和作用领域。科学技术史上很多技术发明的最终服务领域与当初构想并不相同。例如，英国著名细菌学家亚历亚山·弗莱明（Alexander Fleming）在第一次世界大战中当过军医，因而立志研究伤口感染的治疗药物，他认识到需要找到某种有害于细菌而无害于人体细胞的物质。1928 年，他在实验中偶然中发现有一个葡萄球菌培养基暴露在空气之中，受到了一种霉的污染，恰好在培养基中霉周围区域里的细菌消失了，他断定这种霉在生产某种对葡萄球菌有害的物质。不久，弗莱明就证明了这种物质能抑制许多其他有害细菌的生长。这种物质就是人类科技史上伟大的发明——青霉素。青霉素起初并未引起社会高度重视，致使这种灵丹妙药十几年一直未得以使用。直到 1945 年战争结束时，青霉素的使用才遍及全世界。所谓界定技术方案包含的技术知识内容及相互联系，就是围绕核心技术及其发展方向，将不同技术知识逐步引入技术方案之中，并使其依据不同知识之间的内在联系，将其整合为一个完整的技术体系。

4. 技术体系完善能力

技术方案不断充实的结果必然形成技术体系。然而，并非所有的技术方案都能顺利发展，进而成为支撑产品或服务的知识体系。有些技术方案由于缺乏可行技术知识的有效支持，在初期的形式竞争中就被淘汰了；有些具备技术可行性的技术方案，还要经过技术成熟度、社会接受度的相互比较。有些技术方案因为技术成熟度相对较低而失败，有些因为与社会制度和规范不容而淘汰。同时，技术方案的竞争还要包括技术应用条件，即使得技术体系成立且能够得到社会应用的综合生态系统。因而，一个可以被市场接受、成为产品或服务知识支撑的技术体系不仅包括技术知识本身，也包括与技术相关的应用条件等。实际上，最终胜出的技术体系上升为行业主导设计或技术标准，还必然包含制度和市场因素。因为完整的技术体系是技术、市场和制度等多重要素高度融合的综合知识体系。技术体系的构成要素及优化路径如图 1-18 所示（Geels，2004）。

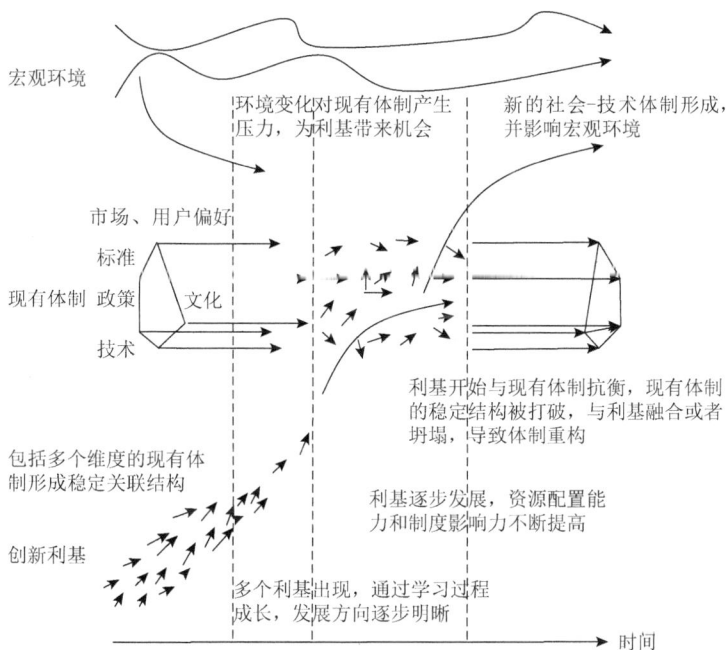

图 1-18　技术体系的构成要素及优化路径

因而，技术体系的进化和发展应该是技术、市场和制度三个维度、多重要素协同发展的结果。技术体系的完善不是一个时序上的技术进化，而是一个具有高度集聚度的综合知识网络的发展。技术体系本身的发展进化有多种途径：其一，通过创造能力的增加或能力的集群化实现扩张，如引入新技术知识融合到技术体系之中；其二，通过体系不同构成元素的共同进化和整体层次的创造性整合实现进步，如促进技术与制度、技术与市场等协同性的提升进而实现更好发展；其三，通过与特定技术知识进化轨迹相联系的知识积累实现发展，如通过核心技术知识的积累促进技术主体能力提升。在技术体系自身进化发展的过程中，人们可以通过扩展其中技术知识群体的构成实现技术拓展功能，通过积累已有技术知识和技术群体的数量实现知识积累功能，通过重新整合和配置已有技术群体的关系结构实现技术重构功能，通过建立与系统以外其他技术知识网络的技术知识共享与交换，实现技术补偿功能。

总之，随着技术体系功能的拓展和现有技术群体空间的放大，技术知识在动态变化中促使自身逐步转化，并最终创造出更好、更成熟的技术体系。在技术体系进化过程中，不同的技术知识群体不断发展、成熟、分化，并与其他领域的技术知识融合交织，产生各种各样的技术机会。技术体系完善能力不仅体现在有效推动自身进化，还在于能够及时捕捉各种各样的技术机会，进而实现技术体系向行业技术标准及主导设计的升级。

5. 价值模式构建能力

价值模式构建实质上是以技术体系，特别是其中的核心技术成果为依托，构建企业的经营逻辑或商业模式。基于实践的视角，在企业技术体系已经完善且明确界定的情况下，价值模式构建主要是厘清以下几个问题：一是技术体系与其他生产要素的组合形式，二是满足顾客需求的载体形式，三是企业与市场的结合形式，四是不同利益相关者的价值配置形式。

第一，构建企业技术体系与其他生产要素的组合形式，需要的不仅是宽阔的思维视野，更需要专业的资源组合和网络能力。纵观当今中国市场，资金等要素并不匮乏，缺少的是真正的核心技术。在进行企业技术体系与其他生产要素的组合形式设计时，必须充分珍视企业技术体系的重要地位和作用，使其成为价值模式或商业模式的核心支撑。中国改革开放以后，吸引跨国公司到中国开展合作经营的经验和教训值得总结。改革开放后，很多外资公司凭借技术优势到中国投资，大多数采用了与国内企业合资的形式。然而，30 多年的合资实践告诉我们：这些跨国企业的技术体系实现了与中国劳动力、土地等生产要素的组合，但依然保持了自身的独立和完整性，达到了以技术体系持续获得收益的目的。显然，设计技术体系与其他生产要素的组合形式时，优先考虑的就是维护技术体系在价值模式中的核心地位，同时保证对技术体系的有效掌控。仔细审视跨国公司的战略，其实他们实施了"生产制造与技术研发""核心技术与一般技术"分离的组合形式。真正与我们合作的是生产制造，而研发等环节仍牢牢掌握在自己手中。

第二，设计满足顾客需求的载体形式，需要注意其持续创造价值能力。在人类社会进入信息时代、智能时代后，满足顾客需求的载体形式日益丰富。在工业时代，一个技术转化为满足顾客需求的载体主要是产品。当然，产品或服务依然是不可或缺的价值载体形式；但现在的产品或服务不应该是只满足客户使用价值的功能性载体，更应该成为企业持续获取价值的信息和知识载体。以汽车为例，如果一个汽车制造企业将其设计为满足顾客快速、安全、舒适出行的交通工具，在工业时代当然没有错误；但在信息时代和智能时代，这样的设计思维就存在严重缺陷。因为汽车不仅能够满足购买者的快速、安全、舒适出行等需要，还能够在使用过程中积累运行数据，用以指导后续的企业研发、设计和生产。要实现汽车的积累数据功能，则要在其初始设计中就注入这项功能。在满足顾客需求的载体形式设计实践中，我们少有企业注意到汽车这样的产品具备数据集聚功能，而跨国公司在这方面则远远走在前面：他们在产品设计过程中通过实验积累数据，在汽车销售后通过使用及维修情况积累数据（如通用汽车的导航系统）。因而，在设计满足顾客需求载体形式能力上的差距，造成了我们的制造企业与跨国企业巨大的技术差距。

第三，设计企业与市场的结合形式，要突出占领先机、获取先发优势。企业与市场结合的主要形式就是购买和销售，其机制化体现就是供应链和销售渠道的建设。设计企业与市场的结合形式有多种追求，如供应链构建要考虑稳定性和低成本，销售渠道建设要考虑经济性和占领先机，等等。进入网络化、智能化时代，企业的购买和销售活动都具有平台化特点，即供应商可以在更加公开的平台上选择，消费者聚集在一起也构成一个平台。企业与市场结合的平台性特征，导致商业规则出现很多新的变化，如平台具有显著的先发优势特点和具有广泛的网络外部性（相关内容在第二章深入分析）。因此，设计企业与市场的结合形式，特别是销售渠道和销售模式，应该以尽快将产品或服务送到客户手中、尽快赢得消费者的初始认同、尽快形成消费者规模为主要目标，以获得市场规模、消费者信息及数据积累、产品应用信息和数据加工等方面的先发优势。

第四，设计不同利益相关者的价值配置形式，要注重引导核心主体。企业要构建可持续、可重复的赢利模式，必须在价值分配上得到供应商、消费者及其他利益相关者的认同。以2015年乐视公司的超级手机为例，其被设计为乐视公司娱乐内容的终端，与其相关的利益主体包括零部件供应商、软件供应商、设计公司、制造企业等，还包括消费者、销售代理商、政府等，当然还有乐视娱乐内容经营主体。如何使乐视手机产品作为乐视公司娱乐内容的终端得到客户认同，进而成为乐视可持续商业模式的重要载体？必须在公司的价值配置形式设计上向初期的核心主体倾斜。初期的核心主体是谁？当然是手机使用者。如果没有手机使用者，乐视的商业模式就不能成立。为了引导初期的核心主体使用乐视手机，必须在初期配置给其更多利益；因而，乐视手机比一般手机要便宜很多，几乎只是成本价格。这样，才能吸引顾客购买和使用乐视手机。

在网络化、智能化背景下，价值模式构建需要洞悉新兴商业生态的本质特征及演化规律，重新审视商业逻辑和规则。只有这样，才能构建具有持续生命力的商业模式，才能使技术创新成果获取最大价值。专栏1-4介绍了乔布斯如何创造iPod的商业模式，值得我们认真体会和借鉴。

专栏 1-4：乔布斯创造 iPod 的商业模式

立足于网络化、智能化的新兴商业生态系统，不仅能够使创业企业家构造商业模式的视野更为开阔，也为其商业价值实现提供有力支撑。以苹果公司创业者史蒂夫·乔布斯以 iPod 产品进行的新一轮创业为例，iPod 是一个创新产品，开创了一个新的商业模式。然而，iPod 产品的市场价值能够在市场上得到认可，苹果电脑结合 iTunes 的新商业模式得以实现，关键在于乔布斯并没有把眼光局限于企业内部，而是立足于开放的商业生态系统，以社会创新体系的各种要素和资源支撑自己创业理想的实现。iPod 的成功建立在以下几个基本条件之上：一是网络技术的成熟及网络在社会生活中的普及，二是宽带技术的进展及在网络传输中的应用，三是闪存（flash memory）和微型硬盘的成功研制。如果没这些技术的成熟应用，iPod 的开发的应用将无从谈起。如果乔布斯早几年开发 iPod，当时的微型硬盘技术根本不可能支撑这个产品的实现。乔布斯开始研发 iPod 时，刚好日立成功推出了 1.8 英寸的微型硬盘；而日立会成功，也是由于 IBM 公司不再从事硬盘业务，将整个硬盘业务卖给日立，日立再根据自己原本的技术及所得到的技术，发展出微型硬盘的基础。而日立在微型硬盘的技术上，又掌握了扩增微型硬盘容量的关键技术，因而在技术创新上得以一直领先。

乔布斯的伟大之处在于：首先，他能够敏锐洞悉个人随身音响设备消费者行为的演进趋势及市场的变化特点（walkman→CD（compact disc，光盘）播放机→微型硬盘）；其次，他能够认识到科学技术的进展，特别是影音数码化技术的发展对现有随身音响设备模式的冲击和改变，并以自己的创新精神和伟大创造力构造出新的价值实现模式；最后，乔布斯能够着眼于基于网络的新兴商业生态，及时观察到支撑自己创新产品的外在环境技术及基础条件的成熟，并在第一时间利用这些技术集成为可以被市场接受的产品。

正是由于他立足于开放的商业生态系统创造的市场机遇、社会创新体系提供的技术支持，及时创造了 iTunes 的商业模式，构造出让消费者随心所欲地以极低的价格（每首 0.99 美元）去获得自己喜欢的歌曲的经济价值模式。

6. 商业价值实现能力

前文已经指出，商业价值实现能力的核心要求就是执行力，即把设计好的价值模式或商业模式在实践中顺利实施。基于组织背景下战略及商业模式实施的基本要求，也基于当代商业生态战略及商业模式实施的基本特征，商业价值实现能力主要体现在完成以下三项任务。

第一，按照有效实施价值模式或商业模式的要求"因事择人"。不论是好的商业模式，还是一个好的项目，甚至一个企业战略，其得以顺利实施的关键是人。然而人均具有由遗传、幼年成长经历及教育环境、社会熏陶等多因素塑造的能力禀赋和行为倾向，因而，选人是组织执行力建设的第一要素。选人的基本原则或依据是"事"或活动的能力需要。不同的商业模式有不同的核心依托，也有不同的运行模式和机制。必须依据商业模式自身的特征和能力需要，将选拔的合适的人员放在执行或实施的优先地位。不能立足于改变人，也不要过多相信教育的力量。实际上，在人进入成年之后，教育能够改变得更多是能力的"量"，很难改变能力的"质"。然而，"因事择人"是非常重要的能力，特别是对需要高度依赖机制运作的组织而言，更是如此。

第二，基于活力和效率原则构建企业的组织结构及运作机制。能否做到"因事择人"并不取决于管理者的境界，很大程度上取决于组织机制。组织结构和机制对企业的价值模式或商业模式实施具有决定性影响。再好的人才，在不良的组织机制下也难以发挥作用；相反，好的组织机制可以将"不良"的人引导为"合格"的人，甚至"优秀"的人。建立企业的组织结构及机制首先在于形成组织秩序，进而保证组织的运行规范和效率；也可以说，效率目标是组织结构及机制建设的基础性目标。与此同时，在当今环境变化多元和快速的情况下，企业的活力亦是不能忽视的运行目标。因而，组织结构及运作机制设计的第二个需求就是"活力"，即组织成员在"责任的框架内享有充分的自由"。实际上，这也是组织稳定性与灵活性、可控性和机动性的权衡和统一问题。一般说来，稳定能够支撑效率目标，灵活能够支撑活力目标，而做到二者兼顾和协同，是企业及管理团队非常重要的能力。

第三，在价值或商业模式实施过程中坚持持续优化和迭代创新。保持企业在价值或商业模式实施过程中的灵活性或活力，是为了使企业能够做到在内部资源和外部环境不断变化的背景下与时俱进、持续创新。我们知道，预先设计的商业模式不可能完全涵盖企业资源的各种优势，因为有些优势必须在与其他主体或要素组合和协同运作的过程中才能显现出来；同时，预先设计的商业模式更难以应对外部环境的多元变化。因而，对价值或商业模式的持续优化和迭代创新，是其实施过程中的重要任务。企业要坚持持续优化和迭代创新至少需要做到两点：一是树立正确的经营意识和发展观念，在思想观念上认识到持续优化的必然和重要性；二是要掌握持续优化和改进的工具和方法，并使其进入规范化的组织活动流程。只有在价值或商业模式实施过程中坚持持续优化和迭代创新，才能保持其适应性和合理性，才能获得最优的价值回报。

7. 基于组织背景的认知判断和选择能力

在图 1-17 所示的企业技术创新能力层次递进结构中，还有一个基于组织背景的认知判断和选择能力，并将这种能力置于各种能力的基础地位。实际上，这种能力是组织的决策能力。也就是说，不论企业进行技术知识跟踪监视，还是技术体系完善，都会首先遇到认知判断和决策问题。这当然是企业技术创新过程中不可或缺的重要能力。这个能力主要用以解决两个问题：一是在技术能力递进发展的不同环节到底做还是不做；二是到底选择做什么及如何做（包括在什么时间，以什么方式做等）。

企业的技术创新决策当然是企业家或高层管理团队的任务，因而，企业的技术创新决策能力自然也有两个突出特性：第一，企业家个人禀赋的根植性，即企业技术创新决策的能力和水平很大程度上由居于主导地位的企业家个人的能力和水平决定。比较我国两家著名的企业——华为和联想，华为在企业技术创新上的大胆作为、大量投入及长期坚持，很大程度上是由其创立者——任正非的个人能力和水平决定的；而联想在企业技术创新上的谨慎作为、量入为出及收购为主，很大程度上是由其创立者——柳传志的个人性格及禀赋决定的。第二，企业决策机制的附加性，即企业技术创新决策的能力和水平受企业决策机制的附加影响。这种附加影响有正负两种效应：一是正向效应，即企业建立了科学的决策机制，决策团队成员之间在知识、能力上形成互补关系，特别是彼此之间形成共同的价值认知和充分的互信，能够对企业家的决策提供正向助力作用，突出表现在支持、完善其决策设想和方案，抑制其过分冒险，纠正其局限偏差。二是负向效应，即企业没有形成科学的决策机制，决策团队成员之间在知识、能力上缺乏互补关系，团队成员对企业家盲目崇拜、一味服从，则必然对企业家的决策提供负向助力作用，导致群体决策异化为群体思维，甚至出现群体转移现象，即在企业家倾向冒险的情况下，决策团队引导其走向更大程度的冒险；在企业家倾向保守的情况下，决策团队引导其走向更加保守。

因而，企业技术创新决策能力假设的关键是具备高超决策能力和水平的企业家，同时形成良性的决策机制。当然，企业家的决策能力并非完全先验的、由天赋决定的，而是可以在后天的实践中不断提高和培养的。组织的决策机制更可以通过合理的人员构成、科学的决策程序等逐步完善。有关企业技术创新能力提高的内容，将在后续章节中再深入分析。

（二）基于技术学习的技术创新能力的类型

对比图 1-16、图 1-17 可以看出，虽然基于不同的技术知识来源、不同的技术发展起点，技术创新能力递进演化的路径不尽相同，但技术知识跟踪监视、价值模式构建等创新能力类型在两个模型中都存在。这里，我们重点介绍与基于技术成果转化路径不同的技术能力。

1. 模仿学习能力

从先进国家引进装备和技术，通过模仿学习获得技术能力，是很多后发国家技术发展的合理路径。引进技术不仅能够加快获得所需要技术知识的进程，也因为不必进行重新探索规避了很多技术知识陷阱，进而节省大量研发及试验费用。基于此，一些经济学家将这种现象称为后发优势。技术引进一般从技术装备，特别是生产装备开始，这是因为技术装备能够满足引进方快速建立生产能力的需要，技术输出方也能够获得最大利益。因而，引进方技术学习的有效方式是反求工程，即通过对引进装备的解构和分析，逐步掌握其设计和构造原理，进而从最简单或能够掌握的构件开始进行自我维护、模仿制造。模仿是在技术引进基础上建立自己能力的第一项工作，是技术实践学习的开始，故不能忽视模仿学习的重要性。真正有效的技术模仿学习，实际上也是对引进技术知识进行解码、尝试重新编码的开始。第二次世界大战后后发国家企业技术创新的实践表明：不同主体在技术模仿学习的表现差异很大，当然有不同主体能力差异等原因，但重视模仿学习本身，比开展真正意义的技术学习实践更为关键。

需要指出的是：首先，模仿学习是一种能力，但模仿本身并不意味着创新，也难以导致直接的创新；因而，模仿创新并不是一个规范的学术词语。实际上，对很多需要引进的技术装备（非常简单、易学的装备根本就不需要引进）而言，一个初期技术学习者能够做的只是模仿，而且能够做到有效模仿就不错了，根本难以具备创新能力。吉利汽车创始人李书福有过"将奔驰轿车拆开，却不能再复原装上"的经历，更不用说模仿制造了。因而，不要把模仿学习当成简单的工作。其次，我们这里所说的模仿是指从引进技术开始的初始学习或完全模仿，不等于技术知识借鉴（即有些学者所称的跟随性模仿）。实践中，当一个主体能够做到对主流技术产品的跟随性模仿时，其技术能力其实早已超越单纯模仿阶段，做得更多的是技术知识借鉴，而不是模仿。关于如何有效地建立模仿学习能力，在第三章企业技术创新能力生成与发展进化中详细阐述。

2. 技术改进能力

在获得模仿学习能力的基础上，更进一步的能力实际上是技术改进，仍然不是创新。所谓技术改进，是指后发主体基于自身认知及本土市场需要，对技术装备的某些构件进行优化和调整，使其以更低成本来更好地满足市场需要。典型的技术改进例子就是吉利汽车初期的产品优利欧。基于当时的技术实力和水平，吉利开始造车时主要是对夏利（天津一汽夏利汽车股份有限公司的产品）、赛欧（上汽通用汽车公司的产品）等低档车的模仿，经过一段时间的模仿学习后，他们开始尝试进行技术改进，改进的产品就是优利欧。其改进体现在选用水晶大灯和更为大气的进风口，在外形上更接近"国际潮流"，更主要的是提高整车的安全性和空调整体的制冷效果。同时，相对精致的三厢造型、可圈可点的操控动力性，终于打破了吉利汽车惯用"模仿"的尴尬。

为什么技术改进还不是技术创新呢？首先，技术改进一般并不包括新技术的应用，更谈不上第一次应用，与创新的原始定义相距甚远。其次，技术改进也不是新技术在特定市场的应用，而是将其他地方的技术拿来替换现有的技术，如吉利用水晶大灯和更为大气的进风口替换了原来模仿车的相关构件，显然并不涉及创新。因此，技术改进只是将原来"照虎画虎"的模仿，升级为"照猫画虎"的模仿，总体还处在"猫"科之内的学习阶段。

3. 集成应用能力

集成应用是指基于技术学习，能够将其他领域的技术引进到拟学习研制的对象中，实现在某些方面或局部领域对学习对象的较大改进。因而，集成应用也可以称为改进型创新。当然，集成应用仍然处于技术学习阶段，但已经进入相对较高的技术学习层次，不仅超越了"照虎画虎"，也超越了"照猫画虎"。为什么说集成应用能力要高于技术改进呢？首先，将一个技术知识移植到其他领域进行应用，一定是已经充分掌握了这项技术，不仅能够读懂、复制，而且能够完全内化为自己的知识。因为只有达到了这种能力水平，才能够将其在其他情境下进行探索应用。其次，将其他领域的技术引进到一个新的技术体系，也必须对这个技术体系的基本结构、逻辑关系等有清晰把握，否则难以实现引进技术与原有技术的有效衔接。集成应用的典型案例是中国商飞集团研制的C919 大飞机。应该承认，商飞集团研制的 C919 大飞机整体上还处于对空客、波音的技术学习阶段，但其汇集和总结了设计运十飞机、与麦道合资制造、几十年修理改造 30 多种型号 3400 多架飞机等技术学习的经验，特别是 ARJ21 新支线飞机的研制实践，在 C919 大飞机研制中采用了新型材料的集成应用或改进型创新，使得飞机机身自重明显下降，在节油效果上超越了空客、波音公司的同类机型。

我们将集成应用称为改进型创新，也可以对应一些学者所说的模仿创新，但还不是自主创新。因为，这个阶段整体技术方案仍然处于技术学习阶段，虽然有对技术体系的独立设计及某些技术环节的改进，但基本沿袭了技术领先者的技术谱系，没有技术体系结构的重大变革。之所以沿袭技术领先者的技术谱系，根本原因在于缺乏独立自主设计一套完整新型技术体系的能力。因而，将集成应用作为技术能力的一个重要类型，符合技术学习和技术能力建设的客观实际，具有扎实的实践基础。

4. 自主创新能力

自主创新能力是一种高层次的技术能力，其产生于自主创新实践活动。自主创新活动应该具备以下三个特点：一是主体行为的能动性，二是创新过程的主导性，三是创新成果的自主性。

所谓主体行为的能动性，是指这种创新活动一定是由特定主体能动发起、自主决策，即特定主体主动、自觉地选择了自主创新行为，而不是被动、随从地选择。之所以强调主体行为的能动性，首先是因为自主选择的创新活动是理性主体的选择结果，通常具有更加合理和明确的目标，也容易形成理性的战略规划和部署。其次，自主、自觉选择的创新活动能够有效激发创新主体克服创新过程中千难万险的斗志和决心，形成不达目标决不罢休的坚强意志和奋斗精神。例如，任正非与华为的自主创新活动，敢于持续高投资、敢于承受巨大风险、敢于克服各种苦难。我们看到，一些国企在国家号召、政府推动及科技经费支持下开展了所谓的"自主"创新活动，但这种行为是被动的，一遭遇困难就想到退缩，就回到引进技术的老路上去了，根本原因是缺乏自主创新的主动性，因而缺乏自主创新的坚定意志和决心。

所谓创新过程的主动性，是指特定主体必须参与创新过程，并逐步走向主导。如果一个主体不参与实际的创新过程，单纯采用委托开发等形式，根本不可能积累相关的技术知识，更不可能形成技术创新能力。例如，我们的很多汽车企业将设计任务委托专业化公司完成，自己根本不参与设计实践，不能有效积累汽车设计的相关知识和数据平台，陷入长期依赖他人的境地。从技术学习及技术能力渐进性角度讲，行为主体早期可以先参与过程，然后逐步提高参与程度，最后走向主导创新过程。例如，宝钢一期工程主要依赖技术引进，主要靠外方安装调配，本企业员工只参与一些简单装备的安装和调试，承担 30% 左右的工作量；经过对一期工程的学习和消化，二期工程则承担主要的装备调试任务，承担 60% 左右的工作量；三期工程则以自己的力量为主，包括控制系统的开发。正是由于宝钢积极参与创新过程，并在三期工程中基本实现了对创新过程的主导，才逐步形成完整的自主创新能力。

所谓创新成果的自主性，是指特定主体必须拥有创新成果的一定的独占性和自主处置权。独占性是指在有竞争的情况下，创新成果必须具有一定的领先性或差异性，形成一定程度的排他性权力。如果一个企业的创新成果完全是模仿他人，不具备任何领先性或差异性，则不可能形成独占性产权；在知识产权大行其道的背景下，这样的创新成果难以支撑企业形成竞争力，甚至会造成生存危机。例如，20 世纪 90 年代，我国大量 DVD（digital versatile disc，数字通用光盘）企业正是因为缺乏独占性技术，难以承受索尼等跨国公司索要的高额专利费，导致亏损日益严重，进而致使整个产业夭折。成果的自主处置权有两个含义，一是可以按照市场规则进行自由处置，二是能够自主地推进其后续发展和提高。显然，自主创新能力是高于模仿、改进和集成应用的能力。自主创新能力主体必须具有开拓意识和精神、能够把握技术发展趋势、敏锐站在技术前沿，唯此才能推动技术成果的持续改进和不断发展。

　　基于上述认识，自主创新能力应该包括原始创新能力和集成创新能力。原始创新是指独立开发一种全新技术并实现商业化的过程。独立开发的原始创新具有自我选择和决策，过程控制和主导，同时拥有成果的自主处置和发展权力三个特征，能够承担和完成这种创新自然具备典型的自主创新能力。集成创新是指利用各种信息技术、管理技术与工具等，对各个创新要素和创新内容进行有效选择、集成和优化，形成优势互补的有机整体的动态创新过程。集成创新有一个基本要求，即集成主体要有对创新过程和内容的主导性。要实现这样的要求，集成创新主体必须具备比较强的自主创新能力：一是能够自主提出技术方案或技术体系的构架，二是能够对有用技术进行有效识别和选择，三是能够将引入技术与原有技术体系进行有效整合并形成协同效应。显然，集成创新不同于集成应用，二者的最大差异在于：前者以自主设计的技术体系为集成外部技术的基础，而后者是基于他人主导的技术体系引入构件技术融合性应用。因为集成创新强调技术体系设计的自主性和主导性，故其属于自主创新的重要内容；而集成应用不是自主创新，只能属于改进型创新；模仿根本谈不上创新，更不属于自主创新内容。

第二章　企业技术创新能力结构及核心能力

与技术创新活动相对应，可以将企业技术创新能力分为不同的类型，如跟踪监视能力、技术改进能力、集成应用能力、自主创新能力等。基于活动对应性对企业技术创新能力的解构性研究，有助于我们了解不同技术创新活动对创新能力的需求，但对企业技术创新能力建设而言，其针对性、指导性尚不够强。其实，还可以从结构视角对企业技术创新能力进行分析，即研究其构成要素及相互关系。企业作为一个独立的社会组织，由人、财、物等基本要素构成，这些要素依据企业目标和所处情境以特定的结构形态相互连接及作用。企业的技术创新能力一定与组织构成要素及结构密切相关。当然，企业技术创新能力与组织构成要素可能并非一一对应，其结构也未必呈现类似形态。但基于构成要素及结构视角，研究确定企业技术创新能力的构成要素及相互作用关系，可以为其建设找到合理的切入点和发展路径。

第一节　企业技术创新能力的结构

研究企业技术创新能力结构，首先要分析其构成要素。基于组织构成要素，充分考虑技术创新活动的基本特征和能力需求，就可以寻找到企业技术创新能力与组织要素的对应关系，进而确定其合理的构成要素。然而，企业技术创新能力的构成要素并非等于企业技术创新能力本身。因为能力具有潜在性，企业技术创新能力的实际发挥与其所处情境因素有关。我们认为，构成要素是企业技术创新能力的内在影响因素，也就是说，构成要素对企业技术创新能力有内在的决定性影响；而情境或环境等因素，对企业技术创新能力有外在影响。因而，这里综合研究企业技术创新能力的影响要素及相互作用关系。

一、企业技术创新能力的基本维度

近年来，很多学者从构成要素视角研究了企业的技术创新能力，并将其归结为企业技术创新能力的基本维度。我们这里主要介绍两个经典的理论。

（一）世界银行专家的理论

世界银行是较早对企业技术能力进行研究的机构。该机构为了对得到世界银行资助的发展中国家企业技术能力提升状况进行考察，提出了一个四维模型，即将企业技术能力区分为四个维度，并通过四个维度的状况评价企业技术能力的变化。四个维度分别是人力资源、技术系统（主要指硬件设备）、信息管理和组织管理。人力资源维度主要考核企业员工对技术的掌控能力，技术系统维度主要考核企业技术装备的自动化和集成化水平，信息管理维度主要考核对企业信息进行加工的程度，组织管理维度主要考核组织形式的弹性和开放度。为了评价企业技术能力，将每个维度划分为由高到低的七个等级（许庆瑞，2000）。需要指出的是，世界银行专家的研究对象是技术能力，而非技术创新能力。我们下面首先对技术能力与技术创新能力的关系进行界定，然后分别对技术能力的四个维度进行分析。

1. 技术能力与技术创新能力

企业技术能力与技术创新能力是两个密切相关的概念。在第一章关于技术创新活动的介绍（图1-7）中我们指出：技术知识创造与选择、技术方案构建与开发属于典型的技术活动，与这些活动相对应的技术知识跟踪监视、技术知识识别选择、技术方案构建、技术体系完善属于技术能力（图1-16），而企业价值模式构建与开发、市场开拓与价值实现属于商业活动，与之相对应的价值模式构建、价值实现能力属于商业能力。显然，技术能力对应技术创新过程中的技术发展环节，是与技术知识创造与技术体系开发相对应的能力。我们在图1-16的基础上进行进一步区分，得到图2-1，可以表示技术能力与技术创新能力之间的关系。

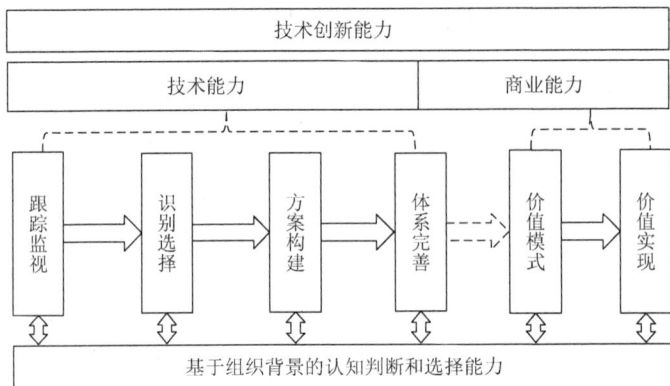

图 2-1　技术能力与技术创新能力之间的关系

其实，尽管理论上可以对技术能力与技术创新能力进行清晰界定，但实践上二者之间的界限却并不明显。在第一章中已经指出，商业价值模式构建必须以技术体系为核心或者基础。实际上，在企业基于技术方案的竞争和比选不断完善技术体系的过程中，就已经开始考虑技术在市场上的应用、技术方案或技术体系的市场认同度等。实际上，技术方案在向技术体系演化的过程中，一个非常重要的竞争依据就是市场竞争力。因而，在技术体系完善的过程中，商业模式已经在创新者的思考范围之内。以技术体系为基础形成的产品主导设计，更是直接市场竞争的结果。同时，在以技术体系为核心将技术成果转化为产品、产品经过市场竞争形成主导设计的过程中，也不可避免地涉及技术体系的持续优化和完善。也就是说，即使进入以商业活动为主导内容的阶段，技术能力也依然需要发挥作用。显然，在企业技术创新实践中，我们很难将技术活动和商业活动截然分开；或者说，在技术创新的绝大多数活动环节中，技术活动与商业活动相互融合和交叉。因而，技术能力与技术创新能力也难以在实践中截然分开。

2. 技术能力的四个维度

1）人力资源

人力资源是企业最重要的构成要素，当然也是技术能力的重要组成要素。每个企业都有人力资源，但如何度量其在人力资源方面的能力差距呢？世界银行将人力资源的能力分为七个等级。

一是操作能力，即能够操作使用特定技术或装备。假如以汽车为技术装备，则能够驾驶汽车则为具备汽车的操作能力。显然，操作能力是最低层次的人员能力。即使在操作（驾驶）汽车为专业技术的年代，其也是最低层次的人员能力。

二是安装能力，即能够对技术装备进行安装调试。仍以汽车为例，安装能力指能够把汽车装配起来。显然，安装能力高于操作能力。在当今时代科学技术水平下，能够驾驶、使用汽车的人很多，但能够将汽车装配起来的人很少。时至今日，装配汽车仍然是专业人员才具备的技术能力。

三是修理能力，即能够对设备进行维护和修理。设备在运行或使用过程中，不可避免会出现故障，出现故障就需要修理。对汽车等复杂装备而言，对其进行修理首先需要对其故障的原因和性质进行准确诊断；其次，要能够使用科学方法对故障进行排除。显然，修理能力是高于安装能力的能力。安装可以按照厂商提供的图纸进行，修理必须基于故障的特点进行具体的原因分析，而这种分析能力建立在个体的知识和经验基础之上。

四是复制能力，即能够对照原有技术装备复制一台新的技术装备。对很多人而言，装配、修理汽车都是难以企及的事情，复制一辆汽车则更加困难。因为，装配、修理汽车都可以使用原汽车厂商提供的零部件，但复制汽车不可能得到原厂商的配合。在目前的知识产权环境下，复制产品往往要遭到原有厂商的起诉。因而，复制不仅要求将原有零部件按照原有技术关系复位，还必须模仿制造一些新的构件。众所周知，到目前为止，国内有些汽车企业的核心零部件还需要依赖进口，还难以制造所有的汽车核心部件。显然，复制能力要比装配、修理能力要求更高。

五是适应能力，即能够依据使用情境的特点对技术体系及装备做适应性调整和优化，如风力发电装备制造企业依据中国的风况对风机进行必要的优化，汽车制造企业依据中国消费者的偏好将两厢变成三厢等。适应能力实质上一种优化、改进能力，对应我们在第一章讨论的技术改进能力。当然，第一章提出的技术改进目标不仅是情境适应性，还包括降低成本、改善性能等。但就能力等级而言，这里的适应能力与第一章的技术改进能力相当。

六是改进能力，即对技术知识体系或装备进行必要的优化和改进，以使其具备更好的性能及经济性等。这里的改进能力对应我们在第一章讨论的集成应用（改进创新）能力。改进比适应有更高要求，不仅改进的目标更多元，包括实现情境适应性，也包括提高技术性能及经济性等；同时，改进的技术内容也高于适应，适应更多是在原有行业技术领域之内进行优化，而改进包括使用原有技术体系以外的技术，甚至包括在本领域的率先应用。

七是创新能力，即能够应用技术知识创造一个新技术体系或产品。创新能力是最高层次的技术能力，其建立在适应能力和改进能力基础上，但实现了通过技术学习获取知识和能力的超越。创新能力对应我们在第一章讨论的自主创新能力，主要支撑自我决策和主导、能够对创新成果进行处置和发展的创新活动。如我国的高速铁路，通过多年的技术学习和适应性创新、改进性创新实践，具备了自主开发、自主设计、自主制造能力，形成了完整的自主技术体系，具备了坚实的自主创新能力。

2）技术系统

技术系统是企业技术能力的综合体现，也是创新能力的基础性构成要素。除去人员以后的技术系统，主要由各种类型的技术装备构成，而技术装备的水平主要反映在其自动化和集成化水平上。同样，世界银行将技术系统的能力按照自动化和集成化水平也分为以下七个等级。

一是手动设备，即由手工操作驱动或运行的装备。我们过去使用的算盘、计算尺等就是手动工具。手动工具不仅自身包容的技术知识含量较少，更主要在于不能支撑高水平的创新活动，如现在高度智能化的装备控制系统设计，在计算尺时代根本不可能做到。

二是动力设备，即以机械动力或电力等驱动或运行的装备，如蒸汽机、发动机等。相对于过去的人或马做动力，蒸汽机、发动机等驱动的装备生产线不仅具有更大的功率，更在于其自身包容了更多的技术知识，提高了生产运行的效率，能够支撑人们开展更高水平的创新活动，如20世纪20年代的福特汽车大规模生产线有力支撑了汽车这类复杂产品的研制。

三是通用设备，即具有通用化特点和普遍适用性的动力装备。首先需要说明，通用化装备一定是达到特定技术标准的装备，而达到特定技术标准的装备一定是动力式装备，而不可能是手动式装备。因而，通用化装备自身包含的技术知识一般高于简单的动力式装备，也能够支撑更为广泛和更高要求的创新。例如，普通机床属于通用化装备，其能够支撑企业更高精度要求的材料加工和应力试验，并使创新成果得到更为广泛和普遍的认同。

四是专用设备，即在通用化装备基础上形成的更具专业特色和水平的装备。通用化装备能够支撑企业开展社会或行业普遍认同水平的创新活动，但如果要开展高于行业现有通行水平的创新活动，往往就需要专用化的装备。一般来说，高水平的一定是专业化、专有化的，如很多高端白酒都需要用专用化装备酿造。

五是自动化设备，即不需要人工干预、自动运行的装备。一般说来，自动化设备高于专用化设备：首先，其本身包含更多技术知识，居于更高技术层次；其次，其具有平稳运行、不受人为因素干扰等特点；最后，其能够承担很多人不能做的工作，如极度高温环境下的焊接等。因而，自动化设备能够支撑更高要求、更复杂情境、更多任务的创新。

六是计算机化设备，即由计算机控制、实现高度信息化水平的装备。计算机化装备不仅具有更高的自动化水平，其更大特色在于信息化，即计算机化装备不仅能够帮助人们处理更加复杂的问题，还能够帮助人们记录设备运行等数据，进而成为知识信息和数据积累的重要工具。如汽车风洞等高度计算机化的试验装置，在承担特定试验任务的同时，更重要的功能在于积累大量试验数据，为更好的后续创新创造良好条件。

七是集成化设备，即高度浓缩和融合现代科技多元成果的集成化、智能化装备。现代加工中心是典型的集成化装备，其与普通数控机床相比具有以下几个突出特点：其一，更大程度地使工件在一次装夹后实现多表面、多特征、多工位的连续、高效、高精度加工，即实现工序集中；其二，加工中心备有刀库，使工件在一次装夹后能控制机床按不同工序自动选择和更换刀具，自动改变机床主轴转速、进给量和刀具相对工件的运动轨迹，实现对工件的多工序加工；其三，加工中心生产的柔性不仅体现在对特殊要求的快速反应上，还可以快速实现批量生产、避免长工艺流程、减少人为干扰，使得加工精度更高、质量更加稳定，能够提高产品的市场竞争能力。显然，集成化装备不仅实现了计算机控制，还具备较高的智能化水平，同时兼有了信息化、自动化等好处，代表装备能力的最高水平。

3）信息管理

由于技术创新过程及成果均凝聚着大量知识信息，信息管理是企业技术能力的重要构成要素。信息管理主要是指对技术创新过程中产生的各种信息、知识的加工程度。知识信息加工程度越高，表明企业技术能力越强。世界银行专家确定的信息管理七个等级分别如下。

一是常规信息，指将技术创新过程中的知识信息停留在常规水平，缺乏有针对性的加工处理。常规性信息一般可以满足企业生产制造等知识信息密集度相对较低或对知识信息依赖度不高的活动；但创新活动的技术知识密集度较高，对知识的依赖度较强。没有适度的知识信息加工水平，难以保证技术创新过程的效率，也难以对技术创新成果实施有效管理。例如，某企业对生产中的技术问题组织企业内外专家进行产学研联合攻关，得到了解决方案并用于生产过程中。如果将这样的技术成果信息与生产过程中的生产信息等同等对待，只当作一个过往事件记载，知识信息加工就处于常规信息水平。以这样的知识信息管理水平和能力，当企业在其他生产线遇到同样问题时，还要组织类似的产学研联合攻关活动，而以往的研发成果对解决后续问题难以提供实质性帮助。

二是描述信息，指对技术创新过程中的知识信息进行初步加工，使其达到能够描述特定现象或状态的水平。技术创新过程是技术知识形态不断变化、技术方案和技术体系不断发展和优化的过程，处于不同的发展阶段，知识信息的内容和状态都不尽相同。将知识信息进行必要加工，使之能够表征和描述技术创新过程及其中的特定现象或状态，则对技术创新工作顺利推进有帮助作用。同样是上述产学研联合攻关的例子，如果企业能够对这种信息进行必要加工、对技术问题进行有效描述、对解决问题的方案进行有效描述，至少能够为后续生产或在其他生产线遇到类似问题时提供必要的解决问题思路。

三是具体信息，指对技术创新过程中的知识信息进行了针对性加工，使其达到能够具体表征或说明某些事物状态或现象的程度。企业技术创新活动往往是综合的，但技术问题往往是具体的。如果企业能够将技术创新活动中的知识信息进行针对性加工，使之对应具体技术问题，明确说明具体是什么性质的问题、其具体解决方案和方法等，则会为企业后续创新活动提供有效借鉴和帮助。如上述产学研联合攻关的例子，如果企业能够对这种信息进行针对性加工，对技术问题进行有效分解并作出具体描述，说明针对不同问题的具体解决方案和方法，就可以将这种方案和方法应用于后续生产或解决其他生产线遇到的类似问题。

四是通用信息，指对技术创新过程中的知识信息进行深度加工，不仅使特定技术方案或方法对应具体问题，还揭示技术方案或方法的普遍意义，使其成为解决类似问题的通用知识。将知识信息加工为具体信息，只是找到了具体问题对应的针对性解决方案，做到"一把钥匙开一把锁"；而将知识信息加工到普通信息层次，必须探究解决问题具体方案或方法背后的科学原理，将其上升到共性、通用性知识层次。如果企业能够做到将知识信息加工到普通信息层次，不仅可以对后续问题解决提供借鉴，还可以将提炼出的普遍知识拓展应用到其他相关领域。

五是综合信息，指对技术创新过程中的知识信息进行加工时，不仅要考虑技术信息本身，还要考虑到与技术信息并存、共生的其他信息，使加工成果成为更具价值的综合信息。将知识信息加工到普通信息层次已经极大提高了其应用价值，但我们知道技术方案或方法背后不仅有科学原理，还有与之并存、共生的应用条件信息和应用方法信息等。例如，某一种特定技术方案被加工成通用知识信息，但其应用也一定有必要的条件，如适应的特定场合（包括社会情境、规制条件等）、需要与其他知识配合、这个知识本身的应用方法等。从更为综合的角度说，任何技术都居于特定的技术-社会系统中，都需要与制度、市场等因素协同进化，只有这样，才能更好发挥作用。因而，将知识信息加工为综合信息是高度复杂的能力。

六是一般性信息，指将技术创新过程中的知识信息加工成为具有更为普遍意义的一般原理。将知识信息加工到普通信息，需要探究其背后的科学原理；而将知识信息加工到一般信息，不仅要研究其背后的科学原理、其所处的技术 社会系统（或社会生态系统），还要研究其能否在更为广泛的领域发挥作用，并将其提炼为更具普遍意义的知识。如果说通用信息主要适用于相关领域的话，一般信息则应该适用于绝大多数领域。当然，并非所有的技术知识或技术方案都可以提炼为一般信息；即使可以，也要考虑是否有必要加工到一般信息程度。一般说来，知识信息加工层次越高，需要花费的成本越高，其社会价值可能是递增的，但对企业价值而言并非如此。因而，企业对知识信息的加工应该适度。

七是公理性信息，指将技术创新过程中的知识信息加工成为公理型知识。公理是指依据人类理性不证自明的基本事实或依据人们愿望发展起来的共同遵从的道理。将技术知识加工成为公理，需要经过人们长期的、多轮次的反复试验和验证；因而，将基于企业技术创新过程的知识信息加工获得公理，一般不应该是企业的责任和追求，更多的是企业技术创新知识信息外溢的结果。当然，企业将知识信息加工到公理层次，将有效丰富社会知识共享空间，为全社会的知识交流和共享做贡献，有效支撑全社会的创新活动，具有显著的社会价值。

4）组织管理

企业技术创新作为一项综合、系统的组织性活动，必然受组织管理的影响，故组织管理亦是企业技术创新能力的重要组成因素。基于技术创新活动对组织管理的需求，组织管理维度主要考核企业组织形式的弹性（灵活性）和开放度。世界银行专家确定的组织管理的七个等级分别如下。

一是始创型组织，指企业刚刚组建，尚未形成稳定的结构，组织制度规范也不完整，组织内部灵活性较大，此时的企业主要由创业者主导。但由于企业自身资源匮乏，也缺乏有效的整合能力，其可以用来支持创新的资源有限，特别是对系统性的组织性创新支持不足。

二是束缚型组织，指企业（因获得必要外部投资等）开始建立必要的制度规范，对探索行为开始进行必要的制度约束，组织灵活性仍然保持较高水平。企业资源有限问题尚未得到有效解决，企业对社会资源的整合能力也没有显著提升，对组织性创新的支撑仍然不足，但已经比始创型组织有所改善。

三是冒险型组织，指企业产品因得到市场初步认同而获得现金回报，企业自身能力有所提高，企业在应对发展问题时建立了充分的自信，感觉良好的企业管理团队容易进入开拓性冒险阶段。这个阶段的组织对创新机遇比较敏感，也具有追求更快发展的动机，但整体上资源仍然有限，可以调动的资源也不多，仍然不具备开展大型系统性组织创新的能力。

四是防御型组织，指企业开始强化战略意识和战略指导，并以战略集中企业创新及发展方向；同时，企业产品开始较大规模推向市场，面对的市场竞争或技术模仿开始增多，企业在技术创新上表现出明显的守成、防御倾向。此时，企业能够将较多资源集中到优势方向，对系统性组织创新能够提供相对有力的支持。

五是稳定型组织，指企业进入稳定发展阶段，获得了稳定的市场地位和现金回报，建立了稳定的研发团队，对技术创新活动也具有了稳定投入能力。此时，企业对组织性创新活动的支持能力处在较高水平。然而，稳定性与灵活性是企业发展过程具有此消彼长关系的两个变量，稳定性的增加一般会降低企业的灵活性，容易使其对新兴技术领域的探索受到限制。

六是扩张型组织，即组织在维持稳定的同时表现出比较强烈的扩张动力，其动机可能来自市场竞争，也可能来自公司快速发展的冲动，还可能来自各种机遇。扩张型组织对组织性创新，特别是新兴技术领域表现出较强的支持意愿，也具备较强的支持能力，但会面临新兴技术创新风险高、成功率低等问题，也会遭遇扩张与稳定、多元化发展与核心竞争力培育等方面的冲突。

七是领先型组织，指企业在长期发展和探索中探索出了制度刚性与管理弹性、稳定性与灵活性保持有效协调的机制和方法，即既能够维持生产运作等部门的稳定秩序，也能够激发技术研发部门的创新活力，使得组织进入良性发展的健康轨道，企业不论是在技术还是在管理上，都处于行业领先地位。

将上述四个维度、七个能力层次置于一个坐标体系，得到图 2-2。其中，第一象限表征技术系统（装备等）的能力，第二象限表征人力资源的能力，第三象限表征组织管理的能力，第四象限表征信息管理的能力。世界银行专家并没有指出四个维度的相互重要性，也可以理解为默认了四个维度同等重要。其实，四个维度的重要性并非完全一致，而且不同时代四个维度的相对重要性也不尽相同。在工业文明时代，以技术系统（装备等）为代表的资本更为重要和稀缺，技术系统则具有相对重要的地位；而在知识经济时代，人力资源是知识的主要载体，人力资源的地位则相对重要。将维度与能力层次或等级相结合，每个维度的层次越高，代表这个维度上的企业技术能力越强；每个维度的层次越低，代表这个维度上的企业技术能力越弱；四个维度综合，则代表企业整体技术能力水平。

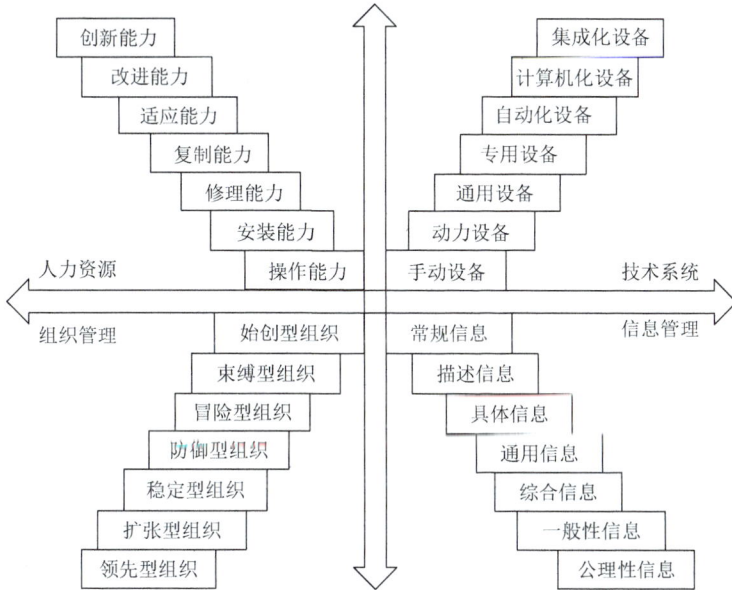

图 2-2　企业技术能力四维结构图

世界银行专家提出的这个企业技术能力构架，不仅可以表征每个企业的技术能力状态，还可以考察各个维度之间是否均衡，如图 2-3 所示。外边段状虚线表征企业 A 的技术能力水平，里面的点状虚线表征企业 B 的技术能力水平，显然企业 A 的技术能力不仅高于企业 B，其能力均衡状态也明显好于企业 B。

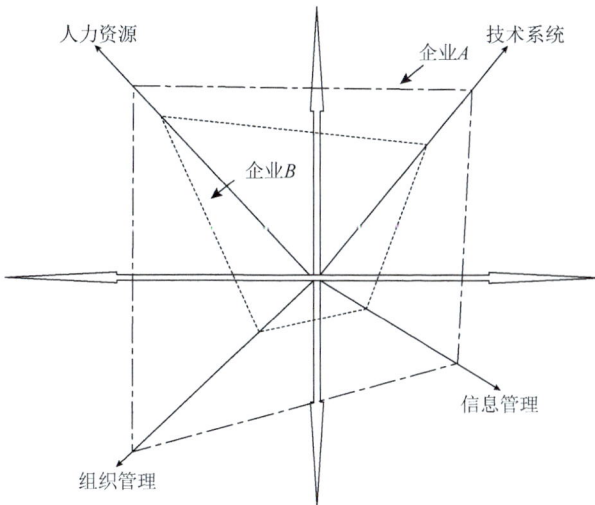

图 2-3　A、B 两个企业技术能力状态的比较

世界银行的理论模型曾经被广泛应用于评价企业技术能力状况。但这种方法有两个明显局限：第一，这个方法主要从静态视角对技术能力的构成要素进行考察，没有考虑企业对外部技术知识的引入和利用。其实，企业所处的技术知识空间或外部环境，特别是企业从外部环境中汲取知识的活动及行为对企业技术能力有重要影响。第二，这个方法所确定的四个维度也有一定局限，未能考虑不同等级与创新任务之间的对应关系，如有些企业的创新任务相对具体，领先型组织并不一定好于稳定型组织。同样，就企业而言，信息管理将知识加工到一般性信息或公理性信息，未必比将其加工到具体信息更为有力。基于世界银行理论模型的局限，特别是科技进步形势的快速变化，其实践适应性在日益降低。

（二）哈佛商学院巴顿教授的理论

哈佛商学院教授伦纳德·巴顿（2000）基于技术知识流动视角，应用知识管理概念和思想，研究了企业核心能力。巴顿（2000）认为，产品是知识的物质体现，其价值大部分来自知识。知识是创新的源泉，滋养了创新活动的生命及岸堤两侧的生命。当源泉被水坝拦住或被污染时，就会抑制或扼杀创新的生命。因而，企业技术能力的孕育和增长来自在创新过程中进行的有效知识管理。显然，企业核心能力是贯穿于企业创新全过程的一个综合系统。需要说明的是，巴顿教授使用的是核心能力概念，亦与技术创新能力不尽相同。我们首先介绍巴顿教授核心能力与技术创新能力之间的关系，然后分析其给出的核心能力的四个维度。

1. 核心能力与技术创新能力

巴顿教授将核心能力定义为企业经过长期积累形成的、建立在企业知识资源管理基础上的能力。按照这种理解，核心能力有三个基本特征：一是由于企业独特的知识管理能力和学习能力获得，二是在不断的技术创新实践中积累并内化而成，三是其他企业在短期内难以模仿和复制。核心能力建立在企业技术创新能力基础上，同时也是企业创新活动的根本追求。

巴顿教授强调，核心能力不同于附加能力和能动能力。所谓附加能力，是指由于拥有特殊资源或资源禀赋等得到的，建立在生产和自然资源基础上的企业能力，如地理位置造成的销售网络便利等。比如，芬兰的企业和美国硅谷的企业在拥有的资源禀赋上就有很大差异，硅谷具有相对丰富的商业生态和相对完整的产业链，硅谷的企业能够从本地市场中获得相当大比例的订单，而芬兰由于地理位置偏远，企业可以利用的外部资源禀赋不如硅谷的企业好，其顾客大多在远离本土的市场。同样，深圳由于具有电子行业相对完整的产业链，处于深圳的电子公司享有相对良好的资源禀赋。其实，硅谷、深圳的企业不仅享受产业链的支持，还能得到众多技术信息的支持。显然，地理位置等资源禀赋能够为企业带来技术能力上的支持和帮助，甚至可以直接转化为技术能力。但是，基于资源禀赋的能力可以为企业核心能力增添力量，却难以形成核心能力；因为这种能力难以形成独占性，其他企业可以通过学习或模仿（如迁址）等方式获得。

所谓能动能力，是指因为人的主观能动性而得、建立在企业管理资源基础上的能力，如有效管理引致企业资源得到有效配置，使得创新及运行效率等均得到提高。能动能力较之附加能力门槛相对较高，学习和模仿的难度加大，但并非不可以模仿。例如，一个企业管理有方，导致其研发和生产成本都相对较低，产品质量较高，呈现明显的竞争优势，但这种优势不足以使公司在竞争力方面长期卓然而立，只要后发企业努力学习，这种能力依然可以模仿和复制。除非企业的这种能力蕴含丰富的知识，建立在企业经验和知识管理基础之上，形成了独特的生产运营模式，则这种优势就不再是单纯的管理优势，而主要是知识及知识管理能力优势。这种优势长期积累，便可以演化为企业的核心能力。

按照巴顿（2000）的解释，核心能力来自技术能力，但其是高层次的技术能力。附加能力和能动能力都是技术能力的组成部分，但它们不构成核心能力。在巴顿教授的技术能力中，包括产品及工艺开发能力，也包括提高质量等能力，甚至包括产品设计和市场营销能力，是综合的企业能力范畴。可以认为，巴顿教授的技术能力概念类似本书讨论的技术创新能力。图 2-4 为技术能力构成及在公司战略中的重要性。图中表明，当企业技术能力处于附加能力水平时，或者说企业技术能力主要由附加能力构成时，技术能力不足以承担企业战略的核心地位和作用，其在企业战略中的重要性相对较低；而当企业技术能力达到核心能力水平时，或者说企业技术能力主要由具有独占性的核心能力构成时，技术能力在企业战略中的地位和作用显著提高，可以成为企业战略的核心内容或支持。

图 2-4　技术能力及在企业战略中的重要性

2. 核心能力的四个维度

巴顿（2000）使用组织动态知识库和组织知识控制与整理机制的概念，把企业核心技术能力分为以下四个维度：一是企业的物理技术系统（physical systems），二是组织成员的技能（skills）和知识基础，三是企业管理系统（managerial systems），四是企业价值观（values）与组织规范。四个维度或要素相互作用，共同构成企业核心技术能力。

1) 企业的物理技术系统

组织的物理技术系统是指组织知识应用的物理平台和有形载体。任何知识在组织内应用，都需要一定的物质技术基础；缺乏必要的技术知识应用平台，先进知识不可能在组织内得到应用，也不可能真正被吸收到组织中来。同时，知识在组织内部使用的过程中，不仅在人们的脑子中积聚起来，还会在组织的物理系统中沉淀下来，形成特定的组织数据库、软件和工作规程等。组织系统的数据库、软件、规程及机械设备等，都成为组织知识的重要载体；因而，组织的物理技术系统是组织动态数据库的重要内容。组织物理技术系统的自身结构及其包含的知识容量，对组织知识吸收能力有重要影响。

当人类社会进入信息化、网络化时代以后，知识信息成为最为宝贵的资源，我们今天甚至说：无数据不创新，无数据不研发，无数据不设计。然而，数据是哪里来的呢？当然是积累来的！企业的物理技术系统则成为积累数据和信息的重要平台，如福特公司率先在进行汽车发动机试验时积累了大量实验数据，也积累了大量的汽车撞车实验数据。利用这些数据进行计算机模拟，可以提炼出大量支持发动机及车身等设计的数据。当其他公司发现这种状况亦开始同样工作时，发现很多客户愿意将相关工作交由福特完成：因为福特公司拥有的数控量大，可以提炼出更好的规律指导设计和研发。委托福特公司做试验的客户越多，福特公司积累的数据量就越大；而数据量越大，则越能够提炼出更好的规律以辅助做出更好的设计和研发。因而，福特的试验平台就成为重要的核心能力，且其他企业在短期内难以模仿和复制。

2) 组织成员的技能和知识基础

组织成员的技能和知识基础是指蕴含在组织成员身上的各种技能和知识的总量与结构，其是与核心能力关联最为密切的维度。组织成员的技能和知识基础既是一个存量，也是一个变量。存量是指组织成员拥有的技能和知识在特定时点上是个静止的常数，可以视为组织知识的存量；变量是指组织成员每时每刻都在思考和创造，都在与外部知识空间相互作用，其拥有的知识一直处于动态变化之中。因而，组织成员的技能和知识基础既与个体（组织成员）思想活跃度有关，也组织氛围有关，还与其所处的社会知识空间有关。

组织成员的技能和知识既包括组织所需要的特殊知识，也包括公共的科学原理知识。组织成员的各种技能和知识基础，是组织动态数据库的另一项重要内容；无疑，其总量与结构对组织知识吸收能力有决定性影响。组织要积极鼓励组织成员重视外部知识的学习、识别和引入，包括基础科学知识、行业专有知识等，不断充实和优化组织知识总量与结构，使知识总量与结构和组织的知识吸收能力之间形成双向正激励关系。图 2-5 为组织成员可以利用的知识来源。

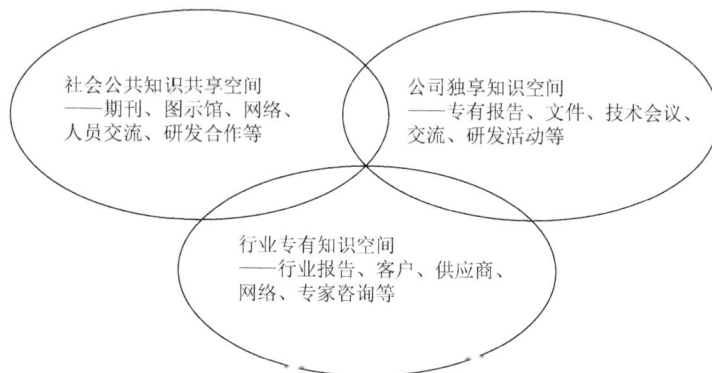

图 2-5　组织成员可以利用的知识来源

3）企业管理系统

组织管理系统是指组织内部管理与引导员工知识的制度体系，包括组织的教育、奖励与激励系统，也包括组织知识的整合系统。组织管理系统看似不如组织成员技能和知识基础、物理技术系统对核心能力的影响直接，实际上其作用不可小觑；组织管理系统决定了组织的知识管理机制，是组织资源积累与配置的引导器。同时，对于组织成员技能及知识基础的发挥，特别是组织的知识吸收能力，组织知识管理系统有极其重要的影响。

组织激励机制决定着组织成员是否愿意将知识在组织内主动分享及应用。技能和知识都是个体资源，只有当其能够为个体带来互惠、经济、名望、利他等满足时，才能激发个体的知识交流和共享动机。组织的知识管理和整合制度，决定和影响着组织知识的加工和分享。例如，企业对师傅带徒弟的规定，可以只要求师傅教会徒弟专业技能（具体信息：做好特定事情的技能），也可以同时要求师傅分享做好特定工作的经验（综合知识：在什么情境下、用什么方式才能做好事情的技能和知识）。有些组织鼓励员工积极使用外部知识，而有些企业则采用相对封闭的形式，对使用外部知识持保守态度。这些组织政策，当然对外部知识利用有重要影响。

4）企业价值观与组织规范

组织价值观与组织规范是指组织成员共同认知的价值体系和基本行为准则。不论是组织成员的技能与知识基础，还是组织物理技术系统的构建，都离不开组织价值体系的影响，组织管理体系本身就是组织价值观与组织规范的具体反映。因而，组织价值观与组织规范是组织核心能力的重要组成部分。

组织价值观与组织规范对核心能力的影响首先体现在对组织成员的选择和录用上，直接影响组织的知识基础和动态知识库。例如，惠普公司提倡尊重个人的创造性，偏好录用有鲜明个性、喜欢创新的人员；而有些企业则相对注重规则和规范的作用，偏好选择行为本分、顺从的人员。其次，组织价值观与组织规范对组织知识吸收能力影响重大。一般说来，具有多元、开放文化的企业倾向鼓励企业员工与外部的知识交往，如特斯拉不仅大量收购专利，还将专利在行业内免费共享；而有些企业则在技术上则相对保守，开放度不高。

在巴顿教授看来，组织成员技能和知识基础、物理技术系统两个维度是组织的两个动态知识库，是企业核心能力的核心内容。其中，物理技术系统具有更为基础的作用。组织的管理系统和价值与规范是组织的知识控制和整合机制，是企业核心能力的基本保障。上述四个维度协同作用，共同构成和决定着企业的知识体系和核心能力。核心能力四个维度之间的相互作用关系可用图 2-6 表示。

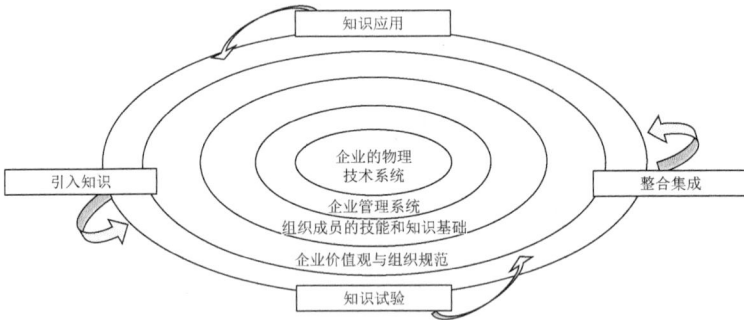

图 2-6　核心能力四个维度之间相互作用关系

图 2-6 中，引入知识代表在外部知识空间进行监视、选择，将某些知识从外部知识空间向企业导入；知识试验代表对引入的知识进行甄别，检查其与企业现有知识体系是否具备兼容性；整合集成代表将具备兼容性、有用的知识引入现有知识体系，对其进行有效融合和集成；知识应用代表以新的知识体系解决企业问题，并依据解决问题的需要进一步搜寻有用知识。因而，引入知识、知识试验、整合集成、知识应用是个周而复始的循环过程。

对比世界银行专家提出的企业技术能力动态模型，巴顿教授的核心能力理论在以下三个方面具备鲜明特点：一是基于知识管理视角研究企业技术能力及核心能力，更好地体现了当今知识经济背景下，企业能力及创新能力的本质；二是引入组织动态知识库等概念，反映了创新过程中的知识动态流动和发展，也反映了组织知识与外界的互动关系；三是区分知识载体和知识控制或整理机制，辩证地分析了不同维度在核心能力形成中的地位和作用。当然，巴顿教授的理论也存在一些局限：一是虽然考虑了组织与外界的知识互动，但只是从内在构成要素角度分析了企业技术创新能力的维度，没有考虑外界因素的影响；二是虽然揭示了四个维度的相互作用，但对彼此之间相互作用的机理缺乏深入探究。

二、企业技术创新能力的合理结构

上述两种经典理论从不同视角揭示了企业技术能力的构成要素及相互关系,实际上是两种不同的结构形态。比较而言,世界银行的技术能力更多适应于工业文明,主要是以产品研制为主的制造企业;而巴顿教授模型中的技术能力更接近本书探讨的企业技术创新能力,但其也有未考虑外在环境因素的局限。在借鉴上述两个理论模型的基础上,我们对企业技术创新能力做出综合分析,并分析其合理的结构形态。

（一）企业技术创新能力的影响因素

综合而论,企业技术创新能力的影响因素既应该包括内在因素,也应该包括外在因素。内在因素主要决定企业技术创新的内在素质和潜力,外在因素主要影响企业技术创新能力的实际发挥。我们分别对这两种因素进行分析。

1. 内在因素

借鉴巴顿教授对企业核心能力构成要素的分析,我们将影响企业技术创新能力的内在因素归纳为以下几项内容。

1）员工的知识、技能系统

这个维度与巴顿教授的员工技能和知识基础类似。我们强调员工技能和知识的重要性,首先在于在企业技术创新能力构建和培育过程中,人的因素是第一位的。人的作用既表现为作为技术创新的能动主体所具有的创新意识和创新精神;又体现为技术知识积累、储备和应用状况。这些认识与巴顿教授基本相同,但我们使用这个变量与巴顿教授有两点不同。

第一,突出企业员工知识、技能的系统特征。之所以使用知识、技能系统概念,是为了更加突出地强调员工知识、技能的动态变化特征和系统性特点,即企业的员工知识和技能系统不仅是员工现有知识、技能的有机集成,更包含其与外部知识世界或社会知识空间的互动。从本质上说,企业员工知识、技能是一个与社会知识、技能系统相连接的网络系统。

第二,强化企业员工知识、技能的合理结构。也就是说,考察企业员工的知识、技能系统,不仅要看其集成的总量,更要考察其结构状态。我们特别强调,高水平技术领军人才在其中的关键作用。我们认为:人作为技术创新能动主体的作用,首先体现在居于主导或带头地位的核心创新者身上。作为技术知识的动态数据库,员工的技能和知识总量表征着企业技术知识的广度或丰富度。一般说来,企业具有较多的技术知识人才,企业的知识总量会相应增加;但是,企业技术知识动态数据库还必须有深度或高度。前文指出的企业技术知识创造与选择、技术方案构建与开发等能力均具有较强的个体性探索特征,这样的能力当然需要技术知识广度，但更需要其深度或高度。也就是说，企业必须有出类拔萃的高级技术人才，在面临技术变革的背景下能够起到拨云见日、洞察本质、引领方向的作用。因而，企业员工的知识、技能系统必须具有合理的结构。这种结构既包括多元知识的有机结合，也包括不同技术能力层次人员的合理组合。如图 2-7，为 A 企业知识、技能结构形态与 B 企业知识、技能结构形态的比较，显然 A 企业更为合理。

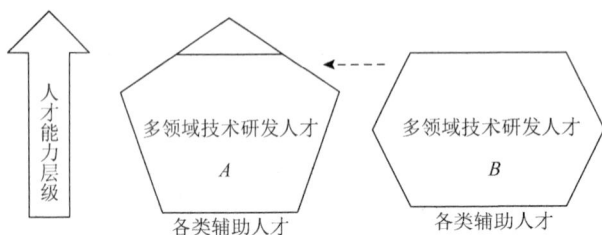

图 2-7　A、B 两家企业知识、技能结构比较

2）创新战略与资源配置系统

企业创新战略与资源配置系统对应巴顿教授的组织管理系统，但与巴顿教授在认知上存在两个明显不同。

第一，突出企业创新战略的决定性作用。在企业生产运营实践中，企业战略也可以理解为一种长期制度安排。但在对技术创新活动的规范和影响上，企业的创新战略至关重要。企业技术创新是高投入、高回报、高风险的活动。选择创新活动本身就是一个战略层次的决策。因而，企业必须高度重视构建正确选择技术创新方向与战略的能力。实践中我们看到，很多企业知道创新的重要性，但不能把创新激情转化为稳定的创新战略，缺乏对创新活动持续稳定的支持。因而，企业技术创新战略是影响企业技术能力建设的关键因素。

第二，突出创新资源配置的重要保障作用。在企业所有支持和促进技术创新能力建设的制度和政策中，落实创新战略的最有效手段就是合理的资源配置，特别是在技术创新活动上做切实的投入。因而，资源配置状态，特别是投入水平是企业技术创新能力建设的重要内在影响因素。与此同时，依据企业技术创新战略的创新资源配置和使用状态，很大程度上也反映着企业对技术创新规律与需求的认识程度。企业创新资源的实际配置与创新战略是否协调？企业技术创新活动安排能否有效保证创新战略目标实现？这都是影响企业技术能力建设的重要因素，也是企业技术创新能力现实水平的重要标志。

3）研发装备与条件支持系统

企业研发装备与条件支持系统对应巴顿教授的物理技术系统。之所以没有延续使用物理技术系统概念，主要是为了突出两点不同。

第一，突出研发装备的核心作用。国内外经验证明，研发装备是科学研究活动，特别是企业研发活动的重要基础，没有先进的研发装备，再好的技术构想也不可能实现。况且，正如巴顿教授指出的，物理技术系统或装备本身也蕴含着丰富的知识和经验。因而，装备是企业核心技术能力建设不可忽视的影响因素。在现代科技条件下，研发条件不仅体现为传统的硬件，还包括一些应用性开发程序、系统平台等软件，这些软件是企业技术开发的重要工具。图书、资料等知识信息载体，是技术知识交流的媒介和平台，对企业的技术开发提供信息和知识支持。与此同时，在信息化、网络化背景下，企业更应该注意到技术装备在积累知识数据上的重要性。因而，有些关键的技术装备不能依赖于他人。技术装备的重要性参见专栏2-1：汽车数据比汽车本身还值钱。

专栏2-1：汽车数据比汽车本身还值钱

自2006年以来，电动汽车一直被认为是汽车界下一个值得关注的大事。现在，自动驾驶汽车开始冒出来抢这一风头。虽然电动汽车只占全球汽车销量的1%，全自动汽车仍在深度试验阶段。随着汽车同大数据的融合日渐加深，我们可能忽视了即将出现的最大生意。在一篇题为《汽车数据货币化：创造消费者利益的服务业新商机》的报道中，麦肯锡研究员总结道："全球范围内，汽车数据货币化的整体利润到2030年将达到4500亿～7500亿美元"。

作为该篇报道作者之一，麦肯锡研究员 Michele Bertoncello 指出："并不是每一个汽车生产商都处于同一水平，但这是目前一个重大的产业课题"。福特公司 CEO Mark Fields 将福特描述为一家汽车生产商，同时也是一家信息数据公司。随着特斯拉自动驾驶汽车行驶里程的增加，该公司 CEO Elon Musk 经常吹嘘其自动驾驶汽车的"极速学习"能力。

当科技公司同主要的汽车产商试图将这股潮流资本化，关于到底谁拥有汽车捕捉的数据及其数据所转化而成的网络的问题就会产生。由此，群众对其的兴趣可能也会逐渐增加。在过去，汽车基本上不会产生数据。汽车所捕捉的信息会储存在板载储存库中，如发动机。只有在汽车出了问题的时候，我们才会接触到这些板载储存库。但是目前，许多车辆几乎无时无刻都接入在互联网中，那些很少被使用的数据已经从一股涓涓细流变为一股洪水。正在生成的新信息可能被描述为车辆所有者的财产。

停车可能变得更加智能。麦肯锡研究员在总结汽车所有者调查结果时写道："在一个环境之中，消费者相信价值的存在并且投入能带来回报。汽车数据货币化便起始于此。"调查显示，在一般情况下，客户对那些使行驶更加安全或者更加便捷从而省时省钱的数据功能比较感兴趣。Bertoncello 指出："在被调查人群中，安全性及同时间相关的使用案例最受关注。"他提出备受追捧的"联网停车"例子——一种由技术驱使，以人群为导向的停车点发现应用。他说，被调查者对此十分愿意支付费用，对于给出他们的定位也没有任何问题。

第二，关注技术支持条件的重要作用。在进入信息时代以后，产业出现了模块化分工，产品的研发和制造都被分割为不同的单元独立进行；然而，产品投放市场则需要构成一个完整的技术系统。其实，高度模块化的企业创新和生产是在一个生态系统中完成的。企业内部创新任务的安排及创新活动的开展，都必须考虑整体生态系统能否对创新提供技术支持条件。克里斯坦森（2010）将由客户、供应商、合作企业和其他利益相关主体构成的动态网络或生态系统称为价值网。如新能源汽车产业，电池的研发和制造由一些厂商完成，其他构件的制造和开发由另外一些厂商完成，集成总装又是不同的厂商。但是，新能源汽车作为商品交付客户使用，不仅要是一个完整的汽车，还必须具备汽车上路运行使用的辅助条件，如充电设施。当然，这里所说的技术支持条件并非都是企业内部因素，有些是由其他厂商或社会提供，但这是企业完成自主选择的创新任务必须考虑的因素。也就是说，能否正确认识技术支持条件的不可或缺性并及时获得其他厂商或社会的支持，也是企业技术能力建设的重要内容。如果企业忽视综合技术支持条件，企业的创新成果不可能实现商业价值。关注技术支持条件的重要性参见专栏 2-2：充电难制约新能源汽车普及。

专栏 2-2：充电难制约新能源汽车普及

近日，国家及地方政府在充电桩建设方面动作频频。除了财政部 2014 年 11 月底公布的针对充电设施建设的巨额奖励政策外，12 月初工信部组织国家发展和改革委员会、科技部、财政部等 18 个单位召开联席会议，重点研究如何推进充电设施建设。据悉，《电动汽车充电设施发展规划》本月有望发布执行，《新能源汽车充电设施规划》已形成意见稿。

加快充电桩的建设步伐早已经是业内的共识。那么，作为全国新能源汽车推广示范城市的深圳在充电桩建设方面处在怎样的水平？目前面临哪些困境？在即将颁布的重重利好政策的刺激下又将有哪些变化？

早在 2010 年，深圳就发文要求各住宅区充电桩按现有停车位的 5% 进行基本配置，深圳市发展和改革委员会还公布了 14 个拟试点小区名单。近日记者走访了这 14 个小区中的城中雅苑、金域蓝湾、中海华庭、黄埔雅苑和莲花二村，发现仅莲花二村有充电桩，其他 4 个小区均没有。黄埔雅苑物业管理处相关负责人接受采访时说，没有建充电桩有两个原因：一是没有配套的政策和标准，物业公司很难落实这个决定，"供电局没有给出收费标准，我们建好收费指不定还会被物价局说成乱收费呢"。二是需求不大，"只有几个业主提出过申请"。确实，记者走访了5个小区的停车场，只发现几辆电动私家车，说明目前电动私家车的普及程度不高。

2014年6月，曾有报道指深圳有望将充电桩作为新小区的"标配"，这个消息一度让业内人士感到振奋。但是，在时隔半年后的今天，这个政策依旧没有出台。与此同时，许多私家车车主出门后找不到公用充电桩。"太麻烦，有时候兜半天都找不到一个充电的地方。"在福田充电站附近充电的私家车司机窦先生认为，深圳专门提供给私家车充电的充电桩偏少，并且还存在着车子跟充电桩不匹配的问题。"好不容易找到一个，还配不上，你说气不气人？"

电动私家车遭遇充电难，深圳主推的电动出租车和电动大巴又如何呢？一个赵姓司机告诉记者，她每天花在充电上的时间将近3小时，对她的收入产生了影响。"有时候不够电了都不敢拉客，还会被一些乘客埋怨。"记者下午5点来到充电高峰期的福田充电站了解情况，发现出租车排成了一条条"长龙"。赵司机说："平时挺快的，但是在高峰期排队大概要半个多小时。"相比出租车，旁边的电动大巴显得"淡定"很多。据中国普天大巴充电站的一个工人介绍，大巴的班次、行程都是相对固定的，所以充电一般不需要排队。

据深圳市节能与新能源汽车示范推广领导小组办公室主任助理陆象帧介绍，深圳原本计划到2015年累计建设充电站169座、快速充电桩2000个、慢速充电桩2.7万个以上。但2014年底，"快充电桩完成大概30%到40%，而慢充电桩只完成10%左右"。

资料来源：互联网不会颠覆汽车行业，深圳特区报2015年1月19日第B04版（财道/创业）

4）创新激励与价值系统

企业创新激励和价值系统对应巴顿教授的组织价值观与组织规范。我们这里之所以使用创新激励和价值系统两个名词，主要想强调两个因素的重要性。

第一，强调创新激励体系的重要性。就个体而言，从事创新的最大动力可能来自个人兴趣和追求；但在组织情境下，员工的创新行为需要制度的引导和激励。创新是艰苦的体力和脑力劳动，同时还要承担巨大的不确定性。这种不确定性不仅为企业带来投入、时机等风险，也为承担或参与创新任务的个人或团队带来名誉、收益等方面的风险。因而，企业必须建立有针对性的创新激励体系。其中，既包括对创新活动或过程的激励，也包括对创新成果的激励；既保证了创新活动参与者的积极性，也是促进创新知识交流和创新成果共享的需要。具体参见专栏2-3：3M的创新激励机制。

专栏 2-3：3M 的创新激励机制

（1）刺激创新的有效机制。Minnesota Mining and Manufacturing（明尼苏达矿务及制造业公司，简称 3M）致力于"尊重每一位员工的价值，并鼓励员工创新，为员工提供具有挑战性的工作环境及平等的发展机会"。在 3M，除了进入管理层，员工可以选择走技术发展路线，有机会获得与管理路线同等的名誉、职位、福利和竞争力。技术路线的最高职位是企业科学家（corporate scientist），与公司总监同级。为了鼓励创新英雄，3M 每年举行隆重仪式，将创新发明最突出的三四个人吸收到公司"科学院"里来，而此事又向员工们证明，在 3M 宣传新思想、开创新产业是完全有可能取得成功的，而且成功了就会得到认可和奖励。3M 对在研发中有杰出表现的技术人员设置了很多奖励，譬如设立于 20世纪 60 年代的卡尔顿奖——3M"诺贝尔奖"，用以奖励在科学上获得重大突破或做出杰出贡献的 3M 科学家。3M 还设立了"季度优胜奖""专利奖"等奖项激励员工为公司发展做出贡献。3M 对优秀的技术人员除了会有物质激励外，更注重对创新者的精神激励，如设立全球技术卓越和创新奖——3M"奥斯卡奖"。荣获此奖的国外员工可以和家人一起到美国去，在公司高层的陪同下乘坐 3M 专机到度假胜地尽情玩耍。

除对有杰出表现的个人进行物质奖励和精神奖励外，3M 还奖励推动新产品和新项目的团队，如颁发"金靴奖""寻径奖""商业奖""精英奖"等团队奖。此外，3M 在业绩考核上，除了 ROI（region of interest，投资报酬率）等财务的定量指标外，还讲究对创新人员的学习能力、协作精神、品质等定性因素的考核，同时注重"共享价值观"的形成，号召创新人员以公司为家，为公司的发展积极贡献智慧与力量。

（2）鼓励自我创新的 15%法则。3M 在创新方面的一个积极举措是将创新列入员工的工作时间预算，鼓励员工积极探索新技术领域并且投入合理的费用。在 3M，每个员工都有 15%的工作时间可以用在自己感兴趣的技术项目或创新计划上，甚至可以申请基金作为研发费用，不管这个项目能否马上带来直接效益。如果员工创新理念和公司目前发展的重点并不很匹配时，员工可以申请"开拓基金或起源基金"，得到一笔资金继续创新项目。这是为那些被正常申报程序"判死刑"的创意提供第二次机会的资金。对于 3M 的工程师来说，公司的 15%法则允许他们追求激情。每一位人员都能自由使用 15%的时间进行与核心业务不相关的创新思考。如何保证员工用这 15%的时间做有用的事？3M 认为无须监控，因为对每个员工进行密切监控的成本要远远大于所产生的收益。

15%法则保证了公司精力并非全部花费在短期利益上，它让"创新成为每个人的责任"。在鼓励自我创新的这一法则下，新的创意常常从3M 的基层员工当中产生，并自下而上传递。正是得益于这种良好的创新公式与法则，公司很多著名产品如"报事贴""新砂纸""闪光膜"等被不断地开发出来，员工在得到创新乐趣与奖励的同时，也给公司带来了丰厚的利润回报。

资料来源：谢佩洪（2013）

第二，强调价值系统及文化的重要性。创新激励机制能够激发员工的创新热情及创新行为，而保证企业创新机制得以持续的深层次机制就是文化。由于创新不是企业发展的权宜之计，而是长期任务，企业必须建立鼓励创新、包容失败的价值体系和文化。纵观国内外创新型企业的成功发展经验，创新文化是其共有的重要基础。创新文化的特征主要体现在三个方面：一是将创新视为企业根本的价值追求，即以创新为赢得市场尊重和价值的核心依托；二是尊重创新规律，给予创新者及团队充分的自我管理权力和信任；三是具有"鼓励冒险、宽容失败"的氛围，"不惩罚为企业利益承担风险和责任的人"成为企业共识。具体参见专栏 2-4：3M 的创新文化。

专栏 2-4：3M 的创新文化

创新文化是创新管理的制高点。是什么法宝让 3M 新产品层出不穷？根源在于 3M 的企业文化。3M 大中华区总经理余俊雄说："3M 的很多新产品并不是工程师研发出来的。譬如，防窥屏本来是在电脑上用的，后来用在 ATM 上，现在也被用在手机上，这个点子就是 3M 中国的销售员想出来的。"在 3M，个人的成功主要取决于他们的创意质量和技术水平，知识型员工是公司最重要的资产和智力资本。因此，3M 设法提供大量机会激发员工的智慧和潜力，营造鼓励大家踊跃发言、追求激情、用"精英智慧"来取代"贵族智慧"、高度授权的知识工作环境。3M 管理层认为，营造创新文化最重要和最困难的一点是：领导者要懂得授权——把嘴巴闭起来，把手放在口袋里，放手让团队去做事情。

3M 致力于营造容忍失败和允许犯错误、具有良好创新氛围的知识工作环境。创新成果美好，但过程曲折，因而进行创新要鼓励冒险，要允许失败，但决不允许重复同样的失败。在 3M，创新人员失败后，一般情况下薪金、待遇，甚至晋升都不会受到影响，使得员工为创新冒险，而无后顾之忧。公司隔离胶带产品开发时，经历多次失败。每次失败后，研发人员得到的不是打击，而是鼓励与支持。正是在公司宽容失败的文化鼓舞下，研发人员不怕失败，反复试验，最终隔离胶带成功上市，并很快成为公司的核心产品，目前每年能给公司带来上亿美元的销售额。这些做法也可以从 3M 精神领袖、前任 CEO 麦克奈特的理念中得到印证。他常对员工们说：我们容忍员工犯错误，只要他的动机是好的。从长远来看，与一些管理层利用职权专制地告诉下属怎么做之类的错误相比，员工所犯的错误可能微不足道。他也常常告诉经理们：要鼓励实验性的涂鸦；如果你在四周竖起围墙，那你得到的只能是羊；为了发现王子，你必须与无数只青蛙接吻；切勿随便扼杀任何新的构想；如果他们是优秀的员工，我们就应该赋予他们权威和责任，让他们用自己的方式去完成任务。

资料来源：谢佩洪（2013）

上述为影响企业技术创新能力的四个内在因素。并非这四个因素就囊括了影响企业创新能力建设的全部组织变量，但至少体现了重要内容或关键因素。基于实践应用的角度讲，这四个因素还可以进行进一步分解，将其划分为更便于操作、更为基础的表征变量。

2. 外在因素

在知识经济背景下企业技术创新活动呈现出社会系统或生态特征。不仅组织内部因素对技术创新能力有重要影响，外在环境因素的作用也不能忽视。当然，外部环境变量很多，其中具有重要影响的关键因素可能有三个：一是公共社会知识空间，其影响企业获取和利用外部知识；二是市场空间，其影响企业创新成果的市场认同和价值实现；三是制度空间，其影响企业创新动力和创新成果社会认同。我们首先分析这三个因素及其对企业技术创新能力的影响方式，进而分析这三个因素产生影响的综合效应及有效表达。

1）主要外部因素及影响方式

（1）社会公共知识空间。社会公共外部知识空间可以理解为知识及知识相关主体汇聚而成的社会系统或平台。首先，社会公共知识空间并非静止的"容器"或"物理承载体"，还包含着知识主体之间的相互作用及形成的社会关系；其次，社会公共知识空间并非自发产生，而是源于人们或社会基于实践需求的有意构建和维护；最后，社会公共知识空间呈现动态变化性，随着社会制度、参与主体及自身结构的变化而不断变化。同时，社会公共知识空间的边界与企业自身的知识和创新活动范围密切相关，并不由特定的物理和制度疆界限定。企业创新活动范围越广泛，其所拥有的社会公共外部知识空间越大。社会公共知识空间对企业技术创新能力的影响主要体现在以下三个方面。

一是知识的丰富度，指社会公共知识空间的知识容量和多样性。一般说来，社会公共知识空间的知识容量越大、知识多样性越好，企业从中获取有用知识的概率越高，对企业技术创新能力的支持力度越大。当然，社会公共知识空间的知识容量和多样性与创新主体多寡、水平高低有关，也与创新管理制度及社会文化有关。以波士顿、硅谷为例，各类高水平创新者云集，使其具有非常大容量且多样性的知识汇聚；同时，美国鼓励探索的管理制度和推崇开放、共享的文化，使得知识交流和碰撞非常频繁，新知识的衍生和拓展更加便利。因而，相对于其他国家、其他地区，在波士顿、硅谷的企业能够获得更多外部技术知识支持，进而也能够捕捉更多的技术机遇。在国内，很多企业愿意将总部，特别是研发中心置于北京、上海等大城市，主要原因也在于获得更多的技术机遇和知识支持。

二是与企业创新战略的协同性，指社会公共知识空间优势领域与企业技术创新战略方向的相关性及互补性等。任何社会公共知识空间都有其优势领域，如硅谷的电子信息、集成电路等，波士顿的生物医药、新能源、新材料，休斯敦的航天技术等。如果企业的技术创新战略方向与社会公共知识空间的优势领域吻合，特别是具有很大的互补性，则可望从社会公共知识空间获得更多支持。例如，上海建有集成电路、生物医药产业基地及研发中心，在两个技术领域的基础科学研究上也有扎实积累，能够对芯片研发、制药企业提供较大支持。在产业创新实践中普遍存在的区域聚集现象，可以视为企业追求社会公共知识空间与自身创新战略协同、互补的结果。

三是获取技术知识的便捷性，指企业等创新主体从社会公共知识空间获取技术知识支持的方便程度。有些国家、区域或相关机构对社会公共知识空间进行有效管理，使得创新主体获取知识支持相对便捷，有些则相反。实践中的社会公共知识空间包括各种技术情报信息平台、共性技术研发中心、公共试验测试中心等。在社会公共知识空间容量既定的情况下，获取技术知识的便捷性主要取决于社会对公共知识的管理。好的社会公共知识空间管理能够有效降低不同创新主体之间技术知识信息的不对称性，有效降低技术知识交流的制度成本和交易成本。例如，有些行业协会委托专业机构建设面向行业内企业的专业知识数据库，可以快速查询研发或创新过程需要的专业知识，使企业获取专业上的便捷。

（2）市场空间。市场空间可以理解为与创新价值模式构造和价值实现相关的多元主体及要素汇聚而成的网络及所占有的地域范围。相对于知识空间而言，市场空间具有以下特征：一是自发形成，即真正意义上的市场空间主要是在多元主体竞争中依据利益机制自然形成，尽管其他力量可以影响其形成过程或程度，但也必须遵从其固有的利益机制；二是消费者主导，即市场空间的性质和容量从根本上说是由消费者主导的，消费者的购买意愿、购买能力等具有决定性影响；三是动态变化，即市场空间亦随着参与主体自身结构的变化而不断变化，特别是与企业的创新价值拓展和实现活动范围有关。市场空间对企业技术创新能力的影响主要体现在两个方面。

一是市场空间容量影响企业创新知识积累和创新价值实现。市场空间容量也称为市场容量，是指在不考虑产品价格或供应商策略的前提下，特定市场在一定时期内能够吸纳某种产品或劳务的单位数目。市场容量大，企业能够面向市场销售更多产品，能助长企业实现创新价值，并提升其价值实现能力；同时，企业生产和销售产品数量大，也有利于企业积累产品设计、销售及使用信息，有利于企业进行知识信息积累，进而提升企业技术创新能力。

二是市场空间性质决定企业创新方向和技术创新能力结构。企业创新价值必须在市场上实现，故其创新活动方向或过程必须立足于满足市场需要。因而，市场空间的复杂性、异质性对企业创新活动方向和内容有重要影响。复杂性指其自身构成和影响因素的多寡，市场空间复杂性越高，影响企业创新价值实现的外在因素越多，自然对企业技术创新能力产生影响。异质性指消费者本身及需求层次的多样性，特别是不同消费群体之间的差别程度。市场空间的异质性越高，对企业创新活动提出的需求越高，同样会对其创新能力产生影响。当然，市场空间的复杂性、异质性对企业技术创新能力到底是产生正向还是反向影响，与企业自身的主观能动性及战略取向等多种因素密切相关。

（3）制度空间。20世纪80年代，英国创新经济学家弗里曼（C. Freeman）等基于对日本的研究提出国家创新系统概念，特别强调了社会制度对国家创新体系运行效率的影响，自然制度也会影响企业的技术创新动力、行为和创新成果的社会认同。在不同的制度体系下，制度空间有不同的理解。在计划或命令经济环境下，按照"法无授权不可为"的原则，制度空间可以理解为制度规范为企业等创新主体预留的活动空间，即制度所允许的所有创新活动的集合；而在市场经济环境下，按照"法不禁止皆可为"的原则，可以理解为制度规范限制的创新活动以外的空间。制度空间对企业技术创新能力的影响主要体现在以下两个方面。

一是制度空间影响企业创新活动的动力和范围，进而影响企业技术创新能力形成。在创新已经成为社会发展重要驱动力的今天，任何国家和地区的政府都以制度、政策等手段对创新活动予以鼓励和支持。首先，政府通过法规、政策、规划等对创新活动的鼓励和支持，影响着企业开展创新活动的动力。其次，不论按照什么原则，制度都会限定或给出创新的活动空间，诸如什么样的创新活动可以开展，且受到鼓励；什么样的创新活动不能开展，受到严格限制；等等。

二是制度空间影响企业创新成果的社会认同及价值实现，进而对企业技术创新能力形成产生影响。首先，一个颠覆性或革命性创新成果能否得到社会认同，很大程度受政府的制度及政策影响，如PP租车、Uber打车等这种具有颠覆性的创业活动能否顺利开展，需要政府制度给出明确界定。在互联网背景下基于共享经济思想的各种租赁服务，众筹等金融创新方式，都需要政府以制度规范做出允许与否的决定。其实，即使在工业文明时代，一些高能耗的娱乐器械创新也曾经因为能源危机而被制度扼杀。其次，新兴创新成果的价值实现与制度规范密切相关。以新能源汽车为例，作为有效解决全球气候变暖、空气雾霾污染等问题的重要手段，世界各国都在推动新能源汽车的发展，其中给予各种补贴是解决新能源汽车市场失灵的重要措施。政府补贴力度的强弱，直接影响新能源汽车创新企业的价值实现或经济回报，而这些自然会影响企业技术创新能力的形成和发展。

2）外部因素影响的综合效应及表达

前文已经指出，外部因素对企业技术创新能力的影响主要体现在三个方面：一是影响企业对外部知识的获取和利用，二是影响企业创新成果的市场认同和价值实现，三是企业创新动力和创新成果的社会认同。这样的三种效应以什么样的变量进行表征或表达，才能既反映企业技术创新能力的结构特征，也符合基本的学术逻辑呢？我们认为，企业知识网络状态和企业创新绩效提升是合适的选择。

（1）企业知识网络状态。在开放式创新日益得到企业青睐的背景下，企业创新能力与其所居的知识网络密切相关。正是通过这个知识网络，把企业内部构成要素与外部知识空间连接到一起，形成相互作用的知识聚合体。与外部知识空间相比，知识网络状态相对容易表征或描述，也能够融合企业在知识网络构建上的主观努力与外部知识空间的客观情况。在巴顿教授的理论构架中，引入了组织动态知识库等概念，也强调了创新过程中的知识动态流动和发展，重视了组织知识与外界互动的重要性，但却没有引入体现外界因素影响的变量。我们认为，引入知识网络状态变量作为企业技术创新能力的重要维度，可以更好地反映企业创新活动与外部环境，特别是外部知识空间的互动关系，也能够更好地反映开放式创新背景下企业技术创新能力的全貌。企业知识网络状态可以用重要节点数量、重要主体之间互动频率等指标进行测度和表征。

（2）企业创新绩效提升。企业创新绩效当然不仅是外部因素的作用，而是内外因素协同作用的结果。由于企业创新绩效和价值必须获得市场或社会认同才能得以实现，市场及制度空间作用的结果首先体现在创新绩效，特别是价值的实现上；因而，将创新绩效引入企业技术创新能力构成要素中，既能够反映市场空间、制度空间的综合影响结果，也能够体现内部要素在拓展市场空间等方面的主观能动性。其次，企业技术创新能力构成要素更多表征潜在创新能力的潜在部分，能力的发挥与情境、特别是外部市场因素、制度因素密切相关，故创新绩效能够较好反映创新能力构成要素与市场、社会等外部环境要素互动的结果，也是创新能力更为综合的反映。最后，企业技术创新能力中的技术知识创造与研发能力和技术应用与价值创造能力实质上是两种不同的能力。我们不仅要注重衡量企业的技术知识创造能力，还必须关注企业利用这些技术创造商业价值的能力，而企业创新绩效提升也能够综合反映两种类型的创新能力。

（二）企业技术创新能力的结构形态

前面分析了企业技术创新能力的内部构成要素和外部重要影响因素，我们可以将其综合为七大因素。这七大因素以一定方式相互作用，并形成特定的相互连接关系，便形成企业技术创新能力结构。为了清晰阐释七大因素之间的相互关系，我们首先分析其相互作用的基本逻辑。

1. 七大因素相互作用的逻辑

依据上述七大因素在企业技术创新能力构成中发挥的作用，可以将其进行重新组合并分为三类：一是企业资源要素，主要指企业在特定时间内能够使用的、相对稳定的创新资源，主要属于附加能力范畴；二是牵引转换要素，主要指对企业能够利用的创新资源进行引导、整合和配置的企业技术创新战略、制度和文化等，属于能动能力范畴；三是绩效和价值要素，主要指创新活动产生的各种结果和实现的价值。将企业技术创新能力分为上述三类，有助于我们清晰阐释七大因素之间相互作用的逻辑。

1）创新资源不等于创新能力

虽然创新资源是企业技术创新能力的重要构成要素，但资源并不等于能力，创新资源必须经过合理配置才能构成能力的基础。因而，资源配置是其演化为能力的重要环节。首先，企业的诸多要素都是潜在的创新资源，只有将其配置到创新活动或过程中，才构成现实的创新资源。基础的创新资源主要包括两类：一是企业员工的知识、技能系统，二是研发装备与条件支持系统。众所周知，具有丰富的技术知识与人才积累，企业能够更多、更好地洞察创新机遇、把握创新机会，进而形成技术创新能力。良好的研发仪器和设备及物质条件支撑，是技术知识创新、发展和实现的基本手段，也是沉淀技术知识的物理平台，特别是生物医药、高端装备、智能技术等技术知识密集领域，对研发装备和物质条件的需要和依赖度很高。其次，基础的创新资源也有层次和能级之分。如企业员工的知识、技能系统，其中既包括一般意义的员工或研发人员，也包括关键技术人员和技术领军人才。在企业技术创新实践中，关键技术人员和技术领军人才具有不可替代的重要作用，是一般技术人员或员工不能比拟的。如技术方向预见、技术机会洞悉、技术机遇把握等，很大程度要由技术领军人才或技术骨干承担，特别是在科学技术知识交叉融合、新技术革命机遇正在孕育的背景下，率先发现、洞察、把握新的技术机遇，不仅能够激发员工和技术人员进一步开发和创新的动力，也有助于企业把握先机、获得优势。同样，在对市场需求和外部知识信息的认知判断上，企业技术带头人和关键技术人才的作用亦极为重要。现实中不同企业对外部市场压力与知识信息的认知能力和感觉水平有很大差距，与长期的企业技术创新战略导向不无关系。只有对市场有认知、判断能力的企业，才能把市场需求转变为企业技术开发和创新的动力；只有在体会到市场竞争压力的情况下，才能把压力转变为创新的动力。

2）资源配置只体现了应用意图

资源不等于能力，资源配置状态也只是决定了其配置格局或设想，并不自然演化为能力。资源在进行了合理配置的前提下，还必须以合适的方式应用，才能形成现实的能力。因而，资源配置是资源演化为能力的转换器。在上述分析的企业技术创新能力七大因素中，创新战略与资源配置系统即发挥着转换器作用。首先，创新战略决定着企业到底把多少潜在的创新资源用于实际的创新活动。实践中我们看到有些企业拥有充沛的科技活动经费，但并不配置于实际的创新活动，更不用于自主技术的研发，而是用于支付引进技术，并且长期奉行拿来主义战略，这些企业的这些资源很难转化为技术创新能力。其次，企业技术创新战略也决定着人才的配置。对创新而言，人才具有至关重要的作用，特别是对技术机会的洞察和机遇的把握，甚至对企业技术创新成功与否有着至关重要的影响。实践证明，核心人才是企业创新活动的灵魂，他们不仅在洞察技术机会、开拓创新方向、把握技术机遇上具有难以替代的独特作用，还在企业创新活动过程中形成权威、产生凝聚效应，甚至扮演着"英雄创造历史"的角色。但对核心人才的引入、配置及能力水平发挥，特别是高度个性化的洞察能力、判断能力的发挥，无一不受到企业战略和制度的影响。很多企业其实并不缺乏人才，而是缺乏对人才的高度重视和合理配置，缺乏让人才发挥作用的机制。再次，企业组织结构决定了创新资源之间的关系。企业组织结构是企业构成要素及其相互关系的集合，不仅决定着企业资源的配置形态和运作效率，还影响着企业的运作惯例。合理的组织结构将为企业实现既定的创新目标和战略提供与建立一个有效运营的平台。随着网络技术的发展及由此带来的企业创新方式的变化，必将进一步要求企业组织结构的变革，组织结构将越来越向扁平化、虚拟化、网络化、分权化、柔性化和多样化方向发展，以提高企业的市场应变能力和充分调动人的积极性。好的组织结构可以是组织运行秩序化、规范化、稳定性、科学性的基本保障；可以增强企业行为的可预见性，减少不确定性、不稳定性和无序性，从而节约组织的运行成本，在最大程度上减少人为因素的干扰。最后，优越的企业管理制度具有自我调控、不断优化、动态平衡、适时创新和良性循环等特征，可以在剧烈的市场变化和激烈的市场竞争中为组织起到"屏蔽"和"防波堤"作用。符合创新需要的企业管理制度主要以柔性机制为主，刚性机制为辅，以使企业更好地适应瞬息万变的市场竞争环境。其实，企业组织结构不仅界定了企业内部创新要素之间的关系，而且是企业内外人、事、物和信息之间良性互动的纽带与黏合剂。显然，没有合理的创新资源配置，企业难以形成或获得技术创新能力；但是，企业技术创新战略和组织结构等都是人为设计的，其在组织活动实践中得到贯彻和执行还受其他因素影响。也就是说，仅有合理的创新资源配置还不够，还必须确保资源配置状态得到实际贯彻和有效落实，但这不是资源配置机制本身能够解决的问题。

3）资源正确应用才创造价值

正如任何战略、组织结构等人为设计的机制在实践中实施或执行，都需要更为细致的机制作为支撑和补充一样，创新资源配置要想真正获得预期价值和能力，必须做到以正确的方式应用。落实资源配置战略或以正确的方式应用资源，并不单纯是资源配置机制本身的问题，还涉及组织的惯例、规范和文化等。因而，企业技术创新能力中的"创新激励与价值系统"亦是影响创新资源能否转化为价值和能力的重要变量，也在更为深远的层次发挥着转化器的作用。首先，任何组织都有自身长期积累和形成的惯例，这种惯例对企业技术创新战略实施和资源配置状态落实有重要影响。从较浅层次上说，组织惯例可以理解为组织成员默认的行为方式或活动流程，这个流程未必与企业技术创新战略和组织结构设计的规范完全吻合。如果二者之间不协调或存在冲突，势必造成企业创新战略或资源配置结果不能得到员工的行为支持；从较深层次上说，组织惯例是组织成员普遍持有的价值认知或行动准则，是组织文化和价值观的重要内容。基于价值认知层次的组织惯例如果短期难以克服，对企业创新战略的落实将造成长期影响。例如，国内国有企业享有很多的创新资源，能够得到政府更多支持，也有很多企业聘请高级咨询公司协助制定了高大上的技术创新战略，但在实践中屡屡难以得到有效落实，使得"嘴上创新喊声震天"，"实际创新步履维艰"。其次，企业制度和文化对创新战略的落实具有重要影响，进而对创新资源能否转化为核心技术能力影响巨大。美国兰德公司花 20 多年时间跟踪了 500 家世界大公司，发现其中百年不衰的企业有一个共同的特点，就是他们始终坚持以下四种价值文化：一是人的价值高于物的价值，二是共同价值高于个人价值，三是社会价值高于利润价值，四是用户价值高于生产价值。随着经济全球化和知识管理时代的到来，企业文化已经成为企业、特别是大企业核心开发能力的核心。企业文化对企业的创新精神、学习氛围、开放态势等有决定性影响。显然，合理的创新战略和资源配置必须得到组织价值文化的支撑，使资源能够以正确的方式合理应用，才能真正创造价值，并进而形成企业技术创新能力。

2. 企业技术创新能力构成要素之间的关系

依据企业技术创新能力七大要素之间的逻辑关系，可以用图 2-8 表示企业技术创新能力结构。这个结构具有以下特征。

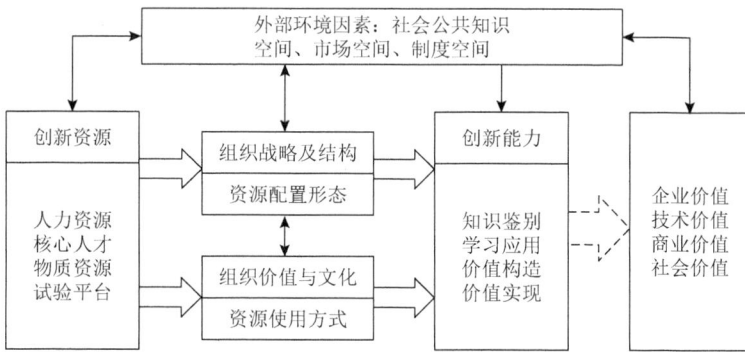

图 2-8　企业技术创新能力结构

第一，企业技术创新能力由其所拥有及可以利用的七大要素构成。不论是世界银行专家，还是哈佛大学的巴顿教授，都基于自己的认知提出了技术能力或核心能力的四个构成要素。但在他们的分析构架中，均不包括企业所居环境因素。其实，在当今时代组织开放的背景下，特别是企业创新活动触角延伸到全球的情况下，环境不仅对企业技术创新能力有外在影响，而且是企业创新生态系统的重要组成部分。环境因素对主体能力的现实影响更不容忽视。比如说，企业处于相对激烈的市场竞争环境中，其受到的外部压力较大；这种外部竞争压力自然会传动到企业内部，进而在内部形成创新或主导追求发展的动力。正是由于充分认识到外部环境的作用，20 世纪 60 年代韩国政府在支持韩国现代（HYUNDAI）、大宇（Daewoo）集团等汽车公司发展的同时，要求其必须面向国际市场，必须实现一定份额的国际销售（杨真珍，2012）。不仅市场竞争环境对企业发展有重要影响，企业所居的社会知识空间对企业技术创新能力的影响更是显著。例如，处在硅谷、波士顿等地方的企业，会在自觉不自觉中接受外部知识的浸润，形成比较敏感的科技进步或技术更新意识。站在今天网络时代的商业生态视角，外部环境是商业生态系统的重要组成部分，也是企业所处平台的重要内容。

第二，内部创新资源居于基础和主导地位。虽然我们强调重视外部因素对企业技术创新能力的影响，但同时认为内部创新资源居于基础和主导地位，且认为企业所拥有的创新资源很大程度上决定了其可以达到或实现的创新能力等级。得出这样的认识主要基于两条：一是企业技术创新能力不可能是空中楼阁，没有特定资源支撑难以形成能力的基础和构架；二是对外部资源的利用必须建立在内部能力基础之上。也就是说，没有一定的内部资源做支撑，不可能形成内部能力；而缺乏内部能力，不可能对外部知识信息、技术机会、市场机遇等做出及时准确的判断，也不可能在存在竞争的情况下捕捉到机遇，更不可能对外部技术知识进行有效整合和集成应用。故在企业技术创新能力结构中，内部因素基于核心层次，外部环境居于外围层次。

第三，创新资源通过企业战略、制度、文化等转化器作用实现向创新能力或价值的发展和演化。也就是说，创新资源转化为创新能力需要通过转化器的作用，而所谓的转化器就是企业战略、制度、文化等变量。在七大要素之间逻辑关系分析中已经指出，创新资源通过企业创新战略及结构等进行特定配置，并通过企业价值及文化决定和影响其实际应用。在企业技术创新能力结构中，企业战略及组织结构决定着创新资源配置的形态，企业价值及文化影响着创新资源的应用方式。二者实际上都处于资源向能力转化的中间环节，对资源转化效率起决定性作用。相对而言，企业战略及组织结构直接决定创新资源配置，其作用更为直接，作用效应也更为明显；企业价值及文化影响资源应用方式，其作用间接产生影响，作用效应相对较弱。

第四，创新能力以合理结构促进创新价值实现。创新资源在企业创新战略、制度及文化等作用下，最终形成或转化为多元化的创新能力。创新能力并不等于价值，创新能力转换为价值不仅与外部市场有关，也与创新能力本身的结构形态有关。因为创新能力并非单一维度，而是多个维度。前文已经分析过，创新能力均可以分为基于不同视角的多种能力；而创新价值也可以体现为技术价值、商业价值、社会价值等多种形态。企业由于创新资源禀赋差异、创新战略着眼点不同等，其形成的创新能力结构并不相同。有些企业的技术知识鉴别与选择能力很强，长于新技术机会把握和开发，如 20 世纪 20 年代成立的贝尔实验室，其创造了很多重大的现代科技成就，创造了巨大的社会价值和技术价值，但对 AT&T 等公司的商业价值贡献相对较弱。有些企业技术开发和设计能力很强，长于将新技术转化为形式化产品，如乔布斯创办的苹果公司并非个人电脑技术发明者，但却是率先将个人电脑推向市场的企业。有些企业价值模式构建与开发能力很强，善于构建新的商业逻辑和模式，如微软公司和戴尔公司等。

总之，企业技术创新能力由多个维度构成，受多元因素影响，而且呈现动态演化特征。因而，企业技术创新能力建设是个长期任务。科学认识和全面把握企业技术创新能力的构成要素及结构形态，是系统建设企业技术创新能力的重要基础。只有以企业技术创新能力构成要素为基础，并持续推动和促进各种要素的协同进化，才能使企业技术创新能力持续提升。

第二节　企业核心技术及核心技术能力

技术创新能力无疑能为企业带来竞争优势。然而，在存在多元主体竞争的情况下，能力是个相对概念。如果一个企业的技术创新能力高于竞争对手，且具备长期领先优势，则其可以凭借能力构筑竞争优势；如果一个企业的技术创新能力低于竞争对手，尽管不能否认其拥有能力，但凭借这种能力难以构筑竞争优势。也就是说，决定企业在市场竞争中取胜的是基于能力建立的优势，不能支撑建立或形成竞争优势的能力难以发挥作用。因而，企业技术创新能力建设必须立足于多元竞争，努力构筑支撑形成持续竞争优势的核心能力。当然，核心技术能力不可能脱离技术能力，其是在技术创新能力基础上不断聚集、凝练和进化而来的。企业技术创新能力建立在技术资源基础之上，企业核心技术能力一定与核心技术资源密切相关。因而，我们需要首先分析企业核心技术。

一、企业技术体系及核心技术

技术是人类社会不断进步的阶梯，是人与自然和生产实践结合的产物。然而，从技术概念产生时起，人们对技术的理解就一直存在着分歧。在漫长的人类社会发展过程中，人们对技术的理解不断深化，赋予技术的内涵也越来越丰富。早在18世纪，法国著名启蒙学者狄德罗（2007）在其主编的《百科全书》中就列出了"技术"条目，并把"技术"定义为"为某一目的而共同协作组成的各种工具和规则的体系"。黄欣荣（2012）指出，德国哲学家卡普把技术定义为："在一切人类活动领域中通过理性得到的（就特定发展状况而言）具有绝对有效性的各种方法的整体"。联合国工业发展组织（United Nations Industrial Development Organization，UNIDO）（1981）在《发展中国家技术引进指南》中对技术做出的阐释是："技术乃指为了制造产品，建立一个企业所必需的知识、经验及技能。"显然，尽管不同学者对技术的理解不同，但对其系统性或整体特征均有共识。也就是说，人们都认同技术是多元知识、技能、机器、工具和规则等的集合。

（一）企业技术体系

一般而言，技术由科学知识发展而来。基于不同主体的社会分工，企业研发和创新的主要任务不是科学知识发现，而更多是技术方案构建和产品研发。一般说来，企业并非以技术知识为最终产出，而主要是将技术知识进行综合应用，并以将其转化为能够满足人们特定需要、具有市场价值的产品为使命，故企业研发和应用的技术大多是由多元技术知识构成的完整体系。

1. 技术体系的概念

技术体系指社会中各种技术之间相互作用、相互联系，按一定目的、一定结构方式组成的技术整体（张志诚等，2002）。技术体系是技术在社会中，特别是企业中应用的主要形式。例如，生产制造一台汽车需要动力、材料、加工等多元技术的集合应用。技术体系的构建和发展，不仅受技术之间的自然联系影响，如汽车制造首先需要零部件生产，零部件生产首先需要材料加工，材料加工需要按照先热（铸造、锻压等）再冷（车、铣、刨、磨等）的自然联系进行；同时，技术体系受社会因素影响和制约。首先，技术与技术之间的联系和相互作用受人类社会整体技术水平影响，如工业时代的汽车零部件之间主要通过机械结构进行连接并实现互动，而信息时代则通过软件控制机械系统互动；其次，技术体系受社会制度、规制等因素影响。正是从这个意义上说，技术体系是一种宏观的、社会性的整体技术结构。也就是说，技术体系是技术在社会中现实存在的方式，它超出了单一工程学或工艺学的范围，还需要把技术之间的联系同时放到社会条件下加以考察。一项新的技术发明产生后，能否在生产中加以应用并与已有的技术联系起来构成新的技术体系，除发明自身具有的实用性外，还要有一系列其他的技术条件，如与之相应的新材料、新工艺、新动力和新知识等物质上和知识上的前提。除了与技术应用配套的相关技术条件外，还需要考虑社会价值观念、文化基础、经济关系等各种条件的影响和制约（赵玉林和谷军健，2018）。

2. 技术体系的结构

Carlsson 和 Stankiewicz（1991）从技术系统性应用的社会网络特征出发，将技术体系定义为"在特定的制度基础结构下，在各个特定技术区域间交互的机构网络，其目的在于产生和扩散技术"，或者更简洁地将技术体系定义为"集中到产生、转化和利用技术的社会经济网络"。换句话说，技术体系由知识和能力网络的动态机制组成，在一个特定工程或产业中形成公司群与技术的协作群。他们不仅给出了技术体系的定义，还从三个维度解析了技术体系的结构。技术体系的三个维度分别如下：一是知识认知维度，主要指通过相关主体对技术知识的识别与选择，集成一系列技术或技术群落；二是组织制度维度，主要指规则构建和网络连接，使从事技术创造和应用的相关主体相互作用；三是经济支持维度，主要指通过各种经济能力主体和经济机制的作用，将技术创新成果转化为商业机会并将其运用到经济活动中。在一个技术体系形成和发展的过程中，三个维度随时间共同进化，互相缠绕着进步，如图 2-9 所示。同时，每个维度都有自身的动态模式，作为整个技术体系形成和进步的一个独立的分支。因此，技术体系并不是线性的，变化可以产生于技术体系的任何一个组成部分，并引起其他部分的相应变化和调整。技术体系的知识认知、组织制度和经济支持维度是描述其特征和构成的重要变量。为了理解其动态运行机制，有必要将三个维度放在一起考虑。技术可能性并不会自动地转化为商业机会，商业机会也并不必然地会被成功利用，其中需要各类相关主体和活动。某一环境中的技术可能性和市场机会的衔接，很大程度上取决于技术体系内的参与者、网络和制度。任何一个维度打乱现状，都会引发一系列的活动和回应，从而推动技术体系更迭和进化。

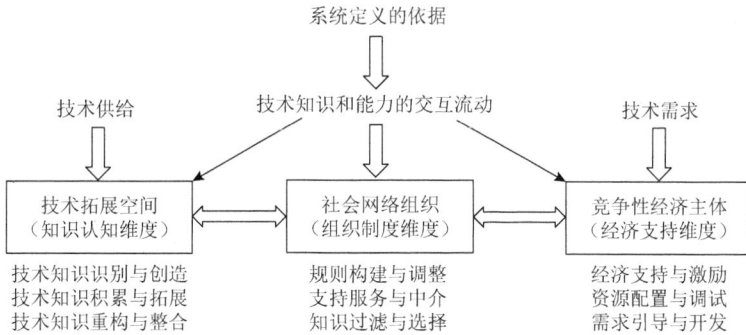

图 2-9　技术体系的基本构成

基于产业技术创新系统（industry innovation system）的技术谱系概念是对技术体系的另外一种解释（道格森和罗斯韦尔，2000）。产业创新系统理论从一个产业的技术联系出发揭示技术创新和发展的内在基础。这种理论认为，不同产业的发展基于一定的技术谱系之上。不同的技术谱系具有不同的技术发展前景和机会、不同的技术创新获益机制、不同的技术知识积累程度、不同性质的相关知识基础及不同的知识传播渠道。技术谱系是指"在特定的制度基础结构下，在某个特定技术领域内或者不同技术领域之间，不同技术创新主体交互作用形成的技术联系网络，其目的在于促进新技术的产生、扩散和应用"（道格森和罗斯韦尔，2000）。显然，一个技术谱系自然就是一个技术体系；每一个技术谱系各有特点，但通过比较研究发现成功的技术谱系都有重要的共性特征。首先，一个成功的技术谱系中都有多个行为者而不是一个或几个行为者，每一个行为者都有其特定的或唯一的能力并且在簇或网络中一起行动。这个网络能够及时提供信息、降低风险，网络的超前识别和迅速的信息反馈，增强了各个行为主体采取正确行动及纠偏的能力。其次，每一个成功的技术谱系都有强有力的用户，这些用户通常是工业企业或政府，用户与供应商之间长期紧密合作，对技术系统的成功有重要作用。最后，成功的技术谱系都有较强的国际化水准，但强壮的国内或地区技术系统仍然具有重要作用，特别是这些系统通过跨国公司与其他国家或地区系统的联系。对成功技术谱系的揭示，证明了企业技术创新能力超越自身构成要素，与自身所处环境因素密切相关的事实。

（二）企业核心技术

企业是技术知识创造的重要主体，更是技术知识应用的核心主体。在企业研发及应用的技术集合或技术体系中，不同的技术单元发挥着不同作用。有些技术单元对技术体系形成及发挥作用（使产品或服务具备优质性能、形成市场竞争优势等）具有决定性作用，这些技术就成为核心技术；有些技术单元在企业技术体系中发挥辅助或支撑作用，对形成产品或服务性能及市场竞争优势没有决定性影响，这些技术就成为一般技术。以汽车为例，发动机、变速箱、底盘、悬挂等构件在汽车产品功能发挥和市场竞争上具有不可替代的重要作用，这些技术通常被认为是核心技术；而汽车的内饰、座椅、箱盖等技术则被认为是一般技术。

1. 核心技术的基本特征

基于核心技术在企业技术体系中的地位和作用，一般应具有以下特征。

一是知识的密集型。企业技术体系实质上是多元知识的集合，核心技术一般是其中知识密集度最高的部分。因为只有知识高度密集的技术单元，才能在技术体系中发挥核心作用；也只有知识密集度较高的部分，才有可能依据知识构筑与市场竞争的壁垒。例如，汽车、飞机、轮船等复杂装备中的发动机技术是毋庸置疑的核心技术，其既是整个装备中知识最为密集的构件，也在装备运行中发挥着核心作用，同时是工业文明下先行汽车企业与后发企业技术竞争的核心依托。

二是结构的复杂性。与技术知识密集相对应，核心技术一般具有结构复杂性特征，即核心技术本身亦不是单一简单技术，而是具有复杂结构的多元技术知识体系。例如，汽车中的自动变速箱由液力变扭器、行星齿轮和液压操纵系统等多元构件组成，不仅涉及机械传动等方面的技术知识，更涉及材料、紧密加工等方面的技术知识，其中行星齿轮的加工包含大量专有技术。正是由于自动变速箱技术结构复杂，很多汽车企业短期内难以掌握这种技术。

三是功能的重要性。功能是指企业产品或服务应该发挥的有利作用。一个产品或服务之所以被市场接受，首先在于其具备满足人们某种需要的属性，实际上就是具备符合人们需要的功能或使用价值。产品的功能是由技术体系支撑和实现的，核心技术应该在其中发挥不可或缺的重要作用。也就是说，缺了核心技术的功能，则这种产品就不称其为产品，如计算机的芯片和操作系统就是具备重要功能的核心技术。没有芯片，计算机的基本功能不可能实现；没有操作系统，计算机就不成为计算机。

四是开发的创新性。任何技术都经过特定主体开发而成，而核心技术开发一般具有显著的创新性特征。如果一个企业开发的技术主要是模仿和复制，则这个技术难以构成核心技术；只有具有创新性的技术，才能使企业在市场上构筑领先优势，也才能形成其他竞争者短期内难以模仿和复制的核心技术。当然，并非所有的创新技术都能够形成核心技术，但核心技术必须具有创新特征。就像汽车发动机技术，当市场上所有汽车企业都掌握了这个技术以后，其在企业构筑竞争优势和价值构造中的地位就不可避免地下降了，其核心技术的地位也就不复存在了。只有创新发动机技术的企业才能凭借其领先性和独占性，将其打造为企业的核心技术。汽车研发设计平台技术、控制系统技术等均是如此。

2. 核心技术的发展演化

核心技术的创新性决定其具有动态进化特点，即核心技术不是一劳永逸的。有些技术在特定发展阶段、对有些企业而言构成核心技术，而在另外一个发展阶段、对其他企业而言未必还是核心技术。例如，在工业时代初期，福特汽车的流水线是当时具有革命性的创新成果，亦成为福特汽车公司获得成功的核心技术。然而，随着流水线技术被众多公司掌握，其对汽车企业而言就不再拥有核心地位。那么，企业核心技术随着科技进步是如何进化的呢？我们以汽车产品为例，分析其经历工业时代、信息时代，到今天互联网时代的发展演化过程。

1）工业时代

工业时代的汽车制造流水线为什么能够成为核心技术，成为整个工业界受人瞩目的创新成果呢？因为工业时代汽车等产品均采用一体化生产组织模式，即与产品相关的主要零部件及产品装配等都在企业内部生产完成。由于当时产业技术整体水平不高，汽车结构相对简单，其研发和设计活动的知识含量也相对有限，更为重要的是，产品研发、设计、制造等所有主流技术都掌握在汽车厂商之中。也就是说，汽车产品的完整技术体系完全掌握在主导厂商手中，而主导厂商可以凭借其掌控的技术体系构筑竞争优势。首先，技术水平的高低、技术体系的协同度和合理程度，在很大程度上决定着产品的生产效率和质量；其次，完整技术体系也成为阻止潜在竞争者进入的屏障。在以提高生产效率为目标的大规模生产方式下，技术体系成为企业建立市场竞争优势的核心依托。在当时的商业生态下，单独拥有汽车技术创新成果的相关技术人员要想将技术转化为商业价值，必须将技术融入汽车企业之中。也就是说，技术创新成果必须融入现有企业的一体化生产过程才能创造价值。即使有人以创新技术成果为基础创立独立的企业，最可能的结局也是被大型汽车企业收购。因而，产业技术创新成果基本被大企业掌控，产业技术进步的步伐和节拍很大程度上也掌握在居于行业引领地位的大企业手中。技术知识及各种创新成果作用于社会生产过程方式如图 2-10 所示。

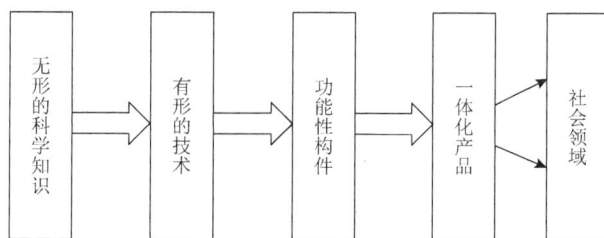

图 2-10　科学知识融入社会领域的过程

图 2-10 表征了无形的科学知识演化为有形的技术，技术演化为功能性构件，然后再融入一体化产品的过程。也就是说，工业时代的科学发现和知识发明，首

先要通过方案构建和多轮试验转化为可以实际应用的技术。例如，瓦特发现沸腾的水可以将水壶盖子顶起来这个知识，这个科学现象激发了他研制蒸汽机的兴趣，而首先研制的应该是能够将蒸汽能转换为机械功的往复式动力机械技术，如由气缸、活塞、曲轴、连杆等组成的往复机械运动装置。其次，要将有形的技术转化为功能性构件，即通过选择特定材料和加工装置与工艺，将由气缸、活塞、连杆等零件构成的装置实体化，使其成为具备实用功能的构件或装置。再次，将具备实用功能的构件或装置融入蒸汽机产品中，使之与其他构件并行发挥作用。最后，再将蒸汽机产品应用到火车、轮船等社会领域。

在上述从科学知识到社会应用的整个过程中，将技术转化为功能性构件是核心环节，是决定技术知识能否实现价值的关键所在。因而，将技术知识进行功能性开发，成为工业时代知识进化发展的基本方向。能否成功完成功能性开发，亦成为判断技术知识前景和价值的重要依据。随着社会发展和科技进步，汽车等工业产品不断吸纳外部科技创新成果，使其自身的技术知识含量越来越高，特别是在汽车等产品中居于核心地位的功能性构件，往往成为吸纳外部科技创新成果的主要载体。以火车、轮船、汽车等产品的发动机技术为例，早期使用的蒸汽机实际上相当于一个锅炉加上活塞、气缸、曲轴、连杆等简单机械装置，其所包容的技术知识含量并不是很高。但随着科学技术的发展，19 世纪末奥托提出内燃机四冲程理论，卡尔·奔驰根据奥托的原理研制出具有现代意义的汽车发动机。此时，汽车发动机就成为一个包容丰富科学技术知识的构件或装置，其与汽车其他构件之间的技术知识密集度也出现了较大差距。汽车发动机成为汽车企业获得市场竞争优势的核心依托，汽车发动机技术亦成为汽车企业的核心技术。正因如此，随后汽车企业之间的竞争主要围绕发动机技术展开。1889 年，法国潘哈德公司研制出世界上第一台四缸汽油发动机，随后法国标致汽车公司推出四缸发动机；1903 年，美国玛蒙公司（Marmon）设计出世界上第一台 V8 缸发动机。1957 年，德国人汪克尔（Wankel）发明了转子活塞发动机，并由 AUDI-NCUO 公司生产出第一台旋转型发动机。20 世纪 60 年代初汪克尔将外转子改为固定转子，将单纯旋转改为行星运动，成功研制出功率为 22.79 千瓦、转速为 5500 转/分的新型旋转活塞发动机。这种新型旋转活塞发动机不仅成为当时汽车企业当之无愧的核心技术，也引起社会其他领域的广泛关注。

　　2）信息时代

以计算机、控制技术为代表的新技术革命将人类社会带入信息时代，引致企业经营、研发和生产制造模式等发生了革命性变化，企业核心技术形态也演化到新的层次。信息技术革命引致社会生产方式的最大变化就是从企业的一体化生产转向模块化分工，即大型企业不再从事产品所有零部件的生产，而是依据重要度将其外包给社会上更为专业化的厂商，自身只承担品牌经营、研发设计、集成组装、售后服务等业务，有些企业甚至将集成组装也以合资等形式转移到劳动力更为便宜的后发国家。在这种格局下，企业谋求市场竞争优势的依据不再是整个产品或企业的技术体系，也不是其中某些关键零部件的研发和制造技术，而是在产业技术不断丰富和演化过程中衍生的更高层次技术。那么，信息时代企业衍生出的更高层次技术是什么呢？是产品规划和设计技术及产品控制系统技术。这些技术是如何产生和演化的呢？我们以计算机产品为例进行说明。

早期的计算机是个整体性产品。在晶体管计算机出现以后，IBM 公司研制出小型数据处理计算机 IBM1401。该机采用晶体管线路、磁心存储器、印制线路等先进技术，使主机体积大大减小，小型数据处理计算机彻底替代了卡片分析机。随后，IBM 公司在短短四五年里推出多种型号的计算机，一共销售出 14 000 多台，同时也奠定了其在计算机行业的领先地位。随着半导体集成电路的出现，IBM 公司积极投入第三代计算机研发和生产，1964 年推出了划时代的 System/360 大型计算机，从而宣告了大型机时代的来临。1975 年，IBM 公司生产的计算机数量是世界其他所有计算机厂家生产计算机总和的 4 倍，成为一个集科研、生产、销售、技术服务和教育培训为一体的联合企业。1981 年 8 月 12 日，IBM 公司推出世界上第一台个人电脑 5150，个人电脑新生市场随之诞生。20 世纪 80 年代初期，IBM 公司作为计算机产品的巨头还掌控着计算机产品绝大多数构件的生产制造技术，仍然是计算机产品一体化生产的主导厂商。尽管当时芯片、操作系统及工具软件也采用外部供应商的产品，但 IBM 公司对供应商技术规范等提出明确要求，并要求同一零部件（含软件）供应商必须保持两个以上，以维持 IBM 公司的选择权及供应商之间的竞争。

然而，随着科学技术进步和消费者需求的日益提高，芯片技术飞速发展，软件开发也呈现日益丰富和多元化态势，市场上出现了专业化的软件和芯片制造企业。随着个人计算机市场需求的爆发式增长，IBM 公司凭一己之力难以满足市场需求，将零部件外包或委托加工成为其扩大产量的重要手段。因而，一体化的生产组织方式逐步被模块化分工所取代。计算机产业出现了分化，即 IBM 公司作为主导厂商握有品牌、技术标准等优势，分包厂商凭借专业化技术或生产能力参与计算机生产过程。与此同时，IBM 公司对供应商之间彼此竞争的要求也逐步放松。在这种情况下，作为 IBM 公司产品软件供应商的微软对操作系统等软件进行了创新和重构。首先，微软分析了计算机软件的系统结构，抓住居于核心地位的操作系统。针对当时 IBM 公司的偏好，他们买下 SCP 试验性的 86-DOS，并在 1981 年成功开发 MS-DOS1.0。为了维持与当时标准 CP/M 8 位操作系统的兼容性，MS-DOS1.0 大量模仿 CP/M-80。后来，为了更好满足用户需要，微软将已经流行的 WordStar、dBase I 等软件移植到 MS-DOS 平台。MS-DOS 是开放的操作系统，通过中断调用来管理系统资源，任何开发者都可以使用中断调用为自己的程序服务。因此，向下开放性使 DOS 软件体系迅速完善和壮大。随后，微软改进了 MS-DOS，使其具有更好的非硬件依赖性和可移植性，使它获得了上游支持，为软件技术体系生存拓展了地盘。COMPAQ、DEC 等紧跟 IBM 公司选择了 MS-DOS。Microsoft 围绕 DOS 系统构建了一个包容大量应用技术软件的新型操作系统。Windows1.0 是微软第一次对个人电脑操作平台进行用户图形界面的尝试。Windows1.0 基于 MS-DOS 操作系统，实际上其本身并非操作系统，至多只是基于 DOS 的应用软件；之后的 Windows 2.x、3.x 和 95、98、ME 仍是基于 DOS 的操作系统。一直到 Windows NT 才宣告 DOS 操作系统的终结，并成为流行至今的主流操作系统。在模块化分工以后，微软的操作系统软件技术就成为从计算机功能构件中分离出来的独立技术。

　　图 2-11 揭示了核心技术与功能技术分离的过程机理。随着计算机产品不断吸纳外部科学知识、自身技术知识含量的逐步提高，产品技术本身也发生了分化。一部分成为一般技术或功能性技术，如零部件的制造和生产技术，如计算机键盘、显示器、机箱等构件，如图 2-11 中锥体的外围（浅灰色）部分；一部分演化为核心技术或控制技术，如与芯片构成标准技术联系的计算机操作系统，如图 2-11 中锥体的锥心（深灰色）部分。

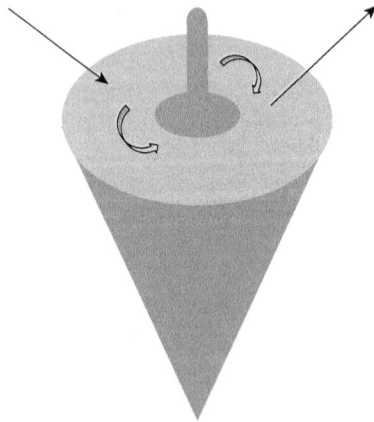

图 2-11　产品技术分化示意

　　随着操作系统技术知识含量的日益提高，其在计算机产品中的地位和作用越来越重要，特别是在其与英特尔构成芯片和操作系统的联盟以后，操作系统技术和芯片技术反而成为重要性远远大于其他功能性构件的技术，自然成为计算机新的核心技术。模块化生产模式下的构件技术在产品中的地位和作用越来越低，市场稀缺性逐步下降，不同厂商之间的市场竞争反而越来越激烈，使其逐步演化为功能性技术或一般技术。实际上，信息时代发生这种演化的不仅是计算机，汽车、飞机、轮船等产品都发生了这样的演化。在装备制造领域，特别是复杂装备制造领域，产品规划和控制技术日益成为不可替代的核心技术。所谓产品规划，是指通过调查研究，在了解市场及客户需求、竞争对手及外在机会与风险，准确把握市场和技术演化发展态势的基础上，根据公司自身情况和发展战略，制定产品定位及实现产品技术路径的活动。产品规划一般包括产品各类别结构规划、产品系列化规划、各机型定位规划、产品长度和宽度规划、产品生命周期规划等。所谓产品控制技术，主要是指由于吸纳计算机和信息技术革命成果，提高了产品的自动化或智能化程度或水平，对整个产品运行实施引导和控制的知识体系。

在模块化成为社会普遍接受的主流生产方式以后，科学技术知识融入社会生产过程的方式也发生了重大变化。同样是无形的知识发现，首先需要转化为有形的技术。只不过此时的有形技术是对应着模块化分工，更为专业化的技术。有形的技术在融入社会生产的过程时并非一体化融入，而是功能性技术或一般技术与控制技术或核心技术彼此单独行进的，彼此处于分离状态，如图 2-12 所示。

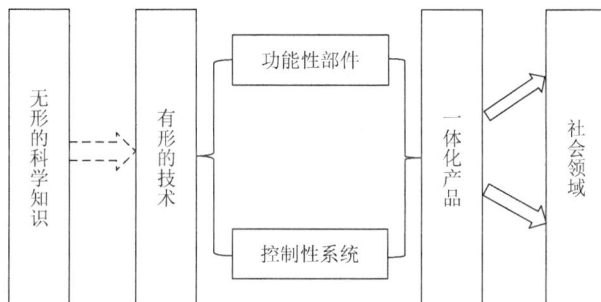

图 2-12　有形的技术融入社会领域的过程

显然，信息时代企业的核心技术主要不再是一体化的生产制造技术，也不单纯是关键零部件技术，而是演化为产品规划和控制技术。当然，与计算机操作系统需要与芯片保持密切协同一样，汽车、飞机等产品控制技术也需要与零部件、动力传输系统（变速箱）等关键部件保持协同。因而，汽车发动机等技术在企业生产制造过程中仍然具有重要地位和作用，亦是产品核心技术的重要载体。正是由于计算机控制技术融入现代产品中，产品结构层次发生了重大变化，从原来的有形或实体层次拓展到无形或知识层次。所谓产品的有形或实体层，主要指产品的结构化和实体化形态，具体承载满足消费者需要特定功能或使用价值的有形载体，一般通过品质档次、产品特性、品牌形象、外部包装等指标测度和表征。产品无形或知识层次主要指产品的数字化和知识化形态，具体包括数字化的产品概念规划和设计，软件化的产品控制系统模拟和开发等。

3）互联网时代

当人类社会进入互联网时代以后，任何知识、构想或者商业活动搭上互联网均会变成平台性产品，如阿里巴巴的淘宝网、海尔开放创新平台（Haier Open Partnership Ecosystem，HOPE）等。同样，任何现有企业或产品加上互联网以后也会成为平台性产品。因而，互联网时代平台形成及演化的基本路径如图 2-13 所示。

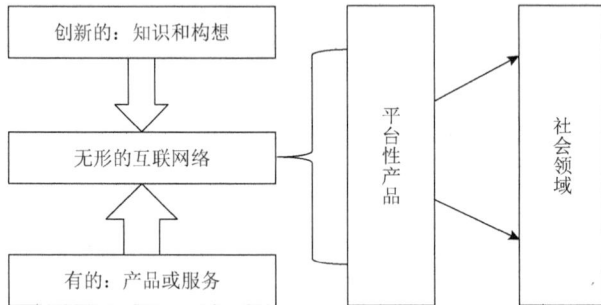

图 2-13　平台形成及演化的基本路径

　　并非在互联网之前就没有平台性产品，也不是互联网时代所有技术知识或商业活动都会借助互联网形成平台化运作模式，而是所有搭乘互联网的技术知识或商业活动都会构成平台。其实英特尔和微软等在互联网之前就构建成了平台型企业，微软的操作系统、英特尔的芯片亦都是平台性产品。以英特尔的中央处理器（central processing unit，CPU）芯片为例，在 20 世纪 80 年代 IBM 公司主导个人电脑产业时，英特尔也是其芯片供应商。当时，基于 ISA（industry standard architecture，工业标准体系结构）的电脑主板总线体系不能够跟上英特尔的摩尔定律发展节奏，也不能充分发挥 CPU 的性能。为此，英特尔逐渐发展了 PCI（peripheral component interconnect，外设部件互连标准）总线体系，并说服合作伙伴在 PCI 总线上做相关补足品开发。后来英特尔又逐渐设计了 AGP、USB 等标准。实际上，基于 PCI 总线体系的 CPU 芯片就是一个平台性产品，其补足品企业均在这个标准体系下进行产品企业。与微软开放的操作系统一样，其他工具软件均按照其确定的接口标准进行设计开发，相互之间形成一个彼此关联的平台。

　　平台性产品与一般功能性产品的区别在于先发优势，即在存在竞争的情况下，先行建立的平台具有客户、知识聚集及收益方面的优势。导致这种优势的主要原因在于从客户使用的角度讲，平台性产品具有收益递增规律，即一个技术被客户采用得越多，其发现问题的机会就越多，进而获得改进的机会也越多，从而使得技术产品性能更优越，更容易获得潜在客户的青睐，当然其价值就会越大。微软的操作系统、英特尔的芯片均得益于由收益递增导致的先发优势，进而形成了持续多年的市场领先地位。收益递增的来源主要有两个：第一，学习效应，具体有以下四点。一是技术被使用得越多，就越容易理解和发展；二是技术被采用的效果越好，效率就越高；三是产品获得收益越多，后续改进投资就越多；四是技术知识积累越多，技术改进及组织改进的方法就越多。因而，平台性产品的学习效应自然导致绩效提高和成本降低。第二，网络外部性，亦称正消费外部特性，即使用一个产品的收益随同类产品消费用户的增加而增加。例如，在有标准和兼容要求的背景下，随着微软操作系统的普及和使用客户越来越多，每增加一个消费者，每个先期使用该产品的消费者的价值都在增加（因为市场上又增加了与自己标准兼容的用户，进而为其带来更广泛的交往网络）。为什么平台产品能够产生网络外部性呢？主要在于技术接口上的兼容性需求、配套产品的易得性和新增加用户规模优势（即新增加一个用户的成本远远小于收益，也小于前期用户平均成本）。

互联网使企业生产经营及创新活动可以演化为平台，而平台又是具有先发优势、可以创造价值的生态性产品。显然，互联网使得商业竞争的逻辑和规则都发生了重大变化，进而企业技术形态、核心技术类型等也发生重大变化。前文提到信息时代企业的核心技术主要是数字化的产品概念规划和设计技术及产品控制系统开发技术等，而数字化的产品规划和设计技术、产品控制系统技术等形成的基础就是长时间积累起来的、有关产品设计和运行的数据或技术知识。互联网平台是技术知识聚集的最有效载体，通过互联网对产品设计及运行数据进行采集和积累，其效率无疑将远远高于工业时代、信息时代。也正是由于互联网具备强大的知识聚集功能，互联网时代同时等于大数据时代，无数据不研发、无数据不设计、无数据不创新，已经成为当今时代的普遍规则。那么，互联网时代企业之间竞争的核心内容是什么呢？就是其所构建的互联网平台，以及由互联网平台的知识和数据聚集功能等而衍生出的生态系统。图 2-14 为汽车产品研发和控制系统数据平台聚集示意图。

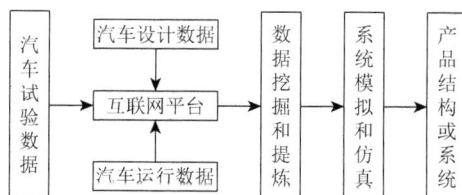

图 2-14　汽车产品数据平台聚集示意图

在图 2-14 中，企业建立互联网平台，依据其设计的规则收集和整理企业设计、运行等方面的数据，数据经过加工置于企业研发及设计系统数据平台之中，对这个平台中的数据进行挖掘和提炼，通过模拟设计和数字仿真进行高档次汽车的设计。因而，数据积累、加工、模拟等知识管理技术成为企业技术体系的重要内容。当然，并非互联网时代实体经济、产品制造就不再重要，无人驾驶的智能汽车依然需要实体产品、依然需要发动机。但是，在任何时代企业获得市场竞争优势的主要依托都是重要而稀缺的资源。某一资源具有稀缺性，同时具有不可替代的重要性，其自然就构成核心资源。以无人驾驶的智能汽车为例，发动机制造并不是稀缺技术，能够生产实体构件的企业更多；而对实现无人驾驶功能而言最稀缺、最重要的是什么？当然是支撑开发自动驾驶系统的数据和知识。哪一个生态具备快速的知识和数据聚集功能，哪个生态就具备了占领先机的可能，而主导和构建这个生态的企业就具备了获取竞争优势的筹码或依托。显然，互联网时代企业构建的生态平台系统数据知识聚集和管理功能，成为企业获得市场竞争优势的重要依托，自然也成为企业的核心技术。正因如此，人们常说：工业时代企业竞争的依据是产品的功能及其性价比，信息时代主要是核心技术，而互联网时代主要是生态系统。

二、企业核心技术的主要类型

在企业诸多技术组合或技术体系中，以不同形式存在、居于技术体系或产业技术链不同环节的技术具有不同的地位和作用，也具有不同的商业价值和发展潜力。那么，哪些技术可以构成核心技术呢？或者说，从当今产业技术特征及企业生产经营特点讲，企业核心技术都有哪些形态呢？从技术产生、发展过程，特别是对技术在技术体系及构筑竞争优势中的地位和作用进行考察，可以把技术分为产品（或服务）规划和概念技术、产品（或服务）设计和开发技术、产品（或服务）制造和生产技术、产品（或服务）操作和控制系统技术。按照技术知识的保护形式，可以把技术知识分为已经保护技术和未保护技术等。综合技术自身的知识含量、在形成竞争优势和创造商业价值中的地位和作用，我们分别分析上述四种技术是否可以构成及如何构成企业核心技术。

（一）规划和概念设计技术

基于现代产品技术的发展和演化，规划和概念设计成为产品创新活动的起点；也就是说，现代产品设计，特别是重要产品和服务的设计并非沿着零件—部件—总机的路径发展，而是先有产品规划和概念设计，再进行产品设计和开发，最后完成产品过程设计。其中，产品规划和概念设计主要是确定产品（或服务）的形态、模式和市场定位，产品设计和开发主要是确定产品功能和结构，产品过程设计主要是工艺设计和装备设计。显然，规划和概念构想是一个产品或服务的顶层设计，是拟规划和设计产品主要创新思想的完整体现；产品规划和概念设计技术是关于整个产品或服务的高端知识体系。因而，好的产品或技术创新首先体现在规划和概念设计，而不是研发。同时，信息技术背景下的规划和概念设计通常利用数据平台完成，特别是在市场竞争日益激烈，顾客的需求日益多元化和个性化的前提下，规划和概念技术往往成为铸造产品市场竞争优势的重要环节，成为现代企业核心技术的重要载体。

为什么规划和概念设计能够构筑企业的核心竞争优势呢？首先，规划和概念设计往往要求突破现有产品形态或技术体系的约束，开创一种新的产品形态或技术体系，故其具有显著的原始创新特征。完成具有原始创新特征的规划和概念设计主要依赖具有较强知识和洞察力的创新人才，独特的人才是形成企业持续竞争优势的重要源泉。其次，现代产品规划和概念设计主要依赖数据平台完成，数据平台作为产品规划设计和运行数据的物理载体，是企业重要的动态知识库，而且具有先发优势和网络外部性，企业可以借此构筑其他企业短期内难以模仿的竞争优势和能力。最后，企业规划和概念设计人员应用数据平台的过程，是人员和平台两种不同知识载体的互动过程，这种过程既会凝练设计人员独特运用知识的能力，也会不断充实数据平台本身。因而，企业技术人员应用数据平台进行产品规划和概念设计的过程，就是一个知识交互作用和发展的过程。在这种交互作用过程中形成的独特知识应用能力和知识运用范式，也是构筑企业核心竞争优势的有力支撑，是核心竞争能力的重要内容。

我们以图2-15表征技术人员利用数据平台进行规划和概念设计过程中的知识交互作用。设计人员或创新者首先从基础知识存量 k（既有可能存储于自身，也可能存储于外部知识世界）中洞悉和发现有用的知识（包括问题和方法），通过对有用知识和现存问题的联系构思解决问题设想，初步形成隐喻化的隐性知识 $k1$。若现有基础知识存量 k 中不存在解决问题的有用知识，设计人员或创新者将对基础知识存量 k 进行研究和加工（隐性知识 $k1$），直到找到解决问题的办法。其中，k 为显性知识，主要是基础知识存量和现有知识库中关于特定产品或服务市场机遇、市场需求特征、技术解决构想、基本形态规划、物理技术环境等方面的知识；$k1$ 为隐性知识，是隐藏在创新创业者头脑中有关市场机遇、产品或服务

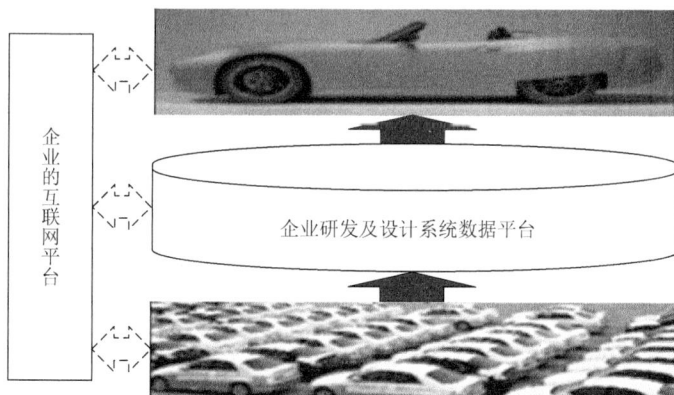

图 2-15　规划和概念设计过程中的知识交互作用

构思、概念设计、功能定位等方面的认识和思考，如洞察力、直觉、感悟、思维模式等。创新创业者通过隐性知识 $k1$ 与显性知识 k 的结合，完成规划和概念设计过程。

首先，把握了产品（或服务）的规划和概念设计技术，实质上是取得了产品的规划确认权力，即产品具有什么样的性能及功能结构，面向什么样的特定市场及消费群体，形成了对产品技术体系的构建和主导权。其次，在产品规划及概念设计阶段，往往也确定了产品构件布局，甚至主要构件的规格和技术要求，相当于确立了产品的技术标准体系，进而获得了以技术标准对零部件技术进行整合的权力。在开放式创新及制造背景下，零部件供应商需要按照这个技术标准体系进行研发和设计。因而，企业独立完成产品规划及概念设计并得到市场认同，也意味着企业拥有了市场地位和构件技术整合能力。最后，拥有产品规划和概念设计能力及权力，亦便拥有了对产品（或服务）进行下一步具体设计和开发的能力和权力，也就掌握了产品（或服务）技术升级换代的主导权。显然，如果企业能够把握特定产品或服务的顶层设计技术，具备率先推出创新产品规划和概念设计的能力，不仅可以使其在市场无竞争或很少竞争的情况下快速发展，还能够在相当长的时期内形成稳定的竞争优势。

（二）设计和开发技术

产品（或服务）设计和开发是对规划和概念设计的发展，是在规划和概念设计阶段确定的功能定位、产品市场定位的基础上，对产品构件及其功能实现手段和方法等进行的设计。产品规划和概念设计完成的产品并非直接用于生产制造，因为这个产品主要是设计者依据个人对客户需求的理解，加之自己的创作意愿和构想形成的概念形态的产品，尽管其界定了产品的总体性能和基本结构，甚至产品及关键构件的形状、尺寸和系统性特征参数，但这些设计是否具备现实的技术可行性还不得而知，其经济合理性也需要进一步认真审视。因而，产品规划及概念设计形成的概念产品还必须进行产品设计和开发。产品设计和开发的目标是在概念产品的基础上进行深入的技术可行性和经济合理性研究，进而提出具有更好满足特定客户需要、具备现实的技术生产可行性和售后可维护性、具备市场竞争优势和良好价值前景的形式化产品。

显然，设计和开发阶段的工作目标是完善概念化产品，形成具有现实可行性的形式化产品。产品设计和开发工作流程与任务结构如图 2-16 所示。该阶段具体包括以下三项任务：一是基于顾客实际需要和技术可行性详细设计产品实体，包括产品的基本组成单元及产品整体结构形态；二是开发和设计整个产品的生产制造工艺，编制系统的产品制造加工文件，包括加工各种构件使用的工装器具，加工过程的技术规范、标准和要求等；三是设计产品主要原材料及外协、外购零部件等的技术标准和采办要求，以确保采购材料及零部件与产品总体结构的协调和有效支撑实现产品性能指标。为了完成产品设计和开发任务，设计者需要具备以下知识基础和能力。

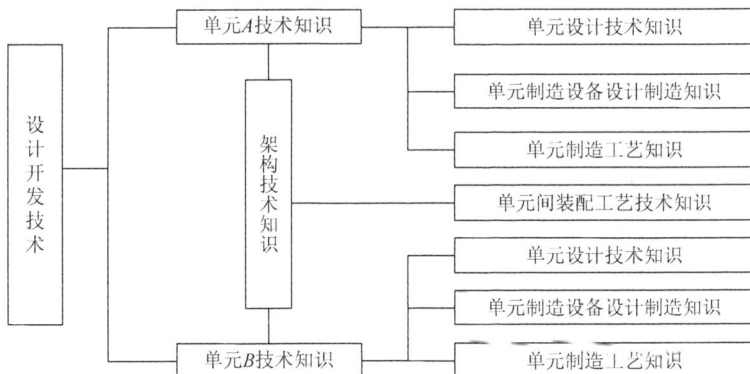

图2-16　产品设计和开发工作流程与任务结构

第一，产品整体构架技术知识，既包括产品主要构成单元空间结构的技术知识，也包括这些单元之间相互连接的技术知识，以保证产品不同技术单元之间实现有效协同。以汽车形式化产品设计为例，设计师要熟练掌握发动机、底盘、变速箱、悬挂等构件之间的合理空间布局，并对其机械结构做出科学设计，还要掌握这些构件之间通过机械和控制系统相互联系和作用的技术知识。同时，还必须能够设计不同构件之间相互连接的技术规范和标准，并以技术规范和标准构建整个产品的技术结构体系。构架技术实际是有关整体产品或服务体系如何布局、有效联结及高效运作的器具及知识体系。正是通过构架技术将组成单元连接在一起，从而构成产品或服务整体技术系统。

第二，产品主要构成单元结构及功能的技术知识，既包括产品主要构成单元的基本结构、实现自身功能所需要的子单元支撑等方面的技术知识，也包括这些单元具体性能参数等方面的知识。同样以汽车产品设计为例，设计师要对发动机、底盘、变速箱、悬挂等主要构件的结构、性能、技术参数等了如指掌，要掌握发动机中的气缸、活塞，以及变速箱中的齿轮等关键支撑单元的专门知识。组成单元的技术知识是产品或服务技术知识系统的基本单位，从研发和设计角度出发，可以将其分为两个类型：一是根据产品或服务功能定位进行分解获得的各个单元结构的知识，其中最为重要的是性能参数知识；二是与组成单元应该承担的功能相适应的基本性能的知识，如特定结构和材料的强度、刚度、寿命、环保、安全等。

第三，产品构成单元制造和采购方面的技术知识，既包括自主制造的构件原材料采购、生产制造工艺等方面的知识，也包括对外协作或采购构件的厂商信息、供应链情况等方面的知识。在高度专业化分工和开放式创新背景下，企业众多零部件通过外包和协作方式完成，采购及供应链建设成为企业生产经营活动中非常重要的组成部分，也成为产品成本结构中的重要支出内容；同时，随着市场开放化程度的日益提高和全球化趋势的加强，供应商也日益呈现多元化趋势，彼此之间的竞争日益激烈和频繁。因而，依据产品技术标准设计及采购零部件将占据越来越重要的地位。

产品（或服务）设计和开发是规划和概念设计的形式化实现。从工作性质和手段上讲都有类似之处，故产品（或服务）设计和开发技术亦可能成为企业核心竞争优势的重要内容。首先，与规划和概念设计一样，产品设计和开发亦需要依赖数据平台完成，二者的区别主要在于使用数据类型不同：规划和概念设计阶段更多使用产品形态等设计数据，而产品设计和开发较多使用产品运行及性能数据。其次，产品设计和开发同属于智力性活动，企业技术人员在进行产品设计及开发实践中，不论是在产品设计多轮次改进过程中积累的经验，还是应用数据平台与其他主体交互作用过程中获得的知识，都会形成独特的知识和知识应用能力。最后，产品设计和开发虽然难以涉及原始创新，但其在对规划和概念设计进行具体化实现的过程中，有很多技术方案的持续改进和大量技术试验，会形成很多具有创新性的知识成果，也会对人才培养发挥重要作用。正是由于平台的知识积累效应和人员的能力提升作用，特定产品或服务的完整设计和开发技术具有较高的技术屏障作用，能够形成较高的技术知识壁垒，支撑创业企业形成持续发展能力和长远竞争力。

专栏 2-5：为什么说 C919 具有自主知识产权

2015 年 11 月 2 日，C919 大型客机首架机从中国商飞公司总装下线。大飞机是我国《国家中长期科学和技术发展规划纲要（2006—2020 年）》确定的 16 个重大专项之一，是我国实施自主创新战略、建设创新型国家的标志性工程。C919 大型客机成功下线，使中国几代人的大飞机梦想得以实现，也预示着中国制造将跃上一个更高水平。

然而，随着大飞机下线喜讯的传播，围绕其是否完全拥有自主知识产权的争议也随之而起。官方媒体及中国商飞公司均称：这是具有完全自主知识产权的产品。有些人，包括一些专业技术人士发出质疑：一个包括发动机等关键部件都依赖进口的产品，怎么能算拥有完全自主知识产权？有些人甚至调侃地说：C919 充其量只是拥有了自主的壳，但还不具备自主的芯。那么，从企业核心技术能力视角进行考察，C919 到底算不算一个完全自主的产品设计呢？中国商飞公司是否已经拥有自主创新能力呢？

我们认为，答案应该是肯定的。首先，C919大飞机是中国商飞公司经过7年努力自主独立设计制造的。这种自主体现在三个方面：一是自主开展了C919大飞机的规划设计和开发制造等创新活动，具有完全自主的创新决策权力，包括至关重要的产品规划确认权；二是完全主导了产品规划设计、研发制造等创新过程，具备了独立自主完成这些创新任务的能力；三是拥有C919规划设计等完整自主知识产权，同时具备了在其基础上进行持续开发的能力。其次，在开放式创新和制造背景下，产品的自主创新能力并不体现在对所有功能性零部件的设计和制造上，而是体现在产品规划和设计、支撑产品规划和设计的数据平台、承担产品规划和设计的独立人才队伍上。从C919大飞机创新活动实践及结果看，中国商飞公司采用"主制造商—供应商"这一世界航空工业通行的发展模式，举全国之力，聚全球之智，按照"中国设计、系统集成、全球招标，逐步提升国产化"的思路，独立构建了完全自主的飞机总体方案，独立完成了飞机气动外形设计，自主完成了飞机机体设计、计算、试验及制造并初步积累形成了数据平台，初步形成了系统的集成创新能力，建立了完全自主的中国式研发设计和管理体系，实现了主要机载系统在国内的产业聚集，逐步建立满足适航要求的国产材料、标准件体系。最后，在C919大飞机自主规划设计过程中，中国商飞公司不仅成功学习和借鉴了波音、空客等的成功经验，还在以下一些方面实现了拓展性创新，包括采用了先进的气动布局，使用了性能更为优化的超临界翼型和局部的融合设计；采用先进的机载系统和发动机，经济性能更好；首次在国产民机大规模应用先进材料，特别是第三代铝锂合金材料、先进复合材料用量分别达到8.8%和12%，使得机身重量和耗油量均比同类机型降低，氮氧化物排放比（International Civil Aviation Organization，国际民用航空组织）CEAP6标准低50%，二氧化碳排放比现役飞机低12%。

虽然发动机等关键部件依然需要依赖采购，但并不能据此否认C919大飞机的自主知识产权。其一，这是目前飞机制造行业的通行做法。实际上，波音飞机也是采用英国罗尔斯·罗伊斯的发动机，而不是自主制造。其二，在发动机等关键部件上的自主性更主要地体现在标准制定和自主选择上。所谓标准制定，是指基于自己的产品规划和设计提出特定的发动机技术规范和标准要求，而发动机等关键部件供应商愿意按照你的技术标准和要求进行产品开发和制造。C919采用了法国公司2012年才完成全尺寸验证的发动机。而且根据同法国公司签订的合同，未来法方将向中方提供该发动机的生产线。显然，法国发动机供应商不仅愿意与中国商飞公司合作，还承诺未来会将该款发动机在中国进行生产和组装。

（三）制造和生产技术

制造和生产技术是在产品设计和开发基础上，实际组织生产制造所需的技术。这些技术具体包括三个方面：一是产品制造方法的技术，二是制造装备与工具的技术，三是生产工艺等方面的技术。这里的技术不再是指设计需要达到的技术规范、标准和要求，而是实际操作能力和水平。不论产品的概念和功能设计如何美妙，都需要特定的产品实体来实现；而产品实体，包括构成产品实体的零部件需要生产制造过程来完成。因而，制造和生产技术既是产品和服务功能实现的必然发展阶段，也是实现技术概念和设计商业价值的必然路径。当然，在高度专业化分工的模块化生产组织方式下，绝大多数产品（或零部件）制造和生产技术自身系统性较弱，尽管依赖先进、创新的产品制造和生产技术可以获得一定的利润，但难以形成系统的技术优势，也难以形成企业的核心竞争能力。正因如此，制造业的竞争，特别是单纯制造环节的竞争日益激烈。但是，发动机等飞机、汽车这类复杂产品的关键构件，其本身就是一个系统性强、技术知识密集度高的复杂产品，其规划设计和研发制造都非常复杂，不能将其视为简单的制造。受材料、加工工具、加工方法等制约，一些高端轴承、齿轮、叶片等关键核心零部件的生产制造也具有很大难度，虽然其技术本身的系统性要求并不高，但对工艺、装备及材料的要求非常专业和精深，这些构件的生产制造技术可以构成企业核心竞争优势。以时速超过 160 公里（1 公里＝1000 米）的动车组所用高铁轴承为例，一辆造价上千万元的高铁列车，轮毂轴承有八套，属于耗损件，每运行 100 万公里就得重新更换一次。这种轴承以前只能从国外购买，且外国厂商在维修或更换高铁轴承的时候一定要自己人亲自到现场，而且拆下来旧废轴承后形影不离地带回去。

专栏 2-6：中国航空发动机之痛：高端轴承被美日德瑞垄断

轴承具有很高的技术含量，可作为一个衡量一个国家科技、工业实力的重要标准。目前，高端轴承的研发、制造与销售基本上被世界四大轴承巨头即美国铁姆肯、日本 NSK、瑞典 SKF，德国舍弗勒（FAG）垄断。我国之所以是工业大国而不是工业强国，一个重要表现就是因为轴承产业大而不强。2012 年我国轴承产业销售额达 1420 亿元人民币，生产的主要是中低端轴承，而高端轴承则主要依靠进口。

用于航空发动机配套的高可靠性、高精密度的顶级轴承已成为中国航空发动机研发中难以翻越的"珠穆朗玛峰"。以航空发动机主轴承为例，其是航空发动机的关键部件之一。在高速、高温、受力复杂条件下运转，主轴承质量和性能直接影响发动机性能、寿命和可靠性。要想保证航空发动机的可靠性，前提之一就是要保证其内的轴承具备长寿命。一般军机航空发动机要求在 3000 小时以上，民机航空发动机要求更高达数万小时。航空发动机中轴承工作环境可以用"炼狱"来形容，它们不仅要以每分钟上万转的速度长时间高速运转，还要承受着各种形式的应力挤压、摩擦与超高温。另外，对一般结构部件来说，即便出现轻度裂纹也可以保证安全使用——专业上称之为损伤容限，而航空发动机主轴承不存在损伤容限一说，其在使用过程中绝不允许出现裂纹等形式的损伤。目前中国航空发动机主轴承寿命有限，成为行业的短板。

资料来源：刘云（2014）

在网络经济时代，从形成企业核心技术能力和竞争优势的角度考察，制造和生产技术远不如规划和概念技术与设计和开发技术更有价值。其根本原因有二：一是模块化背景下绝大多数零部件的生产制造技术的知识体系化程度相对较低，技术知识学习和模仿相对容易；二是伴随生产装备智能化程度的日益提高，很多生产制造技术经过显性化加工被内化到装备上，成为具有通用性的公开知识。然而，轴承等关键复杂零部件却不同。首先，这些复杂零部件自身的知识体系化程度依然很高；其次，伴随着机器智能化程度的提高，智能化技术网络通过软件与关键零部件的融合共同发挥作用，使得这些复杂零部件包容的技术知识更加复杂。因而，判断生产制造技术能否构成企业的核心技术，其自身的体系化程度是重要指标。就后发国家的企业而言，制造和生产技术是企业技术创新能力建设不可逾越的基础。但在生产制造技术能力培育过程中，必须同时注重知识的积累。

审视实际产品生产和制造过程可以发现，不同的制造与生产技术往往处于特定的生产制造环节而独立存在，但这些技术之间也存在着一定联系。把不同零部件、不同生产环节的生产与制造技术汇集在一起，仍然构成一个技术知识体系。剖析这个技术知识体系，可以发现其由以下几种知识构成：一是生产过程中投入的生产要素的信息知识，如高端燃气轮机中轴承材料是高度保密的知识；二是生产阶段各环节反馈和决策的信息知识，这种知识信息有效支撑精益生产过程；三是关于生产设备操作的信息知识，包括如何获得这些技术装备、如何操作和使用这些设备、这些设备的运行保养和修复技术知识等；四是关于生产工艺的信息知识，其中涉及很多专有技能和技术诀窍。在上述各类信息知识中，既包括已经得到充分揭示、处于显性状态的知识，如写成文本的生产操作文件和手册等，也包括没有得到充分揭示、仍然处于相关信息知识提供主体头脑中、处于隐性状态的知识，如生产操作环节的技术技巧、生产要素中的技术秘密等。如果企业只是掌握了制造与生产技术中的显性知识，没有掌握生产制造环节的操作技巧等隐性知识，虽然可以利用显性知识形成生产能力、完成生产制造任务，但难以形成影响企业长远发展的核心技术能力，甚至难以实现生产制造环节的高生产效率和低制造成本。因此，以制造与生产为主要业务的企业应该立足掌握生产环节的操作技巧与诀窍。同时，在掌握和应用生产设备操作技术知识和生产工艺技术知识的基础上，还必须积极开展对生产环节的生产管理技术知识和生产技术信息知识的挖掘、提炼和积累，包括质量管理、采购管理、供应链管理、设备管理、信息沟通管理等方面的显性和隐性知识，以使自己能够构建并掌握有关产品制造与生产的技术知识体系，如图 2-17 所示。

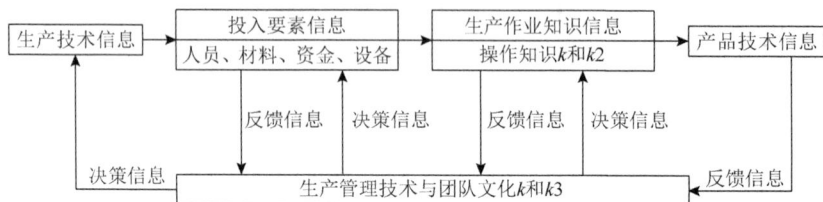

图 2-17　产品制造与生产的技术知识体系

（四）操作和控制系统技术

自从计算机控制技术被引入现代社会生产过程以后，很多产品已经成为半智能化产品。汽车、高铁、飞机等交通装备，在原有功能性构件支撑的实体性产品基础上，都衍生出类似于计算机操作系统的控制性技术，如汽车的无级变速操控系统，飞机的自动驾驶仪器（系统）等；以数控机床、加工中心等工业生产装备为例，也都高度依赖控制系统进行自动化操作。显然，操作和控制系统技术已经成为现代产品中，特别是装备产品中不可或缺的重要技术。计算机是现代社会非常重要的服务型产品，操作系统是其核心技术无人质疑。实际上，对很多现代产品而言，操作和控制技术无疑也是其核心技术。

与产品规划和设计技术类似，操作和控制系统技术很大程度上是建立在数据平台上的软件技术，即基于数据平台的仿真及模拟分析，开发出指挥或驱动产品自动化运行的操作和控制系统软件。实际上，汽车等半智能化产品的规划设计依托两个系统落实：一是实体型产品的研发和制造，以功能性构件及结构化连接支撑产品规划和设计思想与理念的落实；二是通过操作和控制系统，以软件形式指挥或控制产品按照规划和设计思想有序运作。因而，操作与控制系统技术所包含的知识体系应该由四部分构成：一是产品规划及概念设计知识系统，主要支撑对规划理念和思想的落实；二是产品设计研发和结构知识系统，主要支撑以软件驱动实体型产品有效发挥功能；三是产品运行、应用环境、性能参数等知识系统，主要包括对产品运行、使用环境及相关参数的知识；四是计算机软件系统设计和开发知识系统，主要支撑系统设计和程序开发等。产品操作与控制系统技术的知识构成如图 2-18 所示。

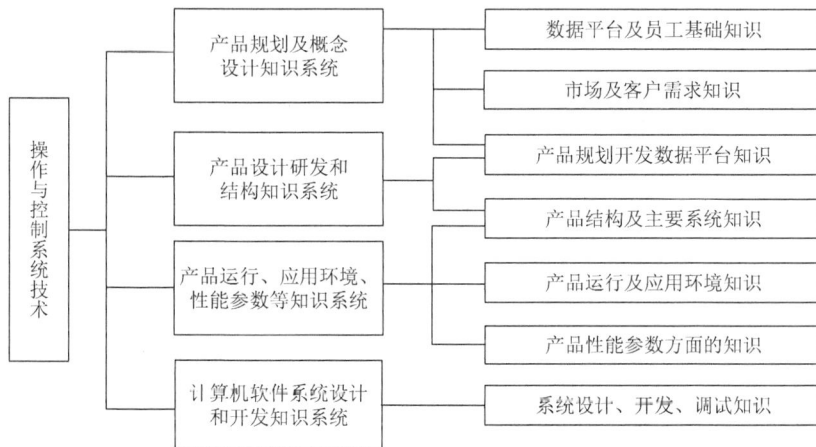

图 2-18　产品操作与控制系统技术的知识构成

三、企业核心技术能力

透过企业核心技术的发展和演化可以看出，核心技术概念并非在技术知识融入社会生产过程以后就明显存在，而是在社会需求的强力拉动下，加之计算机信息技术融入社会生产过程，使得社会生产方式出现模块化分工，造成不同技术的研发和生产由不同主体独立完成。更为重要的是，人们逐步发现不同技术不仅在企业技术体系中地位不同，在塑造企业竞争优势上的作用差异更大。基于此，企业技术才被分为核心技术与一般技术，核心技术的概念才得到人们广泛重视。

（一）核心技术能力的概念及特征

核心技术能力概念有两个渊源：一是核心技术，有核心技术，必有与之相对应的核心技术能力；二是来源于核心竞争力，即核心竞争力必有根本依托，当以核心技术作为其关键依托时，自然有核心技术能力。因此，定义企业核心技术能力可以有两个视角：一是基于核心技术视角，二是基于核心竞争力视角。

1. 基于不同视角的定义

基于核心技术视角，我们将企业在核心技术上的创新能力定义为核心技术能力，其中既包括核心技术的研发和创造能力，也包括核心技术的应用能力。由于核心技术在企业技术体系中具有不可或缺的重要地位和作用，核心技术能力也是企业技术创新能力的关键组成部分。也就是说，核心技术能力是企业技术创新能力的重要内容和特殊层次。前文已经分析了企业核心技术的主要类型，企业在这些技术上具备创新能力，则可以认为其具备了一定的核心技术能力。

　　基于核心竞争力视角，将核心技术能力界定为企业创造其他竞争主体短期内难以模仿的独有技术知识及创新独特的技术知识应用模式的能力。按照这种理解，核心技术便是塑造企业核心竞争力或竞争优势的关键支撑。也可以说，企业核心技术能力亦应是企业核心竞争力的重要内容和组成部分。

　　为全面理解基于核心竞争力视角的企业核心技术能力，有必要简要回顾核心竞争力概念的来源及基本特征。企业核心竞争力概念由美国学者 Hamel 和 Prahalad（1991）在他们发表的著名文章 *Strategic intent：to revitalize corporate performance，we need a whole new modle of strategy* 中提出。按照他们的理解，核心竞争力亦可称为核心竞争优势，主要指组织在应对激烈变革与外部竞争中所表现出来（或其自身所拥有）的、能够战胜竞争对手的能力的集合。作为一个创新的管理学概念及理论，两位作者通过对美国 GTE 和日本 NEC 公司的案例研究，对比了其发展战略和竞争优势的根源，反思了 20 世纪 80 年代以来一些企业在波特竞争战略指导下过分追求多元化及业务组合（转引自波特，2005），忽视核心业务和能力建设等实践，探讨了"什么是决定企业生存和发展的最根本因素"或者"企业维持持久竞争优势的源泉是什么问题"等。两位作者认为，企业的"核心竞争力"就是这个"最根本因素"或"源泉"。也可以说，核心竞争力就是企业竞争力中那些最根本的、能使整个企业保持长期稳定的竞争优势、获得稳定超额利润的竞争力。从企业生产经营实践的角度出发，长期竞争优势取决于企业能否以比对手更低的成本和更快的速度推出创新产品和服务，并能够持续得到消费者的认同。由于现代企业创新离不开知识，核心竞争力也可以理解为一个以知识、创新为基本内核的关键资源或关键能力的组合，一个使企业在一定时期内保持竞争优势的动态平衡系统。全面理解企业核心竞争力概念，需要把握两个核心思想和关键问题。

　　第一，企业的核心竞争力或核心竞争优势主要来自内部积累。核心竞争力不仅是一个创新的管理概念，更是一种战略思想。这种战略思想与波特的竞争战略思想有很大差异。波特的战略思想主要侧重于企业所处的市场环境分析，其著名的"五力"竞争模型的基本思想是：只有一个企业在特定业务上能够形成相对垄断优势，即拥有较强的与供应商和购买者的讨价还价能力、屏蔽潜在进入者和替代品威胁的能力、应对同行竞争对手的能力，就可以将其确定为自己的业务活动组合。显然，波特侧重于从企业外部市场结构进行战略分析，认为市场结构对企业竞争优势的建立起重要作用，而较少关注企业内部的资源与能力。在波特等市场决定论学者看来，一个企业所属产业的内在赢利能力是决定其获利能力的重要因素；所以，产业选择是企业竞争优势的基础来源。同时，企业在选定的产业内取得竞争优势地位，就成为获得竞争优势的关键。因而，波特竞争战略的基本目标是使公司在产业内处于最佳定位。其实，虽然波特的竞争战略理论在 20 世纪

80 年代大行其道，但当时就有实证研究结果对其提出质疑：为什么企业在面临同样的市场结构和市场机会时，其竞争优势却存在很大的差别？鲁梅尔特的研究表明：产业中长期利润率的分散程度比产业间的分散程度要大得多。很明显，最重要的超额利润源泉不是市场结构，而是企业具有的内在特殊性。核心竞争力战略强调企业要注重核心业务，在核心业务上要具备获得持续竞争优势的能力。显然，核心竞争力战略是一种关注企业内部能力建设，以内部能力作为塑造企业竞争优势的根本依托。实质上，核心竞争力战略是对波特竞争战略思想的一种反思和扬弃，是基于不同理念的两种战略思想。

第二，企业的核心竞争力或竞争优势不仅来源于技术能力。Hamel 和 Prahalad（1991）指出：核心能力是组织中的积累性学识，特别是关于如何协调不同的生产技能和彼此之间有机结合的多种学识。既然核心竞争能力来源于组织学识，而技术是企业重要的学识载体，持续稳定的核心技术创新及其独特应用能力自然是核心竞争力的重要支撑，但并非唯一支撑。首先，企业的学识能力体现在研发、生产制造、运营管理等多个环节和方面，这些能力也是核心竞争力的重要来源。其次，核心竞争力更加注重和强调对各种技能、知识和资源的有效整合，是一种基于知识、资源等有效运用的综合能力。很多帮助企业获得竞争优势的并非技术本身，而是技术的巧妙运用，特别是将技术应用与市场需求紧密结合起来；而要实现这一点必须能够对企业研发、制造和营销力量进行有效整合，不仅使其形成共同认知，还必须形成共同行动。最后，企业核心竞争力强调学识短期内难以被竞争对手模仿和复制，即在较长的时间内对学识能够维持专有或独占性。我们知道，能够专有或独占的学识不仅来自企业内部研发，也可以通过受托、收购等多种方式获得。企业的学识或知识体系融合的知识越多、体系结构越复杂，其他竞争对手模仿和复制的难度越大，建立的市场竞争优势越持久。

2. 核心技术能力的基本特征

企业核心技术能力既是技术创新能力的组成部分，也是企业核心竞争力和竞争优势的重要依托。比较而言，企业核心技术能力具有以下特征。

第一，高端性。核心技术能力是指企业在核心技术创新和应用上的表现，是其技术创新能力的高级层次和核心内容。由于核心技术比一般技术更为复杂、技术知识含量更高，也具有更高的创新性，与之相对应的能力要求也相对更高。在高度专业化分工的情况下，具备核心技术能力的企业一般能够占据产业价值链高端，拥有产业价值链的影响或控制权。因而，核心技术创新能力是一种高端能力，是比一般技术能力更高的能力层次。同时，由于核心技术很多具有隐性知识、系统化连接等特征，在其基础上形成的创新能力不易模仿、难以买卖。

第二，独特性。企业核心技术能力主要是指由其内在知识或学识体系形成的能力，具体指在短期内难以被竞争对手学习、模仿的独有知识或独特知识运用能力。核心技术能力作为企业核心竞争力的重要依托，与竞争对手比较，一般具有独特性。这种独特性有两种体现形式：一是独占或独有性，即其他竞争对手根本不具备这种能力；二是领先差异性，即能力与其他竞争对手有差异，并明显具有领先优势。一般说来，核心技术能力是企业在长期经营活动实践中形成的战略性资产，其累积和开发不但需要花费很长时间，而且具有相当大的难度；同时，核心技术能力聚集往往也涉及企业技术、管理、文化和价值观等诸多方面。因而，越来越细的专业化分工导致的技术壁垒、企业资源积累的路径依赖形成的跨行业进入成本及技术知识传播或转移的时滞等，使得后发企业或仿制者即使开展技术学习，也难以在短期内获得成功。

第三，资产性。所谓资产性，是指核心技术能力能够为企业和消费者创造高额效益和价值。企业核心技术能力具有无形的潜在价值，一旦与市场相交融，则能够产生巨大的经济效益。由于企业核心技术能力的高端性、独特性，企业往往可以依靠其赢得顾客的充分信任，形成特色，甚至一定程度的垄断，使企业在竞争中获得独特优势。对于基于核心技术能力的企业技术和产品开发而言，只要产品或技术一面世，便容易取得市场领先者的优势地位，并借此获取丰富利润。同时，核心技术能力能够显著提高企业的运营效率，获得比竞争对手更高的生产效率、更低的产品成本，从而也能够为消费者带来独特的价值和效益。

第四，时效性。虽然企业核心技术体现为企业独有的知识和能力，具有一定的耐久性，但也有一定的时效性。这种时效性主要表现在两个方面：一是随着科技进步及商业生态的演化，产品或产业的核心技术会发生更迭和变化，如现代装备的控制系统或智能技术，就是在信息及网络技术革命推动下衍生而来的；因而，企业核心技术能力或核心竞争力必须因商业生态变化而变化。二是企业核心技术能力也有组织粘着性，随着组织自身的变化，特别是企业经营方向的重大调整，企业核心技术能力亦需要升级转换。

第五，延伸性。企业核心技术能力具有一定的自然延伸性，能够在一定的领域内为企业打开多种产品市场，对企业一系列产品或服务的竞争力都有促进作用；甚至企业能够从某种核心技术能力中衍生出一系列创新产品与服务，发挥占领和拓展新兴潜在市场的作用。核心技术能力的不断延伸与发展，也是企业持续发展的有效手段和重要途径。

第六，累积性。企业核心技术能力不是虚无、空洞的抽象概念，而是实实在在地表现在企业的"拳头"产品或主导技术中，存在于企业设计、研发、制造、服务和管理多个环节或方面。隐藏在企业业务活动不同环节或创新活动不同载体上的核心技术能力，一般要在企业技术创新管理实践中通过学习性探索、调整和完善，经过日积月累而逐渐培育形成，不可能速成，也不能空降。

（二）企业核心技术能力的基本形式

核心技术能力当然是企业在核心技术创新和成果应用上的能力。这种能力在组织背景下衍生或发展，主要体现为以下三种形式。

1. 独有技术知识的创造能力

独有技术知识是企业核心技术的重要内容，其创造能力自然也就是企业核心技术能力的重要体现形式。当然，企业的独有技术知识首先要求具有排他性占有特征，可以是以知识产权方式保护的各种技术知识成果，包括专利、集成电路设计布图、商标权、版权、软件著作权等，也可以是处于自我保护状态的技术诀窍、技术秘密等，包括产品或材料配方、制作和生产工艺等。其次，企业的独有技术知识必须具有价值属性，即能够直接或间接地创造或转化为商业价值。在工业时代，技术知识并不等于能力，也难以直接创造商业价值，需要与其他生产要素结合，经过特定的机制转化才能创造商业价值。然而，到了信息时代，知识不仅成为创造价值的基础，可以直接生成或演化为数字技术，直接成为企业技术能力的主要组成部分，并可以直接转化为价值。到了智能网络时代，知识、数据甚至成为企业构建或控制商业生态的核心依托，知识甚至可以直接创造价值。因而，具有商业价值的独有技术知识创造能力，是企业核心技术能力的最基本形式。以从事指纹识别技术开发的企业为例，个体指纹是基础的数据或信息，能够采集到足够多的个体指纹，就为正确提取指纹特征并实现正确匹配奠定了坚实基础。通过正确提取指纹特征并比较不同指纹的细节来进行鉴别，恰是指纹识别企业的核心技术。因而，个体指纹数据就成为指纹识别技术开发企业不可或缺的重要数据性资源。假设企业 A 拥有数量足够多的个体指纹数据，则既能为企业为核心技术开发奠定坚实基础，亦可通过直接交易这些数据获得商业价值。对当今时代而言，只要技术知识具备了稀缺、独占等特征，就成为短期内难以被其他企业学习和模仿的重要资源，自然也就构成了企业核心技术能力的重要内容。最后，要有创造特点。也就是说，只有创造独有技术知识的能力才能构成企业核心技术能力。在企业经营实践中，企业独有技术知识的获取渠道不仅包括自我创造，还包括继承或购买等。从理论上说，购买、继承的独有技术知识具备独占性，且能够创造商业价值，就构成其他企业短期内难以模仿的独特能力，自然归属于企业核心能力。但在技术知识高度复杂和快速变化的情况下，购买的技术知识难以维系独占局面，特别是难以维系其创造价值的能力。因为购买技术知识可以实现知识产权的转移，并不能实现技术知识创造能力的转移，所以，如果没有对购买技术知识进行再创造的能力，就不构成企业的核心技术创造能力。继承的技术知识其中应包含创造，只不过是前辈的创造而已；当然，如果单纯躺在前辈的创造基础上不做改进，不做迭代创新，在当今消费观念和市场需求快速变化的时代，这种继承的技术知识难以维系持续竞争实力。

2. 独特的技术知识应用能力

对于实现商业价值而言，技术知识应用能力甚至高于技术知识创造能力，亦是企业核心技术能力的重要体现形式。独特的技术知识应用能力实际上可以理解为商业模式创新能力，即构造合理、可重复和可迭代升级的商业模式，使技术知识的商业价值得以实现。基于企业创新实践考察，可以将独特的技术知识应用能力具体分解为以下两个方面。第一，独创一种技术知识应用方式的能力。也就是说，特定主体独创一种以往并不存在的技术知识应用方式，并得到市场认同，进而实现创造商业价值目标。以开展药物研发服务的某公司为例，其所掌握的化合物筛选技术以往主要在制药企业内部应用。出于研发动向及技术保密等原因，大型制药企业以往通常建有内部化的化合物筛选平台及队伍。该公司的创始人在掌握了更为精准、更为敏捷、更为经济的化合物筛选技术以后，实际上有两种方式实现其商业价值：一是将新技术转让或授权给大型制药企业，按照市场已经习惯的模式取技术转让或使用费；二是自己使用新技术开展相关服务，以服务费等兑现商业价值，这是难以被当时业界接受的业务模式，也可以理解为其开拓的新的技术知识新应用方式。为了使新技术应用方式被业界接受，当然需要进行一些制度或规制上的创新，进而形成一种全新的商业模式。这家公司针对制药企业担心研发方向泄密等问题，设计了为制药企业保密的机制；同时，针对制药企业对这家公司以后制药的担心，做出了终生不做药的承诺。这样的承诺和保证，成就了这家公司的创业成功和快速发展，也构成了独特技术知识的新应用方式及商业模式。第二，将现有技术知识应用方式进行深化和拓展，进而能够更好实现商业价值的能力。有些企业并不擅长于创造一种新的技术知识应用方式，但善于把其他主体创造的技术知识应用方式进行深化和拓展。以谷歌公司的搜索引擎业务为例，谷歌公司并不是将搜索引擎技术知识进行市场化应用的第一家公司，但其通过引入竞价排名、向浏览器等终端拓展等更为深化的技术知识应用方式，更好地满足了客户需求，赢得了市场竞争。谷歌虽然并未开拓一种新的技术知识应用方式，但其使已有的技术知识应用方式得到了拓展和深化，形成了更为成熟的商业模式。

3. 独特的企业组织及管理机制

企业核心技术能力除了上述两种体现形式外，还体现为独特的企业组织及管理机制。为什么企业组织和管理机制也构成核心技术能力呢？主要基于以下两个原因：第一，不论是独有技术知识的创造能力，还是独特的技术知识应用能力，在企业背景下成为持续发展、迭代升级的能力，都有赖于健康的组织及管理机制。也就是说，企业没有科学合理的组织及管理机制，难以做到在技术知识、技术知识应用创新上的持续性。纵观企业发展及商业竞争史，的确只有少数公司能够做到走在时代前列，适时推出创新性技术知识或拥有独特的技术知识应用能力，这种创新能力的背后，实质上就是良好的组织管理机制。第二，虽然独特的企业组织及管理机制本身，并不能成为企业参与市场竞争的直接依托，只能作为独有技术知识、独特技术知识应用方式创新背后的力量，但其作用更为深远、更为持久。一家企业具备独特且优秀的企业组织及管理机制，有可能在某一项或某一代技术知识的创造上失手，也可能在某些技术知识应用方式的创新上落后，但不至于使其在市场竞争中被淘汰。这些企业可以凭借其独特的企业组织及管理机制，凭借通过这种机制建立起来的卓越队伍、工作方式和方法等，在后续的创新中再创辉煌，树立新的优势。例如，著名的 IBM 公司，虽然在 20 世纪 70 年代个人电脑的创新上落后于苹果公司，但其很快在 20 世纪 80 年代的市场竞争中实现超越；虽然在个人电脑行业的商业模式创新（技术知识应用方式）上失手，成就了微软和英特尔的辉煌，但其很快在后来的企业信息技术和业务解决方案构建上，成为全球的行业领军者；时至今日，又成为全球一流的人工智能解决方案和云服务平台公司。显然，IBM 公司的持续卓越性发展，得益于其独特且优秀的企业组织及管理机制。再以谷歌公司为例，其不仅在搜索引擎业务领域占据全球最高的市场占有率，还开创了智能手机的 Android 系统，也成为市场占有率在 80% 以上的绝对领先者。2005 年谷歌收购 Android 软件时，几乎没有多少人知道其到底要干什么，直到 2007 年其推出 Android 系统初期，也几乎没有人认为谷歌会在智能手机操作系统上独步天下。因为 Android 系统并非谷歌公司原创开发，市场上有诺基亚、微软这样的世界一流公司亦推出了自己的智能手机操作系统。然而，只有谷歌凭借其独特的创新能力（并非独特的技术知识或产品，也不是原创的技术知识应用方式，而是两者兼有之的综合性集成创新能力）获得了巨大成功。我们认为，这种综合集成创新能力的背后，关键是独特且优秀的企业组织及管理机制在发挥作用。因而，独特的企业组织及管理机制亦可以成为核心技术能力的体现形式。

第三章　企业技术创新能力生成与发展进化

对任何社会行为主体而言，能力都具有显著的内生性特点，即能力不可能从天而降，不可移植，也难以复制。特定主体的某些方面的能力，主要来自相应的社会活动实践。企业作为社会经济主体，其技术创新能力只能在技术创新活动实践中逐步形成和积累。在第一章中，我们分析了企业技术创新活动的不同类型及其对创新能力的需求；与之相对应，形成不同类型和层次的技术创新能力，也需要不同的创新活动予以支撑。当然，企业技术创新能力不仅与其主体活动及行为有关，也受组织基因及所处外部环境影响。同时，不同类型的企业、处于不同的发展阶段或居于不同的商业情境，也需要不同类型或层次的技术创新能力。因而，企业技术创新能力实际上是企业依据自身基础及发展需要，考虑外界环境变化等影响而逐渐形成、进化和升级的。本章基于企业生产经营及市场竞争实践，按照三种不同的分类方式分别介绍各种类型技术能力的生成机理。

第一节　企业技术创新能力的生成机理

在第一章中，我们基于技术成果转化和技术学习两个视角，对企业技术创新能力进行了区分。实际上，基于企业生产经营和市场竞争需要，还有其他的技术及技术能力分类。例如，第二章中我们提到，随着新技术革命的推动及社会生产组织方式的变革，科学技术在融入社会生产过程中，特别是进入企业生产领域时发生了分化，即不同技术知识在企业竞争及产品功能与价值构造中的作用显著不同，出现了所描述的一般技术和核心技术。不仅如此，随着企业一体化生产模式瓦解和模块社会生产方式的广泛应用，特别是信息、智能技术融入社会生产过程，企业的技术形态更加多元和复杂，出现了战略技术、战术技术、操作技术等新的层次性分类；而且，不同层次技术在企业价值构造、赢得竞争优势中地位和作用差异越来越大，与之对应的层次性能力具有不同的生成机理。

一、战略、战术、操作技术及体现形式

随着计算机及信息控制技术逐步走进人类社会，社会生产过程发生了革命性

变化，企业生产组织方式、技术形态及在竞争中的地位也出现三个显著变化：一是高度专业化分工背景下，不同模块或企业之间的技术联系依赖统一的技术标准，造成产业技术标准或主导设计厂商与一般制造厂商在产业价值链中的地位和作用明显不同；二是不同类型的技术创新活动在不同企业或主体中分别进行，基于竞争和价值控制需要彼此之间既要服从于统一的产业技术标准，也会形成强烈的技术独占和控制倾向；三是企业技术创新活动本身也分化为智能控制性活动和功能制造性活动，且不同质的技术创新活动之间也呈现不可替代性。基于上述原因，企业技术创新能力也呈现层次性分化，有些企业居于产业技术及价值链高端，与之相对应形成高端技术能力；有些企业居于产业技术及价值链低端，只能形成低端技术能力。依据技术在企业参与市场竞争及产业价值构造中的地位，我们可以将其分为战略技术、战术技术、操作技术等三个层次[①]，三种技术之间的关系如图 3-1 所示。

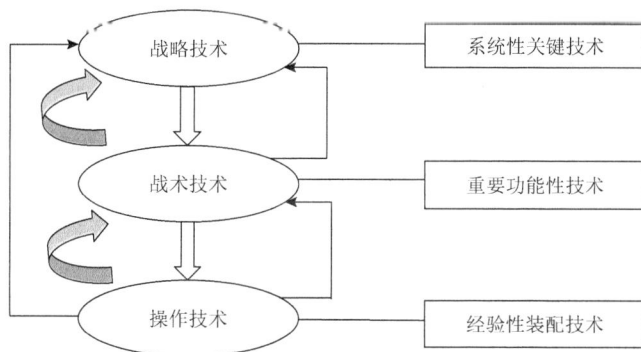

图 3-1　三种技术之间的关系

（一）战略技术的体现形式及作用

战略技术指产品或服务的系统性关键技术，如产品的技术标准及体现技术标准的操作系统、规划设计和控制技术等。战略技术是产品或服务中最高层次的技术，对产品或服务的功能及市场竞争力具有决定性作用，在产业价值构造中居于关键和控制地位。这里的产品是指作为完整的功能性实体，直接交付消费者使用的最终产品，如汽车、计算机等，并不包括居于社会生产过程的中间品或半成品，如汽车零部件、计算机键盘等。显然，并非所有企业都具备战略技术，但战略技术在现代产品或服务价值构造和企业市场竞争中的地位至关重要。

1. 战略技术的体现形式

那么，核心技术与战略技术是什么关系呢？核心技术等同于战略技术吗？实

---

① 借鉴莫里斯的《持久创新》（林均烨、洪伯毅、杨文广、等译，经济科学出版社 2011 年 3 月出版）等文献提炼而来。

际上，两者密切相关但并不完全相同。首先，战略技术并不等于核心技术，战略技术是对产品或产业不同技术进行选择，并对彼此之间关系进行界定的技术。也就是说，战略技术首先是产品或产业的技术标准。其次，战略技术当然属于核心技术，但核心技术并非都具备战略技术的地位和作用。战略技术与核心技术的区别主要体现在：核心技术主要以企业视野分析和判断其地位和作用，如汽车底盘技术，甚至汽车的外饰技术，只要构成企业自身的核心竞争力依托，在企业参与市场竞争中具有关键支撑作用，即构成了这家企业的核心技术；而战略技术主要以产业视野分析和判断其地位和作用，主要考察其在产业价值构造的作用及在产业价值链或生态中的地位。例如，一家以电脑键盘为主要产品的制造企业，其所拥有的、具备竞争优势的键盘技术即为核心技术，但其并不构成战略技术；因为键盘技术在产业价值构造中不具备决定性作用，其在产业价值链或生态中居于从属地位。又如汽车、飞机等产业的平台技术，不仅能够支撑企业的产品规划及设计、产品控制系统开发，还因其具有显著的积累效应和先发优势，一般能够对在复杂产品制造产业中形成显著竞争优势提供有力支撑，故其属于战略技术范畴。最后，战略技术应该是对产品或服务整体格局及运行效率具有决定性影响的核心技术。哪些核心技术具有这种影响和地位呢？在工业和信息时代，产品规划和设计技术对产品或服务整体格局具有决定性作用，产品控制系统技术对产品或服务运行效率有决定性影响。同时，一些战略或复杂产品中依托关键材料、特殊工艺制造的零部件，由于技术的独占性或垄断性，亦能够支撑企业在产业链或产业生态竞争中形成显著优势，且影响产品的整体格局运行效率，也应该列入战略技术的范畴，如航母、潜艇中的轴承技术，飞机、舰艇中的燃气轮机技术等。在基于移动互联网的智能化时代，网络平台技术影响产品或服务整体格局及运行效率；而网络平台与终端或用户端口等的接口技术体现着不同主体的连接标准，同样对商业生态系统运行效率有重要影响。

2. 战略技术的决定作用

首先，战略技术作为产品、产业链或商业生态的技术标准体系，直接决定了产品、产业链或商业生态中不同构件或主体之间的技术接口。在高度模块化分工背景下，缺乏技术标准也就失去了产品规划和设计的基本依据。以汽车、飞机等产品为例，单凭工匠经验和技艺，以模仿、反求方式设计和开发产品，仅适合少量观赏性产品，难以满足大规模市场需求。其次，缺乏战略技术或失去战略技术的支持，企业产品或服务的功能就将受到极大影响，其使用价值就将大打折扣，甚至不再称其为这个产品或服务。以计算机为例，如果没有操作系统技术或失去其支持，计算机就不具备现在所拥有的清晰界面和文件存储、管理等功能，其使用价值就受到重大影响。最后，战略技术对企业市场竞争优势和市场地位有决定性影响。同样以计算机为例，由于自 20 世纪 80 年代个人计算机操作系统技术成熟后，就一直被微软公司独家控制，其在个人计算机市场上形成了近 40 年的垄断地位；相反，戴尔、联想等从事计算机生产和制造的企业，由于只掌握操作技术和战术技术，不掌握自己所生产产品的战略技术，只能居于市场从属地位，无奈忍受 Wintel 联盟拿走个人计算机产业的绝大多数利润。因而，掌控战略技术的企业一般也就拥有了产业价值控制能力和显著的市场竞争优势，而没有战略技术的企业就难以具备价值控制能力和竞争优势。在智能网络时代，掌握对商业生态进行构建和调控的技术，同时借助网络平台具备的先发优势，就具备对生态系统中价值进行配置的能力。

（二）战术技术的体现形式及作用

战术技术指产品或服务中的重要功能性技术，其在产业价值构造中具有重要或关键作用，但难以单独形成控制地位，如计算机的芯片技术及汽车的发动机、变速箱、底盘等技术。战术技术在产品或服务中居于重要地位，对产品或服务功能及市场竞争力具有重要影响。与战略技术比较，战术技术不足以使企业在产业价值链或产业生态中形成控制地位，但可以使在其产品群落中赢得竞争优势。

1. 战术技术的体现形式

战术技术主要是决定和影响产品或服务性质的重要功能性技术，其具体体现形式是关键或核心零部件的设计、研发和制造等技术。首先，由于关键或核心零部件结构复杂，其研发和设计需要丰富的经验积累和数据支撑。例如，汽车的发动机技术，影响其工作效率的两个重要因素是配气和供油，而围绕这两项技术很多厂商开发了自己的独特技术，如可变气门正时、可变汽缸、分层燃烧等，这些技术都依赖企业长期的技术知识积累，不是短期内能够获得的，故其构成战术技术。其次，关键或核心零部件的生产制造技术。很多关键零部件的生产制造依赖特定的材料、装备和工艺。如很多高端装备中的轴承，对此我们既缺乏高端冶金材料技术，也缺乏精密的加工装备，还缺乏独有的制造工艺。因而，关键或核心零部件的生产制造技术亦是战术技术的重要内容。当然，一个复杂产品的零部件很多，决定其能否成为战术技术的不仅是功能重要性，还需要兼顾其在产业价值生态特定群落竞争中的地位和作用。也就是说，认定产品或服务的零部件技术属于战术技术需要满足两个条件：一是承载产品或服务的重要功能，缺失这样的零部件及所承担的功能，这个产品或服务就失去了其应有性质。例如，汽车的发动机、变速箱等，缺失这样的零部件，汽车产品的性质就发生了根本性变化，就不再具备基本功能；同时，这样的零部件在产品成本构成中占据较大比例。二是能够使企业在产业价值生态特定群落中居于主导地位。仍以汽车为例，由于发动机、变速箱、底盘、悬挂系统等技术具有知识密集性和复杂性，可以在汽车生产高度模块化的背景下，依据这些技术在汽车零部件群落中居于主导地位。与之相比较，汽车内饰、车门等辅助性技术不具备如此重要的地位，不能形成群落控制及影响力，故不是战术技术。

2. 战术技术的重要作用

在企业生产经营及产品制造中，战术技术的重要作用主要体现在两个方面：第一，支撑产品的基本功能。以汽车为例，作为一个机械动力运输载体，其基本功能就是承载人或物体快速行进。为了实现这一功能，首先要将液体或气体的化学能通过燃烧后转化为热能，然后再把热能通过膨胀转化为机械能，进而对外输出动力驱动汽车行走。因而，发动机、变速箱等战术技术不可或缺。没有发动机、变速箱等关键部件技术，汽车就难以实现基本功能。正因如此，发动机、变速箱是汽车产品的核心技术，对汽车的动力性能、经济和环保性等有重要作用。然而，在化石能源汽车产业已经高度成熟的背景下，这些技术尽管依然重要，但已经被众多汽车企业掌握，企业凭借这些技术已经难以在汽车产业中形成控制地位，也难以决定汽车产业的价值分配。因而，这些技术难以界定为战略技术，而是战术技术。第二，支撑企业建立竞争优势。由于汽车发动机、变速箱等战术技术具有较高的知识含量，同时也具有较强的系统性、集成性特点，尽管凭借这些技术难以形成对产业价值链的主导和控制，但企业可以利用在这些技术上的领先优势，在汽车零部件产业群落中形成市场竞争优势，甚至实现对其所在产业群落的引领和控制。例如，日本的本田、丰田等，德国的梅赛德斯-奔驰，瑞典的沃尔沃等著名汽车企业的发动机公司，均以安全性高、故障率低获得业界公认，成为汽车发动机领域的领先厂商，特别是在高端汽车市场具有明显的竞争优势。

（三）操作技术的体现形式及作用

操作技术主要指产品生产制造技术，如装配技术、工艺技术等。操作技术属于产品制造或服务运营中的经验性装配技术，其在产业价值构造中居于从属或辅助地位。没有操作技术，就没有实体产品；而没有实体产品，再好的战略技术、战术技术也难以创造价值。因而，操作技术不仅在产品功能形成方面具有不可替代的基础性作用，也对战略技术、战术技术能否有效发挥作用有重要影响。

1. 操作技术的体现形式

在企业生产经营实践中，操作技术主要体现在三个方面：一是产品生产制造装备。一般说来，装备是企业生产制造水平的重要标志。所谓没有金刚钻，难做瓷器活，这正是对装备重要性的经典阐释。在现代高端制造领域，自动化、智能化装备不仅是提高生产效率的重要手段，也是保证加工精度、提高产品质量的有效支撑。因而，装备是企业操作技术的重要内容。二是员工技艺。很多复杂产品或零部件的制造依赖高级技师或工匠的独特技艺，如在中国新一代大飞机 C919 的首架样机上，有很多"前无古人"的全新零部件由大国工匠胡双钱亲手打磨；当今世界最先进、建造难度最大的 45 000 吨集装箱滚装船围护系统，一系列高难度的焊接任务由沪东造船厂"80 后"焊工张冬伟完成。因而，员工的技艺，是企业操作技术水平的重要体现。三是工法及技术诀窍。当然，工法及技术诀窍一般由员工创造，多数情况下也掌握在少数核心员工手中；同时，工法及技术诀窍也可以作为知识产权存在，在企业传承和内部推广中使用。在信息、智能技术日益发达的背景下，很多工法及技术诀窍甚至有可能通过大数据提炼为计算机程序，将特定工作交由机器人完成。一般说来，掌握工法和技术诀窍等越多，则企业的操作水平越高。

2. 操作技术的主要作用

操作技术的作用主要体现在以下两个方面：第一，完成实体产品的生产制造。实体化产品是其实现基本功能、具备满足客户需要的使用价值的前提。从知识化形态的设计图纸转化为物质化形态的实体产品，需要经过原材料加工、零部件制造、产品总装等多个生产环节，需要多种操作性技术支持。对有些高端复杂产品而言，操作技术往往具有很高门槛，成为只掌握在少数厂商中的核心技术。例如，大型燃气轮机中的轴承、涡轮、叶片等零部件加工制造技术，既依赖于特殊的材料，也依赖于特殊的加工制造装备及工艺，至今仍然掌握在少数发达国家的企业手中。然而，操作技术虽然重要，但其在产业价值构造中难以具有决定性作用。仍以大型燃气轮机为例，尽管其中关键零部件制造技术呈现寡头垄断局面，但相对于大型燃气轮机设计和控制系统而言，其技术知识密集度和完成难度都相对较低；也就是说，大型燃气轮机这类复杂产品关键零部件制造很难，但其规划设计和控制系统开发更为困难，后者的技术垄断程度更高。第二，支撑战略技术、战术技术实现。就复杂产品而言，战略技术、战术技术、操作技术三个层次之间具有相互支撑关系，以规划设计、控制系统为代表的战略技术需要加工制造、安装等战术技术支撑。例如，一个再好的汽车结构和控制系统设计，如果没有良好的发动机、变速箱等战术技术支撑，其良好的运行效率不可能实现；而高端的发动机、变速箱产品需要精湛的加工和制造技术支撑，没有一流工匠难有一流技术产品。因而，对一个实体性产品及相关产业而言，操作技术并非可有可无，只不过是随着产品技术知识含量的提升和系统本身的复杂性增加，加之多数操作技术相对容易被较多厂商掌握，使得其重要性相对降低而已。

二、战略、战术、操作技术能力生成及演化

既然有战略、战术、操作技术，自然就有与之对应的技术能力。一般说来，

如果一个企业能够对相应技术进行持续开发和改进，则可以认为其掌握或具备了相应的技术能力。当然，由于战略、战术、操作三种技术具有不同性质，与之相对应的能力及生成机理也有很大差异，我们对其分别进行阐述。

（一）战略技术能力及其生成机理

1. 战略技术能力及主要类型

顾名思义，战略技术能力自然是指一个企业对战略技术进行持续开发及改进的能力。由于不同企业具有不同的业务模式，其战略技术能力的体现形式及类型亦不尽相同。以产品制造业为例，企业的战略技术能力可以具体分为以下三种类型：一是对产品、服务或商业模式进行规划和设计的能力，当然包括产品或商业模式确认能力；二是产品或控制系统的开发能力，即在通晓产品或服务体系运行机理的前提下，以控制程序形式将其实现；三是复杂产品系统或重大工程的系统集成能力，即通过技术标准体系将高度模块化的零部件集成为系统性产品或工程，特别是在海洋工程等复杂情境下，系统集成能力是非常重要的战略技术能力。

首先，产品规划和设计是对产品市场定位、结构形态、技术等级等的综合界定，它不仅确定了不同零部件之间的连接形式及关系，也界定了企业与供应商及市场的连接方式和关系。对产品规划和设计的确认，实际上相当于确立了产品的一个技术标准体系。也就是说，产品的零部件供应商必须按照产品规划和设计的技术标准提供配套，产品的代理销售及服务商必须按照技术标准开展服务。因而，如果说产品规划和设计能力更多体现为企业内部的技术能力，更多体现企业研发、规划和设计人员的主观追求的话，产品规划和设计的确认能力要求必须能够洞悉市场状态及竞争格局、把握市场发展和演化趋势，是一种内外兼备的能力。

其次，现代信息技术条件下，产品规划和设计主要依据数据平台，产品控制系统的开发也依据数据平台，对于企业而言，没有统一的数据平台，就不能高效进行产品规划；没有统一的数据平台，就难以进行有效的产品设计，也难以开展高质量的研发和创新。显然，企业的产品规划设计、产品控制系统开发能力依赖数据平台的建设与加工水平；同时，产品规划设计、产品控制系统开发本身也是重要的数据积累过程。产品规划设计与产品控制系统开发能力都依据平台而生、依据平台而长，属于相同性质的能力，二者之间具有正向促进效应。

最后，产品规划和设计确定的技术标准体系是产品系统集成的根本依据，而控制系统加装亦是产品系统集成的重要内容；也就是说，产品规划和设计能力强，产品控制系统开发就具备了基本保障，产品系统集成能力也具备了坚实基础。同时，复杂情境下的大型平台装备组装，往往也依赖有效的控制程序；因而，产品规划设计、产品控制系统开发、复杂系统集成三种能力之间并非泾渭分明，彼此之间存在紧密联系，并且具有相互正向促进效应。

2. 战略技术能力的产生背景

为了清晰说明战略技术能力的生成机理，首先必须阐明战略技术如何产生。前文简单阐释了信息技术融入社会生产过程和产品导致产业技术及生产方式的三个变化，间接说明了在现代产业或企业竞争中出现战略技术的原因。的确，导致战略技术产生的根本原因在于信息技术革命，特别是信息技术革命引致社会生产及产业技术出现的"三化"趋势。

第一，技术分化。所谓技术分化，主要是指伴随社会生产出现模块化组织形式，产业核心技术与一般技术之间出现分化现象。在第二章中，我们已经分析了第三次科技革命对社会生产方式的影响，即信息技术融入社会生产过程以后，企业生产组织形式由内部一体化转化为专业化分工，企业研发亦由集中的组织性创新转化为利用多元主体的开放式创新。技术分化的直接后果有三个：一是产品不同构件、不同技术独立生产和研发，核心技术与一般技术的研发活动分开进行，导致后发企业的技术学习更加困难，甚至有可能被锁定在一般技术中和价值链低端。二是分化之后的技术要通过技术标准进行连接，使技术标准的地位和作用更为重要，变得不可或缺。三是不同技术在决定产品价值及市场竞争中的地位和作用发生了重大变化。核心技术，特别是其中的技术标准等具有关键决定作用，一般技术具有辅助配合作用。

第二，信息化或智能化。所谓信息化，是指随着信息控制技术融入社会产品，产品的信息化和智能化程度不断提高，很多原来以人工操作为主的机械性产品转化为自动或半自动运作的智能型产品，如汽车、飞机等交通工具，融入信息控制技术以后基本成为具有较高自动化程度的准智能型产品。在这种情况下，产品控制系统技术不仅应运而生，而且成为决定产品运行状态和效率的全局性技术。特别是进入智能化时代以后，众多产品的智能化程度越来越高，如全自动无人驾驶汽车、飞机等。在高度智能化的产品中，功能性零部件在其中的重要性越来越小，而控制系统的作用却越来越重要。

第三，平台化。所谓平台化，是指借助计算机在知识信息聚集及积累上的优势，企业产品规划和设计、研发和制造等都越来越依赖积累起来的数据，出现了研发和设计的数据平台。以产品控制技术为例，初期的技术开发主要依据产品不同构件或零部件之间的技术系统，其主要开发由专业技术人员完成；随着计算机实现对产品运行数据的持续积累，在形成具有相对规模的产品运行数据平台以后，系统开发人员便可以充分利用数据平台进行有效模拟，并通过挖掘不同情境下产品运行的基本特征及规律，支撑开发更高水平、更为成熟的控制系统。此时，控制系统技术不仅依赖专业开发人员的知识和经验，更依赖对产品设计及运行数据的积累和规律挖掘。同样，产品的规划和设计也是如此。在没有数据化平台之前，产品规划和设计主要依赖专业技术人员的知识和经验；而有了数据化平台以后，便可以通过对产品设计数据、试验及运行数据等的挖掘，指导进行更好的设计。因而，平台化背景下的产品规划和设计、产品控制系统开发等都是专业技术人员利用平台进行的工作。

技术分化使产业竞争对战略技术产生了迫切需求，信息化、智能化及平台化使战略技术的构建具备了可能，并找到了合适的载体。因而，战略技术能力主要体现为企业对在产业价值链及价值分配中具有决定作用、以数据平台为基础形成的核心关键技术的开发及持续改进能力。

3. 战略技术能力的生成机理

战略技术能力主要是一种关于产品架构开发、设计和确认及系统运行控制的能力。首先，架构性能力应该产生于产品结构设计、开发等实践活动，当然也可以来自对其他主体产品结构设计、开发等实践活动数据的提炼和总结。其次，信息化和智能化在很大程度上改变了产品的性质，使之不再是简单的机械结构，而是依赖控制系统自动运行的半智能或智能型产品；而数字化、平台化改变了产品规划设计、研发和控制系统开发的依据，使其在产品整体格局和价值构造中的地位和作用日益重要。因而，产品结构设计、数据积累和平台建设应该成为企业战略能力的重要基础，也成为战略能力生成和建设的起点。

第一，产品构架设计及运行数据的积累。既然产品规划和设计能力需要数据平台支撑，则构建能力的第一步骤就是搭建平台，而搭建平台的基础是积累数据。积累数据有多种形式：一是企业对自身产品构架设计实践活动数据进行采集，以内生积累形式构建数据平台；二是通过购买、交换等形式获取其他主体产品构架设计实践活动的数据；三是搭建承接客户产品试验和设计等的生态系统平台，通过其试验服务等获取相关数据，如建立汽车风洞、检测实验室，通过试验、检测等服务，获取汽车设计和运行数据等。显然，知识信息数据平台积累数据越多、质量越高，从中挖掘和提炼的产品运行特征和规律就越有效，就越能够对控制系统开发提供有力支撑，企业所拥有和具备的开发能力就越强。以汽车电子控制系统开发为主要产品的德国罗伯特·博世公司为例，其汽油系统部门致力于开发和制造使汽车更加快捷、清洁和更加经济的现代汽油机系统，以成为世界范围内首选的动力总成系统合作伙伴为目标，向汽车总成企业提供领先技术，其主要经营范围包括发动机管理系统、变速箱控制系统、混合动力及电力驱动系统、车身电子、发动机组件及模块、供油装置、传感器、点火模块、电子节流阀控制单元等。同样，平台化背景下的产品规划和设计亦是如此。企业聚集的产品规划、试验和运行数据越多，能够从中提炼和总结出的有益规律越大，对后续产品规划和设计的指导意义越大。平台质量越高，能够得到外部客户的规划设计、控制系统开发委托越多，积累相关知识信心和数据等就越容易，进而形成良性循环和先发效应。

第二，产品数据平台挖掘及提炼。在信息技术产生并融入社会生产系统之前，产品主要是人工控制的机械结构，信息及控制技术使其成为自动控制的知识信息结构，即指挥或控制产品自动运行的主要是知识和信息。产品控制系统开发正是依赖数据平台积累的知识信息，对产品运行进行有效指挥和控制的知识信息组合。正因如此，我们说产品控制技术开发对产品或服务运行效率有决定性影响，而这种能力成为影响企业竞争优势和地位的关键因素。进入信息时代以后，数据成为重要的商业资源。当然，如果数据停留在数据阶段，其只是潜在的知识性资源，只有通过对其进行挖掘和提炼，从中寻找出对后续开发具有指导意义和商业价值的规律，并在产品规划设计及控制系统开发、实践、应用，才能转化为能力和价值。在信息时代，对数据的挖掘主要是产品分类和经验学习；而在智能时代，数据挖掘和提炼要包含主导的人工智能性学习，并依据经验数据和未来情境设定，推演可能的演化规律和趋势。以信息时代的汽车无级变速电子控制系统为例，实质上是通过汽车对不同情境下运行数据的模拟和加工，使其适应多种情境下的汽车自动控制。显然，企业数据平台拥有的数据越多，加工程度越高，企业控制系统开发能力越强，控制系统运行的质量亦越高，汽车也就运行得越稳定、安全及经济。产品控制系统开发质量的高低，当然与开发技术人员的知识和经验有关，更与数据平台聚集的知识信息数量和质量有关。在智能技术时代，无人驾驶系统开发则需要借助人工智能的超级数据计算和挖掘能力，其远远超越最具经验和能力的技术人员，就像 AlphaGo 能够轻松战胜世界顶级围棋高手，利用数据平台能够开发出适应多种情境的自动控制及无人驾驶系统。正是因为数据的重要性，拥有数据优势的谷歌、百度等，在无人驾驶汽车控制系统平台开发上甚至超越了传统的汽车企业，成为异军突起的后来居上者。

第三，综合性数据平台化建设。综合性数据平台一般具有先发优势，即率先建设和掌控产品数据平台的企业往往能够占领先机。因而，综合数据平台建设也就成为战略能力建设的重要基础。平台型产品的先发优势来自两个方面：一是学习性效应，主要体现在以下几个方面。首先，数据平台被使用得越多，就越容易理解和发展；其次，平台被使用的效果越好，效率就越高，也就容易吸引更多客户使用；最后，平台获得使用及收益越多，能够进行后续改进和投资越多，其发展的机会和前景就越大。同时，技术知识积累越多，技术改进及组织改进的方法越多，自然导致绩效提高和成本降低。二是网络外部性，主要体现在以下三个方面。首先，平台的兼容性需求使得客户需要服从平台制定者的标准；其次，平台建设以后固定成本已经支出，增加新的用户并不影响固定费用，而会带来较大边际收益；最后，先行建立的平台会拥有配套产品及服务易得优势。总而言之，率先建设综合性数据平台，并快速吸引众多从业者使用自己的数据平台，便可能依据数据平台构建产品或产业的技术标准，进而使平台成为技术标准的坚实支撑。掌握了平台，就可以构建自己的技术标准体系。领先厂商构建的技术标准往往在市场竞争中占领先机，容易形成行业的主导设计。因而，数据平台及依据平台形成的产品规划和设计技术、产品控制系统技术，也就成为具有重要意义的战略技术。图 3-2 为企业技术平台聚集发展和演化的基本特征。

依据平台进行高水平规划设计和研发

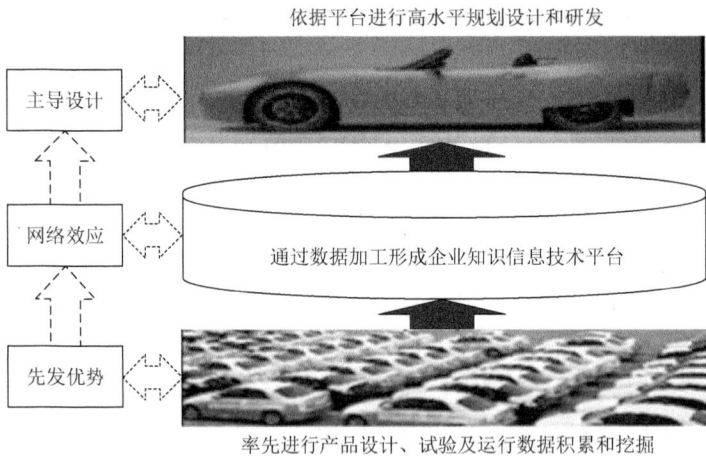

率先进行产品设计、试验及运行数据积累和挖掘

图 3-2　企业技术平台聚集发展和演化的基本特征

（二）战术、操作技术能力及生成机理

相对于战略技术产生于信息技术及技术分化等背景，战术及操作技术能力在工业文明时代就已存在；而且，战术、操作技术能力的生成和演化相对简单，故将其一并进行分析和介绍。

1. 战术技术能力及生成机理

与战略技术不同，发动机、变速箱等战术技术伴随汽车产品出现就同时存在，只不过随着科技进步其自身形态不断进化而已，如发动机从蒸汽机进化为内燃机等。从技术重要性讲，发动机从汽车产品诞生之日起就是其核心技术，而且曾经是具有决定性的核心技术。只不过在发动机处于汽车产品最关键核心地位时，汽车产业主要是一体化生产组织模式，发动机融入汽车产品中共同决定价值，而不是某一构件单独决定价值分配。只有信息技术融入社会生产过程以后，造成了汽车等重要产业的专业化分工和模块化生产，才使得一些重要零部件由专业厂商单独进行产生，与汽车总成企业之间出现了价值分配问题。此时，由于发动机产品的稀缺性、系统性明显弱于电子控制系统，其未能占据产业战略技术地位。可以预见，随着汽车产业智能化程度的提高，特别是无人驾驶技术的日益成熟和推广应用，以电子控制系统为主要标志的软件性产品的重要性将进一步提升，发动机等硬件性产品的地位和作用将日益下降。典型产品是个人电脑，在 20 世纪 80 年代前期，品牌厂商 IBM 公司还是行业巨头，微软只是为其进行软件配套的一家小公司；随着计算机产业生态的演化，微软成为超越所有个人电脑制造企业的全球最大企业，而其产品只是个人电脑中的操作控制系统。这样的情况在汽车等复杂产品领域也正在发生，如罗伯特·博世公司 2015 年成为汽车零部件行业的龙头，其当年完成总收入高达 448.25 亿美元，而其产品主要为电子控制技术。

战术技术属于功能性产品或零部件的生产制造技术，其中蕴含着大量熟能生巧的技艺性技术；因而，战术技术能力主要来自功能性产品或零部件生产制造过程中的经验和知识积累。当然，这种经验和知识既包括可以明确表达和编码的显性知识，如标准化装备和工艺技术等，也包括内隐于员工身上、难以明确表达或编码的技术诀窍、技术秘密等。从形成过程上讲，汽车发动机、变速箱等关键零部件的生产技术能力的积累难度，未必小于战略技术；但由于其具有分散性，可以同时被很多人掌握，且只要企业进行持续认真的技术学习，这种能力便可以逐渐获得。依托数据平台的战略技术具有先发优势，位居行业第一的企业往往使位居行业第二的企业竞争力大打折扣，甚至失去存在的意义，在具有显著先发优势的产业领域往往形成少数几个领先厂商控制这个产业供给的局面。也就是说，战略技术容易形成的垄断和稀缺局面，使得其具有更加重要的竞争地位；而战术技术可以为多个企业掌握，其稀缺性下降，导致其在市场竞争中的地位降低。

2. 操作技术能力及生成机理

如果说战略技术、战术技术等均与产业技术分化、市场及价值竞争有关，是产业技术演化过程中逐步衍生出的技术，操作技术则主要与完成生产制造任务有关，在人类社会产生生产制造以后就一直存在。企业形成操作技术主要有三个来源：一是员工个体经验的提炼，员工技艺、工法及技术诀窍等均属于这种情况；二是科技进步及成果转化，即通过将新兴科技成果引入企业生产过程，支撑操作技术的生成及提升，生产装备及工具等属于这种情况；三是先进技艺、工法等的引进、培训和推广应用，即企业通过技术学习获得外部技艺、工法等，将其引入企业内部，并开展相关技术培训和推广应用，使之内化为企业技术。操作技术与战术技术类似，都因为其掌握起来相对容易，使其稀缺性下降，进而在市场竞争中的地位和决定性作用较弱。

操作技术也来自产品生产实践过程。因而，企业要获得和提升操作技术，必须注意做好三个方面工作：一是重视员工个体经验的提炼和总结，将员工的内隐知识尽可能加工成为显性知识和知识产权，成为企业重要的知识资产；二是要注重对外部技术知识的学习，包括先进技术成果、先进工艺及技艺的学习，适时推进生产装备技术改造和技术升级，使生产装备保持在行业领先水平；三是注重新兴技术装备、技艺、工艺及工法等知识的推广使用，操作性技术具有内生性形成、熟能生巧等特征，企业必须注重操作技术的培训和实践应用，使员工在实践应用中逐步提升各类操作技术。

第二节　企业技术创新能力的发展进化

企业技术创新能力不仅具有内生性，其中很多能力还具有强烈的积累性特征，即某些相对高一级的技术创新能力必须在一些相对低一级的技术创新能力基础上形成，彼此之间具有递阶进化和发展关系。基于企业生产经营及技术创新实践，第一章对技术创新能力进行了分类，给出了跟踪监视、模仿学习、技术改进、集成应用、自主创新、价值模式构造等多种能力。实际上，这些能力之间就具备积累性和递阶性；而企业技术创新能力的递阶性与技术创新活动的递阶性密切相关。因而，我们首先分析企业技术创新活动的递阶演进规律，进而依据活动与能力的对应关系，描述企业技术创新能力的递阶性。其次，按照递阶性对企业技术创新能力进行区分。最后，分析阐述这些能力的特点及形成机理。

一、企业技术活动的递阶性及演化曲线

企业技术创新能力有多种类型，从能力递阶发展的视角对其进行分级，亦应找到一个合理的依据。斯特菲克 M 和斯特菲克 B（2008）认为，表征企业技术创新活动演进和能力发展的"S"形曲线是一个合理的模型（图 3-3）。"S"形曲线可以基于社会视角，用来表征一项科技成果（或科学知识）发展演化为成熟技术及产品的过程；也可以基于企业视角，反映其获取或借用外部技术知识后通过一系列活动将技术知识应用和发展，进而获取市场价值的过程。

为什么"S"形曲线可以作为企业技术创新能力分级的合理依据呢？首先，"S"形曲线是基于企业技术创新实践提炼出的成果，得到了广泛的实践验证和高度的理论认同。其次，以获取或借用外部技术知识为技术创新活动起点，可以贴切地表征企业技术创新活动的递进关系。这里企业获取或借用的外部技术知识可以是原创性科学知识，也可以是相对成熟的产业技术。当企业技术创新活动以原创科学知识为起点时，其成果是新兴技术和产品；当企业技术创新活动以相对成熟的产业技术为起点时，其成果是自主研发的产品。最后，以获取或借用的外部技术知识为起点，企业技术创新活动的递阶性实质上体现了对其能力要求的递阶性，自然可以表征企业技术创新能力形成的递阶特征。

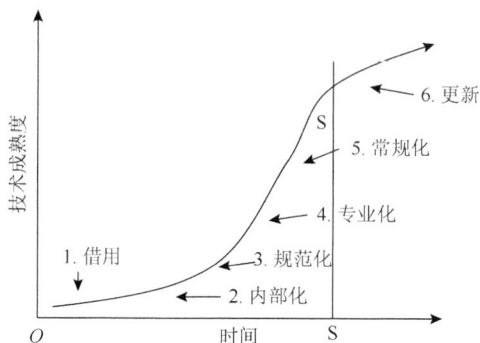

图 3-3　企业技术创新活动演进和发展的 "S" 形曲线

（一）技术知识引入或借用

如图 3-3 所示，不论是基于产业技术的引进和学习，还是基于科学研究和成果转化，企业技术创新活动的最初起点都是对外部技术知识的引入和借用。无非起点不同，引入的技术知识类型不同而已。如果企业是基于科学研究成果转化进行技术及产品开发，则引入和借用的一般是新知识或新兴技术（包括技术雏形），引入和借用的对象一般是高校或研究机构等；如果企业是基于现有技术进行学习和开发，则引入和借用的一般是成熟技术，引入和借用对象主要是现有企业或产业研究机构等。即使企业自己主导基础科学研究，也不可避免地要从高校或专业研究机构借用基础科学知识成果，包括最新知识发现、新理论模型、研究工具与方法等。然而，企业完成技术知识引入和借用的前提是对其做出有效的鉴别和选择，而有效鉴别和选择的基础是技术知识的及时跟踪和监视。也就是说，企业完成最初的技术创新活动对其能力亦有基本要求，即能够密切关注外部科学技术的发展，并能够对其做到有效识别和合理选择。也可以说，企业对技术知识的跟踪监视及鉴别选择都不是与之俱来的能力；如果企业缺乏基本的能力要求，则不具备开展技术创新活动的条件。

以吉利汽车为例，当 1994 年李书福及团队决定造汽车的时候，怀揣 1 亿元人民币准备从学习奔驰汽车技术起步。尽管他们经过艰辛努力仿制了一辆融合奔驰和红旗轿车特征的 "吉利" 牌 "奔驰" 样车：外形仿奔驰 E200、底盘参照红旗汽车仿制、发动机是红旗的，但该车只能作为样品供人欣赏，根本不具备实际运行性能。说明此时的李书福及团队尚不具备技术知识鉴别和选择能力。经过后来的学习和探索，李书福等才逐步认识到：奔驰汽车技术体系极为复杂，吉利根本不具备学习这种技术的能力，进而将低档次的小型汽车作为自己技术学习和创新活动的起点。其后，他们开始研究安驰（现在的江淮汽车当年生产的小型车）、中华子弹头（1994～1998 年由当时的北京中华汽车制造有限公司生产）和夏利等汽车，试图选择和导入这种级别车型的汽车技术。

（二）技术知识内部化

将技术知识引入企业以后，第二步工作就是技术知识的内部化，即对技术知识进行理解、消化和吸收，使之内化为企业自己的知识。技术知识内部化活动可以企业独立进行，也可以与技术知识引入对象及相关机构合作完成，如从高校或研究机构聘请专家、从技术输出企业聘请专业技术人员。无论采用哪种方式，技术知识内部化阶段都需要开始进行研究性投资，主要用于以下三个方面工作：一是分析性学习，即采用分解式方法，对原有技术知识（初期主要是技术知识的载体，如产品、零部件等）进行解构，将复杂技术分解为简单技术，实现对简单技术的充分理解；二是进行专门化学习，对经过分解之后仍然具有理解难度的简单技术进行专门化学习，其中包括到技术领先企业进行观摩、邀请专业人员进行培训、与相关机构合作等；三是通过逆向或反求工程等方式对分解的技术知识进行综合，使之重新复原系统性技术，并在此基础上实现对其的理解和掌握，使之内化为自己可以应用的知识。

仍以当初进行技术学习的吉利汽车为例，其当时对安驰、中华子弹头两款车的研究主要用于学习和梳理零配件名单和底盘系统，其重点学习对象是夏利汽车。当时，夏利刚好推出了一款新车型。李书福买了几辆样车，把夏利"肢解"开，开始研究了解夏利的零部件配套体系，发动机是谁的、变速箱是哪买的、仪表哪来的、底盘如何做的，一项一项地进行分析。通过对夏利汽车零部件的逐项分析，首先搞清楚了汽车产品的基本结构及主要零部件来源；其次，通过咨询专家和认真的技术学习，了解了汽车发动机、变速箱等关键零部件及其相互配合关系；最后，通过仿制和购买主要零部件，按照逆向或反求工程组装成一款吉利牌新车。吉利的第一款车命名为吉利豪情，前脸有些像奔驰，车型模仿的是夏利的车身和底盘，发动机是天津丰田发动机公司为夏利配置的丰田 8A 发动机，变速箱由菲亚特公司生产。正是通过深入的技术学习，吉利公司实现了夏利这个档次汽车知识的内部化，将其变成了可以为自己使用的知识。显然，技术知识内部化是企业技术能力建设的重要基础，也是不可或缺的重要阶段。

（三）规范化研发

在对引进或导入的技术知识进行系统化学习和消化，将其内化为自己的知识以后，企业技术创新活动就进入规范化阶段，即成立专门的研究队伍及机构，开展持续稳定的技术研发工作。为什么规范化研发对企业必不可少呢？主要有以下三个原因：第一，理解和掌握技术知识与利用技术知识之间存在很大距离。也就是说，企业利用已经内部化的技术知识复制承载其的产品或零部件，并不是水到渠成的事情。因为通过反求工程等学习和内化技术知识往往是以分解的方式进行，得到的一般是分解后的分散化或碎片化知识，而复制产品是个分散化知识的系统性应用过程，故复制产品仍然需要开展针对性的研究。第二，将已经内部化的技术知识应用到其他情境或其他产品中，更需要依据情境需要进行针对化研究。第三，将内部的技术知识在实践中应用，都不可避免地遇到与其他技术知识的融合和集成，也需要依据各种技术知识之间的联系开展针对性研究，以找到科学合理的集成模式和方法。

显然，规范化研发是企业合理应用技术知识，特别是获得技术知识应用能力的重要步骤。有些企业不了解技术知识与技术知识应用之间的差距，不愿建立专门的机构从事规范化研究，长期立足于对外部技术知识的引入和借用，最终影响自身技术能力的形成。吉利汽车在1998年通过技术学习和知识内部化，具备了制造豪情汽车的能力，而且至1998年底生产了100多辆。然而，这些汽车存在很多质量问题，如淋雨试验通不过，刹车系统、灯组等漏水，在路上跑时外面的灰尘从门缝进入车厢，车门上有不少厚薄不一的泥子等。汽车质量出现这些问题，说明李书福及吉利公司对汽车技术知识的掌握和应用还存在很大差距。当时，民间流传着一个讥讽吉利汽车的顺口溜：上坡要人推，落雨要打伞。显然，建立规范化的研究力量，并通过研究提升产品质量成了当时吉利的当务之急。

为此，吉利汽车从天津一汽引进了100多号技术人员，还招聘了很多大学生员工，建立了规范化的技术人员队伍。与此同时，企业也强化了研发机构建设，通过建立持续稳定的研发设计队伍，逐步解决汽车生产制造中的各种问题。时至今日，吉利汽车集团的研发机构已经升级为研究院，形成了完备的整车、发动机、变速器和汽车电子电器等的自主开发能力；同时，在中国上海、瑞典哥德堡、西班牙巴塞罗那、美国加利福尼亚州等地均设立有造型设计中心，构建了全球化的造型设计体系；在瑞典哥德堡设立了吉利汽车欧洲研发中心，致力于打造具有全球竞争力的中级车模块化基础架构。

（四）专业化发展

在建立了规范化研究机构、开展了规范化研发的基础上，企业在技术知识应用、技术知识融合等方面依然会遇到各种问题；因而，企业技术创新活动及能力水平应该向专业化方向发展。企业技术创新活动专门化有三个层次。

第一，对制约企业生产及质量提高等方面的瓶颈问题进行专业化攻关，即克服企业发展的技术短板，切实解决技术知识融合、应用与发展中的"拦路虎"。仍以吉利汽车为例，在具备初级的汽车设计和生产能力以后，其遭遇的显著技术瓶颈有两个：一是提高产品质量，特别是产品生产质量，主要通过引进和培养高水平专业化技术人员、加强工人的技术培训、强化企业生产流程管理、逐步提高技术装备水平等措施实行。二是产品零部件的自主研发和生产问题。由于吉利汽车初期采用了引进零部件组装发展模式，大量零部件需要购买和引进，不仅零部件零碎、分散，企业降低成本也面临困难。因而，布局一些零部件自主研发和生产制造，逐步提高零部件内部供给率亦是当时吉利克服企业技术短板的重要任务。

第二，企业产品技术的专业化发展，即将产品设计、研发及制造等环节的相关技术提升到专业化水平、形成专业化系列。例如，吉利汽车建立规范化研发体系后，零部件的研发和制造初期按照车型和产地进行，导致不同车型和产地之间缺乏有效协调与合作，造成大量重复投资；同时，相关和类似技术分散在多个生产基地。之所以选择这样的研发组织形式，主要原因是当时的研发活动主要围绕生产进行，研发任务主要是解决生产中的技术瓶颈和问题，显然，这样的技术研发还没有达到专业化层次。为此，吉利汽车公司启动了技术整合及零部件分类、标准化工作。通过零部件分类及标准化，建立了企业统一的产品技术标准体系，为不同生产基地之间的技术整合与合作奠定了基础；同时，技术整合有效促进了各生产基地技术力量的合作，也显著提高了不同类型产品零部件的专业化水平。

第三，使企业整体技术能力和水平达到系统专业化程度，即能够自如应用相关技术并主导推动其发展。企业技术的系统专业化有两个具体含义：一是围绕企业主导产品技术进行持续研发，逐渐形成包含主要技术领域的完整技术体系；二是企业主要技术达到或超越行业通行标准要求，获得行业普遍认同和市场接受。企业内部的技术分类和标准化只是专业化的开始，真正的专业化应该以行业、国家或国际技术标准为目标。就一个企业而言，只有其技术达到行业或国家标准，才能被市场认同为具有专业化技术水平；只有其技术达到国际技术标准，其产品才有走出国门、被国际市场接受的基础。正因如此，初步在市场上站稳脚跟的吉利汽车，在2006年以后开始了专业技术体系建设。在著名海归汽车专家赵福全博士的带领下，吉利的科技人员克服种种困难，用三年时间将原本分散的技术力量凝聚形成合力。到2009年底，吉利建成了统一运作和管理的三层技术体系：一是以国家级企业技术中心——吉利汽车技术中心为主体，下辖集团技术部，负责整个技术体系的统一规划和管理；二是以吉利汽车研究院作为吉利研发大本营，负责完成各项研发任务，以浙江汽车工程学院等作为汽车高级人才培养基地；三是明确各基地技术部行政上隶属基地管理，技术上则由技术体系统一掌控，负责在产产品的质量改进与工艺改良。从而形成了能够对产品整个生命周期负责的统一规划、统一实施、统一管理的完整体系。此时，吉利汽车才达到了行业基本技术水平，开始进入技术专业化发展阶段。

（五）常规化应用

企业在对技术进行专业化发展，同时具备专业化能力以后，便可将其进行常规化应用，技术发展便进入常规化应用阶段。技术常规化应用阶段有三项主要任务：一是以相对成熟、体系化的技术稳定支撑企业产品的生产制造；二是将技术研发视为企业常规化工作，成为企业运营和发展中不可或缺的重要活动；三是伴随企业研发和创新能力的提高，将企业产品创新升级到按照规划逐步推进、创新成果可以预期的发展阶段。企业进入技术常规化应用阶段的显著标志有三个：一是企业研发力量已经形成稳定结构，研发任务布局已经成为企业战略的重要内容，企业的技术创新能力已经具备系统化特征；二是企业技术体系已经相对完整和成熟，其专业化程度已经达到或超越行业或国家技术标准水平，企业建立了相对完善的技术及知识管理体系；三是企业研发装置等物理系统已经相对完备，具备了支撑企业常规研发的条件，并且建立了支撑企业研发和生产的必备技术平台。

仍以吉利汽车为例，其在 2009 年之后便进入常规化应用发展阶段。经过2006~2009 年三年的技术体系化建设，吉利汽车形成了相对完整的技术体系，之后又强化了研发基础设施、物理技术平台等系统化能力建设。例如，吉利汽车研究院陆续引进大量开发、测试设备和工程软件，拥有柔性焊装线、环境舱转鼓试验台、发动机试验台架等先进设备，还有大量的零部件强化试验室及各类工程软件。与此同时，吉利还自行开发了知识管理系统（knowledge management system，KMS）和 G-PLM（Geely-product life-cycle management，吉利-产品生命周期管理）系统，形成了具有吉利特色的产品生命周期管理系统和产品设计开发平台，大大提高了先进的信息化手段介入研发的程度。至 2011 年，吉利汽车研究院已形成独立的造型设计、工程设计、工程分析、试制试装和同步工程等全方位的开发能力。吉利已经具备了汽车整车、发动机、变速器及新能源等关键技术的正向自主开发能力，在国内居于先进行列。此时，吉利汽车基本完成了规范化技术体系和能力建设，正式进入技术的规范化应用阶段。正是由于有了完整技术体系和规范化技术管理规程的支撑，吉利的主导产品及关键零部件开发亦进入规范化发展阶段，并形成稳定工作机制，逐步达到了行业高级技术标准，得到了国内外同行的普遍认可和市场认同。吉利熊猫、帝豪 EC7、吉利 GX7、吉利豪情 SUV、吉利博瑞等产品按照规范依序推出，并均获得中国新车安全评价规程五星安全评价；自主研发的 1.3T 涡轮增压发动机、1.8TD 涡轮增压直喷发动机相继被评为"中国心"年度十佳发动机。吉利从无到有的技术体系规范化建设，也成为国内制造业从购件组装到实现自主品牌、形成自主技术体系的典型。在 2010 年 1 月 11 日召开的国家科学技术奖励大会上，吉利集团以"吉利战略转型的技术体系创新工程建设"获得 2009 年"企业自主创新工程"类国家科技进步二等奖（一等奖空缺），成为汽车行业唯一获奖企业。

（六）技术更新

企业能够对技术进行常规化开发和应用，表明其具备了系统的技术应用能力。相对于技术应用而言，技术更新和自主开发新技术具有更大的难度，也具有更高的能力要求。当然，企业技术创新实践中的技术更新不仅基于企业自身能力，更多基于市场环境。就企业而言，一般需要在以下三种情况下开展技术更新活动。第一，产业技术发生革命性变化。如当今汽车产业技术正发生两大革命性变化：一是电能、氢能等新型能源正在替代传统化石能源；二是智能化的无人驾驶技术正在替代半自动化的人工驾驶技术。面对这样一场产业技术的革命性变革，谋求如何在汽车领域持续发展、形成有国际市场竞争力的企业，必然要做出适时应对，布局和开展围绕新能源及无人驾驶技术的技术更新和研发活动。例如，吉利汽车在 2015 年 11 月 18 日正式发布了新能源汽车发展战略——"蓝色吉利行动"，加快实施从传统汽车向新能源汽车的技术更新和产品转型，并致力于成为中国领先的新能源汽车公司。第二，企业技术和产品落后于行业整体水平。对于以技术学习起步的后发企业而言，技术更新伴随其技术学习的整个过程。从初期的装配制造等操作性技术，到逐步掌握的重要零部件等战术技术，再到产品规划设计、控制系统等战略技术，技术学习过程也就是持续的技术更新过程。对于具有行业同步或领先地位的企业而言，当市场上出现新兴技术和产品，曾经的主导技术及产品面临被淘汰风险时，亦必须启动技术更新及产品换代工作。第三，企业成熟技术及产品在特定市场上出现饱和时，也应该开展技术更新及产品升级工作。以德国大众与上海汽车合资的上海大众汽车为例，其于 1984 年将第二代帕萨特（Passat B2）以桑塔纳之名引入中国市场。到了 20 世纪 90 年代，伴随中国消费者对轿车需求的多样化，加之美国通用汽车等厂商将更加多元的产品推向中国市场，桑塔纳轿车出现饱和现象。在这种情况下，上海大众将第五代帕萨特（Passat B5）以帕萨特之名引入中国市场，实现了技术更新和产品升级。上述三种情况下进行的技术更新和产品升级换代，实际上都具有被动技术升级性质。实际上，企业的技术更新和新产品开发工作不应在出现技术落后、市场饱和等情况下再展开，而应该未雨绸缪，在主导技术和产品还处于上升期时便开始布局。如图 3-3 所示，在企业技术尚未进入成熟期，主导产品市场还在上升阶段，曲线中 S 点位置便开始布局技术更新和新产品研发工作。

二、递阶性企业技术创新能力的主要类型

我们对企业技术创新能力进行了分类，而图 3-3 揭示了企业技术创新活动的递进性。首先，由于企业技术创新能力具有内生性特点，即其主要在技术创新活动实践中形成，企业技术创新能力与活动之间应该具有明显的对应性；其次，不

同技术创新活动具有不同的能力需求，创新活动的递阶性体现了能力的积累性和层次性；最后，活动与能力之间的对应关系并非泾渭分明，有些技术创新活动可能同时需要两种以上类型的技术创新能力，不同类型技术创新能力之间也具有交互性。因而，并不能将企业技术创新能力类型简单地确定为企业技术创新能力层次。依据企业创新活动性质的近似性和不同类型能力之间的交互性，我们按照递阶进化关系，将企业技术创新能力分为以下三个层次。或者说，企业技术创新能力是按照层次关系逐级递阶和演化发展的。

（一）第一层次：技术导入和学习消化能力

技术导入和学习消化能力对应图 3-3 中的借用和内部化活动及图 1-17 中的技术知识跟踪监视和模仿学习能力。就企业而言，将外部技术知识导入之后的第一项工作就是学习和消化，而学习消化的最常见活动就是反求和复制。为什么认为技术知识跟踪监视和学习消化复制是同一层次能力呢？首先，对技术知识的借用或选择基于对企业的认知判断。也就是说，当企业准备借用和导入特定技术知识时，其已具备一定的技术能力；而当其借用和导入技术知识这一决定是正确、合理的时，则意味着其已经具备了对这些技术知识进行识别和判断的能力。其次，理性的企业决策者在决定导入特定技术知识时，必然认为自己可以对这些技术知识进行学习消化和复制。也就是说，在绝大多数的实践情境中，技术知识借用和导入活动发生之时，企业已经基本具备特定技术知识的学习消化和复制能力。尽管企业技术导入与消化学习处于同一能力层次或等级，且两者之间具有交互作用现象，但两者之间还是存在一定差异，两种能力的特征也并非完全相同。

1. 技术导入能力

技术导入基于对技术知识发展态势的了解和把握，也基于对企业自身需求的认知判断和选择。因而，技术导入能力亦可分为不同能力类型。依据递进发展关系，技术知识导入能力实质上包含三种能力：一是技术知识的跟踪和监视能力，二是对技术知识和企业需求的认知和判断能力，三是技术知识选择和决策能力，具体如图 3-4 所示。

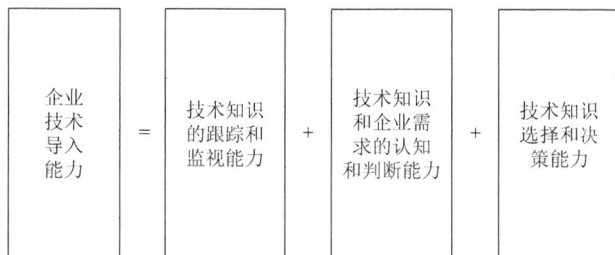

图 3-4　企业技术导入能力构成图

显然，企业技术知识导入能力既是一种基础性创新能力，又是一种高层次创新能力。其基础性主要体现在：企业缺乏对技术知识的跟踪监视和认知判断，对技术知识的选择和决策则没有根基，各种创新活动难以展开；或者说，企业最低层次的创新活动也首先需要创新主体做出认知判断和决策选择。其高层次主要体现在：对技术知识和企业需求的认知判断和决策选择能力是高于技术学习、模仿及实际研发与创新活动的能力，是管理能力中的概念性能力。特别是对从事于前沿引领性创新的企业而言，这种认知判断和决策选择，需要决策者具有超前的认知、超人的胆识。实际上，技术知识的跟踪和监视能力也建立在认知判断和选择能力基础之上。首先，社会技术知识空间错综繁杂，企业需要明确到底跟踪什么，监视什么。其次，对监视到的技术知识如何进行有效筛选，进而将其纳入企业的决策机制。最后，被选择的技术知识以什么样的方式导入企业之中，如何布局其在企业的学习和应用等。因而，技术知识的认知判断和决策选择能力是技术导入能力的基础。那么，认知判断和决策选择能力有哪些特征呢？

第一，认知判断和决策选择是人的能力。认知判断和决策选择活动的主体是人，故其首先是人的能力，特别是具有超前认知和超人胆识的个体的能力。就企业技术知识选择实践而言，要有能够对技术知识发展变化趋势做出及时跟踪和判断的技术领军人才，也要有具有敏锐洞察力并敢于承担风险的企业家。缺乏高水平技术领军人才及有敏锐洞察力和超人胆识的企业家，企业的技术导入活动难以落实，技术创新活动和能力建设也就无从谈起。

第二，认知判断和决策选择是机制性能力。由于任何个体都难以对技术知识的未来发展趋势进行准确判断，企业的认知判断和决策选择更是一种机制性能力。也就是说，企业要通过建立有效的探索机制，既使个体的前沿认知和探索得到保障，又能够形成企业创新的集体共识和活动焦点。首先，企业组织机制要保证搜寻和探索活动的宽度。对于后发企业而言，跟踪和监视的技术知识领域相对明确，搜寻和探索活动的宽度主要指社会技术知识空间，如对准备进行技术引进的企业而言，社会技术知识空间就是其技术知识输出的潜在对象。对居于行业领先地位的前沿性企业而言，搜寻和探索活动的宽度主要指相关的技术知识领域。以华为为例，随着产业技术发展逐步逼近香农定理、摩尔定律的极限，而对大流量、低时延的理论还未创造出来，其对创新领域和方向的探索前进在没有任何参照的迷航旅途。华为常务董事徐文伟说：华为已经走入"无人区"，没有引路者，也没有跟随者，而且未来还有很多不确定性。正因如此，"2012 实验室"在欧洲、印度、美国、俄罗斯、加拿大、日本设立 8 个重要的海外研究所；2016 年 6 月 14 日，华为宣布法国数学研究所成立，旨在挖掘法国基础数学资源，致力于通信物理层、网络层、分布式并行计算、数据压缩存储等基础算法研究，长期聚焦 5G 等战略项目和短期产品，完成分布式算法全局架构设计等。华为还在巴黎建立了数学、美学、家庭终端和无线标准4个研发中心，还将斥巨资在深圳建立10所基础研究所。在多个学术领域的广泛探索，保证了技术知识搜寻和探索活动的宽度，也提高了获取有价值创新成果的成功率。其次，企业组织机制要保证搜寻和探索活动的自主性和自由度。既然任何个体都难以准确预见未来技术知识的发展趋势，最好的办法就是让有预见能力的人都参与搜寻和探索活动，而且保持个体活动的自主性和自由度。自主性就是尊重科学技术人员的自由探索精神，为其自由探索活动提供必要的支持和保障；自由度就是不预先设定科学技术人员的探索领域和方向，而由其自由决定搜寻和探索活动的路径、方式和方法等。

2. 学习消化能力

技术导入主要任务是对技术知识进行识别和选择，并将其引入企业内部；而学习消化则主要是通过对技术知识的分析，将其进行实体性复原或复制，其目标在于使技术知识能够在企业内部有效应用。实体性复原的对象主要是知识形态的技术，即将导入的知识形态技术转化为实体型的样品；复制的对象主要是实体性技术，即将导入的产品等以反求工程等形式再现。参禅有三境界：参禅之初，看山为山，看水为水；禅有悟时，看山不为山，看水不为水；禅中彻悟，看山复为山，看水复为水（刘长久，2006）。其实，系统的技术知识学习消化也需要经过三个阶段，达到三重境界。基于上述分析，可以将企业的技术学习消化能力具体化为三种能力：一是技术知识解构能力，二是实体技术复制能力，三是技术知识复原能力，如图3-5所示。

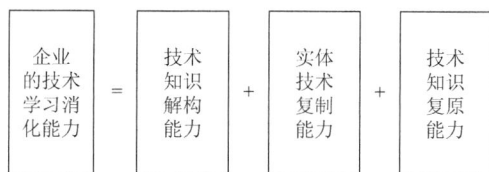

图3-5 企业技术学习消化能力构成图

第一，技术知识解构是认识能力。对导入的技术知识进行有效学习，必须首先对其进行科学解构。未经解构的技术知识处于学习的第一阶段，"看山为山，看水为水"。科学解构就是要以科学理论为基础，对导入的技术知识进行系统而深入的分析，对其构成要素及相互关系做出合理解剖。通过解构，技术知识学习消化便进入第二阶段，"看山不为山，看水不为水"；此时的技术知识不再是整体，而是多个相互联系和作用的单元。因而，技术学习的前提是必须掌握认识技术知识的科学理论。很多企业长期忽视基础科学理论的积累，缺乏分析和认识导入技术的工具和能力，一直使技术学习处于"看山为山"的初始学习形态，这是导致其不能获得技术能力，甚至陷入重复引进的主要原因。因而，技术知识解构是一种认识能力，形成于基于科学原理对技术知识的认识和解剖过程。

第二，实体技术复制是实践能力。在对技术知识进行科学解构的基础上，基于实践用途将其转化为实体性样品，便是技术知识的复制过程。复制是一个将分解后的技术知识进行整合，并再具象化到实体形态的实践过程。首先，合理的复制不应该是在原有实体模型上的"照猫画虎"，而应该建立在依据科学原理对其进行深入、透彻解剖基础之上。基于"看山为山，看水为水"境界的"照猫画虎"，学到的只是经验性技艺，尚处于"知其然，不知其所以然"状态，难以获得真知。正如我们的祖先发明了火药，但并没有探究火药爆炸的物理学、化学原理，致使我们只能凭借经验性技艺制造和使用火药；而欧洲国家基于对火药爆炸原理的探究，很快实现了对我们祖先的超越。其次，合理的复制应该包括对单元性技术知识的系统性消化。能够具象化、实体化的产品或样品一般由多元技术知识构成，这种构成可能未必与导入技术知识的解构结果完全一致。例如，吉利当初导入夏利和赛欧两个产品技术进行学习，在复制过程中必然包含对两套单元技术知识的整合。因而，复制过程必然包含对多元技术知识的整合，这种整合亦应建立在对单元技术知识的科学理解基础之上。最后，技术知识复制需要考虑企业所处情境因素特点，即必须依据企业所处的市场状态及社会特征，符合本土市场需求及社会制度规范等。

第三，技术知识复原是反刍能力。在具备复制能力以后，完整的技术知识学习还应包括对其进行复原。复原就是将知识体系恢复到原有状态，其目的是使技术学习达到"看山复为山，看水复为水"第三境界，对导入技术知识做到彻悟。复原过程实质上是个体或企业对技术知识的反刍过程。处于复制阶段的技术知识是单元化、分散化的，通过复原环节可以将其重新整合为完整的技术体系。通过复原和反刍，首先可以加深对不同单元技术知识相互关联和作用的理解，能够从系统层次对其科学原理进行贯穿并做更深层次体悟；其次，复原有助于对技术知识的系统性消化，有利于将技术知识内化为学习主体的内隐知识和能力。

（二）第二层次：技术知识吸收和集成应用能力

技术知识吸收和集成应用能力对应图3-3中的规范化研发活动及图1-17中的技术改进和集成应用能力。之所以将技术知识吸收内化和改进与集成应用能力并列为同一层次，主要基于以下理由：首先，企业对技术知识的吸收内化活动都以特定应用为目的。也就是说，将引入技术知识内部化并形成模仿和复制能力以后，围绕其进行的规范化研发的主要目的在于将其在企业进行更为广泛的拓展性应用。其次，将技术知识进行拓展性应用必然涉及现有技术知识或技术体系的集成。也就是说，以技术知识拓展性应用为目的的消化吸收活动，与技术知识的集成应用往往同时发生，其所需要或具备的能力基本相同。最后，技术知识的拓展性集成应用一般也伴随依据情境需要的适当改进，故技术改进能力与技术知识集成应用能力彼此相当。同样，企业技术知识吸收与集成应用能力虽然同处一个层级，并具有交互作用，但两者的侧重点及演化特征亦有差异。

1. 技术知识吸收能力

技术知识吸收是指企业对引入的技术知识进行内化，并结合具体情境的需要进行整合的能力。技术知识吸收在消化学习的基础上展开，但技术知识吸收与消化学习具有显著不同。首先，技术知识吸收的根本目的在于将技术知识在后续创新实践中进行应用；因而，技术知识吸收活动获得的结果不仅是技术知识体系本身，更重要的是技术知识的应用方法和能力。其次，技术知识吸收具体体现为将其内化到特定主体身上，成为特定主体技术知识体系的有机组成部分；而企业技术知识内化实践可以分为两个层次：一是特定技术知识吸收主体（科技人员）的内化，二是企业及内部相关机构的内化。最后，不论是技术知识的个体内化还是组织内化过程，一般不会是单个技术知识的简单内化，而是将新引入技术知识与原有技术知识的系统整合；因而，技术知识吸收过程必然包含不同技术知识的整合。显然，企业技术知识吸收能力可视为由以下三种能力构成：一是企业中个体的吸收内化能力，二是组织整体的吸收内化能力，三是系统整合与内化能力，如图 3-6 所示。

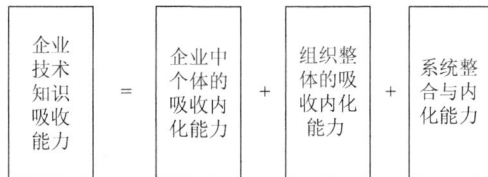

图 3-6　企业技术知识吸收内化能力构成图

第一，企业中个体的吸收内化能力。企业的技术知识导入和学习都由特定主体承担，故技术知识吸收也需要由特定主体完成，如企业的技术研发人员等。承担技术知识学习和吸收任务的主体，首先需要将其内化为个体知识。个体对技术知识进行内化的能力高低，成为企业技术知识内化能力的重要基础。个体知识是指个体所拥有的知识，其中包括个人知识，也包括个体所有的其他知识（如别人创造、已经编码的专利知识等）。Quinn 等（1996）将个体知识描绘为如图 3-7 所示的层次结构：一是显性化的事实知识（know what）和统计数字等，是经过系统加工的知识；二是容易传授的技能（一般的 know how），加工程度较高但处于单个分散状态的知识；三是特殊的技术专长（较高层次的 know how + 一定的 know why），相对系统和经过初步系统整合的知识；四是专业知识（完全的 know why），经过高度系统加工和深度系统整合的知识。根据个体知识的特征，我们可以将其综合为三个层次：一是经过一般加工、处于单体状态的一般知识，主要包括基本事实和容易传授的技能；二是经过系列加工、具有一定体系化程度的专业知识，主要包括特殊的技术专长和专业知识；三是经过深度加工、形成完整体系的系统知识体系，主要包括系统理论、伦理原则和价值观念等。显然，个体技术知识的内化亦需要在上述多个层次展开。对一般层次的技术知识而言，其解读和理解并不需要太多知识资源支撑，这种技术知识的内化相对简单，只要经过多次实践便能实现熟能生巧，达到掌握这些技术知识并形成对其进行应用的能力。对于专业化层次的技术知识，对其解读和理解需要一定的知识资源支撑，对这种技术知识的内化除了个体实践以外，还需要补充其背后的科学原理知识。要通过对特定技术知识及其背后原理知识的反复组合，使其达到自洽程度，进而经过多轮次的科学及技术研发实践活动，掌握技术知识应用的科学方法。这个过程中，需要技术知识内化主体与技术知识输出主体、技术知识应用实验任务承担主体等具有充分的交流和互动。对于处于系统层次的技术知识而言，不论其理解还是应用都需要丰富的知识资源支撑，对其进行吸收和内化更加复杂。首先，技术知识内化主体不仅要掌握其背后的系统科学理论，还必须洞悉这种技术知识赖以建立和应用的伦理法则和社会价值观；其次，鉴于这种技术知识的高度复杂性，其本身就构成一个完整的技术知识及制度文化体系，探索其合理存在和应用方式需要更加系统和复杂的实验，包括组织管理制度、应用情境的实验等；最后，这种技术知识的内化结果为系统性的技术知识、组织制度、文化体系及应用模式。显然，作为企业成员的个体层次的技术知识内化，既涉及个体技术知识体系的整合，也涉及企业的组织文化背景；其结果是获得特定技术知识与原有企业技术知识体系融合，以及在特定组织情境下应用的合理模式和方法。假如一个企业承担技术知识导入和吸收的人员具备足够的技术知识系统性内化能力，则这个企业至少可以做到将导入的技术知识融入企业原有技术知识体系，并结合情境需求进行有效应用。很多企业希望通过联合研发等方式导入外部技术知识，但实践中多数企业没有做到导入知识与企业原有技术知识体系的融合；重要的原因在于，参与合作研发的企业研究人员缺乏对希望导入技术知识的吸收和内化，使之游离于企业原有技术体系之外。

第二，组织整体的吸收内化能力。将经过学习消化导入的技术知识进行组织性内化加工，使之从由少数人学习掌握的个体或团队知识，转化为被整个企业掌握的组织知识。这是一项非常重要的工作，也是企业技术知识吸收能力的重要体现。很多企业经常通过多种方式引入技术知识，但这些技术知识往往只掌握在少数人手中，没有进行系统的组织性内化工作，使得这些技术知识不能产生更大价值；特别是掌握这些技术知识的员工一旦离开企业，企业便失去了对这些技术知

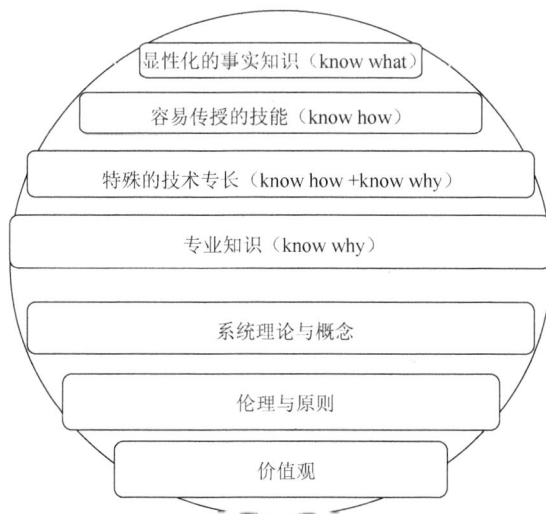

图 3-7　个体技术知识的层次结构

识的应用能力。显然，这样的技术知识并没有被企业真正吸收。因而，完成个体层次的技术知识内化，只是找到了将导入技术知识融合到企业原有技术体系的路径和方法，并不等于这些知识就变成了组织知识。同时，个体技术知识并不能自发转化为组织知识。因而，企业必须通过系统的工作，推动导入技术知识由个体层次内化升级为组织层次。将已经内化的个体技术知识转化为组织或相关团体知识，主要有以下几种途径：一是显性知识组织化，即将个体已经内化且可以编码的技术知识进行有效编码。对处于一般层次的技术知识等，通过交流、培训等方式，流程化、模板化等知识加工和管理手段，使其在组织或相关团体内有效传递、流动与分享，最终形成组织或相关团体知识。二是隐性知识以隐喻方式组织化，即将个体已经内化却难以编码的隐性知识在组织内交流。对高度复杂的专业技能和系统性知识等，通过示范模仿、亲身教练、直接帮教等多种隐喻形式进行社会化（socialization），使之被组织及相关团体其他成员理解和接受，形成较感性的组织或相关团体知识。三是个体技术知识的再系统化，即将已经内化且系统化的个体技术知识在组织环境下再进行系统化加工。组织的技术知识由个体技术知识发展而来，组织技术知识不可能脱离个体知识而独立存在。然而，技术知识交流、交换可以产生倍加的知识，组织技术知识并不是个体技术知识的简单加总，而具有比个体技术知识更为丰富的内涵和无法比拟的特质。组织技术知识的形成和内化过程，是不同形态的技术知识在不同主体、不同层面之间的互动、交流和转移的过程。个体技术知识通过与其他组织成员之间的有效传递、交流、共享，最后整合为组织技术知识。

　　第三，系统整合与内化能力。技术知识内化就是将导入的技术知识转化为自己技术知识体系的有机组成部分，并能够使新的技术知识体系发挥作用。因而，企业的技术知识系统整合与内化有三重含义：一是将导入的技术知识整合到企业现有的技术知识体系之中，使之与原有技术知识形成有机整体，并产生积极的协同效应。例如，一个汽车企业导入新能源动力驱动技术，这个技术必须与现有企业技术知识体系实现有效融合，如开发出混合动力驱动系统，导入技术才能有效发挥作用。二是将融合了导入技术知识的新技术知识体系内化到企业组织系统。我们知道，一个技术在企业的应用不仅涉及技术系统，而且会引致整个企业管理系统的变化，如将新能源动力驱动技术引入汽车企业，必将导致汽车企业管理体系、组织体系的重大变革与调整；因而，导入技术知识在企业的系统性内化，不仅包括将其内化到企业现有技术体系，还必须将新技术体系及由其引致的管理体系变化一并考虑，共同内化为企业新的综合管理体系。三是组织技术知识体系的再内化，即将已经在企业内部充分交流，达到共享程度的技术知识内化为组织新的技术知识体系及应用模式。在企业的系统技术知识内化过程中，要经历知识沉淀、共享、应用、创新等多个环节。沉淀是指对技术知识深度的显性化及模板化加工，使之沉淀到组织成员头脑或组织的物理技术系统之中；共享是指将个体内化的技术知识在更多组织成员中进行学习和应用；应用是指将内化的技术知识体系应用于工作实践中从而创造价值；创新是指在企业技术知识内化过程中，及时获取外部新知识以不断提升内部的技术知识层次。总之，内化的企业技术知识是经过整合的系统性知识，组织知识本身就已经融入了很大成分的知识能力。正如美国学者西蒙所言：技术知识从一个主体转移到另一个主体不是简单的技术知识转移，而是技术知识与能力在两个主体之间的流动。或者说，不同主体之间的技术知识转移，最终转移的是组织有关技术创新的知识和能力。因而，组织的技术知识体系是一个既包括知识，又包括知识能力的知识能力体系（Nonaka and Takeuchi，1995）。

2. 技术知识集成应用能力

技术知识导入与吸收内化的根本目的在于应用，并通过应用实现创造价值的目的。然而，技术知识应用首先是其本身的组合与集成过程，也就是说，企业应用一般不会是导入技术知识的单独应用，更多是与其他技术知识融合为一个综合体系；因而，集成应用的前提是对技术知识进行有效选择和组合。其次，企业技术知识应用一定在特定情境中进行；也就是说，技术知识集成应用须以情境需求为前提，按照情境需求构建和集成技术知识体系。情境需求往往多元而具体，故企业技术知识的集成应用不可避免地需要依据情境需求对自身进行改进和优化。当然，技术知识的应用，特别是企业导入的新兴技术的应用不是单纯的技术问题，必然涉及企业组织管理体系、物理技术系统及市场方面等的变化；因而，企业的技术知识集成应用过程，实质上是技术、管理、市场等多重要素的重构过程。也就是说，技术知识在企业的集成应用，特别是较大程度的新兴技术知识导入和应用，实质上是企业技术知识体系及与之相适应的管理制度体系和市场服务体系等的重构过程。因而，可以认为企业的技术知识集成应用能力由以下三种能力构成，如图 3-8 所示。

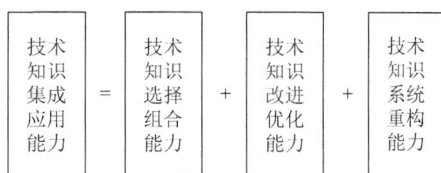

图 3-8　企业的技术知识集成应用能力构成图

　　第一，技术知识选择组合能力。技术知识集成应用首先需要依据情境需要对技术知识进行有效组合。企业的选择和组合能力受以下因素影响：一是选择和组合主体对导入技术知识及企业原有技术知识体系的认知程度。在企业技术知识应用实践中，其导入的技术知识通常并非一个。即使在特定时间导入的知识只有一个，这个导入知识也需要与企业原有的技术知识进行组合。因而，企业在将导入技术知识集成应用于特定情境时，需要对导入技术知识与哪些知识进行组合更为合理进行鉴别和选择。这种鉴别和选择主要是一种技术认知，即需要活动承担主体对导入知识及企业原有知识都有透彻了解。例如，某一汽车企业导入新的自动控制技术，可以将其与现有车辆控制系统开发知识体系进行组合，也可以将其与生产制造自动化控制系统进行整合，甚至可以将其同时融合到企业原有的两套自动控制技术知识体系之中。无论如何，对导入技术知识与企业现有技术知识的有效组合，是企业技术知识吸收工作的必经步骤。二是企业技术决策体系的有效性。在企业技术创新实践中，具体承担技术知识选择和组合任务的往往是科技人员，特别是具有超前识别能力的科技人员，其认识和选择能否得到企业技术决策体系的有效反应和支持，是影响企业技术知识选择和组合能力的第二个因素。由于对技术知识的认知判断，特别是对前瞻技术知识的判断具有较强的个体化特征，而企业的技术决策体系绝大多数情境下是群体决策或权威决策，具有超前意识和能力的科技人员的认知成果能否得到技术决策体系或技术权威的认同，直接影响企业技术知识选择和组合的效率和结果。很多企业失去技术机会，并非企业内部的技术人员都缺乏技术知识认知能力，而是有认知能力的人不能得到企业技术决策体系的认同。三是企业技术知识管理体系的执行能力。即当企业的技术决策体系做出导入特定技术知识并与企业现有技术知识体系进行组合的决定后，企业的技术知识管理体系能否做到有效落实、及时完成技术知识的组合工作。

　　第二，技术知识改进优化能力。当导入技术知识融入企业现有技术体系以后，这个新技术体系便要到企业研发及生产的具体情境中实际应用。为了保证技术知识应用的有效性，不可避免地需要对其进行改进和优化。对导入技术知识（引进技术）的改进和优化，亦可以理解为吴晓波（1995）提出的"二次创新"概念。企业能否对技术知识进行及时、合理的优化和改进，直接影响着技术知识的有效应用及应用效果。首先，企业应用技术知识的情境多元和复杂，任何技术知识应用到特定情境，都需要依据情境的特定需求进行优化。例如，德国的风力发电技术应用到中国，既需要依据中国市场的需求和消费者（风力发电企业）偏好进行必要的改进，也需要按照中国可用风资源的实际状况进行优化，还需要考虑中国风机企业的实际技术能力基础。其次，企业将新导入的技术知识在特定情境中集成应用，必然涉及新导入技术知识与现有技术体系的组合与交融，在不同技术知识组合与交融的过程中，需要基于彼此之间的相互兼容与适应，从而进行不断优化，也会基于组合与交融本身激发的创新进行迭代改进。最后，企业将技术知识在特定情境进行集成应用，不论是应用过程还是应用以后出现的新情境，都会遇到许多未曾料知的新情况、新问题，在寻求解决新情况、新问题的过程中，既会激发创新的技术知识方案，也会导致导入技术知识的不断优化和改进。以实体销售企业通过导入互联网技术构建交易平台为例，在互联网技术与原有销售系统组合与交融的过程中，衍生出网络支付、物流配送等许多新的问题，在不断解决这些问题的过程中，也促进交易平台技术的不断优化和改进，催生出很多新的技术知识。

　　第三，技术知识系统重构能力。不论是基于多元技术知识导入的集成，还是导入技术知识与原有技术知识的集成，不同技术知识基于特定情境集成应用必然导致企业技术知识体系的再次重构。这种技术知识系统的重构至少体现为两个层次，需要融合三种知识。第一个层次是企业技术知识本身的融合，包括企业原有技术知识、新导入技术知识与企业组织制度体系的融合，通过组织的系统性内化集成为一个新的技术知识体系；第二个层次是企业技术知识与在特定情境应用知识的融合，包括两个层次，一是经过系统内化集成的企业技术知识体系，二是在具体情况中应用这个知识体系的知识。企业在这两个层次上对三种技术知识的融合与集成能力，决定了其能否将新的技术知识体系在特定情境中应用并取得良好绩效，是企业技术创新能力的重要组成部分。从企业技术知识体系集成应用的实践考察，特定情境下其对技术知识的需求往往不是单一知识，而是由多元知识构成的技术知识体系。例如，某汽车企业导入无人驾驶技术体系，将其在特定产品上进行试用，并非简单地以控制系统取代驾驶员操作汽车，而涉及一系列复杂的多元技术知识应用。首先，无人驾驶技术系统必须具备对特定路况进行实时判断的功能，并依据实时判断结果采取前行及避让等措施，这无疑需要人工智能控制技术；其次，对特定路况进行实时判断的前提是对路况信息进行及时采集，而采集路况信息需要多维立体探头及数据信息的瞬时集成，这无疑需要探头采集及照相技术、图片识别技术、信息集成技术等多元技术；最后，探头采集及成像技术需要光感材料技术等支撑，对采集的信息进行及时处理并给出清晰的行驶方向需要运算及数据挖掘等技术支撑，等等。绝大多数情境下，企业的技术知识导入与集成是在应用目的明确的前提下实施的，故需要与在特定情境下如何有效应用知识体系的知识进行融合与集成。因而，技术知识系统重构相对复杂，不仅要考虑不同技术知识之间的兼容性、协同性，还要考虑与特定情境需求的契合性，包括技术知识体系在特定情境应用的技术可行性、经济合理性等，使其符合基本的商业逻辑，能够创造经济价值（包括增加收入、降低成本、提高效率等）。

（三）第三层次：自我主导的创新能力

自我主导的创新能力实质上就是第一章中所阐述的自主创新能力。这里之所以用自我主导的创新能力说法，主要是强调自主创新能力的自我主导性，即主导创新决策、主导创新过程、主导创新成果。企业着手培育自我主导的创新能力，说明其已建立了自己的技术根基，并可以在其基础上进行独立的技术研究和发展活动。因而，自我主导的创新能力对应图 3-3 中的专业化研发及其以后的两种活动以及第一章图 1-17 中的自主创新活动。自我主导的创新能力可以分为两种主要类型：一是单元性自主创新能力，二是集成性自主创新能力；而集成性自主创新能力又可分为产品（或服务）集成创新能力和系统集成创新能力。下面，我们分别介绍上述三种能力。

1. 单元性自主创新能力

在高度全球性专业化分工背景下，模块化制造、单元性生产是现代产业通行组织模式。众多企业以单元性模块或零部件为生产对象，其拟建立的自主创新能力也以单元性技术为载体。因而，这里所说的单元性技术主要指集成产品或系统的构成单元或零部件的技术，如汽车、飞机等的发动机、变速箱技术等。一些集成化程度较低，通常为一些企业主要生产制造对象的简单产品，如天平、电饭煲、家用燃气灶等，也具有单元性技术的特点。单元性技术通常有以下三个特征：一是结构简单，系统性不强，对比汽车、飞机等系统性产品，其对系统性能力的要求相对较低；二是主要以其支撑或承载的产品或服务功能获得消费者认同，其自主创新能力主要体现为功能技术能力；三是在互联网背景下，单元技术往往成为商业生态中支撑终端产品或服务的技术。依据单元性技术的上述特征，可以将其自主创新能力分为自主设计、自主研发、自主制造等三种能力，其构成如图 3-9 所示。

$$单元性技术的自主创新能力 = 单元性技术的自主设计能力 + 单元性技术的自主研发能力 + 单元性技术的自主制造能力$$

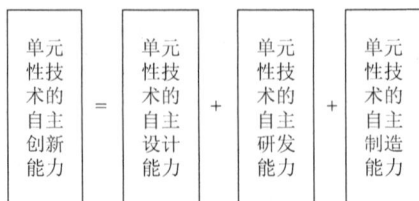

图 3-9　单元性技术自主创新能力构成图

第一，单元性技术的自主设计能力。正如前文已经指出的，单元性技术或产品包括两类：一是系统性产品的组成部分，二是低系统性或集成化的简单技术或产品。就系统性产品的组成部分而言，单元性技术或产品的设计又可以分为两种类型：一是具有较强独立性和主导性的关键零部件或单元技术，如电脑中的芯片、操作系统，汽车中的电控系统、变速箱及发动机等；二是独立性和主导性都不强的零部件或简单产品，其在集成产品中发挥辅助性作用，如电脑中的键盘及汽车中的轮胎、内饰等。实际上，三种不同的单元性技术或产品的自主设计能力要求并不相同。其一是低系统性或集成化的简单技术或产品，其系统性不强、集成化程度不高，自主设计能力并非主要体现产品功能及技术规范和标准，而是产品结构及外观。因而，这种单元性技术或产品的自主设计能力更多依赖人才，即具有丰富创意和严谨逻辑的人才。丰富创意主要支撑或服务于产品美观和简约，严谨逻辑主要支撑或服务于结构合理和经济。在企业单元性技术或产品设计实践中，往往由具有不同能力禀赋和特质的设计人员组成团队完成。从技术学习和技术能力构建的角度讲，获取这样的自主创新能力并没有多大难度。从中国企业的发展实践看，恰恰是低系统性或集成化的家电等简单技术或产品率先获得的自主设计能力。其二是独立性和主导性都不强的零部件或相关技术，其在集成产品中发挥辅助性作用，如电脑中的键盘、汽车中的轮胎等。这些产品虽然独立生产和制造，甚至也需要进行独立设计，但其技术规范及标准主要由集成厂商确定，单元性技术或产品厂商主要是按照集成厂商提出的技术规范和标准进行开发和制造，产品设计主要承担结构和外观等非功能性任务。因而，这类单元性技术或产品的自主设计也相对简单。国内很多零部件制造企业获得很大发展，证明了这类单元性技术或产品的自主创新能力建设相对容易。其三是在集成产品中具有举足轻重或核心地位的单元性技术或产品，这些技术或产品的发展决定和影响着集成产品的发展；或者说，集成产品的技术进化及发展很大程度上由这些关键零部件或单元技术决定和引领。因而，这些单元技术或产品的生产和制造厂商在其设计上具有较大的独立性和自主权，其自主设计能力亦非常重要且相对困难。首先，这类单元技术或产品本身亦有较高的集成度，不仅技术结构设计相对复杂，对内连接不同构件、对外连接集成产品一般性组件的技术标准也具有重要地位，故这种单元技术或产品的自主设计能力要求很高。其次，在高度复杂化及信息化、智能化背景下，这类单元技术或产品设计难以通过个人经验或能力完成，对技术数据及平台的要求很高，而技术数据的积累和技术平台建设都依赖较长时期的自主设计实践，故这种能力必须通过自身实践从简单到复杂、从低级到高级逐步积累和提升才能获得。最后，这类单元技术或产品对集成产品的技术性能、质量和成本等都具有决定性影响，其自主设计既需要考虑有效实现技术功能，又需要兼顾研发设计和制造成本。也就是说，这类单元性技术或产品的自主设计需要综合性思维和系统性视野，故自主设计能力亦相对困难。

第二，单元性技术的自主研发能力。按照前文阐释的逻辑，自主研发能力在技术学习、模仿等基础之上产生。同时，自主研发活动一般在自主设计之后进行。也就是说，自主研发活动是对自主设计单元技术及产品的技术结构和性能的实现。基于在研发过程中对技术知识及物理技术基础要求的不同，我们可以将单元性技术研发分为两类：一是功能性技术、构件或产品的研发，二是控制性技术或系统的研发。功能性技术、构件或产品的自主研发能力主要体现在以下三个方面：一是研发人员或队伍的知识基础及能力，这是决定研发能否成功的关键性因素之一。一般说来，只要研发人员熟练掌握功能性技术或产品的科学原理，具有扎实的行业技术知识和丰富经验，就应该可以完成相关技术或产品的研发任务。例如，我国绝大多数汽车企业通过合资及技术学习，基本建设了具有较高水平和较丰富经验的功能性零部件开发队伍，形成或具备了功能性零部件的自主研发能力。二是研发的物理技术基础及相关设施，主要是支持研发活动开展的试验装备和器具，包括支撑研发活动的软件或技术平台等。物理技术基础及技术平台的建设一般需要较大的投资，同时也需要专业化的运营及管理队伍。三是相关技术情报和文献信息的支持。对于后发国家及企业的自主研发活动而言，技术情报和文献信息的支持非常重要和关键。首先，基于技术学习建立自主研发能力必须要对跨国公司或领先企业的知识产权布局进行研究，规避落入其知识产权陷阱；其次，基于技术学习的自主研发活动要力争实现对现有市场主导产品的追赶或局部超越，必须充分了解和把握行业技术发展的方向和趋势，如中国商飞公司的 C919 大型客机，在节能上实现了对同类波音和空客产品的超越。比较而言，控制性技术或系统的自主研发相对困难。首先，控制性技术或系统不仅需要研发人员的知识和经验，更需要相关技术或产品的运行数据及平台；而运行数据通过购买获取比较困难，通过自我积累需要较长时间。其次，控制性技术或系统在现代产品或服务运行中居于关键核心地位，而任何控制性技术或系统都需要在实践应用中剔除难以避免的各种缺陷（bug）；因而，很多控制性技术或系统开发都需要建立场外试验环境和条件，通过多个轮次的场外试验才能使其逐步成熟，而建设场外试验环境和条件既需要大量投入，也需要丰富的理论和实践经验。

第三，单元性技术的自主制造能力。比起自主设计和研发能力，获得单元性技术的制造能力相对简单一些，特别是对低系统性或低集成化的简单技术或产品和作为系统性产品组成部分、独立性和主导性都不强的零部件或单元技术而言。当然，对在集成产品中具有举足轻重或核心地位的单元性技术或产品而言，如航空发动机、风力发电机的叶片等，其制造技术的获取也具有较高门槛，并非能够轻而易举获得。这类单元性技术或产品制造之难主要体现在以下三个方面：一是不能获得高水平加工装备。在信息技术推动下，很多复杂零部件的生产都需要高度智能化的加工装备，如五轴联动数控机床是加工叶轮、叶片、船用螺旋桨、重型发电机转子、汽轮机转子、大型柴油机曲轴等的唯一手段。然而能够制造高质量五轴联动数控机床的厂家非常有限，以美国为首的西方国家一直将五轴联动数控机床等列为重要的战略物资，实行出口许可证制度，长期实行封锁禁运。二是不具备高超的加工制造技术，如某些特殊加工制造等。制造技术与装备密切相关，也与工匠精神有关。日本、德国之所以能够制造出一流质量的产品，很大程度上取决于日本、德国企业有精湛的工艺，有世界一流的能工巧匠。形成众多的世界一流能工巧匠，又在于日本、德国两个国家具有工匠精神，即业务专精、追求卓越的精神。三是受制于原材料。材料不仅直接决定和影响产品性能，也直接影响加工制造工艺和方法。高端精密材料往往也是发达国家禁运的产品，使得很多发展中国家企业不能获得这些材料；进而直接导致生产制造工艺落后，企业制造能力的提升受到制约。因而，制造能力不是制造企业自己的事情，而是整个国家经济和科技实力的反映。

2. 产品集成创新能力

集成创新研究始于 20 世纪 70 年代。集成创新之所以成为人们关注的重要问题，主要有两个背景：一是伴随以贝尔实验室为主要代表的企业内部一体化研发组织模式暴露出的技术创新两难（一是技术领先的难，即企业研发人员水平越高，在确定企业研发方向上的主导权就越大，其按照探索性研究偏好组织企业研发的可能性就越大；二是组织的难，即企业研发机构力量越强，研究的内容越前沿，其对企业内部业务部门及外部市场的关注就越少；直接后果是技术领先企业以内部一体化组织方式研发的大量科技成果，尽管为社会做出重大贡献，但不能被企业所有）弊端，一些技术领先企业在实践上开始与外部伙伴进行合作研发，出现了一些企业委托高校进行基础性研究的案例，有些企业开始尝试通过购买等形式获取外部技术，这样就出现了技术集成问题；二是一些产业出现了专业化分工，一些产品需要通过对供应商生产的零部件进行集成才能完成生产过程，进而出现产品集成的概念。产品集成创新就是把单元性技术有机连接或组合起来，使之形成一个具有完整功能的产品。因而，产品集成创新能力由以下三项能力构成：一是产品构架的设计和开发能力，二是单元性技术的开发选择能力，三是单元性技术的系统整合能力，如图 3-10 所示。

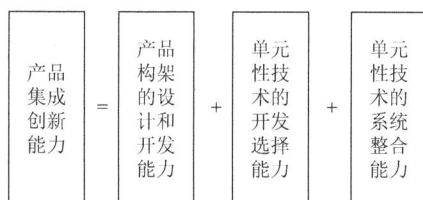

图 3-10　产品集成创新能力构成图

第一，产品构架的设计和开发能力。任何集成创新都有明确的标的物。产品集成创新的标的物无疑是产品（这里的产品是广义的概念，不仅包括实体型的功能性产品，也包括虚拟型服务性产品），而要实现或完成集成，必须有集成的核心依托和基本依据。产品集成创新主体提出产品构架，就是为集成创新确定依据。因而，产品集成创新的第一个能力就是产品构架设计和开发能力。产品构架可以理解为产品的概念或逻辑性表达。所谓概念表达，是指超越产品的使用价值和具体功能，对其本质属性及特征进行概念性描述，以确定其根本使命、目标和发展路径；所谓逻辑性表达，是指透过可视化的具象产品形态，将其抽象为信息化（或数据化、数字化）、模块化、层次性的逻辑结构，并通过不同层次之间交互关系、不同功能模块之间的组合和连接、数据和信息的流转及传递脉络的选择和确认，以阐释产品设计思路、业务流程安排、商业模式设计。显然，产品构架设计和开发能力首先是一种概念设计能力，要求企业设计人员要有抽象（逻辑）思维和较高的理性（具象）能力。这里的抽象要求研发设计人员能够由表及里，不被产品的功能局限和约束，而是超越功能洞悉到产品的本质特征；这里的理性要求研发设计人员能够依据产品的本质特征和根本使命，对其进行科学解构（确定不同层次、模块、信息流），并结合市场发展趋势和前景分析，通过比较、分析、综合等一系列科学方法，构建出产品整个的逻辑关系。其次，产品构架设计和开发是一个由个体思维演化为团队思维并最终需要得到组织确认的过程，故需要企业建立良好的研发和设计管理机制，具备将个体思维转化和升级为组织认知的能力。仔细分析我们可以发现：产品构架设计和开发既是一个理性思考过程，也是一个战略设计过程。所谓理性思考，是指在设计人员基于直觉、经验等提出产品概念建议，相关决策主体形成实施产品概念的意向后，通过产品构架概念设计的理性思考，要抽象出其本质、拟定其使命和合理的功能结构、确定指导其实施的原理和方法，使产品由感性认知上升为理性结构。同时，产品构架设计虽然并不等于确定产品实施战略，但要回答涉及其性质、方向、使命、理念等诸多战略问题，是从战略层次对产品的审视和思考，并从概念层次给出解决问题思路和方向。因而，产品构架设计和开发工程组织管理能力不可或缺。最后，产品构架设计和开发是个综合创新过程。产品构架设计和开发虽然在确定任务之后展开，但关于任务的许多认识需要经过这个厘清或明确；因而，产品概念设计必须开展多元化创新。为激发产品概念设计过程中产生多元化创新，需要鼓励设计者按照先发散、后收敛的程序开展工作。同时，产品构架设计和开发是个迭代完善过程。产品概念设计具有模糊性，这种模糊性不仅导致产品概念设计处于不明确的时空之中，设计过程没有明确的知识规则，也使得设计结果缺乏明确的检验标准。产品概念设计本身是个不断完善的探索性过程，需要经过多次迭代才能较好完成。

第二，单元性技术的开发选择能力。在完成产品构架设计以后，甚至在产品构架设计的过程中，必须考虑单元技术的开发、识别和选择。也就是说，都以哪些单元性技术支撑产品构架？这些单元技术如何获得？从有效实现产品集成创新的目标角度讲，复杂、重要产品的核心单元技术应该掌握在集成主体手中。这里主要有两个原因：其一，在模块分工和有竞争的市场中，多个复杂重要产品的生产厂商可能都在实施技术集成。到底谁能够有效实施集成？或者谁在技术集成中更具备相对优势？很大程度上取决于各自所掌握技术的重要性或稀缺度。一般说来，掌握稀缺核心技术的主体具备更强的技术整合能力，也具有更强的产业价值链控制能力。其二，对复杂重要产品而言，其产品构架体系或技术标准设计很大程度是围绕核心关键零部件展开的，不掌握寄居在核心零部件的核心关键技术，产品构架体系设计不可能完成，或者只能处于低端复制和模仿水平。对有些系统性不高、相对简单的产品而言，如洗衣机、冰箱、电视机、电脑等，技术集成相对容易完成，但如果核心技术不掌握在集成厂商之中，那所谓的产品集成是谈不上创新的，主要是成熟技术的集成应用而已。因而，就企图获得自主创新能力的企业而言，单元性技术开发选择能力首先包括核心单元技术的自主开发能力。其次，对其他模块技术的识别和选择能力。对其他模块技术的识别和选择有两层含义：一是能够知悉哪些技术模块可以被融合到企业主导的产品技术体系或标准中，这要求充分掌握行业技术信息及产业技术格局，要有较高水平的技术跟踪和监视能力；二是要能够对相应模块技术进行有效整合，这要求企业主导的产品技术体系或标准具有比较高的兼容性和可调节性，能够将较多零部件模块厂商的技术包容在自己的技术体系之内。因而，单纯从技术角度讲，对其他模块技术的识别和选择能力实际上体现为对行业技术的跟踪和监控能力及产品技术架构或技术标准设计能力（合理的设计体现在较大的技术兼容性，较灵活的动态可调整性）。

第三，单元性技术的系统整合能力。以产品架构或技术标准体系设计为基础，对各种模块化技术进行集成，必须保证各种单元性技术之间的有效协同和配合；为此，企业需要具备单元技术的系统整合能力。这种能力主要体现为以下三种能力：其一，依据实际匹配关系对单元技术进行调试的能力。尽管单元技术的选择都依据产品构架或标准技术体系设计进行，所有单元技术在理论上都应该彼此兼容，但实际上不同技术模块之间的匹配或协同度未必完全如意；如果出现不同技术模块之间协调度不高的情况，需要对相关技术模块进行必要的调试。这种调试包括与系统不协调技术模块（具体表现为特定零部件）的调整，也包括对产品架构或技术标准体系的优化。其二，对单元技术进行体系化、规制化构建的能力。被集成到产品技术体系的单元性技术形成稳定协同关系以后，则需要对之进行体系化、规制化构建。所谓体系化构建，主要是指按照产品概念及架构设计确定的基本使命和主要目标，强化不同技术模块之间的有机链接，并将连接不同技术模块的标准体系稳定化、规制化，甚至上升为更高层次（行业、区域、国家等）的标准体系。其三，对产品技术体系进行组织内化及系统管理的能力。对产品技术体系进行组织内化主要是将技术体系作为知识体系在组织内部广泛学习和传播，特别是隐含在产品技术体系的基本理念和使命追求等，要获得企业内部员工的高度认同，并使之内化为指导企业生产运营和相关员工行为的基本指南；对产品技术体系的系统化管理包括依据技术发展趋势及市场需求变化对技术体系进行适时优化和升级，同时对支撑技术体系相关主体（包括供应商、合作伙伴及政府等），特别是企业与这些主体的合作关系进行有效管理。

3. 系统集成创新能力

系统集成创新与产品集成创新有类同之处。首先，绝大多数系统集成在核心产品集成创新基础上完成。也就是说，产品集成创新能力在上述情况下是系统集成创新能力的重要基础。其次，产品集成和系统集成都是对不同单元或技术模块的集成，遵循共同的集成思想和相似的集成创新原理。同时，系统集成创新与产品集成创新也有重要区别。系统集成与产品集成创新的目标或结果不同，产品集成创新的目标是形成产品本身，而系统集成创新的目标一般是超越单一产品的复杂技术系统或复杂产品系统。例如，发电机是一个产品，以其为集成目标则是产品集成创新；而电站则是一个复杂技术系统，以其为集成目标则是系统集成创新。同样，以飞机发动机为集成目标可以理解为产品集成创新；以飞机为集成目标则应该理解为复杂系统集成创新。基于上述理解，可以把复杂系统集成创新能力分解为以下三种具体能力：一是复杂技术系统构架及标准开发能力，二是单元性技术的开发选择能力，三是集成技术系统整合及控制系统开发能力，如图3-11所示。

第一，复杂技术系统构架及标准开发能力。与产品集成创新类似，系统集成创新也必须有集成的核心依托和基本依据，即系统架构及技术标准。系统构架是较之产品构架更为复杂的技术体系，往往由多元产品构成。对系统构架设计有要求的企业，一般不是中小型企业，而是承担复杂系统集成制造的大型企业集团。

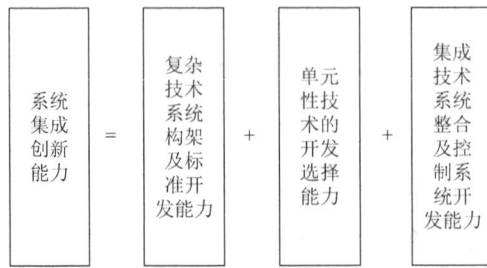

图 3-11　复杂系统集成创新能力构成图

系统构架设计能力可以理解为系统的概念设计能力。所谓概念设计，是指对系统本质属性及特征进行概念性揭示，进而确定其根本使命、追求目标和发展路径。具体包括四个方面的任务。一是系统使命及目标的确认能力，即通过对系统集成必要性的再分析、对系统使命和目标的再审视，在更为广泛的背景和对未来前景进行认真分析的基础上，对系统的使命、目标进行确认。一般说来，复杂技术系统大多具有三个方面的目标：完成特定技术或产品的研究及开发任务、构建支撑相关技术或产品持续发展的基础技术体系及应用价值网络、优化企业或产业创新体系结构及效率。二是分析系统属性及创新特征，即依据系统的使命和目标确定其主要业务活动内容，并按照其业务活动特点分析其研究属性、创新特征、经济属性和管理要求，如主要业务活动可以分为科学研究、技术应用、商业开发等，并依据业务活动特征确定其管理原则。三是分析主要业务活动之间的关系，即主要业务活动的知识和技术联系特征，并通过对这种关系的多次审视和确认，提出技术系统的技术标准；同时，主要业务活动关系的研究，也能够为确定专业化分工和分散式管理确定依据。四是确定复杂技术系统实施的管理构架及原则，即综合考虑系统主导业务活动的研究特征、经济属性、内技术联系及实施过程的成本收益特征，对其管理理念和原则进行系统设计。比较而言，复杂系统的构架设计比产品构架设计更为复杂，影响因素和外生变量更为复杂，故其开发过程中的迭代次数可能更多，方案的优化和逐步完善任务更重。

第二，单元性技术的开发选择能力。系统集成中的单元性技术开发选择能力与产品集成并不完全相同。首先，这里的单元技术本身的含义并不一样。在产品集成过程中，单元技术主要指构成产品的零部件或相对单一的技术模块，而系统集成中的单元技术有些本身就是复杂产品，如飞机的动力系统、卫星发射中的卫星制造系统、火箭发射系统等。其次，正是由于系统集成对象的高度复杂，单元性技术开发和选择能力中更加强调识别和选择，而不是开发。当今世界的科学技术高度复杂，且呈现多学科、多技术融合趋势。在这种背景下从事复杂技术系统集成，任何厂商都难以在所有技术单元或模块上拥有领先优势。坚持开放性创新思想，充分利用可以利用的各种社会资源是系统集成的重要思想和目标。正是由于系统集成更为复杂，涉及的单元或模块技术更多，需要进行技术识别的空间和领域更为广大，识别选择能力本身更为重要。显然，与技术识别和选择有关的跟踪和监视能力要求的视野和格局更大；同时，对企业主导的复杂技术体系架构及标准的兼容性、可调节性和可升级性要求也更高。最后，由于技术识别与选择难度相对较大，复杂技术集成厂商一般通过技术情报研究、供应商数据平台构建等多种方式，提升自己的识别和选择能力。对很多技术集成大型企业而言，一流的技术情报研究机构和网络不可或缺，通过领先的技术情报研究和共享网络的建设，能够实现对领先技术成果的快速把握和有效跟踪；同时，有效的供应商数据管理平台，通过供应商评价和选择、供应商跟踪和更迭等功能模块的设置，可以使技术识别和选择得到稳定的数据支撑，有效提高企业的识别和选择能力。

第三，集成技术系统整合及控制系统开发能力。对复杂技术系统而言，其集成技术系统整合能力的要求当然更高。当然，这种整合能力依然主要体现在三个方面：其一，依据实际匹配关系和协同度对单元技术进行调试的能力。由于系统集成更为复杂，需要集成的单元或模块技术比产品集成更多，实际集成以后不同单元或模块技术之间出现匹配或协同度不高的概率更大。在这种背景下，依据系统构架设计或技术标准对不同单元或模块技术进行调整，对整个系统的运行状态进行试运行及调试，是系统集成主体不可或缺的重要能力。在复杂技术系统集成创新实践中，绝大多数系统在实际投入使用之前都要有调试和试运转。能够快速组织系统试运转，并依据试运转中出现的问题及时完成调整和优化，是系统集成工作重要的组成部分，是企业系统集成创新能力的重要内容。其二，将系统技术标准体系化、规制化的能力。被集成到复杂技术体系的单元性或模块化技术形成稳定协同关系，或者说在系统技术标准及构成技术系统的所有单元或模块技术得到确认以后，则需要对之进行体系化、规制化构建工作。同样，这里的体系化主要是指按照系统概念及架构设计确定的基本使命和主要目标，强化不同单元或模块技术之间的有机联系及稳定连接，将这种连接通过制度、规制确定下来，并努力将其上升为更高层次（行业、区域、国家等）的标准体系。其三，对复杂技术体系进行组织内化及系统管理的能力。与产品集成创新类似，对复杂技术体系进行组织内化主要是将技术体系及其所包含的知识体系在组织内部进行广泛学习和传播，特别是对隐含在复杂技术体系中的基本理念和使命追求等；同时，要使系统的基本理念和使命追求获得企业内部员工的高度认同，并使之内化为指导企业生产运营和相关员工行为的基本指南。对复杂技术系统进行系统化管理，还包括依据技术发展趋势及市场需求变化对技术体系进行适时优化和升级，同时对支撑技术体系相关主体（包括供应商、合作伙伴及政府等），特别是复杂技术系统集成者与相关主体的合作关系进行有效管理。

三、递阶性企业技术创新能力的形成与发展

前文介绍了三个层次的递阶性企业技术创新能力，以及每个层次技术创新能力的基本构成与特征。通过上述分析可以看出：首先，每个层次的企业技术创新能力都不是由单一能力构成，还可以具体细分为多种能力，而这些能力之间具有交叉融合性。其次，不同层次的技术创新能力具有递阶和累进性，即低层次的能力是高层次能力的基础；也就是说，绝大多数企业技术创新能力是按照由低到高的顺序逐级生成和演化的。最后，不同层次的企业技术创新能力具有不同的性质，也有不同的形成和发展原理。上述三个层次的技术创新能力，同时再加上企业的价值模式构造或商业模式创新能力、商业模式实现能力等，将其按照彼此形成和发展的先后关系进行排列，可以得到如图3-12所示的逻辑关系图。下面，重点介绍技术导入与消化能力的形成与发展机理，另外两个层次的技术能力在第四、第五章专门讨论。

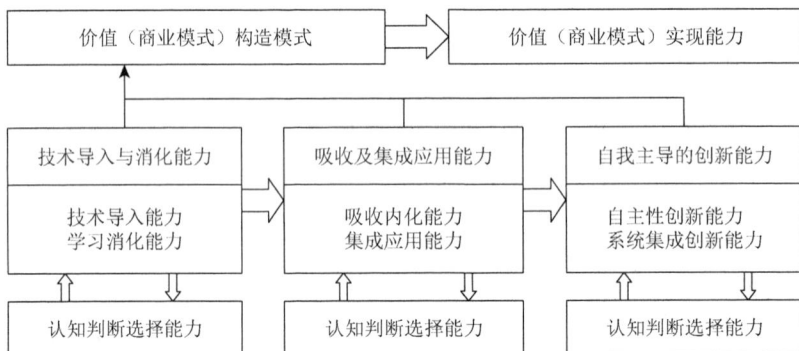

图3-12　不同层次企业技术创新能力的逻辑关系图

（一）技术导入能力的形成与发展

企业要形成技术导入能力，必须依据这种能力的性质开展特定的技术学习和创新活动。技术导入能力既建立在高水平人才基础之上，又需要健康的组织机制。因而，技术导入能力是个体能力和组织机制的结合，需要在人才及组织机制建设等多方面开展工作。

1. 技术导入能力的形成

技术导入主要是对外部的技术知识进行有效鉴别，并将其及时导入企业现有技术体系。这种能力的建设主要依赖具有认知判断能力的人才，并使其能够相对自主地发挥作用。为使技术导入能力在企业内部形成并得到顺利发展，需要开展以下工作。

　　第一，按照因事择人的原则选拔具有认知判断能力的人才。因事择人是指依据技术知识认知判断和决策选择的任务性质，选择具备相应能力且有完成这种工作意愿的人承担这一工作。首先，技术知识的认知判断需要具有扎实的专业基础知识，没有雄厚专业基础知识的人难以胜任这项工作。因而，技术知识认知判断的工作主体主要还应该是科学家及工程技术人员。其次，认知判断能力还与个体的知觉和思维模式有关。一般说来，拥有发散性思维、立体性思维的人长于搜寻和探索，而拥有线性思维、逻辑性思维的人长于分析和领悟；因而，从事技术知识认知判断的工作团队必须实现多元人格、多种思维模式的人的有效组合，以团队的力量弥补个体能力的局限，并促进彼此之间的相互协同和互动。最后，个体是否具有从事技术知识跟踪、认知判断及选择工作的意愿，与个体的人格具有很大关系。一般说来，研究型人格喜欢探索、具有技术知识敏锐性，企业型人格具有价值意识和判断性、长于事物判断和决策。因而，要从技术知识基础、思维方式和人格等多个视角，选择适合的人承担技术知识认知判断和选择工作。

　　第二，必须要有敢于决策和选择的企业家。就发展中国家的技术后发企业而言，跟踪产业技术发展趋势相对容易，对技术知识做出判断比较简单，但依据企业自身需求和市场机遇洞悉机遇，果断做出决策相对困难；而决策是企业家的职能，企业家是当今社会最稀缺的人才资源。例如，20 世纪 80 年代中国改革开放之初，张瑞敏领导海尔引进德国利勃海尔公司的四星级电冰箱技术和生产装备、华为选择用户交换机作为起步发展的主导产品等，都主要依赖企业家的果断决策和选择。当今天的华为已经成为全球领先的信息与通信解决方案供应商时，其对技术知识的认知和选择则要更多依赖高水平科学家和工程技术人员，需要建立高水平科学家与具有胆识的企业家联合互动机制。正因如此，华为建立了"2012 实验室"，聚集了一批世界一流的科学家和工程技术人员，围绕新一代通信、云计算、音频视频分析、数据挖掘、机器学习等多个技术知识领域，主要面向未来 5～10 年的发展方向进行探索。

　　第三，要使灵活的个体性探索和合理的组织聚焦形成稳定的组织长效机制。应该明确，没有个体的灵活性探索，就不能保证企业技术知识探索的宽度，也就是没有技术知识的多样性；因而，自由探索机制应该是技术知识搜寻和探索团队的首要工作机制，即允许科学技术人员按照自己的认知对技术知识进行跟踪监视。在当今科学技术知识高度综合，科技创新日益呈现多学科、多技术高度融合的情境下，适度的自由探索能够保证捕捉更多技术机会。当然，技术知识搜寻探索需要支付费用、花费时间，对以经济价值为主要追求的企业而言必须关注经济效益。因而，企业在技术知识搜寻探索的自由应该有合理限度，应该在企业战略所确定的主导技术及产品的领域范畴之内。也就是说，企业的技术知识搜寻探索应该在一个相对聚焦的范围之内。与此同时，在特定技术知识领域之内的知识搜寻探索结果，也应该有合理的聚焦机制，即适时对技术知识进行组合和收缩，使之收敛到相对具体的若干重要技术方向。在技术方向确定和技术知识领域收敛上，英特尔公司的做法值得借鉴，具体见专栏3-1。

专栏3-1：英特尔的技术创新方向确定机制

1998年投资5000万美元，建立英特尔中国研究中心（Intel China Research Center，ICRC）。经过近20年的发展，其已成为英特尔在华研发体系的重要组成部分，英特尔在美国之外最大的研究机构及英特尔创新智库——企业技术事业部在中国的桥头堡。英特尔中国研究中心目前的主要职责就是从事技术创新流程的前端研究。这项工作的具体内容，就是基于对未来产业、技术趋势和市场需求的深刻洞察，以及英特尔技术创新的战略方向，研究5～10年之后可能对英特尔、整个产业及广大用户带来深远，甚至是革命性影响的技术，从而让英特尔在保持技术领先性的同时，满足人们未来的科技需求，改变人们的工作和生活方式。为了有效产生技术突破性创新，需要依靠集体智慧和创新体制。英特尔中国研究中心的一整套研究管理方法，就体现了其运行管理机制。

创新机制——"逐梦三部曲"

必须拥有一套创新机制，才能保证企业形成可持续创新的能力。为确保能更多、更快地发现技术创新"金点子"，并顺利地走过研究及产品开发阶段，英特尔公司确立了独特的创新机制，该机制被形象地称为"逐梦三部曲"，即做梦、选梦和圆梦三个阶段。

1）做梦

做梦就是鼓励员工大胆设想，发掘各种各样常人看来难以实现的奇思妙想，甚至是具有颠覆性的创新点子和梦想。这种管理方式不仅保证了源源不绝的创意，为最终演变为未来的创新技术做好储备，更是大大激励了英特尔员工的创新精神。

英特尔认为，未来最好的创新型组织是试错成本最低的组织。因此，要能够宽容错误、鼓励错误，让员工以尽可能便宜的方式来试错，进而引起突变。在企业中，如果一味压制员工的创意，公司内将很难产生创新。

为鼓励员工创新，英特尔创建了很多机制，如research velocity challenge（极速研究挑战赛，以下简称RVC）、idea to reality等做法。英特尔在全球各大研究院都设立了RVC，并且只允许一定级别的员工参与这个活动。RVC每个季度评出三个入围创意，给予候选人相应资源，进而帮助他们针对自身创意在未来的潜力做出一个预言。一个月以后，候选人需将预言的结果展示给研究院的高层，通过高层评审的杰出创意将能够得到正式立项，并得到丰厚的资源支持。

idea to reality 是英特尔中国的独有做法，包括研究中心及英特尔中国的很多产品都会遵循这个机制。员工在产生好的想法之后，可以列计划并做出一些相应的原型，优秀者可获得英特尔中国的资助。在英特尔中国研究中心，为了不限制员工的想象思维，从一开始就不强调员工创意一定要与英特尔的业务相关，甚至不强调必须是全新的或者是前无古人后无来者的创意。

2）选梦

创新机制的第二个阶段——选梦，根据公司领导者对产业技术趋势的认识，对这些来自员工的点子进行筛选，选出最具价值和潜力，并与公司业务和发展方向相关的创新想法予以支持。技术战略长期规划机制可以看作是英特尔重要的创新孵化器之一。

技术战略长期规划是英特尔最高层的创新孵化器。它由首席技术官和企业技术事业部共同制订，是英特尔内部一年一度的流程。技术部门针对未来五年之后的技术提出研究计划，首先在公司内部大范围征集创意，然后由以公司首席技术官为首的技术委员会评审，最后从众多创意中筛选出4~6个主题，列为年度技术战略长期规划项目。进而，成立专门团队投入资源进行研究，对该主题在技术上的挑战和机遇做出具体的判断，形成报告上报到公司的最高领导层。

3）圆梦

创新机制的第三个阶段——圆梦，就是指如何高效地将研究成果转化为产品。技术转化是众所周知的困难环节，在产品开发周期图上这个环节一般都出现低谷，也就是人们常说的"死亡谷"。

为了提高研究成果的转化效率，英特尔采用了携手探路（joint path-finding）机制，即携手联合配置研究团队与产品团队的资源，共同组建成果转化团队，确定共同项目共同完成指标之后，探路确定产品方向，评估筛选各种技术与实现方案，并与相关产品路线图的某个阶段挂钩。这一机制的实施，让英特尔许多技术创新成功跨越了研究与产品开发之间的"死亡谷"。

联合团队的组建方式有很多种。当某项技术在市场上有客户需求和竞争压力时，团队就会搭建，但依靠更多的是正式机制。研究部门会把相对成熟的技术介绍给产品部门，产品部门也会把市场需要反馈回来，如果双方都有合作的兴趣，携手探路便随之展开。英特尔有个制度叫"5×5"。每个季度会有1次例会，企业技术事业部派出5个技术专家，产品部门也派出 5 个技术人员，双方联合开会和调研，最终确定出一个前十的名单给研发部门。

这种携手自然也会带来冲突，但英特尔的开放可以解决问题。研发部门和产品部门都互相理解，大家都是在找最有价值的项目。英特尔鼓励建设性对抗，对抗是公司的六大文化之一。把冲突摆在桌面上，做公开、公平的谈话和讨论，这是携手探路必须有的文化保障。

2. 技术导入能力的发展

按照"因事择人"的原则选拔具有认知判断能力的人才、基于企业实际需要构建合理的团队、通过有效的知识管理形成科学的工作模式和方法，是企业技术导入能力形成和建设的基础。正如第二章已经指出的，人才只是资源，资源并不等于能力；对人才进行组合形成合理结构，也不等于现实能力；科学配置的资源只有以正确的方式应用，才能成为创造价值的现实能力。也就是说，企业技术导入能力的发展不能依赖于人才及资源的自发作用，必须结合企业技术知识认知和选择工作实践，使其在正确应用中获得持续发展。

第一，科学确定"因事择人"的依据。"因事择人"的依据当然是"事"。这里的"事"不是事情本身，而是"事"的内在本质。也就是说，"因事择人"是指按照事情的内在本质需求选拔人。实践中，对不同类型人才进行选拔具有不同的依据和方法，时常用的人才选拔依据无外乎两个：一是过往的相关工作经验及业绩，二是完成特定任务的潜质。基于技术导入能力的特征，通过过往的相关工作经验及业绩选人相对稳妥和可靠。首先，对技术知识进行识别和选择具有积累性要求，缺乏足够的技术知识积累难以胜任这项工作。其次，技术知识鉴别和选择具有高度的内隐性知识特征，属于或接近长期知识加工基础上形成的智慧。智慧作为知识的资产化或能力化结果，需要在多轮次的技术知识开发、识别、判断和选择实践中形成（图 3-13）。因而，缺乏长期实践工作历练，也未能用业绩证明其才干的人，很难证明其具备从事这种工作的能力。当然，我们并不否认个体的技术知识识别能力有一定的天赋因素，也不排除的确有少数技术知识预见天才。但企业的人才选拔应立足于普遍的科学基础之上，而不能依赖于小概率的幸运。在发达国家及跨国公司从事技术知识选择和鉴别的人员，绝大多数是具备长期从事技术知识研发经历，同时也具备较为开阔宏观视野的中年人士。因而，按照"完成特定任务的潜质"选人原则上不适合技术知识鉴别和选择人员。

第二，注重在实践中发展能力。企业技术知识识别和选择能力之所以呈现高度内隐性特征，根本原因在于其具有高度个性化、情境化特点，难以归纳和提炼出可以清晰表达、具有普遍适用性的模式或方法。在技术知识识别和选择实践中，个性化主要体现为高度依赖个体直觉进行判断；情境化则表现为不同情境需要采

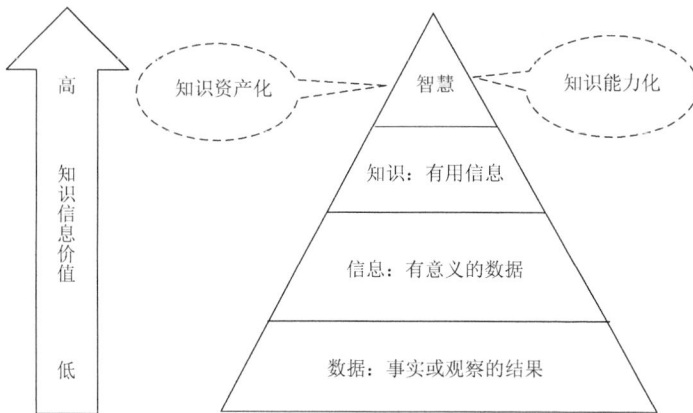

图 3-13　知识信息层次与价值关系图

用不同的模式和方法。因而，绝大多数的企业技术知识识别和选择难以预设情境，难以用统一标准的模式完成任务。所以，不论过往具有多么丰富的经验，将其转化为适应企业情境特征和任务特点的实际能力和业绩，还必须经过实践活动的锻炼。也就是说，企业技术导入能力建设和发展不能急于求成，不能寄希望于移植好速成，必须给相关人才适应情境特征和特定任务锻炼的机会。实践锻炼主要体现为以下三个方面：一是开展企业技术知识识别及选择的观摩活动，特别是通过对成功人士、成功案例的深入解剖和实地观摩学习，尽量获得间接经验和知识；二是以跟班和助手形式参与企业技术知识识别及选择实践，在协助老专家完成任务的过程中不仅学习显性知识和方法，更通过在协助老专家工作过程中形成的互信，得到老专家隐性知识、技术诀窍等方面的真传；三是直接主导简单的技术知识识别和选择工作，按照由简到繁的路径逐步提高和发展技术能力。

第三，开展有组织的知识反刍。通过学习获得技术知识认知及判断能力不仅不能一蹴而就，而且需要循环反复。也就是说，技术知识认知及判断能力的学习不是一个简单的真知获取过程，还必须包含对获取真知的消化和反刍。首先，不管是基于理论，还是基于自己或他人的经验，学习获得的主要是知识。其次，这种知识呈现不同层次：有些是对完成技术知识鉴别和选择不可或缺、具有核心作用的重要知识，有些是发挥辅助作用的常识性知识。就获取和发展技术知识鉴别和选择能力而言，必须从获取的知识中提炼出重要知识或真知；实际上，这种真知就是做好技术知识鉴别和选择的基本逻辑或"道"，而获取基本逻辑或"道"的有效方式是学习者的"悟"。因而，"悟"是技术知识鉴别和选择能力学习非常重要的环节。最后，学习者第一次悟得的东西未必是"真知"，也可能由于各种原因出现了偏差。因而，悟得的"真知"必须经过反刍和检验，而检验"真知"有效方式是实践，即"行"，将悟得的"真知"到实践中应用。在实践中会有新的发现，获得新的或补充性知识，然后进行再一个轮次的"悟"。多个轮次的反刍，就是将图 3-14 所示的个体能力学习过程循环进行。

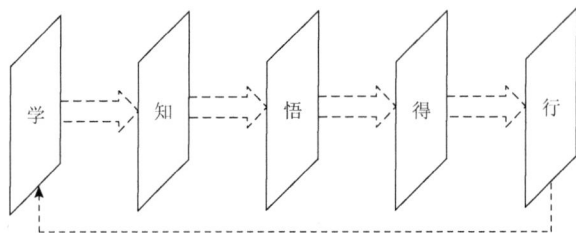

图 3-14　个体能力学习过程

第四，将真知内化为组织能力。个体能力必须通过科学的组织化转换，才能形成组织能力。图 3-14 所示的学习过程可以视为个体对获取的知识进行加工，使其转化为智慧（正确应用知识的知识）和能力的过程。在企业的技术知识鉴别和选择能力学习过程中，每个个体获取的"真知"未必相同；同时，将个体"真知"转化为组织"真知"需要对其进行有效加工。首先，个体知识的外化或社会化。个体在技术知识鉴别和选择能力学习中获取的真知或智慧，初期大多以默会或隐性知识存在；虽然这种个体化真知可以帮助所有者提升工作效率和能力，但难以被其他人了解和掌握。因而，对个体获取的默会或隐性知识进行揭示，并使之在组织内部有效交流，是技术知识加工的第一步。其次，在知识社会化过程中将其显性化。初始的真知往往是隐喻和内隐的，即使真知发现者也难以或无意对其进行公开、准确的表达。为了将个体知识与组织内同行交流，必将探索对其进行清晰表达，通过大家努力逐步提高其显性化程度，并最终使其成为可以准确描述和编码的显性知识。再次，不同知识的整合。不同个体获取不同的真知，经过社会化及显性化加工，不同个体均可读懂他人的知识。在这种情况下，依据完成任务的需要对不同知识进行整合则非常必要；通过知识整合，零散的个体知识转化为系统性的显性知识。最后，将组织知识内化为个体的智慧和能力。组织化的系统性知识要想成为不同个体的能力，必须再将其内化为自己的"真知"或"道"。显然，个体知识向组织知识转化的完整过程可以用图 3-15 表示（艾莉，1998）。

（二）学习消化能力的形成与发展

企业的学习消化能力既需要开展学习实践活动，做出学习投资和学习努力，也需要通过组织机制将其内化，具有显著的个体能力和组织机制结合特征。

1. 学习消化能力的形成

技术知识学习消化能力融合企业的认识与实践，自然应从认识和实践两个方

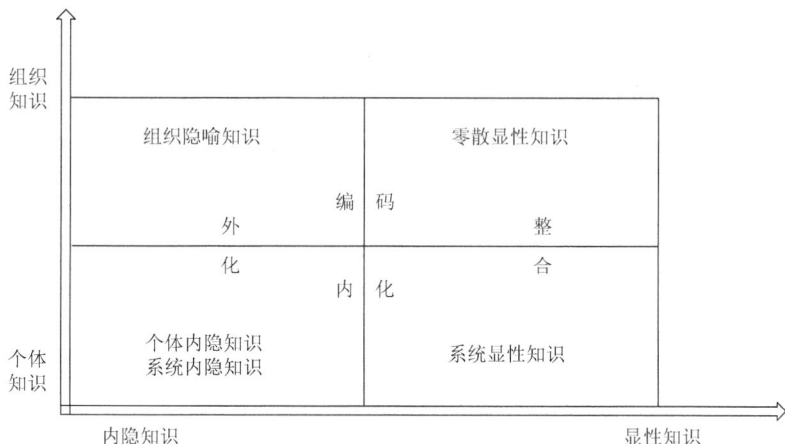

图 3-15　个体知识向组织知识转化的完整过程

面着手其构建，并依据学习消化能力自身的特点，注重以系统化的方式将其内化到企业身上。具体的技术知识学习消化能力构建活动包括以下内容。

第一，预先的理论准备。认识事物必须要有认识的武器。当企业准备对导入技术开展学习消化时，必须做好理论准备。首先，要预先学习与该技术相关的科学原理，以具备对其构成要素及相互关系进行分析的能力。例如，当一个企业准备引入氢能源汽车的燃料电池技术时，必须具备分析这种技术的物理学、化学知识；如果一个企业的研发团队只具备机械、电子原理知识，难以对燃料电池技术进行科学认识和解剖。其次，要预先学习该技术所在产业技术体系的相关理论，以具备从产业链及技术体系视角对该技术进行分析的能力。例如，当初国内很多装备制造企业在导入技术时，均缺乏对其产业链及技术体系的准确认识，还将汽车等视为工业时代的功能性产品，没有充分认识到基于数字平台的规划设计和控制技术已经成为最重要的核心技术，进而忽视了这些技术的针对性学习。因而，理论准备是分析导入技术的重要工具和前提。需要强调指出，很多企业重视技术而不重视技术产生及演化的科学基础，认为企业的使命在于应用技术创造价值，而不在于发现基础科学知识。的确，发现基础科学知识不是企业的事情，我们也并非要求企业发现基础科学知识，而是强调企业要具备解读技术、解构技术体系的能力，而科学理论是最重要的认识武器。追求长远发展的企业不能停留在"照猫画虎"，而必须立足于对"猫"解构，并在此基础上集成和重构出"虎"。

第二，开展技术学习活动。企业技术学习活动有多种形式，比较典型的有两种：一是逆向工程（或称反求工程），即对某一特定产品（技术知识的实体形态）进行逆向分析及研究，进而推演出该产品的处理流程、体系结构、功能特性及技术规格等要素，进而揭示其设计原理和科学基础。逆向工程主要应用于难以轻易获得技术知识完整信息及原理的情境，目的在于以反求方式推导出设计等原理。二是干中学，即在技术知识探索性研发的实践中开展学习，以使企业生产率及技术能力逐步提升。干中学理论阐明了人们在生产产品与提供服务的同时也在积累经验，从经验中获得知识，进而使后续生产率得到提升的事实。所谓干中学，是指人们在生产产品与提供服务的同时也在积累经验，从经验中获得知识，从而有助于提高生产效率和知识总量的增加。知识总量的增加可使所有厂商生产效率提高，体现了知识积累的外部性。阿罗通过研究发现，美国飞机制造业有这样一条经验规律：在开始生产一种新设计的飞机时，建造一个边际飞机机身所需的劳动，与已经生产的该型飞机数量的立方根成反比，且这种生产率提高是在生产过程中没有明显技术革新的情况下出现的。也就是说，一种特定型号飞机的累积产量每增加 1 倍，它的单位劳动成本就下降 20%，说明随着生产总量扩大，生产经验增加和技术积累，单位产品成本递减，证明了积累技术能够递增生产力。

第三，进行学习性投资。开展技术知识学习必然需要进行投资。然而，这种投资并不是单纯的研发机构组建及开展研发活动，而是一个综合的系统工程。福布斯和韦尔德（2005）提出了一个后发国家或区域的技术学习模型，对企业技术学习具有重要借鉴意义，见图 3-16。

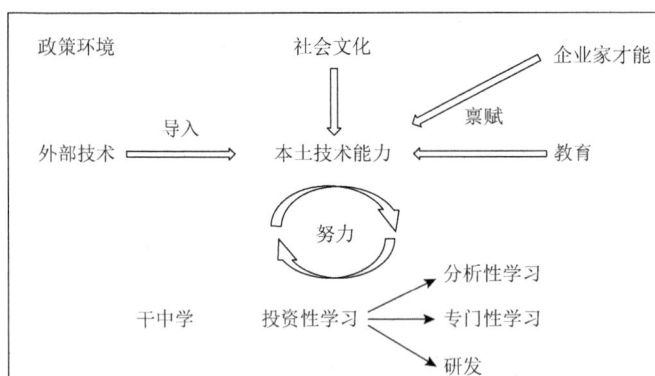

图 3-16　技术学习模型

首先，企业必须投资于分析性学习。分析性学习主要包括以下三方面内容：一是前文所述科学理论准备，要在理论准备上做适当投资，以形成应用理论对技术体系进行解构性分析的能力；二是对企业现有行为、技术能力及差距的分析，通过比较找到现有技术与导入技术的结合点；三是对领先者研发及创新技术知识模式的探索性学习，以获得研发及创新组织管理经验。

其次，企业必须投资于专门性学习。专门性学习包括以下三方面内容：一是建立专门技术知识消化学习队伍，并对其进行专门化培训，包括委派人员到相关机构进行专门化培训，如韩国浦项钢铁、中国宝钢公司在导入技术之初，都派出大量人员到奥地利、德国等相关企业培训学习；二是对导入技术进行专业化分解，包括运用逆向工程等对其进行解构，使对导入技术的认识达到专业化程度；三是对分解后技术单元的专业化学习，包括其主要生产厂商、专业化原材料、生产制造工艺等。总之，通过专门化学习，企业要形成导入技术学习的专门化队伍、达到行业的专业化水平。

最后，企业必须投资于研究开发。研发是企业形成和发展技术能力的重要基础，企业的研究开发活动应该专业而系统。为了保证企业通过研发获得良好的技术学习效果，并最终形成自主创新能力，应该注意以下几个问题：一是树立正确的研发观念。不能满足于在当地开发或复制国外已经成熟或存在的产品，而是要立足于开发适合本地及全球市场需要的再创新产品。也就是说，研发要依据本土及不断变化的全球市场需求，以对导入技术进行有效整合和再创新为基本目标。二是以研发协调企业内部的系统性技术应用。技术在企业内部应用涉及生产等多个部门，要建立研发与生产等部门的系统联系，要以研发为生产等部门遇到问题的最后诉求对象。只有这样，研发才能有效针对生产需要；同时，也有利于发挥研发部门和技术人员的专业化作用。三是以获取自主创新能力为目标。企业在技术学习过程中建立研发体系，目的不仅在于获得技术知识本身，还要立足于长期获得自主创新能力。以这样的长远目标投资研发活动，既会注重研发活动的系统性特征，也会关注自主创新对设计、规划、制造等多元能力的需求。四是要以研发为核心构建开放式创新体系。企业开展以获取自主创新能力为目标的研发活动，必然发现创新活动的系统性、生态性特征。基于上述特征，企业不仅要着手内部研发机制建设，还要适应当代企业技术创新的趋势和特点，积极主动地构建开放的企业技术创新体系，在建立内部创新能力和机制的同时，加强对合作伙伴及社会创新资源的有效利用，并使研发机构成为企业连接社会知识共享空间的中枢和纽带。专栏 3-2 为韩国现代公司的自主学习意识与活动情况。

专栏 3-2：韩国现代公司的自主学习意识与活动①

韩国现代汽车公司创建于 1967 年，是后发国家汽车企业通过自主学习获得核心技术及持续发展能力的典型。现代汽车公司进入汽车市场比上海汽车公司还晚十年，最初依靠福特的技术支持以组装的方式介入汽车制造产业。与其他一些依靠引进技术进行生产组装的汽车企业不同，现代从 1975 年开始切入汽车制造市场时，就致力于生产自主品牌的车型。为此，其开展了持续的自主学习性活动。

第一，现代在结束了创立初期与福特的不愉快合作之后，树立了明

---

① 本专栏由曹平文章《韩国现代:战略情境下的技术创新》（发表于 2010 年第 4 期《企业管理》杂志）改写。

确的自主学习和发展意识。为获得技术，其先后与大众、雷诺等公司洽谈，而这些公司都提出股权与参与管理要求。现代坚持发展的自主性，最终选择以支付技术许可费及出让 10%利润方式与日本三菱公司合作。通过技术许可，现代获得了三菱公司发动机、底盘等主要技术，成功保留了全部管理权，避免了跨国公司参与管理对公司自主性学习及发展可能产生的不利影响。

第二，通过高水平人才开发缩短技术能力差距。20 世纪 70 年代中后期，针对美国通用汽车公司制订的在韩国扩大产能计划，现代投入巨资建设一个产能为 30 万辆的新工厂，比当时韩国市场汽车需求大 10 倍。为此，现代广泛搜索和利用外部人才，并带动内部人才卓有成效成长，迅速缩短了公司与先进汽车发动机制造公司在技术上的差距。其一，大力吸引韩裔技术人才回流，如招募 2 位在美国获得博士学位并分别在克莱斯勒公司和美国通用汽车公司工作过的韩国专家。其二，吸引外籍专家加盟，如雇用了英国 BLMC 公司的前总经理 Turnbull 为副总裁和其他 6 名英国技术专家。这些技术专家在帮助现代工程师将由供应商根据许可协议提供的显性知识转化为公司的隐性知识，并在将不同的隐性知识集成为可工作的系统的过程中起到了关键作用。其三，选派技术人员赴海外培训，到海外接受培训的科学家和工程师数量仅 1986 年就达到 351 名。

第三，确定合理的技术学习路径。现代公司从技术复制起步，到技术改进（Pony Ⅱ型车），推进到合作开发（Grandeur 型车），最后上升到完全自主研发（Accent 型车），每一个阶段都比前一个阶段在自主技术能力上有所提高，共同构成了现代公司的完整技术成长路径。

第四，利用全球创新资源，建立和融入广泛的技术联盟。现代将建立外部研发战略联盟与内部快速转移的平台技术有机地结合起来，其开发的多数车型都是通过研发战略联盟方式实现，如 1985 年为了开发新型 Grandeur 车型，现代与三菱建立了一个研发战略联盟。快速转移是指将某种开发成功的平台产品技术迅速向其他产品转移，以获得研发上的协同效益。

第五，系统性的持续技术学习。为了实现赶超目标，现代以团队方式对工艺技术和设计技术进行了持续、系统性学习。现代最早开始的是工艺技术学习，通过与福特签订海外装配协议以全散件组装（completely knock down，CKD）方式组装福特小型汽车。随着自主研发程度的提高，现代也加强了设计技术方面的学习，在 1980 年设计外包合同中就规定了学习条款。除此之外，现代公司在技术赶超学习过程中，还极其重视技术前沿的跟踪。1986 年，现代在美国安娜堡及德国法兰克福分别建立了研发中心，1997年又在日本建立了研发中心；后来还在美国洛杉矶设立了现代公司设计工作室，以此来感受美国消费者的需求。

2. 学习消化能力的发展[①]

企业通过学习性投资及学习性活动获取对技术知识进行消化吸收的能力以后，便需要在集成应用和自主创新的实践中持续提高自己的创新能力。也就是说，学习消化能力的发展需要在更高层次的创新活动上巩固，即在技术集成引用、二次创新和自主创新活动中逐步发展。

首先，企业必须开展自我主导的创新活动。第一章中我们分析了自主创新活动的三个基本特征，即创新项目或活动的自主选择或决策、创新过程的自我主导、创新成果的独占或享有。这种自我主导的创新活动包括以下几种类型，一是产品的二次开发或本土化设计，二是关键零部件的自主研发及制造，三是自主产品的系统性集成等。以宝山钢铁公司（后演变为宝钢集团公司，再后来与武汉钢铁（集团）公司合并为中国宝武钢铁集团有限公司，以下简称宝钢）为例，其一期工程从国外成套引进，当时技术创新能力建设的目标是形成引进技术的消化、吸收能力，主要手段是建设了1200人的科研队伍；二期工程阶段就在引进技术消化、吸收的同时，积极探索产品的二次开发和国产化，努力形成主导产品的自主开发能力。这个阶段的主要建设手段是不断完善自己的研究开发机构，并开展与高校、研究机构的合作。例如，在高技术含量的X系列管线钢卷板开发上，他们与相关高校合作，从较低档次的X46开始，在不断跟踪学习中逐步提升了自主开发能力，其技术开发水平已经接近国际先进水平。

其次，要着力建设自主的技术开发队伍。创新能力当然体现在多个方面，但最活跃的主体是人。因而，企业在开展自我主导的创新活动的同时，要着力开展自主的队伍建设。所谓的自主队伍，就是一定要有稳定的专业人员。在开放式创新背景下，我们提倡广泛利用社会资源，但自主的核心队伍是能力建设的基石，也是能够提高和拓展的基础。例如，宝钢在1993年就着手建设国家级企业技术中心，并把长期建设目标定位在世界一流研究开发机构，而且提出不急功近利、允许技术中心在3～4年内不出成果。

最后，要逐步构建自主的企业技术创新体系。仍以宝钢为例，其三期工程就实现了自我力量主导，而三期工程完成后，其技术创新能力建设也步入体系化构建的新阶段。在这个发展阶段，为了全面形成企业的自主开发能力，在对已有自我开发能力进行整合的基础上，宝钢提出技术开发能力建设的系统化目标，并从企业技术创新系统角度，提出把宝钢的技术开发与创新工作纳入制度化和规范化

---

① 本节涉及宝钢公司的内容引自张玉臣的论文《企业如何构建自主创新能力——宝钢自主创新能力建设经验评析》（发表于2005年5月《中国井冈山干部学院学报》，111-115页）。

的轨道。2000 年宝钢首届技术创新大会以后，宝钢在对下属公司技术开发与创新力量进行优化、重组、整合的基础上，确定了目标明确、层次清晰、功能结构合理的企业技术创新体系构架。

　　基于自我主导创新活动的企业技术学习消化能力的发展，特别是基于产品自主本土化设计、自主产品的系统性集成等创新活动的技术学习消化能力，必然涉及企业的技术集成及应用等；因而，技术集成应用、自主创新能力的构建、形成和发展，既有与学习消化能力的类似性，也有差异性。有关企业技术集成应用、自主创新能力的形成及发展等内容，在第四章及第五章中再专门论述。

第四章　企业技术创新能力提升路径与实践

第三章基于层次结构及递进关系，阐述了不同类型企业技术创新能力的生成及发展进化；然而，第三章中并没有回答如何从一种能力上升到更高层次的能力，如从操作层次的能力跃升到战术层次能力，从战术层次能力跃升到战略层次能力，等等。从一种能力跃升到更高层次能力，既有合理路径选择问题，也有发展模式设计问题。同时，实践中的企业技术创新能力构建往往不是单一类型能力的发展，而是不同类型多种能力的融合发展。如图 3-12 所示，任何一种企业技术创新能力都与认知和判断能力有关，认知判断能力融合于不同类型企业技术创新能力之中，也提升于各种类型企业技术创新能力提升实践之中。与此类似，提升企业技术创新能力的目的在于获取更为长远、更加显著的经济和社会价值，而有效实现企业价值必须做到技术创新与商业模式创新的有效融合。因而，企业技术创新能力必须与商业模式构建能力有机融合结合，且商业模式构建可以基于各种类型的企业技术创新能力之上。显然，我们还必须探究基于企业整体视角，具备现实可操作性的企业技术创新能力构建路径与模式，并实现技术创新能力与商业模式创新能力的协同提高。

第一节　提升企业技术创新能力的合理路径

国内外企业发展的大量实践证明：企业技术创新能力的发展进化不是一个自然过程，而是能动过程。也就是说，技术创新能力的构建很大程度上受企业主观能动性影响。其中，企业技术创新能力建设的路径与模式，绝大多数情境下就是企业的主观选择。路径在不同领域具有不同含义，我们这里的路径指由起点到达目的地（或终点）的路线或道路。之所以用路径一词描述企业技术创新能力建设过程，主要原因有三：一是每个企业构建自己的技术创新能力都有一个现实起点，且不同企业之间可能完全不同；二是在特定的时间周期或发展阶段，企业对技术创新能力建设都有具体的目标；三是确定从起点到实现特定目标的路线或道路，即路径，是每个企业面临的现实任务，也是主观能动性的重要体现。起点可以变化且不断更新，目标可以延展或迭代升级，但路径选择永远不能忽略。由于企业技术创新能力建设的起点和目标不同，路径可以有不同的选择。我们这里基于绝大多数企业的现实，探讨技术创新能力建设的基本路径。

一、企业技术创新能力提升的起点和目标

合理的企业技术创新能力提升路径选择，一定在其特定起点和目标之内。或者说，规划或选择企业技术创新能力提升路径，必须以起点和目标为基准参照。所谓技术创新能力提升路径的合理性，就是基于相同的起点达到的相同预期目标；看哪条路径具有最高的效率，即在最短的时间内，以最低的成本，取得了最佳的能力建设效果。因而，我们首先分析企业技术创新能力建设的起点和目标。

（一）企业技术创新能力提升的起点

企业技术创新能力提升的起点显然应该是能力本身。一般说来，只要一个企业现实存在，其就具备了一定的能力或能力基础。当然，由于企业资源禀赋不同，其自身具备的能力类型也存在较大差异，进而其技术创新能力提升的起点亦不相同。为了研究和分析便利，我们需要对企业技术创新能力基础和起点进行界定。要界定企业技术创新能力提升的起点，需要以合理维度对企业技术创新能力进行描述。前面三章均从不同视角讨论了企业技术创新能力的不同类型，如基于不同能力层次区分的战略能力、战术能力等，基于递进关系区分的技术导入与学习消化能力、技术知识吸收能力等。这些能力当然均可以成为企业技术创新能力建设的起点，但这些分类主要是能力层次或等级的界定，并没有说明本身能力的结构。为此，我们引入专有技术、系统技术两个维度，通过这两个维度表征企业技术创新能力的结构，并以其对企业技术创新能力的起点和目标进行描述。

1. 专有技术及系统技术

专有技术有多重含义，既指生产某项产品的专门知识、操作经验和相关制造技术的总和，包括工艺技术、零部件制造技术等；又指被某些主体独占但并未经过法律认可的知识产权形式。我们这里的专有技术取前者含义，专指产品及其零部件的生产制造技术等。系统技术是与专有技术相对应的概念，主要是对产品进行规划和设计的技术。也可以说，专有技术是将产品解剖或分解以后，对应着每个独立单元的生产制造技术；系统技术是以整个产品为对象，对其市场定位、总体形象、技术等级及基本结构等进行规划和设计的技术。

1）专有技术及特征

只要有产品生产制造过程，则必然涉及专有技术。只是在工业化时代，由于企业普遍采用一体化生产组织方式，产品生产及零部件制造等均在一个企业内按照纵向技术联系完成；而且，工业化时代的产品规划与设计也相对简单，只是确

定产品结构及形态，明确不同构件之间的联系而已。然而，到了信息化时代以后，社会生产出现了重大变化：第一，社会生产方式由企业纵向一体化转化为模块化方式，即企业的产品生产制造出现了深度的专业化分工，产品设计、零部件生产制造、产品总装等过去由一家或少数几家企业完成的任务，演变成由多家专业化主体协作完成，如民用客机波音747这样复杂的产品，由过去只有少数几家厂商合作完成，演变成由分布在世界各地的几万个企业合作完成。第二，随着计算机控制技术融入社会产品之中，产品所包容的技术知识越来越多，产品自动化、智能化程度显著提高，很多产品都衍生出一个控制系统；而且，控制系统逐步成为决定产品技术水平与运行质量的决定性因素。在模块化生产方式背景下，产品规划和设计不仅是确定产品结构，更是确定不同零部件之间的连接关系。因而，产业中出现只负责生产制造的企业，也出现专门负责产品规划设计及研发的企业，还出现很多供应商。社会生产方式变化导致企业组织模式变革，进而引致整个商业生态及商业运行模式、规则的变化，企业产品技术也出现分化。不仅出现了第二章介绍过的核心技术与一般技术，还出现了专有技术与系统技术。

就产品生产制造过程而言，专有技术就是其生产制造技术。在产业出现模块化分工以后，专有技术主要对应经过深度专业化分工的模块技术，如汽车的零部件生产制造技术等。专有技术有以下几个特征。

第一，专有技术主要是专业化的制造技术。专业化是对应通用化、普通化而言的。在产业革命发生以后的近代工业200多年的发展过程中，有些经典的生产制造技术已经发展演化成为通用技术或普通技术，如中低端汽车、摩托车、自行车等绝大多数通行工业产品的组装技术，即将零件按照规定的技术规范和要求组装起来，并经过调试、检验使之成为合格产品。通用技术一般已经被高度规范化和标准化，一般技术人员通过必要学习即能掌握，难以成为产业竞争的核心依托；而有些技术仍在很大程度上保持专有状态，如汽车发动机、变速箱、底盘等关键零部件。这些处于专有状态的技术相对比较复杂，里面包含较高程度的独占知识产权技术或技术诀窍、秘密等，掌握这些技术的企业不愿将其与行业内其他企业简单分享，后发企业的技术人员一般也难以通过简单技术学习获得。因而，只有具有专业化程度、掌握在少数领先厂商手中的制造技术，才能算是专有技术。通行工业产品的组装技术等，一般已经不再构成专有技术。

第二，初期的专有技术主要来源于工艺技术。专有技术有很多来源，但从后发国家企业技术发展的实践看，初期绝大多数来源于工艺技术。为什么工艺技术会成为初期专有技术的主要来源呢？首先，后发企业的技术学习绝大多数从现场的工艺改进和创新起步。由于后发企业一般并不具备资金和技术优势，开展以生产装备升级、材料更新等依赖较高研发能力的创新活动的可能性很低，获得成功的概率也不大；同时，后发企业单纯依赖劳动力成本低优势，往往并不能获得稳定的竞争优势，更为重要的是，也不能体现后发企业的主动技术学习。工艺创新具有熟能生巧特征，也能够较好地带动企业在成本和效率上赶超其他厂商。后发企业从工艺改进和创新出发，形成具有特色的生产方法、技艺，能够逐步积累形成初期的专有技术。其次，后发企业在技术学习过程中，除了立足于现场进行工艺创新以外，有效的做法是从单纯的价格竞争逐步转向构建产品特色，而构建产品特色则需要开展依赖本土资源、符合本地市场需求的技术改进。这种技术改进不会改变原有产品依赖的技术原理，甚至不会改变产品的基本结构，绝大多数是依据本土消费者习惯做局部技术的调整，如面向中国市场的汽车加大后备厢、改变成靠右行驶、适应中国汽油的技术标准等。这种适应本土市场需求及资源条件的局部技术优化和调整，绝大多数通过工艺技术实现，自然会引致比较多的工艺创新成果，进而形成企业的初期专有技术。

第三，高水平专有技术需要配之以专有资产。依赖于工艺改进和创新的初期专有技术能够保证后发企业形成一定的竞争优势和产品特色，并不能保证后发企业获得具有较高难度的专有技术，故难以形成相对长期的竞争优势。因而，在具备初期专有技术以后，出于提升自己能力的动力，后发企业往往要进行高水平的专有技术学习。以国内很多合资汽车企业为例，起初主要业务是进口零部件组装汽车，逐步开展一些基于本土市场需求及生产现场需要的工艺创新。由于进口零部件成本过高，组装企业利润很低，于是一些企业开展以零部件国产化为主要目标、具有较高水平的专有技术学习。为了实现零部件本土化生产，除了继续引进关键技术外，需要开展一定程度的自主研发和创新。开展自主研发和创新，必然需要添置必要的研发和试验装备。因而，要想获得较高水平的专有技术，必须配置一定的专有资产。特别是在信息技术融入现代企业生产过程及产品以后，对产品重要零部件的研发需要多次复杂的试验，有些甚至需要应用计算机系统模拟仿真。此时，资产不仅成为研发活动的重要工具，也成为沉淀知识和数据的重要载体和平台。一般说来，专有技术的水平越高，其资产专有化程度越高，企业为了获得和掌握这些技术需要投入的资本越大。

2）系统技术及特征

与专有技术不同，系统技术是在产品生产实践发展演化过程中，特别是随着计算机信息技术融入社会生产过程而逐步衍生出来的。如果说专有技术对应的是社会生产方式出现模块化分工以后的专业化零部件生产制造技术的话，系统技术则对应的是对产品整体布局的设计和优化；因而，系统技术主要是产品的规划和设计技术，也包括计算机控制系统开发技术等。那么，是不是在工业化时代就没有产品规划和设计呢？显然不是。只要有产品生产制造，就需要对产品进行设计。然而，正如前文已经指出的，工业化时代的产品设计相对简单，主要任务是依据功能确定产品的结构及形态，即明确不同构件之间的联系；同时，由于采用纵向一体化生产组织方式，工业化时代的绝大多数产品零部件均按照设计在同一企业内生产制造，产品规划和设计比较简单，且与产品研发紧密融合。在社会生产演化为模块化方式后，产品设计当然还是要确定产品结构，界定不同零部件之间的连接关系，但此时的产品设计与工业化时代已经显著不同。首先，工业化时代的产品设计主要依据产品功能展开，零部件按照产品设计组织生产。信息化时代大量零部件并不在企业内部生产，而由多元厂商按照业界确定的标准进行；因而，信息化时代的产品设计不仅单纯考虑功能需要，还需要考虑标准化零部件的供应情况。如果单纯考虑功能委托生产非标准化供应的零部件，无疑将加大产品成本，降低企业产品的市场竞争力。其次，模块化方式下零部件都由专业化的供应商生产，企业对整个产品诸多生产环节或产业链的控制明显减弱，企业与供应商之间需要建立稳定的合作机制。最后，信息化时代客户的需求更加多元和个性化，企业的产品系列无疑将大量增加；同时，模块化方式使得潜在进入者进入产业的成本极大地降低，引致企业之间的竞争日益激烈。在这种背景下，企业进行产品设计不仅要考虑功能定位及零部件供应情况，还必须考虑市场定位及日益激烈的同行竞争；因而，企业必须在产品定型之前开展系统性的深入研究，进而衍生出产品规划。加之产品信息化、智能化程度的提高，控制系统不仅成为产品中最重要的功能性构件，甚至成为处于核心地位的关键技术，亦成为系统技术的重要组成部分。

显然，系统技术与专有技术明显不同。随着信息技术的不断发展，社会生产专业化分工日益加剧，系统技术与专有技术的分离越来越明显，系统技术的地位和作用越来越重要。进入工业 4.0 的智能化时代，产业生产组织方式将出现更深层次的专业化分工，很多企业不仅研发及生产等价值创造活动不在企业内部完成，甚至超越基于开放式生产和创新理念构建的企业联盟，依赖越来越广泛的"众包"和具有共享精神的"创客"；或者说，企业价值创造活动从过去倾向构造一个可以主导或控制的系统，逐步转向推动构建一个可以共生、共享的生态。在这种背景下，领先企业实现对产业生态掌控的基本依据就是产品规划设计（以及逐步形成的品牌）和不同专业化模块之间的接口技术标准。因而，系统技术将发挥更加重要的作用。概括而论，系统技术有以下几个特征。

第一，系统技术是面向产品或产业生态的整体技术。首先，在高度信息化及模块化分工背景下，社会生产出现了高度的专业化分工，但消费者依然需要完整的商品。即使有些商品生产制造完全外包、组装由消费者自主完成，但也需要有厂商或其他主体完成产品规划和设计。以产品规划和设计为主要体现形式的系统性技术，并不着眼于单个零部件的生产制造，而是立足于对整体产品形象、整体产品档次、整体产品结构的定位。以空中客车公司的 A380 飞机为例，其在产品规划和设计时重点考虑的问题是整体产品形象（超大型客机，座位或载客量超

800，成为超越波音公司的超大飞机产品）、整体产品档次（世界最高技术水平的飞机，采用更多复合材料和发动机等新技术，油耗、排放、噪声等最低）、产品整体结构（4 个引擎，身长 72.7 米、翼展 79.8 米、高 24.1 米，多机舱布局等）。其次，尽管对整体产品形象、整体产品档次、整体产品结构进行定位需要以企业现有技术水平和能力为基础，但规划和设计者并不关心技术实现本身，而是主要关注技术功能。在汽车、飞机等制造技术已经相对成熟的产业领域，产品规划和设计甚至离生产制造技术越来越远，出现了很多几乎不考虑现实技术能力和水平（或者假定技术对产品不构成制约）的抽象概念设计。以很多厂商在车展上推出的概念汽车为例，其基本目标在于展示企业的超前设计思维，体现技术的未来发展方向，引领消费者的未来消费，基本没有考虑企业现实技术的可实现程度。最后，以产品规划和设计技术为主要标志的系统性技术，一般界定产品或产业不同模块之间的技术接口及整体性技术标准。在高度专业化分工的背景下，不同生产模块为了实现有效连接，必须确定统一的技术接口标准。这种接口标准，并不着眼于单个零部件的制造，而是立足于所有零部件的有效连接，实际上也就构成了产品或产业的技术标准。因而，产品规划和设计的确认基本就等同于产业技术标准的确认。这是一个整体概念，不是局部或单元概念。因而，从事产品规划和设计等系统技术开发、使用及维护的人员，应不同于专有技术研发的人员，其对前瞻意识、市场意识、竞争意识、整体意识的要求更高。

第二，系统技术是越来越依赖数据积累的综合技术。当产品规划和设计与生产制造分离，作为系统技术成为一种技术类型后，厂商之间围绕着系统技术的竞争便激烈展开。为了实现最好的产品规划和设计，企业要大胆使用具有天赋的产品规划和设计人才，同时将过往产品规划及设计（包括产品试验和运行）的数据汇聚起来，形成一个综合数据平台，用以多快好省地拟合出好的产品设计。当计算机和数据平台成为辅助人们计算规划设计的工具时，其具备的先发优势和网络外部性，使得围绕平台的竞争越来越激烈，企业系统技术能力和水平对数据平台的依赖越来越高。前文已经分析，先发优势是指哪家企业先建设数据平台辅助产品设计，哪家企业就能完成更好的设计；一家企业完成的产品设计越好，其能够接受的产品设计委托任务就越多，就能够聚集更多的数据。积累数据越多，其数据平台就越发有效，对产品设计辅助支撑力度越大，进而能够完成的产品设计则更好。网络外部性是指当一个企业的产品设计成为业界接受的技术标准时，接受和使用这个标准或与这个标准兼容的零部件的供应商越多，说明其标准化程度越高，使用这个产品的用户也受益越多。由于计算机具有远远超越人的数据积累和处理能力，其对企业建立产品规划和设计能力的影响自然也越来越大，进而形成了无数据不规划、无数据不设计、无数据不创新的局面。

第三，系统技术知识长期积累自然形成平台资产。随着系统性技术对数据平台依赖度的逐步提高，其自身的资产性特征及价值含量也越来越高。因而，重视数据平台资产建设亦成为企业技术创新能力建设的核心内容。首先，企业必须具备数据平台资产的观念。很多企业没有预见或注意到，进入信息时代以后产品研发和设计成为一项与生产制造分离的技术，过分看重零部件生产制造等专有技术，而忽视了系统技术的特征及重要性，进而缺乏数据平台资产的概念。有些旨在建设拥有完全自主知识产权、拥有自主品牌的企业，以委托产品设计是全球趋势为由，不重视数据平台的积累和数字资产的建设，根本原因在于缺乏对数据平台重要性的认识。其次，建设数字平台资产必须遵循其形成的基本规律。既然是数字平台资产，自然就来源于数据的积累和挖掘；数据积累便成为数字资产形成和积累的基础性工作。获得数据可以有两种方式：一是基于自身产品设计实践的积累，二是购买群体企业或机构积累的数据。从数据积累速度上讲，购买数据无疑更有效；但从对数据的挖掘和利用上讲，对自身积累的数据无疑具有更可靠的加工和应用基础。一般说来，自身的数据积累过程对应自主产品设计实践过程，这个过程本身也是数据应用能力形成的过程。没有自主产品设计实践，通过购买数据建设数字资产平台，对数据之间的内在逻辑则缺乏深刻认知，对数据的应用能力自然受到制约；同时，缺乏自主产品设计实践，也缺乏对产品结构、技术、市场等进行定位的经验。最后，要让数字平台资产在使用中逐步升值。数字平台的主要作用体现在支撑产品规划和设计等，故其价值必须通过使用才能得以体现。同时，其在使用过程中还会形成新的数据集聚，进一步实现自身价值的提升。由于数字平台很大程度上属于知识性资产，在相互竞争中很容易产生无形损耗（即因其功能或水平落后导致使用价值降低），长期闲置必然造成价值流失。

2. 基于两维组合的技术创新能力提升起点

对于企业而言，其在某一时点的技术能力基础便可视为其后续技术创新能力提升的起点。由于企业技术创新能力由专有技术和系统技术两个维度构成，则某一企业在特定时刻技术创新能力提升的起点便是两个维度组合确立的坐标。

如图 4-1 所示，如果将企业技术创新能力两个维度的最低值均定义为 0，则企业 A（0，0）的专有技术及系统技术能力均处于行业的最低点。将企业技术创新能力两个维度的最高值均定义为 1，则企业 B（1，0）的专有技术能力处于行业最高水平，而系统技术能力处于行业最低水平；企业 C（0，1）的专有技术处于行业最低水平，而系统技术能力处于行业最高水平；企业 E（1，1）的专有技术、系统技术能力均处于行业最高水平。当然，还会有企业 D（α，β），其专有技术、系统技术能力均处于行业中等水平，等等。

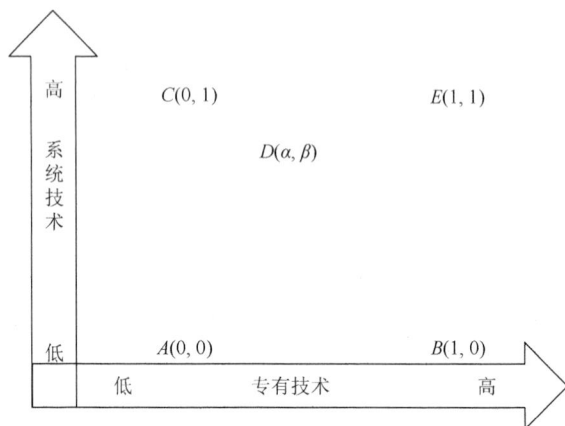

图 4-1　基于两个维度组合的企业技术创新能力坐标

任何一个企业在上述坐标中都会拥有一个位置，而这个位置则可以成为其技术能力提升的起点。其中，企业 A（0，0）、企业 B（1，0）、企业 C（0，1）、企业 D（α，β）四种类型均具有典型意义。那么，将上述四个坐标作为（四种类型）企业技术创新能力提升的起点，其具体含义是什么呢？

1）企业类型 1——居于坐标 A（0，0）

企业 A（0，0）是满足进入特定行业技术能力门槛最低层次的企业。尽管其专有技术、系统技术能力均处于行业最低水平，但其得以在特定行业生存，并非完全没有技术能力。一般说来，企业 A（0，0）至少已经具备通用技术能力，即使用行业中已经高度标准化、达到通用化程度技术的能力，如通过引进生产线和零部件进行单纯产品组装的能力。在实施技术引进战略的后发国家，很多企业起步阶段就处于这种能力水平，主要从事的就是产品组装工作。例如，国内的汽车企业通过合资引进跨国公司生产线，同时由外资企业提供全部零部件，在中国市场进行某一品牌的产品组装。正如前文分析的，组装生产当然也需要技术，也要求企业具备一定的技术能力，并非所有企业都能够从事特定行业的产品组装生产。但单纯从事产品组装的企业，需要的只是行业内已经高度标准化的通用技术，即在已经标准化的生产线上，将标准化的零部件通过标准化的工艺及装备进行装配，而基本不涉及零部件制造等专有技术，更不涉及产品如何规划和设计等系统技术。这类企业开展技术创新能力提升，当然需要以现有能力为起点，向逐步获取和养成系统技术和专有技术两种能力的方向发展。

2）企业类型 2——居于坐标 B（1，0）

企业 B（1，0）是拥有专有技术优势的企业，其不仅能够在某一行业中生存，还在关键零部件制造等方面具有领先能力。这种企业的专有技术处于行业最高水平，但并不从事产品规划和设计等系统技术的开发，而是按照品牌厂商的设计要求和技术标准提供专业化的零部件生产制造。当然，生产制造这种零部件不能单纯依靠标准化的通用技术，还必须拥有较强独占性的专有技术能力。例如，汽车、飞机、轮船等制造行业的高端零部件制造企业，一般都掌握有关这个零部件的核心技术秘密，在生产工艺、装备等专有技术上居于行业领先或优势水平。如果这样的企业希望拓展和提升自己的技术创新能力，则可以自己的专有技术为起点，逐步积累和养成系统技术能力。

3）企业类型3——居于坐标 C（0，1）

企业 C（0，1）具有显著的系统技术优势，但基本不涉及产业专有技术。这里的企业很可能在某一行业中专门从事产品规划和设计，如专门从事风机设计的德国 WINDnovation 公司，而不涉及产品生产和制造。在装备制造领域，有很多专门从事产品或零部件设计的轻资产公司。有的专业化的设计公司由研发机构的专业设计人士创业而来，有的从过去的大型制造企业研发机构中分离出来。由于长期从事产品的专业化规划和设计，这些公司的创立者或技术人员不仅拥有丰富的专业经验，一般也通过不同形式获得了有关产品设计和运行的数据平台。以数据平台支撑专业化产品规划和设计，而不进行相关产品及零部件的生产制造，不仅保持了公司的知识性属性，也能够以独特的服务获得较高回报。当然，由于数据平台具有先发优势，专业从事产品规划和设计需要较高的专业化门槛。除了掌握领先的、至少是具有一定优势的数据平台外，专业技术人员一般都应该拥有相对丰富的产业经验，对整个行业的技术标准、供应商及市场状况等有充分了解。如果企业 C（0，1）希望拓展和提升自己的技术创新能力，则可以自己的系统技术为起点，逐步重点积累和养成专有技术能力。当然，由于构建专有技术能力需要进行专业化零部件生产装备的大量投资，实践中几乎没有居于坐标 C（0，1）的企业选择这种发展方向。

4）企业类型4——居于坐标 D（α，β）

上述 B（1，0）、C（0，1）两种类型的企业都是现实经济生态中的极端情形，即一种能力处于行业最高水平，另外一种能力处于行业最低水平。实际上，在专有技术或系统技术上能够达到行业最高水平的企业微乎其微；绝大多数企业可能既有一定的专有技术能力，也具备一定的系统性技术能力，而两者都未能达到行业最高水平。我们以企业 D（α，β）代表这种类型的企业，其中 $0<\alpha<1$，$0<\beta<1$。我国的吉利、奇瑞等汽车制造企业，目前绝大多数属于这种类型，既拥有一定的产品规划和设计等系统技术能力，也拥有汽车发动机、变速箱等核心零部件生产制造等专有技术能力，但两种技术能力均未达到行业最高水平。当然，这些企业发展到目前程度均是长期重视和坚持自主技术创新能力提升的结果。这类企业以目前的水平进行后续的企业技术创新能力提升，则应依据自身短板循序展开。当然，发展方向依然是专有技术能力、系统技术能力均逐步提升。

（二）企业技术创新能力提升的目标

不同企业居于不同的技术创新能力水平和能力提升起点，其发展和追求的目标自然不尽相同。

1. 企业技术创新能力提升的总体目标

就总体发展方向而言，所有企业技术创新能力提升的终极目标都应该是 $E(1, 1)$，即专有技术能力、系统技术能力均达到行业内最高水平。然而，实践上绝大多数企业不可能实现这个目标。首先，行业技术能力最高水平是个相对概念，后发企业在追赶和发展的同时，领先企业也在不断提升自身的技术创新能力水平，使行业最高技术能力水平不断提高。其次，伴随社会科技进步及经济发展，行业技术本身亦在不断发展和演化之中，专有技术及系统技术的实现形式不断变化，使得行业最高技术能力水平本身亦在动态变化之中。此时的行业技术能力及最高水平的体现形式，到彼时可能就不再有现实意义。

2. 企业技术创新能力提升的具体目标

同样，基于图 4-1 中划分的企业类型，可分别分析不同类型企业现实的技术创新能力提升目标。

1）两个技术维度均处于行业最低水平的企业——企业 $A(0, 0)$

企业 $A(0, 0)$ 是在特定行业内技术能力最低的企业，其专有技术、系统技术能力均处于行业最低水平。这类企业的技术创新能力目标可以有多个，就图 4-1 中的典型企业而言，首先，可以以企业 $B(1, 0)$ 为目标，即先加强其自身的专有能力建设，使之能够达到行业最高水平。虽然专有技术能力的提升需要工艺、装备等投资，但符合经典技术学习的合理路径，实践中受到很多装备制造企业青睐。不论是汽车，还是集成电路芯片，国内很多大型企业都是从进口零部件组装入手，而技术学习及技术创新能力提升的第一目标就是形成以重要零部件制造为主的专有技术能力。其次，企业 $A(0, 0)$ 亦可将企业 $C(0, 1)$ 作为其技术创新能力提升的第一目标，即先行开展针对本土市场需求的产品自主规划和设计。当然，由于以产品规划和设计为主要体现形式的系统技术高度依赖数据平台，而后发企业的技术平台建设均相对落后；同时，数据平台本身具有先发优势，使得后发企业的追赶非常困难。比较而言，尽管系统技术能力提升不需要较高的专有工艺及生产装备投资，但需要较为复杂的试验平台支撑以获得自主数据，对后发企业会形成较大的能力挑战。当然，企业 $A(0, 0)$ 也可以将企业 $D(\alpha, \beta)$ 作为技术能力提升的初始目标，即同时开始专有技术及系统技术能力建设，使之均达到行业内一般水平，进而在不断谋求在两个维度上技术创新能力的持续性改进。

2）两个技术维度各居行业最高、最低水平的企业——企业 B（1，0）和企业 C（0，1）

企业 B（1，0）在关键零部件制造等方面具有领先能力，专有技术能力已经处于行业最高水平；而企业 C（0，1）具有显著的系统技术优势，在产品规划和设计等方面居于业界最高水平。对于 B（1，0）和 C（0，1）这两类极端企业而言，其技术能力提升的目标显然应该是图 4-1 中的企业 E（1，1），即企业 B（1，0）主要提升系统技术能力，而企业 C（0，1）主要提升专有技术能力。

3）两个技术维度均居行业一般水平的企业——企业 D（α，β）

就企业 D（α，β）而言，其既有一定的专有技术能力，也具备一定的系统技术能力，而两者都未能达到行业最高水平，即 $0<\alpha<1$，$0<\beta<1$。这类企业的技术创新能力目标也比较多元，可以依据自身发展短板和特定市场需求，率先发展一个维度的能力，或专有技术，或系统技术，使之达到预期水平或行业最高水平；也可以同时提升专有技术和系统技术，使之直接达到企业 E（1，1）的水平。

二、基于起点和目标组合的路径选择

企业从特定的技术创新能力构建起点到预期目标之间，有多种路径可以选择。由于专有技术与系统技术具有不同的承载主体和体现形式，其创新能力构建需要的时间、采用的方式、支付的成本等均不相同。也就是说，从起点到预期目标之间采用不同的路径，具有不同的技术经济合理性。因而，企业技术创新能力构建与提升的路径选择，不是技术创新人员的个人经验问题，而是个复杂的科学问题。为此，我们首先介绍企业技术创新能力构建与提升的分析构架，进而结合具体事例分析其合理的路径选择。

（一）企业技术创新能力构建与提升的理论构架

任何企业的技术创新能力构建和提升，都可以归结为专有技术能力和系统技术能力的培育和养成过程。正因如此，Forbes 和 Wield（2000）提出了一个包含技术专有性和技术系统性两个维度的理论框架，并以从事产品创新的企业为例，提炼出企业由 OEM（original equipment manufacturer，原始设备制造商）到形成自主品牌产品的技术学习及创新能力构建与提升过程，如图 4-2 所示。按照这种理论构架，企业从既没有专有技术能力，也没有系统技术能力的引进产品装配制造，到拥有行业最高水平的专有技术及系统技术能力、形成自主品牌的产品，共有三种发展路径。

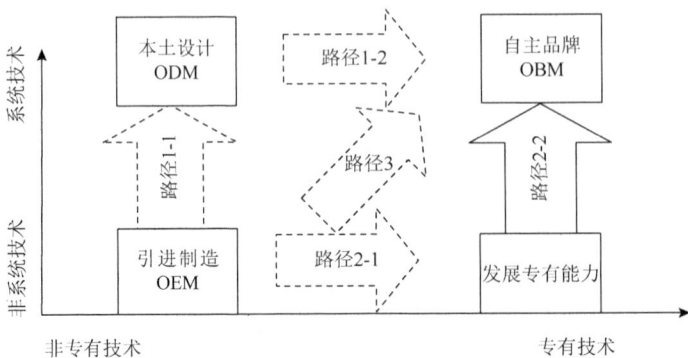

图 4-2　企业技术学习及创新能力构建与提升过程

ODM 为 original design manufacturer，原始设计制造商；OBM 为 original brand manufacturer，自有品牌制造商

1. 路径 1：先构建系统技术能力，再发展专有技术能力

对于后发国家的企业而言，由于缺乏专有技术和系统技术能力，绝大多数最初的选择就是引进或购买零部件实现生产制造。当然，不同企业采用了不同的组织形式。有些企业通过与跨国公司合资实现贴牌生产制造，如上海汽车与德国大众合资的上汽大众、与美国通用合资的上汽通用等。有些企业基于本土市场进行产品设计，利用现代装备制造业已经呈现高度模块化分工的特点，通过全球采购获得零部件，进而实现产品生产制造。当然，不同的组织形式和发展条件，使得企业在构建和提升技术创新能力的路径选择上表现出不同的行为偏好。

1）什么样的企业容易选择路径 1

选择路径 1 意味着企业首先要构建系统技术能力，即要着手进行基于本土市场需求的自主产品设计和研发。对于没有合资的本土企业而言，在构建与提升技术学习和创新能力路径选择上，更容易倾向图 4-2 所示的路径 1。为什么会出现这种现象呢？

首先，没有合资的本土企业没有外资产品可以贴牌，而进入市场必须拥有一个自主产品；因而，自主产品设计是其不得不开展的一项工作。尽管有些企业起步时技术水平很低，如中国的吉利汽车公司，其第一款产品的设计者实际上是钣金工，但产品设计这项工作不能规避。其次，企业在开展自主产品设计的过程中，哪怕是最低层次的产品设计，都会遇到一些技术问题，自然引发企业逐步建立专业化思维，从专业技术的角度思考和解决产品设计中的问题；而有效的解决方案就是引进专业技术人员，逐步建立专业化的产品设计队伍。最后，企业在进行自主产品设计和规划过程中，专业化的设计队伍必然会逐步形成和积累产品规划和设计能力，同时获得自有品牌产品规划和设计的有关数据。在逐步积累产品设计经验和相关数据的基础上，企业着手建立产品规划和设计平台，为形成系统技术能力奠定基础。显然，路径 1 是通过自主产品规划和设计实践，先进行产品系统技术的积累。在这个过程中，技术的模仿学习不可避免，实践中很多企业实施的就是逆向工程或反求工程，即通过对其他厂商产品的解剖，了解产品结构及技术构成，进而"照猫画虎"般地完成初始的产品设计。

2）选择路径 1 企业的发展过程

前文已经指出，没有专有技术和系统技术能力并不等于没有技术能力。对没有合资的本土企业而言，进入一个新的技术领域自然也需要具备一定的技术基础，即利用社会生产模块化组织方式带来的便利选择主要零部件，应用通用技术装备和工艺（包括生产线）对产品进行生产组装。在具备这些基本能力的基础上，这些企业的首要任务就是通过模仿学习实现基于本土市场的产品自主设计，沿着路径 1-1 的方向发展，在系统技术上逐步积累和形成产品自主设计和规划能力。由于企业的系统技术既取决于产品自主设计和规划实践，更多取决于企业所拥有的数据平台，而数据平台具有先发优势，后发企业单纯依赖自身的实践积累，形成产品规划和设计平台的时间会很漫长，发展过程中的水平也不会很高。但只要自主设计实践不断开展，坚持积累实践经验和相关数据，以产品规划和设计为主要体现形式的系统技术能力就会不断提高。特别是在中国这样市场需求比较多元、市场规模比较大的国家，本土企业通过逐步扩大销量可望实现实践经验和相关数据的指数级增长。

在系统技术能够基本满足市场需求的情况下，很多后发本土企业便开始进行专有技术学习及创新能力积累，而不是如图 4-2 所示的等待系统技术达到行业最高水平以后再专门从事专有技术积累。为什么这些企业会在初步具备系统技术能力后就着手构建专有技术能力，开始步入路径 1-2 呢？主要基于以下三条理由：一是因为通过外购零部件不仅成本高、生产周期难以得到有效保障，关键零部件还往往受制于人。因而，企业专有技术学习及能力构建，一般从关键零部件做起。在从事专有零部件开发生产的过程中，企业逐步提升技术专有性和自主水平。二是尽管企业一开始便有自主产品设计，但只有其系统技术及专有技术均达到相当水平时，才会形成一定的品牌效应，而其建立得到市场高度认同的原创性自主品牌，则需要其专有技术及系统技术均达到行业较高水平，甚至一流水平。无疑，这是一个漫长的过程。也就是说，路径 1-1、路径 1-2 是企业技术能力构建和提升的示意路径，很多企业未必能够真正走到这条路径的理想终点。对很多企业而言，构建行业最高水平的技术能力，形成得到市场高度推崇的自主品牌产品，可能永远都在路上，甚至可能是可望而不可即的愿景。

2. 路径 2：先构建专有技术能力，再发展系统技术能力

路径 2 是企业在既无专有技术又无系统技术（处于或类同于 OEM）基础上先提升以某些部件生产制造为体现形式的专有技术水平，使之具有部分专有化程度或一定的专有技术能力；然后，在持续提升专有技术知识和能力的过程中，逐步

发展以自主产品设计为主要体现形式的系统技术，最终形成原创性自主品牌产品。

1）什么样的企业容易选择路径 2

通过合资实现贴牌生产的后发企业很容易选择先构建专有技术能力，再发展系统技术能力的发展路径。为什么呢？主要原因有以下几点：首先，通过合资引进零部件及生产线进行贴牌生产制造的企业，很容易遭遇外资企业通过零部件转移利润，即外资公司以较高价格向贴牌生产制造企业提供零部件，将高额利润在他们掌控的零部件环节实现，而使合资的产品装配制造环节的利润大幅降低。在这种情况下，贴牌生产制造企业必然产生自主或合作生产零部件的动机，以使自己能够分享更多利润。其次，贴牌生产制造企业基于降低成本、提高效率等目的，较容易在装配制造过程中开展技术学习，特别是依据生产现场的需要进行必要的工艺革新和改进，进而获得一定的专有技术。最后，以关键零部件生产制造为主要体现形式的专有技术，是工业革命时期生产制造技术的延续，更容易得到后发企业的关注和重视。同时，专有技术作为有形技术，容易通过反求工程、逆向工程等方式获得，具有更多的熟能生巧特征，亦与装备制造企业的技术基础具有较强承继性，容易被企业技术研发人员接受。以上汽大众、上汽通用等为代表的合资汽车企业，绝大多数都采用了路径 2 发展模式。

2）选择路径 2 企业的发展过程

率先构建专有技术能力等于企业先行步入路径 2-1 发展阶段。构建专有技术能力有很多任务：第一，选择和确定构建专有技术能力的方式。对于通过合资实现贴牌生产的后发企业而言，比较便利的方式是继续以合资方式从事零部件开发和生产制造。当然，此时的合资不一定是单纯与品牌拥有企业合资，可以选择与行业内众多专业零部件企业开展合资，也可以依据自己的技术基础独立从事某些零部件的生产制造。第二，进行必要的专有技术学习及资产投资。开展专有技术学习及构建专有技术能力，需要建立必要的专业化队伍，需要购置相关的工装设备，需要进行多次探索性试验；因而，企业必须以多种形式进行专有技术学习及资产投资。第三，按照效率优先、先易后难的原则开展专有技术能力建设。所谓效率优先，是指后发企业在拓展零部件研发和生产等专有技术领域时，必须以资源利用效率最高为优先原则，即不要贪大求全，要以整体投入产出最大为基本追求。在具体业务布局上，对企业在整个产业价值链和市场竞争中地位提升有决定性影响的专有技术优先进行投入，努力对其形成最大程度掌控；对可以到社会供应链自由采购、对企业地位提升没有重要影响的专有技术，不必都进行投资和建设。总之，企业在专有技术能力上的逐步构建及发展，主要目的并不在于拓展业务范围，而在于提升其在产业价值链和市场竞争中的地位。当然，在后发国家，政府及社会通常以零部件国产化率考察和评价企业技术学习和创新能力构建的绩效，也会进一步强化企业在获取专有技术能力上的努力。

随着企业以合资等多种形式在专有技术能力上的逐步积累，特别是在获取关键零部件生产制造能力以后，在政府及社会的自主创新及企业谋求更大利润等多重因素推动下，很多贴牌生产制造企业便开始寻求建设自主品牌。建设自主品牌就需要进行产品的自主规划和设计，企业必然要进入路径 2-2 发展阶段。然而，在信息技术革命的推动下，现代产品已经不是零部件的简单组装，而是包含控制系统的自动化或智能化装备，产品设计和规划也越来越依赖数据平台的支撑。显然，对贴牌生产制造企业而言，由于缺乏产品规划和设计实践及相关数据的积累，在开展自主的产品设计和规划初期会遇到很大困难，但对有志于开创自主品牌产品、最终摆脱在技术上受制于人的局面的企业来说，这是必须跨越的门槛。

3. 路径 3：同步构建专有技术、系统技术能力

路径 3 是企业在既无专有技术又无系统技术（处于或类同于 OEM）基础上同步提升企业的系统技术和专有技术水平，依赖逐步形成并持续提高的系统技术及专有技术能力，最后开发出具有原创性的自主品牌，并占据行业优势及领先地位。这类企业的发展路径见图 4-2 中的路径 3。

1）什么样的企业容易选择路径 3

那么，什么样的企业构建与提升技术创新能力会选择路径 3 呢？一般说来，从事复杂产品生产制造的企业难以走通这条道路。首先，复杂产品的零部件相对复杂，其技术专业化、专有化程度都较高，获取这样的专有技术有较高的门槛，绝大多数后发企业难以做到这一点。当然，后发企业可以选择与跨国公司合资等方式从事专有技术能力积累，但这是有条件的。跨国公司与后发企业通过合资生产制造零部件、从事专有技术能力建设，有损其通过零部件转移利润的做法，其接受这种损失一定是经过权衡选择了难以兼得的更大利益。比如德国大众公司同意和上海汽车合资建设零部件企业，是由于当时中央政府以国产化率指标确定上汽大众的产量指标。也就是说，如果上汽大众的绝大多数零部件来自海外，其不可能实现扩大产量的愿望。德国大众公司与上海汽车合资建设零部件企业，有效提高了整车产品的国产化率，能够得到中央政府给予扩大产量额度的更大利益。其次，复杂产品的系统技术要求也很高，特别是对数据平台有较高的依赖。在市场充满竞争的情况下，绝大多数企业难以获得通过较低水平的自主设计满足特定市场需求，同时实现积累数据的机遇。以中国的吉利、奇瑞等汽车企业为例，他们当时自主设计的低端产品之所以能够获得市场接受存活下来，主要原因在于中国市场的巨大和多元化，特别是存在庞大的、被跨国公司忽视的农村市场。正是这个庞大而多元的市场，给了后发企业基于本土市场需求进行低端产品自主设计的空间，也使他们赢得了通过大量低端产品设计、制造实践等积累数据、建设产品技术平台的机遇。最后，同步开展专有技术、系统技术能力提升，对企业技术

创新能力基础和资源有较高要求，很多企业难以达到这种要求。对后发企业而言，短期内建设高质量的技术专家队伍都会面临巨大挑战。因而，选择路径 3 的一般只能是从事简单产品生产制造的企业，如家电产品生产制造企业等。

2）选择路径 3 企业的发展过程

生产简单产品的企业之所以能够走通路径 3，根本原因在于其可以同步提升专有技术和系统技术能力，沿着路径 3 所示方向直线发展。首先，由于简单产品的专有技术与系统技术都相对简单，后发企业的技术学习容易较快取得效果，故其起步阶段便可同步开展专有技术及系统技术学习。例如，在洗衣机、空调等家电产品领域，很多后发企业相对容易地获取了以主要零部件生产制造为载体的专有技术，也较快地形成了以产品规划和设计为主要载体的系统技术。其次，由于简单产品的系统性技术对数据平台依赖度相对较低，后发企业技术人员凭借反求工程等活动相对容易获得产品结构数据及自主设计能力；同时，此类产品市场需求及生产批量大，后发企业可以在较短时间内获得相对大量的产品规划和设计数据，以快速构建支撑后续产品设计和研发的数据平台。故企业可以在从事来件组装生产，对产品结构形成一定认识并积累一定技术知识和经验后，着手产品自主设计和研发工作，开始系统技术学习及技术能力积累。最后，由于简单产品零部件的技术知识含量相对较低，技术体系化程度相对较弱，从事其生产制造需要的装备亦相对简单；同时，由于这类产品的零部件专业化程度较低，其专有化程度也相对较低，领先厂商的技术封锁相对较弱，很多零部件生产制造技术已经演化为通用技术，故企业可以在进行来件组装的同时，较早开展专有零部件的技术学习和生产制造，同步开始积累和构建专有技术能力。当然，尽管这类企业可以同步构建专有技术和系统技术能力，但其沿着路径 3 发展和提升将面临难度递增现象，即随着企业专有技术和系统技术的提高，其再获得边际提升的难度越来越大。同时，也正是由于这类企业技术学习和技术能力构建的门槛相对较低，其所遭遇的市场竞争亦将更加激烈。因而，达到行业技术最高水平的这类企业亦是凤毛麟角。很多企业止步于沿着路径 3 发展的某个阶段，还有很多企业由于缺乏竞争优势被迫退出这一产品领域。

当然，作为后发企业，不论其技术创新能力构建及提升选择哪条路径，都对其技术创新能力基础和资源提出要求，特别是对企业研发人员队伍、企业研发物理技术系统等有明确要求。例如，从事复杂产品生产制造的后发企业开发部分专有技术，首先需要在复杂的技术体系中确定主攻方向及发展领域；而要完成这样的工作，自然要求企业对产业技术发展趋势和产业创新的基本规律有较强的鉴别能力。又如，企业要发展产品自主设计和规划能力必须开展产品自主设计实践；而开展产品规划设计不仅是技术性工作，更是商业性工作，要求承担产品规划和设计的主体必须能够洞悉市场需求，了解客户的实际需要；同时，要对产业竞争格局、产业技术发展总体态势和方向有清晰把握；当然，还要有从事产品规划和设计的专业化能力，如创意开发、方案设计等能力。

（二）企业技术创新能力构建与提升的合理路径

前文构架给出了企业构建与提升技术创新能力的三条理论路径，同时也分析了不同类型企业在选择路径上的行为偏好。然而，理论上可行的路径到实践中未必行得通，即使行得通也有技术经济合理性问题。比如，从事复杂产品装备制造的企业由于技术本身的难度和需要的基础、资源等因素制约，难以同步进行系统技术和专有技术能力提升；而对于从事简单产品的来件装配制造企业，可以选择路径3同步进行系统技术与专有技术能力构建。但这种选择是否具备技术经济合理性呢？故此，需要对企业构建与提升技术创新能力的路径合理性进行分析。

1. 从事复杂产品制造企业选择路径1的合理性分析

对于从事复杂产品生产，既无专有技术，又无系统技术（处于或类同于OEM），主要通过购买重要零部件进行产品组装起步的企业来说，从理论上可以选择路径1，也可以选择路径2。前文分析指出，没有合资伙伴、不能贴牌生产的企业容易选择路径1，而与行业领先的跨国公司合资、能够贴牌生产的企业容易选择路径2。抛开合资与否的前提性条件，从事复杂产品制造的企业选择路径1是否具备技术经济合理性呢？

1）技术合理性

对从事复杂产品制造的企业而言，路径1具有技术学习及创新能力构建上的合理性。我们假定企业的技术学习从从事组装制造起步，其希望达到的目标是建立起自主创新能力和自主品牌产品。显然，技术学习及创新能力养成是这些企业不能回避的任务。为什么选择路径1在技术学习及创新能力养成上具有合理性呢？

第一，能够充分利用本土市场提供的发展机遇。一般说来，后发企业采用来件组装方式进行产品生产制造，说明其生产的产品在本土市场上一定是新鲜产品。或者说，这类产品的本土市场一定处于开发初期，如20世纪80～90年代的汽车。对处于开发初期的市场来说，消费者对产品的技术要求不会很高；同时，处于开发初期的市场一般竞争尚不激烈，有时甚至处于卖方市场状况；因而，企业基于本土市场需求可以进行较低层次的自主品牌产品设计和开发，并能够得到特定市场（低层次市场需求）的认同。后发企业采用路径1发展模式，利用市场培育初期进行自主产品设计，尽管水平不高、质量不稳，但只要能够满足消费者的基本需要，同时具备性价比优势，就能够得到市场认同。吉利、奇瑞等本土汽车公司初期的产品之所以得到市场接受，主要原因就在于把握了中国汽车市场刚刚培育、消费者需求多样性且要求不高的宝贵机遇期。

第二，后发企业基于本土市场需求进行自主品牌产品设计和开发，既是在实践中培育和形成产品规划和设计能力的有效途径，更是积累相关数据构建技术平台的必要手段。前文已经多次指出，企业技术能力具有内生性，只有通过产品规划和设计实践活动才能形成相关技术能力。这种实践中养成的内生性技术能力可以使企业对相关技术有相对透彻的了解和把握，并可以对其进行有效的改进和结合应用情境进行再次创新，推动相关技术持续发展。同时，自主产品设计与规划实践也为数据平台建设奠定了现实基础。在信息智能化时代，所有企业的产品规划、设计及运行等数据，都是极其重要的商业资源，都不可能无偿地从其他机构获得；因而，从自身产品规划和设计实践开始，逐步积累数据并逐步构建数据平台，可以为系统技术能力持续提升和发展创造物质条件。

2）经济合理性

对从事复杂产品制造的企业而言，选择路径1的经济合理性可以通过以下三方面进行考察：一是这种路径对应的经营模式在获取市场价值或利润上的表现，二是以这种路径进行技术学习及创新能力构建需要支付的成本，三是这种路径的投资风险。

第一，在获取市场价值或利润上的表现。以路径1方式进行技术学习及创新能力构建，企业一定要进行自主产品开发设计。一般说来，在起步阶段便进行自主产品设计的企业基本上都是本土非合资企业。因为合资企业一般会引入外方的成熟产品，不大可能由合资企业主导产品设计。比较本土企业及合资企业以同类型产品在获取市场价值或利润上的表现，初期或短期时间内合资企业无疑具有更大优势。首先，合资企业引进外方的成熟产品，可更快、更广泛地获得市场认同；其次，合资企业引进外方的成熟产品规避了产品设计与开发中的学习和探索，也节省了相关费用；最后，引进外方成熟产品的技术档次一般高于本土企业设计的产品，可以获得较高的附加值。因而，与合资企业引进外方的成熟产品相比，以路径1方式先行进行自主产品设计在获取市场价值和利润上总体上处于劣势。当然，由于合资企业获得的市场回报需要与外方分享，引进外方成熟产品是否具备长期优势需要结合具体情境和产品特征进行跟踪比较。

第二，进行技术学习及创新能力构建需要支付的成本。通过路径1进行技术学习，首先积累的是系统技术能力，主要是自主设计能力，包括在自主设计实践基础上逐步形成的产品规划意识和能力；在形成产品自主设计能力以后，逐步开展专有技术学习，主要是关键零部件的自主研发和生产制造能力；当然，还有很多零部件通过专业化供应商采购。显然，企业通过路径1进行技术学习及创新能力构建需要支付的成本主要包括：第一阶段为了形成自主产品设计能力所需要的学习及试验费用，第二阶段进行专有技术学习所需要的研发及实施费用。在路径1的第一阶段，企业依据本土市场需求进行产品自主设计，可以同时积累与产品设计、技术标准等相关的数据，这种数据可以支撑建立产品设计和开发的技术平台。尽管在产品自主设计过程中要经历不可避免的探索和失败，要耗费必要的学习成本，同时积累产品设计数据和建设技术平台也需要一定的时间，但由于这个阶段市场对产品的技术要求相对较低，企业的技术学习成本亦相对较低。相对于通过购买等其他方式获得相关技术而言，路径 1 的技术学习和能力构建费用总体上应该更为低廉。以企业通过购买获得技术平台为例，首先，需要遇到合适的购买对象及合适的时机，这本身就具有非常大的不确定性；其次，购买本身需要的费用往往高于通过自主产品设计进行数据积累；再次，出售的技术平台不可能为先进企业拥有、处于良好运作状态，绝大多数为遭遇困难、濒临倒闭的企业所拥有，在行业中处于相对落后水平；最后，购买的技术平台需要一个学习过程才能对其进行应用，而学习本身仍然需要支付相当费用。当企业具备一定的自主产品设计能力，开始进行以关键零部件生产制造为主的专有技术学习时，这些技术的成熟度和企业对专有技术的认识均已经提高，产业生态也相对丰富和完整，技术学习成本应该低于行业发展初期。显然，以路径 1 开展技术学习及创新能力构建，总体上具有成本优势。

第三，投资风险。企业以路径 1 进行技术学习及创新能力构建当然需要必要的投资，这种投资主要包括技术学习投资（包括基于反求工程等的产品技术结构学习、产品技术标准学习等）、研发队伍投资（为了进行产品自主研发需要建立的研发设计人员队伍、支持产品数据汇聚及技术平台构架的专家队伍及技术人员等）、技术装备及物理技术基础投资（支持技术学习、研发及产品设计的必要装备、试验条件等）等。这些投资的风险集中体现在技术学习失败，自主开发的产品不能得到市场接受，进而不能获得收益和回报。正如前文已经分析指出的，在一个产品刚刚进入后发国家市场的初期，消费者对产品的技术需求并不很高，技术学习的难度相对较低，故企业技术学习应该有较高的成功率。造成企业技术学习失败的最主要因素可能是时机，即企业在市场已经相对成熟、具有较高竞争水平的时候开始技术学习，通过技术学习完成的产品在市场上已经不具备优势，甚至不能满足最低层次客户的需求。因此，通过路径 1 进行技术学习和创新能力构建的投资风险总体可控，具有一定的确定性。

2. 从事复杂产品制造企业选择路径 2 的合理性分析

前文分析了从事复杂产品制造的企业选择路径 1 进行技术学习和能力构建的技术经济合理性。那么，与之相对的路径 2 又如何呢？选择路径 2 意味着企业先进行专有技术学习，待专有技术达到较高水平后再进行系统技术学习。当然，容易选择路径 2 的企业是能够实现与行业内领先的跨国公司合资、通过贴牌生产占领市场的企业。

　　1）技术合理性

　　对从事复杂产品制造的企业而言，不论采用路径 1 还是路径 2，都不能规避技术学习，都需要进行自主创新能力的构建。分析采用路径 1 和路径 2 的合理性，主要看其通过技术学习能否有效获取相应的技术能力，最终实现建立自主创新能力和自主品牌产品的目标。比较而言，选择路径 2 进行技术学习及创新能力构建合理性相对较差。

　　第一，缺乏产品自主设计实践丧失积累相关数据的机会，使系统技术能力构建缺乏必要基础。路径 2 意味着以专有技术学习起步，主要任务是先行培育和建立零部件的独立开发、设计及生产能力。然而，零部件的技术学习与产品设计几乎没有关联。也就是说，以零部件为主的专有技术学习不能集聚产品设计的相关数据；而不能集聚或获得产品设计的相关数据，则难以建立支撑产品设计和控制系统开发的数据平台。前文已经指出，自从信息控制技术融入现代社会生产过程以后，现代产品并非零部件的简单堆砌，而是包括自动控制系统的一个半智能化产品。这个自动控制系统就需要借助数据平台进行拟合开发。同时，在高度模块化分工背景下，主导企业的大量零部件通过采购获得，供应商需要依赖统一的技术标准进行生产制造，以满足主导厂商的技术要求。对行业主导企业而言，不同产品具有不同的结构形态和技术标准；同时，在供应商日益多元的情况下，不同产品可能有不同的供应商选择。因而，产品结构、技术标准和供应商选择都应是产品设计需要完成的任务。因而，缺乏数据平台的有效支撑，现代意义的产品设计无从实现。由于路径 2 不能有效集聚数据，不能支撑形成自主产品设计能力。

　　第二，购买技术平台需要长时间学习，同时失去宝贵的初期市场机遇。由于路径 2 不能有效集聚数据并支撑技术平台建设，很多采用这条路径的企业或者在建立起相对完整的专有技术能力后再进行自主产品设计，或者通过收购方式获得产品设计数据及技术平台。首先，通过收购方式获得产品设计数据及技术平台并不意味着企业同时获得了对其进行使用的能力。企业技术平台有其内生的构建逻辑，没有数据积累过程及平台构建经历，难以在短期内读懂和熟悉这种内在逻辑；因而，需要一定时间对平台本身结构及应用进行学习。其次，很多技术平台都具有高度的制度情境特征，即不同技术平台的技术标准服从于特定的技术制度，如俄罗斯的军事技术标准不同于以美国为主导的北约国家。很多通过购买的技术平台在本土市场进行应用，需要依据本土技术制度体系进行优化和改进，这对以路径 2 模式构建企业能力的企业是个很大的挑战。因此，通过购买方式获得技术平台后，很多企业仍然需要较长时间的技术学习。并非所有企业都能够实现以购买方式获得技术平台，故很多选择路径 2 的企业在获得专有技术后再开展自主产品设计。但此时，产品的市场竞争可能已经比较激烈，甚至演化为买方市场；顾客对产品的技术要求已经提高，企业失去在产品市场培育初期、消费者需求多样性且要求不高的背景下培育自主产品设计能力的宝贵机遇期。遭遇的市场门槛、需要支付的成本等都可能更大。

第三，依托合资公司形成自主产品设计能力，对技术获取方而言可能性很低。选择路径 2 的企业绝大多数为与行业内领先的跨国公司合资、通过贴牌生产占领市场的企业。既然这种企业可以通过合资获取外方的制造技术，甚至有些重要零部件的生产制造技术，可否依然可以通过合资获取以产品设计和控制系统开发为主要标志的系统技术呢？绝大多数情况下，答案是否定的。首先，在模块化分工的背景下，系统技术研发和制造技术研发完全分离进行，两者之间甚至难以产生有效的技术转移；因而，单纯依赖合资制造生产根本没有获得系统技术的途径。其次，跨国公司一般将依托技术平台进行的产品设计和控制系统技术视为核心技术，并依托核心技术实现对产业价值链的掌控，正常情况下他们几乎没有转让或开放技术平台的可能性。最后，即使外方同意与本土企业合作进行产品设计和开发，但基于核心技术保护动机，本土企业人员一般也只能从事内饰、座椅等辅助性设计工作，其技术平台向从事辅助性设计的人员有限度地开放，而不会将技术平台全面开放。因而，本土企业难以通过与合资企业的合作获取系统技术。

2）经济合理性

同样，我们仍然可以通过对以下三个方面的考察，分析和判断选择路径 2 企业的经济合理性，即在获取市场价值或利润上的表现、进行技术学习及创新能力构建需要支付的成本和投资风险。

第一，在获取市场价值或利润上的表现。选择路径 2 的企业具有短期市场价值或利润优势，但长期优势未必能够维持。为什么做出这样的结论呢？首先，以合资方式进行生产制造可以引进外方相对成熟、比较符合本土市场需求、具有较高技术含量的产品。这样的产品已经具有较好的市场知名度和顾客美誉度，比较容易打开本土市场，更快、更广泛地获得市场认同。以成熟产品快速占领新兴的本土市场，可以在初期便获得较好的市场价值或利润。当然，这种市场价值或利润为合资公司获得，本土合资方可以按照合资比例享受分成。但由于外方可以通过零部件等转移利润，选择路径 2 的本土企业未必能够获得预期或同等的回报。其次，以路径 2 进行技术学习及创新能力构建的企业，在相当长的时间内要受制于人（外方）。只要外方依赖技术优势获取更多价值分配的动机不消除，本土合资方在价值分配上受制于外方的局面就难以改变。最后，由于采用合资方式且不能实现技术自主，只能与外方长期分享庞大的本土市场。相对于以路径 1 方式获得了自主产品设计权的企业而言，选择路径 2 的本土企业在后续的价值分配中可能处于劣势。

第二，进行技术学习及创新能力构建需要支付的成本。通过路径 2 进行技术学习及创新能力构建需要支付的成本主要包括以下内容：第一阶段的专有技术学习费用，第二阶段的系统技术学习费用。由于路径 2 意味着企业在行业发展初期便进行专有技术学习，其技术学习及创新能力构建成本支出肯定高于选择路径 1 的企业。首先，行业发展初期，产业技术生态尚未建立，各种零部件供应商均未发展起来。选择路径 2 的企业此时开展专有技术学习，相当于承担了产业技术生态的开拓和构建工作；而选择路径 1 的企业在产业技术生态相对成熟以后才开始专有技术学习，可以享受生态本身的技术知识外溢和帮助。比较而言，专有技术学习和创新能力建设成本，选择路径 2 的企业一般高于选择路径 1 的企业。其次，选择路径 2 的企业初期并不能积累产品设计的相关数据，而是要等到专有技术能力达到相当水平以后再从事系统技术学习及创新能力建设，不论采用自主数据积累或收购获得数据平台哪种方式，其系统技术学习成本一般均高于选择路径 1 的企业。如果选择路径 2 的企业通过自主产品设计实践积累数据，由于此时市场竞争已经比较激烈，顾客对产品的技术需求已经提高，则企业自主设计产品得到市场认同及企业形成自主设计能力的成本均相应提高。如果选择路径 2 的企业通过收购方式获得产品设计数据及技术平台，不仅需要较高的技术收购费用，还必须对购买的技术平台进行系统学习，甚至需要依据制度及市场情境进行必要的改进和优化；然而，此时市场对产品设计的要求已提高，企业自主设计产品进入市场的门槛和成本自然均会相应提高。因此，选择路径 2 进行技术学习及创新能力构建，需要支付的成本总体上会高于选择路径 1 的企业。

第三，投资风险。企业以路径 2 进行技术学习及创新能力构建需要的投资主要包括以下几项：一是技术收购费用，二是技术学习投资，三是研发队伍投资，四是技术装备及物理技术基础投资等。由于企业以合资方式先进行贴牌生产制造，然后通过合资等方式进行专有技术能力建设，其在早期的技术学习投资、技术装备及物理技术基础投资等都不会有太高风险，主要的问题是难以完成真正的技术知识学习，不能有效摆脱在技术上受制于人的局面。当通过收购等形式谋求产品设计数据及技术平台，开始系统技术能力建设时，需要的投资费用较高，也面临着较高的投资风险。这种投资风险主要体现在两个方面：一是被收购技术的成熟度。因为绝大多数出卖技术的企业往往在生产经营上都遇到了困难，而导致困难局面或因产品老化，或因成本较高，也可能因为其技术本身就存在较大的问题。二是收购技术的集成和整合风险。本土企业为了建设自主的产品设计能力，拟对收购的技术平台进行集成或整合；然而，技术整合首先需要技术输出方与技术输入方的真诚配合，也需要技术输入主体具备一定的技术整合能力。不论是技术输出方的合作意愿，还是输入方的技术整合能力，在实践中往往都存在问题，进而形成较大的投资风险。因此，选择路径 2 进行技术学习和创新能力构建的企业，其投资风险总体高于选择路径 1 的企业。

综合而论，对从事复杂产品制造的企业而言，选择路径 1 开始技术学习及创新能力提升具有更高的技术经济合理性。我们可以将这种合理性总结概括为三个主要方面：一是尽早开始基于本土市场需求的自主产品设计等系统技术学习，能够充分利用行业发展初期带来的市场多元化需求、顾客对产品技术要求不高等难得机遇，并可以适时积累产品设计相关数据构建技术平台，适应当代产品设计系统化、数字化趋势；二是在产业形成一定规模、产业生态系统已经初步建立以后开展以关键零部件为主的专有技术学习，能够尽享生态系统本身带来的技术相对成熟、竞争比较充分等便利，有效降低相应投资成本及风险；三是在信息及智能技术高度融入产品和制造业全球模块化分工的背景下，以自主产品设计、确认和控制系统自主开发为主的系统性技术才是产业核心技术，是能够开创或构建一套完整技术体系和技术标准的技术，在核心技术与一般技术完全分离的情况下，必须通过产品自主设计实践才能形成内生性的核心技术，才能有效支撑建立真正的自主品牌产品。

第二节　提升企业技术创新能力的典型实践

自 20 世纪 80 年代始，中国在若干重要产业领域实施了以"市场换技术"的发展战略，即期望通过合资等形式在向跨国公司开放国内市场的同时，获得相关产业的先进技术。然而，这一战略在不同产业的实施效果不尽相同。在技术体系化程度比较低、技术复杂性也相对简单的家电等产业领域，涌现出较多成功提升了创新能力和水平、发展成为全球行业领头羊的著名企业，如以洗衣机为主导产品的海尔公司，以空调为主导产品的格力电器等。然而，在复杂产品制造领域，人们普遍认为这一战略没有取得成功。最为典型的产业就是汽车，曾经一度成为人们指责和诟病"以市场换技术"战略的典型样本（梅永红，2011）。批评中国汽车产业的基本论据是：国内市场长期由外资品牌主导，经过近 30 年的发展，本土品牌产品至今难以和外资品牌全面抗衡；在欧美市场普遍萧条的背景下，合资汽车企业中外双方加紧了技术控制和市场争夺，中方企业束手无策；丰田汽车等拟减少与中方的合作研发，在中国建立独立的研发中心。批评者引述的对比案例通常是日本和韩国的汽车企业，他们分别于 20 世纪五六十年代通过有效的技术学习获得了技术能力提升。为什么日本、韩国的汽车企业能够在相对短的时间内形成技术能力，而我国大型汽车企业的高层管理者却声称中国汽车企业真正获得核心技术至少要 30 年的时间？汽车企业的技术学习到底有哪些深层次的机理？我们将结合我国汽车工业中采用了不同技术学习路径的两个企业进行分析，剖析技术学习和企业创新能力提升的深层次机理。

一、中国汽车企业技术学习路径模式及典型案例

中国的汽车产业原本就建立在技术学习和模仿之上。作为中国汽车产业奠基者的第一汽车制造厂，在苏联的帮助下于 1953 年建立，其主导产品是解放牌载货汽车。20 世纪 50 年代开始，第一汽车制造厂生产的红旗牌轿车学习模仿了克莱斯勒的 C69 型轿车，上海汽车厂生产的上海牌轿车学习模仿了奔驰轿车。然而，这种单纯模仿的产品开发方式，由于缺乏技术支持，生产效率低、产品落后、改进困难。改革开放以后，中国汽车产业在反复权衡中选择了与跨国公司合作。1978～1983 年，由于产业基础较差、市场尚小，通用、丰田、雷诺等知名汽车企业都缺乏与中方企业合作的意愿。一直到了 1984 年，中国才建立了第一家汽车合资企业，开始了不同模式的技术学习。

（一）中国汽车企业技术学习的路径模式

概括起来，改革开放后中国汽车企业的技术学习模式主要有三种。第一种模式是中方汽车企业通过合资引进组装生产线及制造技术，实现在中国市场的汽车生产制造，并逐步提高汽车产品技术档次；在积累一定的生产经验和技术能力后，再进行自主品牌产品的开发。第二种模式是中方汽车企业在与外资企业合资引进组装生产线及制造技术的同时，共同建立面向中国市场的研发和设计机构，力图使合资公司在技术上逐步走向独立自主。第三种是一些不能实现合资的本土企业，基于最原始的技术学习和仿制，走向独立发展的自主学习之路。

1. 基于引进产品组装生产的技术学习模式

1984 年成立的北京吉普汽车有限公司是中国汽车行业第一家中外合资企业。该公司由北京汽车工业控股有限责任公司与戴姆勒·克莱斯勒公司、戴姆勒·克莱斯勒（中国）投资有限公司合资组建。原计划引入 AMC（American Motors Corporation）公司的发动机，由美方协助中国企业进行车型改进；但因中方技术太落后，美方不愿意进行技术改进，因而转向直接引进 AMC 的产品进行国内组装。2005 年 6 月，国家商务部和北京市工商局正式批准北京吉普汽车有限公司重组，变更为北京奔驰-戴姆勒·克莱斯勒汽车有限公司。北京奔驰-戴姆勒·克莱斯勒汽车有限公司按照北京汽车工业控股有限责任公司占注册资本 50%、外方占注册资本 50% 的原则组建。重组使北京奔驰-戴姆勒·克莱斯勒汽车有限公司拓展了产品品种、提升了技术能级，从原来主要生产吉普、三菱品牌的 SUV 产品和拥有自主知识产权的军车等产品，扩展到生产梅赛德斯-奔驰和克莱斯勒等品牌轿车，使其成为国际品牌众多、产品系列丰富的汽车制造企业，进一步增强了在国

内外市场的竞争力。目前，北京奔驰-戴姆勒·克莱斯勒汽车有限公司有 8 万辆汽车生产能力，其中 25 000 辆为梅赛德斯-奔驰 E 级和 C 级两大系列轿车产品。除了拥有全球面积最大、综合性最强的梅赛德斯-奔驰乘用车生产制造基地、戴姆勒公司首个德国本土以外的梅赛德斯-奔驰汽车发动机制造工厂以外，合资公司还建立了戴姆勒合资公司中最大的研发中心。北京奔驰-戴姆勒·克莱斯勒汽车有限公司已经发展成为集研发、发动机与整车生产、销售和售后服务为一体的中德合资企业。

1985 年，上海汽车工业集团公司（Shanghai Automotive Industry Corporation（Group），SAIC）和德国大众汽车公司（Volkswagen）合资建立了上海大众（SCVW）公司，这是当时规模最大（年产 2 万辆整车）、第一家外资比例达到 50%的公司。之后，第一汽车分别与大众和丰田、东风汽车与日产和标致、广州汽车与本田等均建立了合资公司。这些成立于 20 世纪 80 年代及 90 年代前期的合资企业，基本上都采用了"捆绑式"技术引进方式，即从国外系统引进生产技术装备及产品零部件，主要在国内进行生产组装。这种企图通过生产制造获得技术的发展模式，是中国汽车企业技术学习的第一种模式，如上海大众在技术上主要依赖德国大众，甚至不能对原始设计做任何改动；东风汽车初期只是组装日产汽车，甚至一度解散了自己的研发机构。

2. 并行引进产品制造与研发的技术学习模式

在第一种技术学习模式实行 12 年以后，出于获得跨国公司更多技术转移的目标，上海汽车集团股份有限公司（SAIC Motor）与美国的通用汽车公司（General Motors Corporation，GM）于 1997 年合资成立了上海通用汽车有限公司（SAIC GM，简称上海通用）。汲取了与德国大众合资的教训，双方还共同出资组建了一个专门从事技术研发的泛亚汽车技术中心有限公司（Pan Asia Technical Automotive Center Co.，Ltd，PATAC，简称泛亚中心）。泛亚中心作为一个独立的法人机构，在为上海汽车集团、通用汽车公司及他们在华投资的公司提供服务外，主要负责上海通用的工程开发，并为中国及亚太地区其他汽车企业提供技术服务。泛亚中心通过全球高速数据管理系统 TcAE 共享通用汽车的开发平台。双方合资建立研发中心的目的在于：上海通用在技术上不再完全依赖通用汽车公司，而是逐步建立自主的产品设计和开发能力。当然，泛亚中心虽然是个独立的法人机构，但实质上相当于上海通用的一个研发部门；虽然能够共享通用汽车的开发平台，但这种共享并非没有限定条件。泛亚中心总经理通常由通用汽车中国公司高层管理人员兼任。这种中方企业与合资方共同承担开发任务、人员相互交往、共享技术平台的做法，是中国汽车企业技术学习的第二种模式。

3. 基于自我品牌及自主研发的技术学习模式

除了合资企业以外，中国汽车产业中还有一些当初的"擅自闯入"者，即不受管理部门欢迎，但想方设法进入了汽车行业的企业，如吉利（Geely）和奇瑞（Chery）。由于这些企业不受当时政府管理部门欢迎，当然难以实现必须经过政府批准的合资，当时可能也没有外资企业愿意与他们合资。正是由于合资引进技术这条路径走不通，他们都无奈地走上了自主发展的道路。当然，这些企业自主发展的第一步都是技术学习，而他们的技术学习具有以下特征：第一，初期都是简单的技术模仿，基本上是通过反求工程等形式仿制市场上已有的其他公司的产品，通过粗糙、简陋的自主设计向市场推出本土化产品。第二，基于提高质量、降低成本等目标，都建立了自主的专业化研究队伍，独立开展了简单、局部的专业化技术研发，或与相关技术伙伴合作进行一些简单的零部件的专有技术研发。第三，待产品获得市场初步认同，形成了一定资金和技术积累以后，基于提高产品性能等目标，均开展了某些关键技术的自主研发，或购买国外专业机构的技术服务。第四，为了塑造品牌形象，掌握汽车核心技术及系统技术，逐步拓展了自主设计和研发规模，并适时收购国外专业汽车技术公司及品牌。吉利和奇瑞这种以自我开发为主，附之以购买专业化技术服务，乃至购买海外技术公司及品牌的做法，是中国汽车企业技术学习的第三种模式。

（二）中国汽车企业技术学习的典型案例

在前文阐述的三种技术学习模式中，除了北京奔驰-戴姆勒·克莱斯勒汽车有限公司外，当时的第一汽车（集团）有限公司、东风汽车（集团）有限公司、上海汽车集团有限公司等三大国有企业都采用了第一种模式。我们选择上海大众作为第一种模式的典型案例。上海汽车集团有限公司与美国通用汽车合资的上海通用采用了第二种模式，即在建立汽车生产制造基地的基础上，还合资建设了泛亚中心。我们以上汽通用，特别是其中的泛亚中心为第二种模式的典型案例。吉利、奇瑞等本土品牌企业采用了第三种模式，我们选择吉利汽车为典型案例。

1. 上海大众

1978 年 10 月，中国机械工业部以引进国外先进轿车制造技术为目标，邀请世界著名轿车生产商美国通用、德国大众等参与轿车项目谈判。由于当时中国轿车市场规模小、零部件生产水平低，美国通用汽车、日本丰田等均对在中国建立合资公司不感兴趣。20 世纪 70 年代后期，德国大众产品在亚太地区的市场份额直线下滑；为借助中国市场重振亚太市场，德国大众愿意与中国企业开展全面合作；承诺在提供有关技术的同时，还提供必要的资金，帮助中国企业引进完整的现代化轿车生产技术。其后的谈判几经周折，在 1982 年达成基础协议的情况下，德国大众和上海拖拉机汽车公司（上海汽车工业公司的前身）签订了试装配合同。1985年，德国大众出资50%，中方分别由上海汽车工业公司、中国汽车工业总公司和中国银行上海投资咨询公司各出资25%、10%和15%，组建成立上海大众汽车有限公司。上海大众合资的基本形式是：德国大众提供生产技术及产品零部件，上海大众负责组装，上海汽车成立专门公司负责销售。在双方合资协议附件中，专门约定了技术和专有技术转让，对合资公司引进轿车国产化及新产品开发等均做了安排。其发展历程可分为以下几个阶段。

1）提高国产化率阶段

上海大众的发展模式是从发达国家引进生产线及零部件进行产品组装，初期是典型的 CKD，即以全散件作为进口整车车型。然而，CKD 组装没有为上海汽车集团有限公司带来有效的技术转移，还使德国大众可以通过零部件价格转移利润。为此，上海汽车提出建立零部件生产企业，一方面，试图通过零部件生产及技术学习掌握关键技术；另一方面，也希望通过零部件本土化生产提高产品的国产化水平。1987年上海市政府成立支援上海大众建设领导小组，下设桑塔纳轿车（当时上汽大众组装的唯一品牌）国产化办公室，设立了上海桑塔纳轿车国产化专项基金，组建了由140多个零部件配套企业、科研院所、高校和金融机构组成的上海桑塔纳轿车国产化共同体，支持上海大众兼并了一些本土企业，初步形成了上汽大众的零部件配套体系。

到了1997年，上海大众生产的桑塔纳轿车国产化率已经达到90%，但上海汽车期望获得更多技术转移的愿望没有实现。其突出表现是：桑塔纳一个品牌连续生产近20年，德国大众一直没有将新车型引入上汽大众。在这种背景下，中国政府加速了引进其他国际著名汽车企业的步伐，上海汽车也与通用汽车建立新的合资企业，并建立了泛亚中心，探索实施第二种技术学习模式。1998年上海通用开始生产别克，1999年广州本田开始组装本田雅阁。市场竞争加速了德国大众向上海大众转让技术的步伐，陆续推出了作为桑塔纳升级产品的桑塔纳3000、帕萨特和 POLO 等车型。然而，德国大众主导技术，上海大众实际上只是汽车生产基地的状况没有明显改变。

2）谋求技术能力阶段

德国大众与上海汽车等在1984年签订的技术转让协议规定："如果合资公司决定把产品技术部门的职责扩大到设计开发工作，大众公司愿意向合资公司提供有关设计开发的资料，从而对合资公司给予支持。"然而，协议对合资公司的设计开发做出如下限定："德国大众将来的产品不能满足中国的使用要求和增加的要求，且合资公司有能力筹资和设计开发其自己的汽车，市场也表明这一设计开发是合理的"。按照这样的限定条件，德国大众很难同意上海大众独立开发自己的汽车。事实也是如此。伴随中国汽车市场竞争的日益激烈，在上海汽车的一再要求下，上海大众的技术开发工作的确在不断加强，但大多是协助德国大众做一些辅助性工程开发工作。例如，2004 年上海大众首款自主开发的桑塔纳 3000，是已经在中国市场销售 20 年的桑塔纳轿车的升级产品，产品结构及技术没有实质改变；2005 年推出的帕萨特领驭、2006 年推出的 POLO 劲情等，均是基于中国市场对德国大众开发产品的改进。即使到了 2011 年，上海大众面向全球市场推出的全新帕萨特，仍然是在德国大众主导下、基于德国大众新一代 B 级平台开发的。

　　伴随众多合资汽车企业在中国落地，特别是中国汽车市场的需求层次显著提升并日益多元化，各大汽车企业之间围绕新产品的竞争也越来越激烈。在这种背景下，德方也不得不加大了对上海大众建立自己研发能力的支持力度。在近 30 多年的发展过程中，特别是最近十几年来，上海大众在先后在上海、南京、仪征、乌鲁木齐、宁波、长沙等地建立了生产基地的同时，也建设了发动机厂、技术开发中心和模具中心等技术机构，成为中国首家累计生产轿车突破 1700 万辆的企业。上海大众目前生产与销售大众和斯柯达两个品牌的产品，覆盖 A0 级、A 级、B 级、C 级、SUV、MPV 等细分市场。其中，大众品牌车型有 POLO 家族、新桑塔纳家族、Lavida 家族、Lamando、New Passat（全新帕萨特）、PHIDEON（辉昂）、Tiguan Silk Road（途观丝绸之路版）、All New Tiguan L（全新途观 L）、Teramont（途昂）和 Touran（途安），斯柯达品牌车型有 FABIA 晶锐、RAPID 昕锐、RAPID SPACEBACK 昕动、OCTAVIA 明锐、OCTAVIA COMBI 明锐旅行车、SUPERB 速派、YETI 和 KODIAQ（柯迪亚克）。在产品研发方面，经过多年的探索与实践，上海大众已经具备了内外造型、前期开发、车身开发、发动机、底盘和电子电气集成开发，以及整车试制试验的自主开发能力。此外，公司还培养了一支高效率、高素质的开发队伍，建立了功能完善、具备国际水平的技术中心，其开发能力也已融入大众汽车集团全球开发体系。首先我们必须肯定，上海大众在建立中国汽车零配件产业、培养产业工人、锻炼管理队伍等方面取得的巨大成绩；同时，我们也必须指出，上海汽车企图通过合资获得轿车完整技术体系的愿望并没有实现。上海大众（于 2015 年更名为上汽大众）主导技术仍由德国大众控制的局面并没有改变，其所谓的自主技术体系及自主开发能力，只不过是大众汽车全球技术开发体系的组成部分而已。

　　2. 上汽通用及泛亚中心（PATAC）

　　1997 年 6 月 12 日，上海汽车集团有限公司（原上海汽车工业有限公司，现上海汽车集团股份有限公司）与美国通用汽车合资组建上海通用汽车有限公司；同日，通用汽车（中国）公司与上海汽车集团有限公司联合成立泛亚中心。泛亚中心是独立的企业实体，主要为通用汽车和上海汽车集团股份公司提供技术服务，特别是为上海通用做工程化开发。作为中国第一个合资成立的汽车研发中心，泛亚中心提供从汽车造型、工程、试验认证到生产支持全系列的汽车开发服务，立志成为"中国领先的世界级汽车设计、开发和试验服务公司"。2015年7月1日起，上海通用汽车有限公司更名为上汽通用汽车有限公司。经过20年的锻造和发展，上汽通用汽车已拥有国内领先的体系竞争力，为企业可持续发展提供可靠保障。目前，企业拥有浦东金桥、烟台东岳、沈阳北盛和武汉分公司等4个生产基地，9个整车生产厂，4个动力总成厂的全国布局，其中包括金桥凯迪拉克工厂和武汉二期工厂这两个世界领先的全以太智能工厂，企业智能制造水平处于国内领先地位。公司旗下凯迪拉克、别克、雪佛兰三大品牌汇聚了20多个产品系列、140多款车型，产品覆盖轿车、MPV、SUV、新能源车等最广泛的细分市场，满足不同消费群体的需求，同时还构建了遍布全国的1600多家营销服务网点，为消费者提供便利、周到的服务。截至2017年9月15日，上汽通用汽车累计销量突破1500万辆。更为关键的是，上汽通用汽车携手泛亚中心，在国内率先形成了完整意义上的整车与动力总成开发能力，并在新能源和车联网等前瞻技术开发领域不断创新突破。从参与全球项目分工到主导全球平台开发，泛亚中心在国际开发合作中已经扮演了越来越重要的角色。

1）泛亚中心的技术能力建设

泛亚中心从1998年别克新世纪轿车的引进项目开始，经历了引进车型吸收消化、引进车型提高改进等两个发展阶段，2000年后进入构建汽车全架构自主开发能力的新阶段。1998～2002年是泛亚中心发展的第一个阶段。1998年，泛亚中心首先接受上海通用汽车委托，承担了赛欧轿车设计开发。这是一个基于巴西通用欧宝发动机，针对中国市场需求开发的车型。历时两年多时间，赛欧成为具有强烈个性和高性能价格比的产品，成为上海通用推向市场的主导产品。赛欧项目的成功锻炼了泛亚中心在汽车再开发工程方面的能力。1998年，泛亚中心依据中国市场需求推出"麒麟"概念车，这是泛亚中心研制的第一辆成型车，锻炼了其全方位设计能力。2000年，泛亚中心为上海通用开发了第一辆电子商务车。2001年7月接受上海通用汽车委托承担君威轿车系列产品设计开发工作；2002年12月君威上市发布，标志泛亚中心首次承担中高级轿车的改型获得成功。与此同时，泛亚中心还承担了新别克内饰改型。基于引进技术消化吸收，泛亚中心逐步形成了内饰设计（interior design）、外饰设计（exterior design）、动力总成标定（PT calibration）和底盘调校（chassis tuning）等技术能力。

2003年到2008年是泛亚中心发展的第二个阶段。2003年1月，泛亚中心承担别克2.0L手动变速箱四缸发动机开发任务，开始学习关键核心技术；2003年4月，"鲲鹏"概念微型车问世，再一次锻炼了其全方位设计能力；同时，接受上海通用委托开发凯越，锻炼了其提高车型改进能力；2005年，承担上海通用委托的新赛欧车型的设计、工程化及认证工作，承担景程的本地化工作，锻炼和培育了其基于通用全球平台的全新车型开发能力。2005～2006 年，泛亚中心主导开发的全新 GL8 陆尊、凯迪拉克 SLS 和五菱鸿途相继发布；2007 年设计开发了别克未来概念车。与此同时，泛亚中心还开始了研发基础设施建设。建设实施了通用汽车全球分布式数据管理系统，建成了样车试制车间、虚拟现实中心和噪声振动实验室。基于引进技术的改进和提高，泛亚中心逐步形成了整车集成（vehicle integration）、底盘系统设计（chassis system design）、动力总成应用和开发（PT application & design）和虚拟设计（virtual design）等全新车型开发能力。

2009 年，泛亚中心进入第三个发展阶段，其技术学习也转移到汽车构架开发能力建设上。其标志性开发任务主要包括承担了第一款拥有自主知识产权的 C14 发动机的开发。在成功开发 C14 的基础上，启动了排量 1.5L 的 C15 发动机与 Global Gamma SUV 整车同步开发的 C14T 发动机的开发，还承担了 LZC W/O DOD/LZD W DOD V6 3.0L 发动机、L850 发动机的消化吸收及改进提高任务，参与了 GF6 六速前轮驱动自动变速器的整车性能测试任务等；参与了英朗、林荫大道等高档轿车开发。在逐步扩大自主研发任务的同时，也优化了技术开发流程及管理；通过设计过程中与 CAE（computer aided engineering，计算机辅助工程）的结合，初步建立和形成了发动机性能和 CFD（computational fluid dynamics，计算机流体动力学）分析、计算结构分析的框架和能力。与此同时，还完善了整车安全、制动台架、动力总成子系统等试验室建设，启动了模型加工中心、电机试验台架、底盘试验室改造、发动机台架试验室扩展等项目。2011 年，主要由泛亚中心承担的高效率"全民理想家轿"新赛欧的自主开发获得中国汽车工业科技进步奖一等奖；同年，泛亚中心获颁"国家认定企业技术中心"。2012 年，主要由泛亚中心完成的"多元集成的质量策略在汽车系统开发中的创新应用"获 2011 年度全国质量技术奖励大会一等奖。2013 年 4 月 19 日，由泛亚中心主导设计开发的全新 Riviera 别克"未来"概念车荣获国际顶级设计大奖——红点奖，随后其金桥基地正式奠基。2015 年，泛亚研发试验新中心（黑河）落成启用；由泛亚中心设计开发的雪佛兰 Chevrolet-FNR 概念车在上海举行了全球首发仪式，这也是泛亚中心首次引领雪佛兰全球概念车的设计工作。2016 年 4 月，泛亚振动噪声试验室二期落成启用，使其研发和设计物理条件支撑更为完善和系统。

在承担大量研发任务的同时，泛亚中心高度重视知识管理工作及技术开发信息系统建设，围绕全球整车开发流程，以产品生命周期管理为主线，提出了"室外-室内-虚拟"的先进开发模式，已经形成产品建模、工程分析、业务流程管理、虚拟试验及产品统一数据库等系列软件 70 多个，具备了强大的数字化开发能力。通过一系列全球和本土开发项目的历练和积累，如今泛亚中心已形成完整的整车及动力总成全过程的自主开发能力，并已具备国际水平的开发效率，在中国汽车研发业界居于领先地位。

2）上海通用的技术能力发展

泛亚中心是上海通用技术能力建设的核心主体，其与上海通用之间形成了产品需求带动研发、研发推动企业发展的良性循环。近年来，随着科技发展和市场与消费者需求的快速变化，上海通用聚焦电动化、网联化、智能化、共享化核心领域，以产品技术和业务模式的双创新为突破口，全力完善在新能源、车联网、智能驾驶、智能制造和创新服务等方面的战略布局，不断打造差异化竞争优势，力争为企业赢得未来发展主动权。首先，在新能源技术开发与产品应用上，随着凯迪拉克 CT6 Plug-in、别克 VELITE 5、别克君威和君越及雪佛兰迈锐宝 XL 全混动、凯迪拉克 XT5 轻混动等车型的陆续推出，上汽通用（上海通用 2015 年更名为上汽通用，以下使用上汽通用）新一代新能源技术迅速确立了行业领先地位，为消费者带来全面超越传统车型的 EVness 电气化驾乘体验。其次，上汽通用制定了企业 2025 车联网战略，着力推进以"云"为中心的车辆应用与服务，推广 OTA（over-the-air，空中下载技术）在线系统更新实现全新一代车联系统的不断迭代更新，前瞻构建车联生态系统，不断为消费者提供引领潮流的车联服务体验。再次，上汽通用将整合全球优势资源，加快智能驾驶及周边技术的开发与验证，引入 Super Cruise™ 超级巡航（智能驾驶）技术，率先实现有限条件下的安全自动驾驶，并推动 V2X 技术开发，让出行更加安全。未来更将结合车联网技术和高级人工智能的深入开发，逐步实现高度自动驾驶，打造最佳出行体验。同时，上汽通用在行业内提出以智慧制造驱动企业发展，积极响应"中国制造 2025"战略，聚焦数字化设计和开发、虚拟仿真及制造、制造执行系统的提升、项目/运营/知识管理的信息化平台建设。2015 年以来，启动了多达 44 项智慧制造项目。2016 年以来，金桥凯迪拉克工厂、武汉分公司二期项目陆续竣工投产，这两座通用汽车全球体系内率先应用全以太网络控制架构的智能工厂，集柔性、智能、科技于一体，代表了当今汽车制造的全球领先水平。未来，上汽通用将继续依托先进制造技术及工艺，大力发展先进产能，提升自动化率，优化工艺布局，实现最精益的运营效率。同时加快推进新一代信息技术与制造业融合，打造国内领先、国际上有竞争力的精益、敏捷、柔性的绿色智慧制造系统，全力助推中国汽车行业向智能化转型升级。

3. 吉利汽车

浙江吉利控股集团有限公司始建于 1986 年，从生产电冰箱零件起步，后发展到生产电冰箱、电冰柜、建筑装潢材料和摩托车。1997 年，吉利公司冲破政策限制进入轿车领域。这家秉持强烈创业精神、坚守"造中国人自己的汽车"梦想的企业，专注技术创新和人才培养，不断打基础、练内功，坚定不移地推动企业健康可持续发展。现企业拥有资产超过 2000 亿元，员工总数超过 12 万人，

2012年起连续九年进入世界500强。目前，浙江吉利控股集团有限公司总部设在杭州，旗下拥有沃尔沃汽车、吉利汽车、领克汽车、Polestar电动汽车、宝腾汽车、路特斯汽车、伦敦电动汽车、远程新能源商用车等汽车品牌，在中国上海、杭州、宁波、瑞典哥德堡、英国考文垂、西班牙巴塞罗那、美国加利福尼亚州建有设计、研发中心，研发设计、工程技术人员超过2万人，拥有大量发明创新专利，全部产品拥有完整知识产权。在中国、美国、英国、瑞典、比利时、白俄罗斯、马来西亚建有世界一流的现代化整车工厂，产品销售及服务网络遍布世界各地。按照企业规划，2020年实现汽车年产销300万辆，进入世界汽车企业前十强。从进入轿车领域那天起，吉利就坚持孜孜不倦的技术学习，在自主品牌开发及技术能力建设上均取得巨大成绩。

1) 吉利汽车的技术学习及技术能力构建

回顾吉利汽车的技术学习及技术能力建设过程，可将其分为两个发展阶段。

第一阶段：1997年到2002年的模仿制造。1997年，吉利通过收购四川德阳的一家汽车企业进入汽车领域，并于1998年在浙江临海市建立轿车生产基地。先是通过分拆仿制奔驰轿车造出自己的样车，但因不能达到国家安全标准而放弃；后转向低端产品，通过仿制天津汽车工业（集团）有限公司的夏利轿车推出自己的第一款两厢轿车——豪情。吉利公司确定的这一阶段的发展目标是：造中国老百姓买得起的轿车。为此，他们调动了浙江大批摩托车零配件企业的积极性，动员他们生产汽车零部件；因而，尽管吉利生产的汽车技术档次低，但具有明显价格优势，依然得到了中国市场低端客户的认同。2001年，仍然基于对其他车型的模仿，吉利公司推出美日牌新车。2001年底，有豪情、美日两个系列四款汽车登上国家发布的汽车产品目录。在中国低端汽车市场庞大需求的拉动下，2002年吉利汽车已经建设了四个生产基地。

第二阶段：2003年到2005年的自主技术体系建设。基于创立自主汽车品牌的愿望，吉利公司明确这一阶段的发展目标是"拥有核心技术造好车"。自2002年开始，他们大量招聘技术开发人员，多位同样怀着"造中国自己的汽车"梦想、原来就职于国内大型国有汽车企业的技术人员来吉利工作。这批具有扎实理论基础及丰富产业经验的技术人员加盟吉利，使其技术开发能力显著提高，并开始了以三大体系建设为标志的自主技术体系建设。一是产品技术体系，对自主开发产品进行知识提炼和加工，建立了企业所有产品的数字化模型，并首创全坐标的网络化车身设计系统；二是技术管理体系，借鉴国际主流汽车企业的经验，建立包含产品明细、产品标准、工程标准等为主要内容的现代化技术管理体系；三是产品验证确认体系，包括产品试验分析、可靠性分析和环境分析。与此同时，吉利公司高度重视利用社会创新资源弥补自身研发力量的不足，先后与韩国、德国、意大利等多个国家及中国台湾地区的汽车设计及研发公司合作，不断充实和丰富自己在汽车设计流程及规范等方面的经验；与国内的众多大学、企业开展合作，学习和获得在汽车总线体系、底盘、传动轴等关键技术开发方面的能力和知识产权。在三大技术体系支撑下，吉利初步形成了汽车自主开发能力及自主知识体系，并使其在不断的新产品开发实践中充实和发展。截至 2005 年，吉利先后自主开发了优利欧、华普、美人豹、自由舰、金刚等多个系列的多款车型，在长沙、济南等多地建立生产基地。

2）吉利汽车的技术能力提升

2006 年开始，吉利汽车的技术能力建设进入第三阶段，即进入自主技术体系及创新能力提升发展阶段。吉利公司提出"让吉利汽车跑遍全世界"的发展目标，并开展了以下三个方面工作。

一是提高自主开发产品的档次，将产品从低端向高端拓展，并逐步形成三大产品系列。自 2006 年开始，吉利先后开发了远景、帝豪等新车型。帝豪作为吉利推出的中高端产品，很快得到了国内市场的广泛认同，有望成为第一个真正意义上的中高端本土品牌。同时，吉利整合 10 多年开发的各种车型，形成了帝豪、全球鹰、英伦等三大品牌 30 多款整车产品。

二是针对自主开发能力短板，瞄准关键核心技术攻关。为了实现造好车目标，吉利在已经形成系统产品开发能力的基础上，着力弥补自身在专业技术开发能力上的短板，围绕发动机、变速器等关键核心技术进行攻关。在丰田公司发动机变相涨价和拒售的压力下，2007 年吉利自主开发的 CVVT—JL4G18 发动机装载在远景车上，获国内专业机构颁发的最佳动力奖，被权威专家认定为与日本丰田发动机技术水平相当。目前，吉利已经独立开发出 1.0L～1.8L 全系列发动机及相匹配的手动/自动变速器。

三是将企业技术创新体系与国际接轨，通过技术集成进一步提升自主创新能力和水平。作为吉利向全球化进军的重大突破，近年吉利在全球收购上大有斩获。2006 年以第一大股东身份收购英国锰铜汽车公司，在与之合作生产高档出租车的同时，也将相关技术渗透到自有品牌产品上。2009 年全资收购全球第二大自动变速器公司 DSIH（澳大利亚），有力填补了在高档自动变速器研发、生产上的空白，带动了核心零部件技术开发能力的跨越式发展，并将这些技术应用到自有品牌产品。2010 年 1 月，"吉利战略转型的技术体系创新工程建设"项目荣获"企业自主创新工程"类国家科技进步二等奖（一等奖空缺）。

2010 年 3 月 28 日，吉利收购沃尔沃轿车公司最终股权收购协议在哥德堡签署，获得沃尔沃轿车公司 100%的股权及相关资产（包括知识产权）。2010 年 8 月，吉利集团董事长李书福、福特首席财务官路易斯·布斯等出席在英国伦敦举行的交割签约仪式，吉利完成对福特汽车公司旗下沃尔沃轿车公司的全部股权收购。2011 年 1 月 25 日，沃尔沃汽车集团中国区总部挂牌仪式在上海嘉定区举行，沃尔沃汽车集团中国区技术中心也在上海嘉定区宣布成立。2012 年 3 月吉利控股集团总裁、CEO 安聪慧先生和沃尔沃汽车公司总裁、CEO 雅各布先生代表双方签字，就沃尔沃向吉利转让技术达成协议。2013 年 2 月 20 日，吉利控股集团宣布在瑞典哥德堡设立欧洲研发中心，整合旗下沃尔沃汽车和吉利汽车的优势资源，打造新一代中级车模块化架构及相关部件，以满足沃尔沃汽车和吉利汽车未来的市场需求。2013 年 9 月 13 日，由吉利汽车和沃尔沃汽车联合建立的吉利集团欧洲研发中心启动试运营。吉利汽车成功并购沃尔沃，在保留其全球业务的同时，将高端汽车带入中国市场，并在中国建立研发中心，带动吉利技术水平及创新能力整体性提升，也推动中国汽车产业结构升级。经过十多年顽强坚定的自主研发，加之充分利用国际创新资源的集成整合，吉利已经成为具有完全自主创新能力，可以与世界著名跨国公司比肩的汽车企业。

　　正是由于坚持不懈地构建自主创新能力，吉利汽车在近年获得快速发展。2014 年 4 月 18 日，吉利发布新时期的品牌战略，明确了全新品牌使命和品牌价值定位，吉利品牌建设进入新阶段。2015 年以来，吉利汽车加大推出新产品的力度，很多产品成为备受市场推崇的明星产品，其细分市场地位不断提升。例如，2015 年 4 月上市吉利博瑞，上市后销量一直攀升，单月销量突破 5500 辆，全年累积销量 32 570 辆，位居中国品牌 B 级轿车第一；自 2014 年 12 月吉利新帝豪单月销量突破 2.5 万辆，全年累计销量 206 226 辆，稳居自主品牌轿车销量冠军；2016 年上市的吉利新远景，当年实现月均销量突破万辆，与新帝豪形成 A 级市场的"双雄"。2015 年 12 月 23 日，吉利博瑞成为 C-NCAP "五星安全"的新成员，并创造了历史最高分。2015 年 11 月 18 日，吉利汽车发布"蓝色吉利行动"新能源汽车发展战略，帝豪 EV 正式上市。吉利自 2012 年首次进入世界 500 强，其后一直处于该榜单之中，且地位呈现持续上升发展态势。

二、技术学习路径及学习效果分析

　　自 20 世纪 80 年代开始，学者对技术学习进行了大量研究。例如，Nonaka 和 Takeuchi（1995）及 Barton（1995）以发达国家企业为样本，研究了企业技术学习的微观机理和可行路径；Dore（1984）、Fransman 和 King（1984）及 Kim（1997）则以发展中国家为对象，研究了企业通过技术学习实现技术创新能力提升的过程。中国学者陈劲（1994）、吴晓波（1995）和谢伟（1999）则重点研究了中国企业从引进到消化吸收的技术学习过程。Carayannis（1996）和 Carayannis 等（2006）认为，企业的技术学习是个组织知识形成和转化的过程，是通过个体、团队或组织整体将技术、管理经验融合在一起，进而改进决策机制，加强对不确定性和复杂性管理的过程。其按照操作技术、战术技术、战略技术三个层次，分别阐释了各个层次技术学习的过程及模式，并认为企业技术学习能够扩展以技术为基础的战略行为范畴，提升基于环境变化选择适宜发展战略的能力及内部管理能力，进而形成竞争优势。我们首先分析影响企业技术学习的关键因素，进而提出分析企业技术学习绩效的构架。

（一）影响技术学习的因素及绩效分析构架

1. 影响技术学习的关键因素

现有技术学习研究重点关注了技术学习者的学习行为特征及技术能力演变过程。Lee 和 Lim（2001）关注了外部环境，特别是政府政策对技术学习的作用，如图 3-16 所示。显然，这个模型对技术本身的特征重视不够。尽管 Forbes 和 Wield（2004）关注到了技术的专有性及系统性，并提出不同的技术学习路径，但对技术特征影响技术学习的机理缺乏深入研究。实际上，技术学习是一个涉及多元主体的复杂系统，既受技术领先者、技术学习者的行为特征影响，也受政府政策及市场环境影响，还与技术本身的形态及特征有关。随着科学技术不断发展，科技成果作用于产业的形式在不断变化，产业技术形态及特征也在不断更迭。产业或产品技术形态及特征越来越成为影响技术学习绩效的重要变量，很大程度上成为影响技术学习路径和模式的关键因素。因此，以下四个变量对企业技术学习有重要影响。

1）技术领先者或技术输出方

任何技术学习过程首先都需要明确一个或多个技术领先者作为学习对象。技术知识是一般是由技术领先者创造或发现的，并基于人的认知判断与选择进行了有效开发和完善，因而，作为技术知识发出方的技术领先者，是技术知识转移体系的知识供给者，在技术知识转移系统中占据重要地位，其供给意愿与能力直接决定着交易过程中知识供给的数量与质量。所谓技术知识的供给意愿，是指在一定的市场结构和交易安排下，技术知识发出方愿意提供知识的主观愿望与动机。我们知道，知识特别是专门知识不仅是一种重要的资源，同时也代表一种权势；向他人让渡或与他人分享知识就意味着削弱自身对资源的独占和权势。人们传递或转移技术知识，显然应出于一定的愿望和动机。那么，技术知识发出方会出于什么意愿转移知识呢？在达文波特和顾信文（1998）看来，人们之所以发出或展示知识，可能出于获取收益、赢得社会声誉和利他主义等动机。在企业之间的技术转移中，利益显然是技术发出方的主要追求。这里的利益是指技术知识发出方发出或展示知识所获得的回报。这种回报既包括转让或出卖知识所获得的经济收益，也包括获得与技术接收方共享知识过程中分享的长期收益，甚至还包括再与其他技术知识接收主体分享知识获得的收益。所谓知识的供给能力，是指在一定的市场结构和交易安排下，知识发出方能够提供满足需求方实际需要的知识量的水平。由于技术领先者一般是技术知识的开发者或熟悉掌握者，一般都具有较强的技术传送能力，其技术转移意愿成为影响技术学习绩效的重要变量。由于信息技术革命及模块化生产方式产生以后，技术不仅能够带来经济利益，更是实现产业控制，特别是价值控制的重要手段，技术领先者一般不会有主动的技术转移意愿；或者说，缺乏特定的利益引导和交换，技术领先者难以有积极的知识转移意愿。早期与中国汽车企业合资的跨国公司，如德国大众、日本日产、法国标致等，都缺乏积极的技术转移热情。

2）技术学习者或技术引进方

技术知识接收方是技术知识转移或交易的需求者，其需求意愿、实际接收能力决定着转移或交易过程中知识的有效需求。同时，技术学习者的学习绩效既与其技术能力基础有关，更与其学习努力程度有关，还受其学习机制的影响。

首先，技术知识的需求意愿及学习动机，是指在一定的市场结构和交易安排下，技术知识接收方愿意购买知识的主观愿望与实际动机。一般说来，后发企业购买技术知识的动机主要源于获取自己不具备或不能完成的技术支持，以增强自己的核心技术能力。正如强生公司前任科技副总裁罗伯特·Z. 高森所言："技术已经变得如此精深而昂贵，以至于世界上最大的公司也无法独自承担。"在这种动机下，不同企业购买或引进技术的追求亦有所不同：有些是为了获取技术能力，即在对引进技术进行必要技术学习的基础上，形成自己的具备市场竞争力的技术能力；有些企业是为了快速实现营利目的，通过引进适销对路产品快速占领本土市场，实现短期内利润最大化的目标。比较而言，吉利汽车等民营企业由于难以通过引进等方式获得技术，获取自身技术能力的动机则强烈；而一些国有企业，特别是大型国有企业，由于领导者不断变化，而获取短期利润为其证明业绩的最显著追求，其获取技术能力等动机则相对要弱一些。有学者曾经分析过上海汽车集团自20世纪80年组建以后前四任企业领导人的变化，其中三位最高领导人由政府官员岗位调任，工作几年后又回到政府官员岗位，只有一位由企业基层干起升至最高领导人。也只有在这位由企业基层干起的最高领导人任职期间，其表现出较大的获取自主技术能力的意愿。

其次，技术知识学习者的实际学习和接收能力包括两个方面含义：一是经济承受能力，即开展技术知识学习需要支付的经济成本或经济上的实际承受能力；二是技术知识的实际接收水平，主要是指现有的技术知识能力基础。我们知道，技术知识的接收与使用和一般物品的接收与使用有很大不同。技术知识的接收与使用，要建立在接收者自身现有接收水平的基础之上。影响企业技术知识需求能力的重要因素有企业的经济实力和技术接收能力。对于绝大多数后发企业而言，资金紧张，经济承受能力是一个显然制约。同时，企业技术接收能力水平的高低，既取决于企业现有员工的知识和技能系统、物理技术系统、组织管理系统和组织价值观与组织规范绝对水平的高低，也取决于上述这些因素与技术知识发出方的匹配程度。其中，员工的知识和技能系统、物理技术系统等也受资金制约的影响。由于改革开放之后中国汽车企业的整体技术水平较低、技术能力基础较差，技术学习努力程度能够更好地反映技术学习者的主观能动性，也对技术学习绩效有更为重要的影响。

最后，技术学习努力程度直接体现为实际开展的技术学习实践活动，特别是在技术学习上所付出的费用。依据韩国和日本企业的技术学习经验，每支付 1 个单元的技术引进费用，需要用 7～10 个单元的消化吸收费用，才能获得真正自主的技术改进和创新能力。比较而言，国有企业的经济承受能力、技术能力基础均好于民营企业，但在技术学习努力程度上明显弱于民营企业。与存在较大生存与市场竞争压力的吉利、奇瑞等公司相比，上海汽车、东风汽车、第一汽车等国有企业的技术学习努力程度明显要低得多。明显的事头是，合资以后的国有汽车企业绝大多数解散了原有的研发队伍，而吉利、奇瑞等民营企业将这些研发人员引进到自己的企业；吉利、奇瑞投入大量资金进行技术学习，并努力构建自主技术体系，而合资的国有汽车企业绝大多数长期依靠外方技术、外方品牌，均未建立起自主的产品开发体系。

3）政府政策及市场环境

不论是技术领先者的技术转移意愿，还是技术学习者的技术学习努力程度，都与政府的政策及市场环境有关。对技术引进国家而言，政府通常会以国产化程度、国际市场销售率等对引进技术企业提出明确的技术学习要求，也会以多种形式对技术学习提供必要的支持和帮助，还会对技术输出企业提出限定性要求。当技术引进国家面临激烈的市场竞争环境时，技术领先企业会提高技术转移的意愿，技术学习企业也会加强技术学习的努力；反之，当技术引进国家通过保护措施使市场缺乏有效竞争时，技术领先企业会降低技术转移意愿，技术学习企业的学习动力也会逐步丧失。

分析近 30 年我国政府在汽车领域的产业政策，由于前期实行较多管制，特别是准入及配额的管制，国有合资企业比较舒服地享受了中国庞大市场的便利。尽管也提出了零部件国产化率等指标，但并没有对技术能力提出明确要求，更没有像当初韩国政府那样，对合资汽车企业的产品国际市场销售率提出要求。同时，中国企业市场处于快速形成和增长阶段，绝大多数时间处于卖方市场，汽车生产企业处于可以控制市场的相对垄断地位。正因如此，一款桑塔纳能够在中国市场坚持 13 年不做任何改变，其能够卖出比欧美市场高得多的价格。正是在这种政策和市场环境下，外资汽车企业与大型国有合资企业一道，分享了中国由汽车消费起步到发展成为全世界第一大消费市场的盛宴。还有几个民营企业顽强地生存，并利用大企业留下的市场缝隙成长，充分把握了中国汽车市场及产业成长的"额外"机遇，成为中国汽车市场中的竞争主体。

4）产业技术形态与特征

不同产业技术具有不同形态、呈现不同特征，进而对技术学习路径提出不同要求。伴随科学技术的不断变化，特别是计算机及控制技术在社会生产领域得到广泛应用，汽车等产业技术出现三个明显趋势，对企业技术学习造成重要影响。一是产业技术体系化及标准化趋势，即产业技术不断吸纳和融合新技术知识，通过发散和收敛等调试和构建过程，逐步形成技术体系，并借助知识产权等构成产业技术范式或技术轨道。以技术范式为体现形式的产业技术体系化趋势，提高了后发企业技术学习的门槛和难度。二是产业核心技术与一般技术、控制技术与功能技术分离趋势，即在产业分化和整合交织发展的动态过程中，优势厂商利用自己的技术积累和竞争优势，凝练和培育出产业核心技术，并围绕核心技术重构产业技术体系，进而形成产业主导设计；同时，主导厂商借助模块化生产等方式，实现核心控制技术与一般功能技术生产及存储的有效分离，如计算机操作系统技术与计算机构件技术的分离。这种核心技术与一般技术分离的趋势，使得后发企业获得产业核心技术的难度剧增。三是产业技术开发的智能化及平台化趋势，即产品设计及关键技术创新越来越依赖大量经验数据的积累、通过智能化的知识平台完成，如汽车设计及控制系统的开发等。

同时，经过 100 多年的发展，汽车产业技术也由早期的技术发散（多元技术方案涌现期，突出特点是竞争）到中期的技术集聚（技术向少数可行性较高的方案聚集，出现技术收敛、集中趋势），再到技术高度收敛（产业技术形成主导设计或标准，形成高度集中、收敛形态）。对于目前的汽车产业技术而言，没有智能化知识平台的有力支撑，核心控制技术开发难以完成。然而平台技术掌握在少数几个大型跨国公司手中，处于高度收敛状态。同时，平台技术具有集聚及正向反馈效应，即平台数据要积累到一定程度才能发挥作用；而当平台发挥作用后，平台越有效率越容易聚集数据，聚集数据越多则平台越有效率。这种正向反馈使领先企业很容易形成赢者通吃格局，而技术学习者处于后发劣势。显然，此时的产业技术学习处于相对较难的发展阶段。

2. 技术学习绩效的分析构架

基于上述分析，我们提出一个包含五个维度的技术学习分析构架，见图4-3。既考虑政府政策及市场环境等外在因素影响，也考虑技术领先者及技术学者的行为特征，特别是基于汽车技术的基本趋势和特征，结合 Carayannis（1996）的三层次模型及 Forbes 和 Wield（2004）的技术学习路径模型，分析中国汽车企业技术学习路径选择的合理性，进而分析其技术学习绩效。

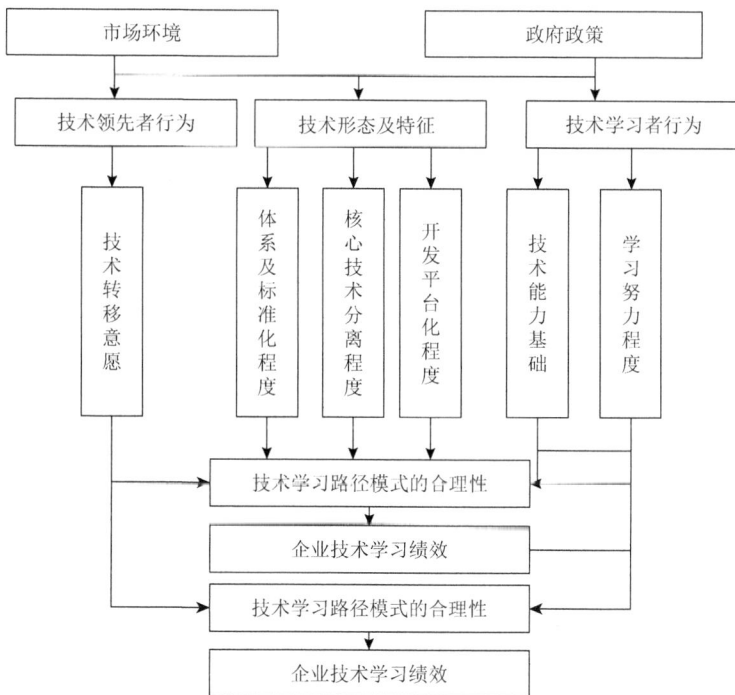

图4-3　企业技术学习分析构架

（二）不同技术学习路径及绩效分析

不同类型的企业采用了不同的技术学习模式，这种模式可以归结为技术学习理论模式中的不同路径。技术学习路径不同，企业技术学习的绩效也应有明显差异。针对上述几个案例企业，我们对其技术学习的绩效进行比较分析。

1. 案例企业的技术学习路径分析

按照 Forbes 和 Wield（2004）提出的理论框架，将不同的技术学习模式归结为不同的技术学习路径；不同的技术学习路径具有不同的起点和技术学习主要对象。就汽车技术而言，既包括对应汽车整体构架及运作的系统性技术，如汽车规划及设计技术等，也包括对应特定构件或子系统的专业化技术，如变速箱技术等；既有支撑汽车特定操作及运动、发挥肢体作用的功能性技术，也有控制和引导汽车运转、发挥头脑作用的控制性技术。在模块化生产方式下，汽车生产制造技术和设计开发技术实现了分离，专业化技术与系统化技术实现了分离，功能性技术与控制性技术实现了分离。同时，汽车设计与研发都已经实现高度平台化，具体体现在两个方面：一是对同一底盘技术（包括发动机、变速器等）进行系统规划及标准化管理，使之成为车身及系列产品设计的基础和依据；二是对基于同一底盘的技术设计及开发数据与经验进行持续积累和加工、管理，使之成为建立开发模型、开展模拟试验、优化及创新产品设计与开发的知识基础。汽车技术的基本特征对企业技术学习路径提出了限定性要求：只有自主的技术开发实践，才能形成居于战略层次、系统性的技术创新能力，也才能积累和形成自主的技术开发平台；通过零部件组装只能获得操作层次的生产制造技术，甚至难以获得战术层次的专有性技术。

1）上汽大众技术学习路径

上汽大众的技术学习路径类似于图 4-2 中的路径 2。在经过一段时间的组装生产、基本掌握了汽车装备技术以后，开始进行零配件生产，力图获得专有性的关键零部件技术；在具备零部件生产能力，包括发动机等重要零部件的研发生产和制造能力后，又开始开发基于中国市场需求的车型，力图形成自主品牌产品。在这个技术学习过程中，作为中方出资者的上海汽车集团有限公司在技术上没有主导权，进而在技术学习上也难以实现自己的意愿。这条路径之所以没有顺利达成技术学习目标，根本原因在于上汽大众没有独立的技术开发及学习权利。也就是说，上汽大众的技术学习从成立之日起就被限定在操作层次，而战术层次、战略层次的技术学习必须得到德国大众同意。按照上海汽车集团有限公司的想法，通过零部件组装获得生产制造能力，通过技术专有化获得零部件研发和制造能力，在获取零部件研发和设计能力的基础上实现自主产品的开发。然而，全面掌握专有技术并不等于同时具备系统技术能力；因为在信息技术革命及模块化生产方式推动下，汽车等重要产业的系统技术（包括规划设计、控制系统开发）高度依赖数据平台，而数据平台依赖以往设计和开发的数据积累。对上汽大众而言，不论是引进车型改进及本土化设计，还是发动机等专有技术开发，都是基于德国大众技术平台，甚至是在德国大众主导下完成。由于上汽大众没有建立独立的技术平台，自然难以实现相关数据的积累，进而难以获得系统性技术。实际上，作为技术学习方的上海汽车集团，只是通过合资参与了生产装备，参与了技术改进和合作开发，难以形成系统性的产品规划及设计能力，不可能积累和形成自主的技术平台，也不能获得基于技术平台的发动机及动力系统等专有性、标准化核心技术。

2）上汽通用及泛亚中心的技术学习路径

上汽通用所属的泛亚中心的技术学习路径实际上也相当于图 4-2 中的路径 2。上汽通用由同为上汽大众的中方出资者——上海汽车集团股份有限公司和美国通用汽车公司共同出资建成。泛亚中心应中方出资者要求而建，主要是为了快速实现技术学习目标。尽管泛亚中心是一个专业研发机构，没有生产制造能力；但作为技术学习者的上海汽车在上汽大众已经积累了生产制造能力，加盟泛亚中心的上海汽车技术人员主要来自上海大众；同时，泛亚中心主要服务于生产制造型企业——上海通用。因而，泛亚中心的技术学习路径体现了中方出资者的努力。

泛亚中心的技术学习首先从专有性技术起步，早期主要是汽车内饰、外饰、动力系统认证等较低层次技术，然后是动力系统应用等较高层次技术；接着进行了基于本土市场需求的车型改进开发，直至升级为发动机及新车型研发。泛亚中心的技术学习起点高于上汽大众，也具有独立的技术开发及学习权利，但其缺陷在于没有建立独立的自主技术标准体系及技术平台，使自主开发（活动）的独立性受到美国通用汽车的抑制。同时，由于其主要服务对象为上汽通用，而上汽通用的技术主导权在美国通用汽车，也在一定程度上抑制了泛亚中心的技术需求。因而，泛亚中心尽管形成了发动机等专有技术开发能力，也能够独立开发车型；但由于这些开发均基于美国通用汽车平台，尚未形成具有自主知识产权的汽车技术体系。

3）吉利汽车的技术学习路径

吉利公司的技术学习路径实际上是图 4-2 中的路径 1。尽管吉利公司起步阶段并没有贴牌生产，但实际上依靠采购各种零部件进行组装。发展初期，企业甚至没有基本的技术力量，主要是把其他品牌汽车拆解仿制。然而，中国低端的汽车消费者及当时的市场环境给了吉利生存的机会。当市场表明如此低端的汽车也能销售时，吉利开始了基于中国市场的系统性技术积累，即自主品牌车型的设计和研发，并为此招聘了大量技术人才。尽管这种设计和开发比较原始和低端，但却开启了吉利公司自主技术开发的历程。正是这种探索性设计及开发实践积累的经验，经过专业人才的加工成为自主研发平台的基础。在推出几款基于本土市场需求的车型后，吉利又基于市场压力开始了发动机、变速器等专有技术研发，力图通过核心零部件的改善提升品牌自主性及质量。受制于技术平台档次，吉利在提升品牌自主性及质量上遭遇了瓶颈；为此，他们把视野拓展到国际市场，先后收购了英国锰铜汽车公司及 DSIH（澳大利亚）公司，将这些先进技术集成到本土技术体系上，并对原有产品系列进行整合，快速提升了专有技术及系统性技术的能力和水平。2010 年，吉利公司又成功收购沃尔沃汽车公司，成为唯一拥有世界高端轿车品牌的本土公司；并力图通过沃尔沃轿车技术与吉利公司技术的融合，将吉利公司自主品牌车型提升到一个新的台阶。吉利公司技术学习的起点很低，但由于采用了正确的技术学习路径，既形成了自主品牌车型的系统性开发能力，也掌握了发动机、变速器等专有技术，成为中国汽车企业技术学习中少有的成功者。

2. 案例企业的技术学习行为分析

上述三个案例中，上汽大众及泛亚中心的技术学习主体实际上都是上海汽车，对比其与吉利公司技术学习上的差距，主要在于技术学习行为存在明显不同。

1）吉利公司

吉利公司是一家民营企业，其创始人李书福以"造中国人自己的汽车"为追求进入汽车行业。在吉利公司早期发展过程中，李书福信守"不合资、不依赖政府"两个原则。不合资具有两个方面的效应：一是保证了吉利公司独立的技术发展权，可以建立自己完整的技术体系；二是技术学习不受特定技术领先者限制，可以充分利用市场机制及全球市场获得自己想要的技术。不依赖政府则表明了李书福坚定的企业家意志。正是"造中国人自己的汽车"的梦想及李书福突出的企业家禀赋，使起点最低、基础最差的吉利公司很快便集聚起国内一流的技术开发队伍。正是在这群技术人才的帮助下，面对严峻的生存考验，吉利公司深究汽车技术发展规律，在进行自主产品开发的同时建立了自主的技术平台，并投入重金进行发动机、变速器等关键技术研发，摆脱了在技术上受制于人的局面。在形成独立的技术体系及一定的技术能力后再行技术收购，保证了企业具备了以自有技术体系为主进行集成和整合的能力，有效促进了购买技术与自有技术体系的兼容和协同。

2）上海汽车

上海汽车作为一家国有企业，在技术学习上经受过挫折，上海汽车在早期（2006年以前）的发展过程中进步迟缓的主要原因在于既缺乏技术学习的主动性，也缺乏对汽车技术演化规律的深入研究。

上海汽车的技术学习主动性不足有三个证据：一是合资之初完全放弃了技术学习主导权，二是在政府强力推动下才开展桑塔纳轿车国产化工作，三是在盈利极其丰厚的情况下研发投入占销售收入比例远远低于吉利公司（2004年以来，吉利公司这一比例一直在5%以上，2008年达到10%以上；而上海汽车绝大多数年份比例低于2.5%，最高年份只有3%）。

上海汽车对汽车技术演化规律缺乏深入研究表现在：一是对汽车核心技术与生产制造技术分离缺乏清醒认识，幻想从装备生产中获得技术；二是对汽车设计及研发高度依赖平台技术缺乏深刻认识，幻想通过掌握零配件技术获得汽车系统性技术；三是对汽车规划设计技术及技术主导权的重要性认识不够，盲目放弃技术主导权及自主品牌设计实践。

正是由于将技术主导权完全交给外方，或高度依赖外方的技术知识及平台，抑制了企业内部的技术创新活动，失去了对汽车技术演变趋势进行研究的兴趣和动力，导致多年的技术学习只能在外方设定的轨道内进行，难以形成完整的自主技术体系及平台。也正是由于通过上海大众、泛亚中心进行的技术学习都没有实现建立自主技术体系的目标，特别是希望在德国大众或通用汽车品牌基础上改造开发自主品牌产品的愿望遭到拒绝后，上海汽车开始了海外收购。

2002 年，上海汽车收购了韩国双龙汽车公司，曾以 50.91%的股份获得其技术、资产、品牌等控制权，后因双龙公司工会反对等原因导致巨额亏损，被迫放弃了对其控制。2004 年收购 MG-Rover 两款车型及全系列发动机知识产权，但由于缺乏独立技术开发经验和能力，难以对 MG-Rover 的知识进行有效整合和利用，聘用了原 MG-Rover 总工程师在内的 150 名外籍工程师，并在英国建立了技术研发中心。上海汽车目前的自主品牌车型开发及发动机开发，主要是在 MG-Rover 的成熟平台上进行。上海汽车为技术收购前后累计投入 100 亿元人民币。上海汽车的经历说明：缺乏对汽车技术演变趋势的深刻分析，缺乏技术学习的主动性及自主研发的动力，技术学习必然遭遇挫折并付出巨大代价。

3. 案例企业的技术学习绩效比较

汽车技术是高度复杂化、信息化的技术体系，特别是控制技术在汽车上的大量应用，已使轿车成为高度自动化的产品。汽车技术已高度收敛到以底盘、发动机、变速器及控制系统等为核心的技术体系，并且发动机和底盘等通过一系列参数形成严格的技术标准。因此，相对于 20 世纪 60 年代而言，当今汽车技术的体系化及标准化程度、一般技术与核心技术分离程度和产品设计及研发的平台化程度等都大幅度提高，技术学习的难度明显增加。就技术学习主体而言，技术学习的目标在于获得自主的汽车开发能力。因而，有效的技术学习至少应该形成以下三种能力：一是汽车系统性技术开发能力，主要表现为能够独立开发新车型并获得市场认同，形成自主品牌；二是形成汽车专有性技术开发能力，主要表现在能够独立开发发动机、变速器等核心关键技术，形成自有技术标准；三是通过产品自主开发实践中的知识积累及提炼，形成汽车技术开发平台，能够支撑持续的产品研发。

为了比较采用不同技术学习路径的三家案例企业在技术学习上的绩效，我们对上述的三个能力进行分析。在比较分析中，以企业独立开发的新产品数量来表达汽车系统性技术开发能力，以自主开发的发动机、变速器系列及技术水平来表达专有技术开发能力，以形成的技术开发平台来表达企业在持续、自主创新方面的能力。当然，体现技术学习绩效的还有一些显性知识成果，如企业获得专利的数量、企业高水平技术专家数量等。汇总上述分析，三个案例企业的技术学习绩效如表 4-1 所示。

表 4-1　企业技术学习绩效

技术学习绩效	上汽大众	泛亚中心	吉利
开发新产品数量	合作开发 2 个品牌系列 11 种车型	利用通用汽车平台自主开发 5 款新车，改进提高 6 款车型	自主开发了 3 大品牌系列，30 多款车型

续表

技术学习绩效	上汽大众	泛亚中心	吉利
发动机技术	依托开发	本土开发两款小型发动机，联合开发 2 款，改进 2 款	综合拥有 CVVT、DCVVT 技术的 10 个型号自主开发产品，达国际一流水平
变速器技术	引进	引进	具有世界领先水平的两款自主开发产品
技术平台自主性	没有技术平台	平台不完整	自主的技术平台
技术平台完整性	没有技术平台	没有自主平台	完整的技术平台
拥有发明专利/项	13	5	340
拥有国际专利/项	0	0	30
院士/高水平专家/博士/人	0/0/25	0/3/36	3/300/60

资料来源：上汽大众及泛亚中心数据来自企业内部报告，吉利数公司据来自企业网站及相关报道。该数据截至 2012 年

可以看出：三家企业技术学习绩效的差距很大。吉利坚持采用自主品牌、自主开发模式，获得了最好的技术学习效果，不仅形成独立的车型开发能力，也掌握了发动机、变速器等关键核心技术，并通过国际收购及技术整合、集成，使自主技术开发能力显著提升，独立开发的高端轿车，包括变速器、发动机等均已经达到国际先进水平。从获得的显性知识成果看，吉利公司获得的专利是上汽大众的 26 倍多，是泛亚中心的 68 倍；其中国际专利 30 项，而上汽大众和泛亚中心均为 0。从研发队伍看，吉利公司高水平专家数量是泛亚中心的 100 倍，而上汽大众为 0。同时，吉利公司的博士数量也远高于另外两家公司。泛亚中心通过合作研发使技术学习在高起点起步，通过大量的车型改进及开发实践，基本形成了完整的汽车开发能力，并建立了完善的知识管理及技术开发信息系统；但由于利用通用汽车全球平台，没有形成独立的汽车技术开发平台，其技术开发独立性受到影响。上海大众试图通过装配汽车获得技术的努力没有成功，后来与德国大众开展了一些合作研发，但一直没有获得独立的技术开发主导权；尽管成立 26 年累计投入研发经费 67 亿元，也形成了一定规模研发队伍及平台，但主要开展了车型改进等工程性技术工作，尚未形成独立的技术开发能力，也没有独立的汽车技术开发平台。

4. 关于企业技术学习的总结

企业技术学习是个复杂的系统工程，特别是学习汽车这样高度复杂的技术体系，需要统筹规划、持续推进。通过中国汽车企业技术学习绩效的比较研究，可以得出以下结论。

第一，坚定的学习目标及学习主动性是影响企业技术学习绩效的关键因素。在中国汽车企业中，吉利公司起点相对较低、基础较差，但却取得了相对较好的技术学习绩效，关键在于其具有坚定的技术学习目标，进而产生积极的学习主动性。由于具有主动学习的强烈愿望，吉利公司坚持自主研发，牢牢把握技术发展主导权，在经济实力并不宽裕的情况下坚持大体量研发投入；同时，积极探索和把握汽车技术发展趋势和规律，使企业技术开发、技术收购等均建立在科学系统的技术发展战略之上。然而上海汽车在技术学习上的挫折，恰恰是因为其技术学习目标不明确、主动性不够，对汽车技术演变规律认识不深入，进而缺乏系统的技术学习规划和持续稳定的技术学习行为。

第二，产业技术发展趋势及特征对企业技术学习路径有限定性作用。由于汽车设计与开发的平台化趋势，基于底盘、发动机及变速器等的技术标准成为建立汽车自主技术体系的重要基础；失去平台的独立性，难以形成持续稳定的自主创新能力；而建立这种基础，只能依靠大量的自主设计与开发实践。同时，技术开发实践也是建立技术集成及整合能力的重要基础。吉利公司正是基于对汽车技术演变规律的认识和把握，才及时开始自主品牌汽车设计和关键零部件自主研发，技术学习路径契合了汽车技术学习的内在要求。上海汽车在经历上海大众、泛亚中心两次学习经历后才收购 MG-Rover 汽车技术平台，并需要英国工程师的帮助才得以有效利用，再次证明了技术能力的内生性特征。

第三，充分利用全球创新资源是提高企业技术学习效率的有效手段。不论是吉利公司还是上海汽车，尽管两者的技术学习模式及路径不同，但都包含了对全球创新资源的广泛利用。吉利公司在自主研发的基础上，一直充分利用韩国、意大利等国家创新资源及先进技术，特别是通过收购 DSIH（澳大利亚）公司及沃尔沃公司，极大提升了变速器等技术的开发能力和水平，提升了品牌的整体形象。上海汽车的技术学习主要建立在对海外技术的引进和消化吸收上，更是充分利用了全球资源。当然，利用全球创新资源必须立足于建立自主创新能力和自主产业技术体系。单纯出于占领市场、获得赢利，将使自身的持续发展能力受到抑制。

第五章　企业技术创新能力构建模式与路径

由于企业技术创新能力呈现多层次、多类型特征，且不同层次、不同类型的企业技术创新能力具有不同的形成规律，从理论上说，构建企业技术创新能力有多种模式。显然，为了有效构建企业技术创新能力，首先需要从理论上研究其合理构建模式。其次，从企业技术创新能力构建的实践考察，不同行业、不同类型的企业，在构建技术创新能力的路径选择上存在很大不同。例如，国内高端装备制造企业，大多采用了引进技术—消化吸收—自主创新的路径模式，而生物医药企业大多采用以产学研合作为主要形式的自主研发和创新模式。最后，企业技术创新能力的构建与其所处的情境和时代有关。美、欧、日等国家和地区的企业，在工业时代开始构建企业技术创新能力，其与在信息时代才开始该项工作的后发国家显著不同。因此，本章将首先研究和总结构建企业核心技术能力的理论和实践模式，然后分析企业技术创新能力构建的成功案例。

第一节　构建企业技术创新能力的主要模式

因为不同类型的企业技术创新能力具有不同的形成规律；同时，各种类型的企业技术创新能力都具有相同或类似的构成要素。因而，可以依据技术创新能力形成规律及构成要素，对其构建模式进行理论分析和归纳。基于理论和实践总结，可以将企业技术创新能力构建模式分为三个视角：一是核心依托视角，即以什么要素为核心依托构建企业技术创业能力。核心依托一般是组织的自有资源，可以被组织自主支配。依托自有核心资源构建的企业技术创新能力，一般也具有可靠性和持续性。二是创新活动组织方式视角，即以什么样的组织方式构建企业技术创新能力。从创新组织方式讲，既有封闭式的内部一体化创新方式，也有广泛利用外部资源的开放式创新方式。三是创新活动参与主体视角，即动员或组织哪些主体参与企业技术创新能力建设，这些主体包括企业研发人员，也包括以企业内部所有相关人员，甚至包括组织外部可以利用的一切人员。

一、核心依托视角

企业在技术创新能力构建中，都要依托人才、物理技术基础、管理及文化等基本因素；其中，有些因素起核心依托作用，有些因素起协同保障作用。不同企业、在不同发展阶段，在构建技术创新能力过程中依托的核心要素并不一样；因而，以核心依托进行分类，就形成不同的企业技术创新能力构建模式。一般说来，可以构成企业技术创新能力构建核心依托的要素主要有三类：一是关键人才及团队，二是独占技术、资源或产品，三是卓越的企业管理。其实，上述三种要素紧密联系、相互作用、难以截然分开。独占技术、资源或产品离不开人才的作用和支撑，卓越的企业管理也由人才构建和维系，特别是卓越企业家。之所以做出上述区分，只是想反映哪些要素在不同类型企业技术创新能力构建及持续改进中，作用更为基础、重要和久远。

（一）依托关键人才构筑企业技术创新能力

纵观世界上构筑起一流创新能力的优秀企业，特别是居于全球引领地位的优秀科技企业，绝大多数得益于关键人才的作用，关键的创新型人才奠定了企业创新能力的基础和基因，成为企业技术创新能力构建与发展的核心依托。关键人才既包括优秀的创业企业家，如英特尔的罗伯特·诺伊斯、华为的任正非、比亚迪的王传福、微软的比尔·盖茨、苹果公司的乔布斯等；也包括杰出的技术天才，如苹果公司的沃兹尼亚克、北大方正的王选院士等。因为技术天才通常与关键技术共同发挥作用，我们这里的关键人才主要指优秀的创业企业家；其中，也包括融技术天才与创新企业家为一身的少量杰出人才，如比尔·盖茨、罗伯特·诺伊斯等。

1. 优秀企业家是企业创新能力建设的重要依托

我们这里所说的企业家并非指所有的企业高层管理者。正如著名创新经济学家熊彼特所言：经理人并不都有资格被称为企业家，只有对经济环境做出创造性的反应以推进生产增长的经理人才能被称为企业家。也正因如此，很多由不能称为企业家的经理人领导的企业，严重缺乏创新精神，不可能开展真正意义的创新活动，更不会形成创新能力。那么，为什么优秀企业家能成为企业创新能力建设的重要依托呢？根本原因在于其既是企业创新能力的重要载体，也是企业创新能力的构造主体。

之所以坚持上述认知，主要基于以下三个理由：第一，在绝大多数企业创新能力构成要素中，企业家是具有决定作用的核心要素。也就是说，作为生产要素的重要组合者和配置者，企业家在企业创新能力构成要素的组织和配置中，居于核心决定地位。第二，就企业创新而言，很多技术创新成果由企业家推动，其商业化应用由企业家决策并实施。也就是说，尽管多数技术创新起源于天才的创造者，但需要有果断决策和良好运作管理能力的企业家来经营和运作。第三，企业战略、组织、制度及商业模式等创新均由企业家承担和完成。当然，企业家能够成为企业创新能力的核心依托，主要在于其具有超越一般人的商业禀赋和管理能力。具体而言，优秀企业家都有哪些特殊禀赋和能力呢？

1）创业激情和敏锐洞察力

能力是个体或组织完成某种任务的一种潜力和可能性。就特定个体或组织而言，能力既有来自先天禀赋的客观性，也有来自后天努力的主观性。具有强烈创业激情、创新意愿的人往往会更多关注创业、创新机遇，更在意创业、创新成功与识别的案例，也更加留意修炼自己完成创新创业活动的能力。对企业家而言，创业激情驱动其培育敏锐洞察力，而敏锐洞察力有助于其把握创新创业机遇，并及早确定事业发展方向。在熊彼特看来，"创造性毁灭者"是企业家最合适的标签和最明显的标志。他们的个性中具有强烈的创业欲望，引致其形成旺盛的创业激情。企业家会以自己的业务设想和雄心，开创属于自己的商业天地；而且永不满足已有的业绩，不断开拓进取、持续奋斗。显然，强烈的创业动机（包括内创业）和旺盛的创业激情是创新创业成功的重要基础。放眼全球企业，这样的例子比比皆是。如果乔布斯没有"活着，就要改变世界"的伟大抱负和强烈的创新创业意愿，他就不可能在被自己创立的公司驱逐后持续创造出多个创新成果。如果李书福没有强烈的创新意愿和激情，就不可能承担重大经济和政策风险"造中国人买得起的汽车"，更不会有后来持续不断的国际收购，成为中国汽车产业中令人尊敬的人物。

把创业激情、创新意愿转化为实际行动，不仅依赖个人的创造性灵感，更依赖对现实需求的敏锐洞察和把握，来自对以创新支撑发展、引领发展的坚定理念。马克思说：瓦特伟大之处并不在于他发明了发动机，而在于他第一个洞察发动机为人类社会所需要。很多创业企业在创业初期，大都是利用大企业的竞争缝隙，通过开发新技术和新产品及提供有效的技术服务，从而占领"缝隙市场"。敏锐的洞察力，恰恰是成功企业家不可或缺的标配。李书福首先预见到了改革开放后摩托车产业的市场机遇，然后预见到了汽车逐步进入中国老百姓家庭的重大机遇，还在 2002 年前后预见到了沃尔沃在下一次金融危机时会被福特率先出卖的机遇。这种洞察力，使吉利汽车公司在许多关键市场节点把握住了时机，也引导和孕育了整个企业行程强烈的机遇意识。因而，企业家在整个企业创新能力构建中作为一个内核，并依托其不断凝练共识、聚集人才、形成机制，使得由个体能力转化和升级为组织能力。

2）商业悟性及价值构造能力

所谓商业悟性，是指把握行业发展规律、洞悉商业内在本质，凝练企业核心价值的能力。企业家并不一定是技术专家，李书福、马云等都不是技术人才，但都具有良好的商业悟性；他们不一定能完成行业内的技术创新，但他们能够领悟行业的发展趋势，把握行业的发展脉络，抓住行业的价值所在，引领行业的发展方向。因此，企业家往往是商业模式的创造者、资源的集成者。企业家在商业悟性及价值构造上的能力将引导企业建立科学、理性的思维和文化，按照商业活动的本质要求聚集资源、开展活动。企业家的商业悟性既来自行业经验的积累，更来自个人商业天赋基础上的思考。很多实践表明，经验和阅历是创业者取得成功的重要基础，从失败中得来的教训、在过去的行业中积累的经验，以及头脑中积累的为保证事业成功而不可少的知觉知识，都是创业的成功关键因素。但是，现今的商业奇才比尔·盖茨、戴尔都由学生转变为创业企业家；被称为硅谷创业投资之父的洛克，在 23 岁时就成为业界精英，完成了对英特尔等的经典投资。显然，以如此年轻的经历，他们不可能积累多么丰富的行业经验；但他们具有非凡的商业天赋和勤于思考的禀赋。因此，天赋基础上的理性思考和提炼，是优秀创业企业家商业悟性的更主要来源。

把对商业逻辑的感悟转化为可以执行和操作的商业模式，是很多企业家的重要禀赋，也是企业家有别于社会其他人群的重要区别。洞察机遇不易，将洞察到的商业机遇通过创造性的资源组合进行开发，并使其构造的产品或服务得到市场认同更为复杂。很多新兴技术和产业领域，往往是发现商业机遇的人不少，但将其转化为可行的商业模式的人却不多。如当初的电子商务行业中，出现过很多探索性公司，易趣等公司甚至一时还占得过先机，但由于在盈利模式探索和构建上没有实现创新，而是跟随和模仿美国的 eBay，进而接受了 eBay 的收购。相反，马云创建的淘宝网构建了 C2C（customer to customer，个人对个人）平台的新型商业模式，最终得到了快速发展，并实现了对 eBay 等先行企业的超越。又如，药明康德公司的创始人李革是组合化学和药物化学领域的资深化学家，他曾成功地利用"组合化学技术"发现了多种药物前体化合物，其中有 3 个化合物进入美国不同阶段的临床试验，拥有 40 多项发明专利。他和创业团队希望用自己掌握的先进技术为制药企业提供研发服务，进而通过创业实现技术的商业价值。然而，化合物筛选等涉及制药企业的药物研发方向，过去都属于企业的商业秘密。没有商业模式的创新，难以让制药企业将这样的业务外包。因而，李革与创业团队做出了"专心做药物研发服务、自己不做药"的承诺，同时建立针对不同委托企业的保密制度，进而形成了能够被制药企业接受的商业模式，实现了药物研发业务的快速发展。这种商业模式创新基于企业家对商业活动本质规律的认识，是商业悟性与价值构建能力的有机组合。

3）职业意志和谦逊之心

在对创新创业成功人士的诸多研究中，人们发现智力并非最关键因素。有些人智商未必非常出色，但却在创新创业中取得重大成功。人们通常认为情商是比智商更重要的成功变量，是决定一个人成功与否的关键因素。其实，情商也没有我们想象的那么重要，真正在开创与经营事业中起关键作用的是人的毅力。能否在挫折中百折不回、勇往直前，是决定创业成功与否的关键变量。因而，对创新创业企业家而言，最为关键的品质之一是坚定的事业追求和职业意志。海尔起步时是一个没有什么资源、资金匮乏、银行不愿贷款给的集体企业，引进的德国设备因缺钱把自动化的部分去掉了，改成了人工设备；人才更谈不上了，企业无一个工程师，大学生凤毛麟角。在这样的条件下，海尔从无到有，从小到大，从弱到强，其中多少挫折、辛酸，在这样的基础上打造一个世界型企业，张瑞敏的毅力非同一般。李书福的汽车梦遭到多次无情封杀，毅然踏上自主创新之路。牛根生从一个洗瓶子工人，奋斗成为伊利的副总；在被扫地出门后，从负数起步重新创业，成就后来的蒙牛。坚定的事业追求和意志来自哪里？可能有家族基因的遗传、成长环境的塑造，更重要的是责任意识培育。对他人、对事业、对社会、对国家的责任感是创新创业者坚定意志的动力源泉，也是个人境界的决定因素。当然，我们这里强调的意志力是职业意志，而非个人意志。职业意志不仅指以事业成功为主要追求，还指具有"功成不必在我"的心态和境界；个人意志主要以个人实现对事业的控制为追求，奉行"功不在我，宁可毁之"的理念。一般说来，个人意志不能将企业家能力升华为组织能力。

著名管理学家吉姆·柯林斯研究了世界上著名的常春藤企业，发现这些企业经营者的最大共性特征除了坚定的职业意志外，绝大多数还具有谦逊的个人风格。因而，实践中我们发现，具有坚定职业意志的企业家，往往也具备谦逊的个人风格和宽厚的容人之量。首先，这些优秀企业家知道，在当今高度竞争、快速变化的时代，合作是完成事业的必要条件。因而，优秀企业家大多具有强烈的合作意识，而这种合作意识使得其能够在企业内外构造起支持其完成事业和使命的班底和骨干。其次，具有坚定职业意志的企业家以事业成功为根本追求和标志，而不在意个人的名利得失，故不会将个人意志强加于组织和同事，这种超越自我的人格力量和亲民风格，能够赢得下属和相关人士的尊重，进而得到更为广泛的支持。最后，具有坚定职业意志和谦逊个人风格会客观看待自己的作用，不会把自己凌驾于组织之上，更不会认为自己的能力超越很多人，其充满谦逊的内心使其能够看到别人的贡献，尊重别人的贡献，进而形成相互信任的组织氛围和公正的组织文化。以李书福为例，其对汽车技术并不在行，但他不仅大胆引进技术人才，而且敢于放手让技术人员承担决策责任。正如吉姆·柯林斯描述的："请合适的人上车，并由他们决定车的方向"，这是所有成功企业家的共同特质。

4）决断能力和卓越精神

除了敏锐的洞察能力以外，企业家必须具有决策能力，面对风险和不确定性敢于做出判断、敢于承担超于常人的风险。机遇不仅赏识有准备的头脑（敏锐的洞察力），还往往稍纵即逝（果断把握并抓住机遇）。创新创业都具有高风险属性，每个出色的企业家不仅能够在头脑中或纸上划出自己需要承担的失败风险事项，事先估计最坏的结果，还要有敢于承担风险的胆量和勇气，并切实做出调整风险的行动；这需要一种意志和精神，也需要一定的理性和天赋。现实生活中我们发现，很多企业家并非比他人聪明，有时甚至洞察机遇都不一定比他人早，但他们具有超越常人的风险承担能力，敢于决策、敢于直面挑战。很多聪明人长于坐而论道、善于纸上谈兵，也能够发现众多机遇，但缺乏承担风险的胆量和意志，自然只能论道，不敢从事创新创业活动；即使选择创新创业活动，也以稳妥、保险为行为准则。实际上，以不输为追求的创新在现实中难以真正存在，这种所谓的创新，充其量是模仿或复制。敢于承担风险的决策能力，不是来自无知胆大的莽撞；而是来自对创新本质、商业逻辑、复杂局面的全面认识，对创新本质特征、商业运行规则与商业模式的深刻理解。美国曾经有学者研究过硅谷创业成功者的基本特征，发现他们绝大多数受过高等教育，并拥有十年左右的行业经验。高等教育基础奠定了他们认识商业活动本质的知识和理论功底，十年左右的行业经验保证他们获得了构建和梳理独特商业模式的思想武器。商业活动高度权变，管理能力高度经验取向，知识和经验往往构成创业企业家决策能力的两个轮子。只有经过理论的实践运用和实践的理论思辨，才能培育他们洞察商业机会、处理复杂环境、推演商业逻辑的知识和直觉。因而，缺乏风险承担能力的人不可能开展真正意义上的创新创业活动，最终也难以取得真正的成功。

　　除了果敢决策能力以外，企业家的卓越精神更为企业、社会和市场所珍视。首先，卓越精神不论作为管理理念，还是实际行动，都能够得到企业员工的高度认同，并切实转化为组织能力。就企业员工和社会公众而言，尽管在实际工作中能够真正做到卓越的并不多，但绝大多数人对卓越者会给予内心的信任和尊重；由于人们对领导有高于一般员工或社会成员的期待，追求卓越的领导更容易获得人们的认同和追随。其次，不论是企业家个体，还是整个企业，实现卓越的最好路径都是按照事业本身的规律，把自己能够做的事情做到极致，做到最好，其具体要求就是对事业执着、坚定、一丝不苟、精益求精。这种由企业家带动并在整个企业内部普遍采用的工作路径或做事方式，能够形成企业的工作机制和风格，进而形成企业文化和企业能力。最后，追求并达到卓越的境界，不可能来自某一方面的优秀，更不可能来自短期的包装和"作秀"，而是来自整个组织及组织与利益相关者互动形成的社会协作系统。只有系统的、全方位的优秀，才能使个人或组织达到卓越的地步。因而卓越的企业信奉忠诚与正直，信奉对客户及利益相关者的坦荡无私，奉行公平交易和诚信守法。正因如此，全世界第一家真正意义的创业投资公司——美国 ARD 公司的创立者多里奥特曾说过："可以考虑对一位有二流想法的一流企业家投资，但不能考虑对一位有一流想法的二流企业家投资。"这里的一流是综合素质，主要是追求一流的卓越意识。

正因如此，我们通常说，企业家的格局和境界决定着企业的成长空间和境界。一个企业是否具有长远发展潜力，其潜在商业价值能否实现，关键看企业家的境界、素质和能力。正因如此，在创业投资界广泛流传一个经验说法："投资的第一要素是人，第二要素是人，第三要素还是人"。

2. 优秀企业家将个人能力转化为企业创新能力

拥有超越一般人的商业禀赋及管理能力的企业家，未必都能够以自身能力为依托，将其拓展和升华为企业创新能力。这里既需要企业家具有清晰的个人认知和思想意识，也需要一系列组织方法和机制。

1）企业家意识

将个人的超常能力转化为系统的组织能力，需要企业家具备组织背景下的三个意识：第一，个人能力有限的意识，亦可理解为谦逊意识，即企业家知道自身存在不足，进而产生选择合适的人构建团队，以团队能力弥补个人能力，并依靠团队合作完成企业使命。第二，追求卓越共同愿景的意识，即企业家意识到对企业团队成员及员工最有效的动员方式不是个人命令，而是与其一同寻找到卓越的企业共同愿景和目标，并基于团队成员及员工对企业使命及愿景的承诺，激发其产生执着、专注、精益求精的卓越思想。第三，制度和文化意识，即将行之有效的选人、用人及引导员工行为等措施公开化、制度化，并使其在长期运作过程中形成企业的价值文化，进而依靠制度和机制的力量支撑企业持续运作和发展。当然，具备上述意识的企业家不会忘记配置完成企业的物理技术基础，并使企业物质基础基于时代创新发展需要而与时俱进。

2）组织机制

企业家的意识体现其个人自觉，真正将企业家的意识和能力转化组织能力，还需要一系列的组织机制。图 5-1 是依托企业家建设创新能力的逻辑图，表征了企业家将个人能力转化为企业创新能力的机理。也就是说，将企业家个人能力转化为组织能力，需要符合这个机理，具体体现为以下机制：一是企业家基于个人的商业禀赋及管理能力，通过选拔合适的人构建创新能力的人才及知识技能基础；二是通过将卓越思想向员工及整个组织传播，引导员工表现出卓越行为；三是将思想转化为一系列制度和规范，并在其长期作用下转化为企业的创新文化；四是通过物理装备的购置及使用购置、平台等开发，奠定企业创新能力的物质技术基础。总之，要通过企业制度体系建设形成创新能力的制度基础，进而逐步实现将个人能力转化为企业能力。

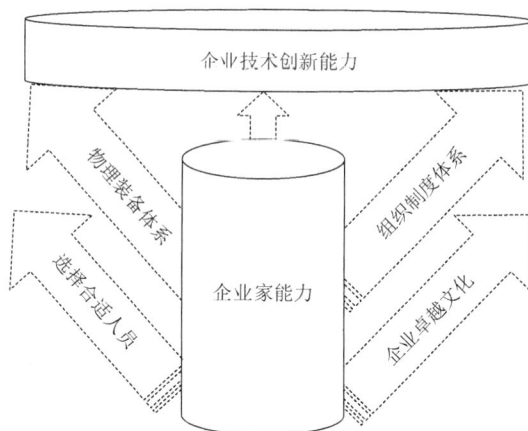

图 5-1　依托企业家建设创新能力的逻辑图

（二）依托独占技术或资源构筑企业技术创新能力

除了企业家才能以外，优秀技术人才及核心技术、物理技术基础（诸如物理技术设施、技术平台）等资源也是企业技术创新能力建设不可或缺的构成要素。当这种资源具有重要地位且具有独占性时，亦可以成为企业技术创新能力建设的核心依托。核心关键技术对企业技术创新能力建设的支撑作用显而易见，且一般与技术精英的作用融合在一起。可以作为企业技术创新能力核心依托的独占资源主要有三类：一是稀缺的自然资源，二是遗传性知识产权，三是主导构建的技术平台或研发资产。从当今企业技术创新实践看，稀缺的自然资源往往与遗传性知识产权相互融合，共同支撑企业形成独特的核心技术创新能力。故此处探讨的企业技术创新能力核心依托可分为以下三类。

1. 核心关键技术＋技术精英团队

核心关键技术是指在产业或产品技术体系中居于核心、具有不可替代关键作用的技术，如汽车产业或产品的关键零部件（发动机、变速箱等）技术、无级变速控制系统技术、产品规划和设计技术等。在工业及信息时代的知识产权体系下，核心技术一般为发明或开发企业独有，其他企业在短期内难以模仿，可以使拥有企业在未来 5 到 10 年内形成核心竞争优势，并可以核心技术为基础构建产业技术标准体系，引领并主导产业技术发展。

任何技术知识都由特定主体创造。掌握了技术知识创造主体不仅自然掌握了知识自身，而且一般也拥有了知识持续发展的能力基础。独占性的产业或产品核心技术，一般由行业领先企业发明、开发或构建，而领先企业大多拥有技术精英团队。也正是通过这种方式，实现了技术精英与产业核心关键技术的融合。技术精英指发明或创造了新技术的个人或群体。有些企业的技术创新能力依托技术精英或技术团队建立，如当年北大方正在激光照排业务上的技术创新能力主要依托王选院士及团队构建，而清华同方威视技术股份有限公司（简称威视股份）在安保设备和技术方面的技术创新能力构建则主要依托清华大学的技术精英团队。那么，为什么技术精英会成为企业创新能力建设的依托呢？这种依托作用是如何实现的呢？

1）技术精英成为企业创新能力建设核心依托

技术精英之所以能够成为企业创新能力建设核心依托，主要在于其本身就是企业创新能力构成的核心要素。

第一，技术精英是企业研发人员及知识的核心承载主体，其存在即使企业创新能力具备了最活跃要素。首先，在企业技术创新能力形成及构建过程中，人和知识是相互促进、并行进化的。技术精英作为企业核心技术人员，将自己创造或拥有的知识在企业中应用，不仅有效促进了知识的组织化（即个体或团队知识成为组织知识），也推进了知识的价值化（即从知识形态转为价值形态）。其次，在精英团队的知识向组织化、价值化转移的过程中，与企业中其他知识的融合能够促进知识的衍生和拓展，也能加速企业内部知识流动的频率和速度，激发员工学习和创造知识的热情。

第二，技术精英以创造最新科技成果为标志，不论是在其完成原有技术成果的过程中，还是其作为企业未来发展的主导研发力量，其对物理技术基础的认知和需求都显而易见。首先，由于技术精英主导原有技术成果研发过程，对技术成果拓展和应用需要的技术装备了如指掌，能够有效推进企业的研发物理技术基础建设；其次，技术精英对技术装备的应用得心应手，其作为应用知识的知识（如技术应用手册、技术装备应用规程）一并成为企业重要的知识性资产。

第三，技术精英在主导创新群体或团队研发过程中，不仅表现出卓越的领导意识，通常还培育了良好的创新文化，可以成为企业创新文化的重要基础和组成部分。可以认为，企业拥有技术精英团队，则基本同时会构建其所需要的物理技术基础，具备良好的创新文化基因。

当然，依托技术精英团队构建企业技术创新能力依然需要企业家及管理的作用，但比较而言，具有行业领先水平的持续稳定技术精英团队的作用更为突出，也相对更为持久。显然，依托技术精英构建企业创新能力，不仅具备了现实可行性，也成为很多依托技术发展企业的合理和必然选择。

2）依托技术精英建设企业创新能力

一般说来，依托技术精英建设企业创新能力的企业一般具有以下三个特征：一是高度的技术依赖性，即企业的竞争优势主要凭借领先技术的创新成果；二是企业管理团队职业化程度高，企业家个人的作用不是很突出；三是企业在新兴技术或市场领域经营，缺乏同类在位企业的激烈竞争。以威视股份为例，该公司成立于1997年，是一家源于清华大学的高科技企业，诞生之时便带着技术创新的基因。当时，清华大学承担的国家"八五"攻关科技项目大型集装箱检测系统成果通过了国家验收，时任国务院副总理的李岚清先后做出十余次批示，明确要求支持这项科技成果的转化，而且产品要比进口货搞得更好。威视股份承载社会期待，承担高水平技术成果转化使命应运而生。公司成立之时，清华大学十余位专家"带土移植"进入同方威视从事技术支持。同时，威视股份和清华大学工程物理系紧密合作，公司专职技术人员和清华工程物理系专家组成联合研究所，主要承担相对基础的领先研究，为公司提供持续发展的技术储备。公司内设研究机构主要承担面向市场的产品开发和技术服务。由于前瞻技术研究和基于需求的产品开发相得益彰，公司的创新产品不断涌现。显然，依托原创技术，具有持续的技术领先优势是威视股份的现状特点。同时，该项技术成果属于国内首创，也没有在位企业的激烈竞争。

　　自公司成立以来，威视股份的管理团队就一直比较务实、低调。在公司成立之初，主要由清华企业集团及同方公司选派职业经理人负责公司运营。目前的公司董事长陈志强就职于清华大学工程物理系，任核技术研究所核信息处理研究室主任，兼任威视股份总裁。这样以职业经理人和技术专家组成的管理团队，能够充分尊重技术专家的关键主导作用，使得技术发展一直处于公司战略核心的地位。近年来，威视股份以辐射成像技术为核心，研发出采用直线加速器的集装箱/车辆检查系统、航空集装货物/车辆安全检查系统、铁路集装货物/车辆安全检查系统、邮件电子束灭菌安全系统、放射性物质检测系统、X射线检查系统、工业无损检测系统等，服务于海关口岸、航空安检、铁路安检、工业制造、医疗卫生、环境保护、食品加工等行业和领域。在辐射成像技术应用领域，威视股份拥有全部核心技术的自主知识产权，技术和设计理念均达到世界先进水平。正是由于管理团队的高度职业化及低调理性，威视股份没有盲目多元化经营，专心致志地致力于成为安检行业的全球市场领导者；为此，其坚持以持续的创新科技提升客户价值，努力创造出更多先进的安检产品、解决方案和服务回馈社会，追求"让国家更安全！让世界更安全！"的发展理念。正是因为管理团队的这种战略理念和定力，使得公司坚定依托清华大学的技术精英，逐步建立完善的创新体系和能力体系。首先，公司建立起专业的设计与制造能力，能根据客户需求定制和设计系统，为客户提供量身定制的完美解决方案。其次，公司有专业的工程服务体系和培训体系，能为客户提供系统的培训服务、工程实施服务和完善的售后维护服务。最后，威视股份以发展科技，服务社会为己任；以成为"国内第一、国际一流"为发展追求和经营目标；以关注国家和社会需求，提供高科技安全产品，服务于国家安全、经济安全、环境安全、生命安全、信息安全、产品安全等领域为战略使命和发展方向；始终将自主创新作为安身立命之本，持续坚持高水平的研发投入，在安检领域打响了中国制造的品牌。

正是由于公司的执着和专注，在 20 多年的发展过程中，威视股份已在全球 30 多个国家申请了 2800 余件专利，并在数十个国家注册了商标，形成严密的知识产权保护网。同时，负责起草了 IEC62523 国际标准，这是中国核工业领域的第一项国际标准。威视股份从研发阶段开始调研所有的全球专利，并进行布局，从而让竞争对手无法进入相关领域。2015 年，公司在知识产权保护方面投入已达 2000 多万元。2011 年 8 月，威视股份一项前瞻布局的核心专利层在美国被启动专利抵触程序。在此之前，并没有中国专利权人在美国遭遇类似情况。为了充分维护已获得的专利权，公司成立了专项工作组，由总裁亲自负责，同时聘请国外知名律师积极应对，按照美国法律要求准备相关证据，果断决策，最终美国专利局裁定威视股份在此案中获胜。目前，威视股份不仅是第一家将安检高科技产品出口到发达国家的中国企业，也是目前全球大型安检设备领域市场占有率最高的企业，其安检系列产品已销往全球 160 多个国家和地区。自 2012 年起，威视股份的销售额稳步提升。2017 年 10 月发布的《2016 年全球 EVC 探测设备市场研究报告》显示，威视股份的货物和车辆探测设备全球市场份额为 40.7%，已经连续 5 年位居首位。

不仅如此，威视股份还高度重视智能化技术对安全监测产业的影响，大力推进安检产品向智能化、精准化和综合化发展，推动人体安检技术通过快速成像与智能识别加以实现。威视股份紧密占据行业技术前沿，研发出人体智能扫描设备及系列产品。这些产品具有典型透视图像、清晰度高、体表和体内均可成像、超低剂量、辐射安全等特性。其中，体内成像是这款产品的最大优势。在上述系列设备和产品研发的基础之上，为了更加方便用户使用人体安检设备，威视股份于 2016 年 7 月份首次推出可适用于多种检查模式的人体安全软件平台，为构建基于互联网的安全监测产业智能生态系统奠定了基础，也为企业技术创新能力的创新发展提供了坚实支撑。

依托技术精英构建企业创新能力的机理可以用图 5-2 表示。其中，技术精英团队在职业化管理团队的支持下，以技术团队的核心人才、核心物质技术基础为依托，同时吸纳技术团队的研发管理制度及创新文化，在企业家及管理团队的作用下，将其拓展为企业的人员及技术知识基础、企业的物理技术基础，并依据企业生产经营的实际需要，建立支撑和丰富创新活动的管理制度和文化体系，进而逐步实现由技术精英及团队研发能力转化为企业创新能力。显然，依托技术精英构建企业技术创新能力，实际上是技术精英团队和职业化管理团队的双核相互作用机制，即彼此在相互协同中共同支撑企业技术创新能力的形成和拓展。

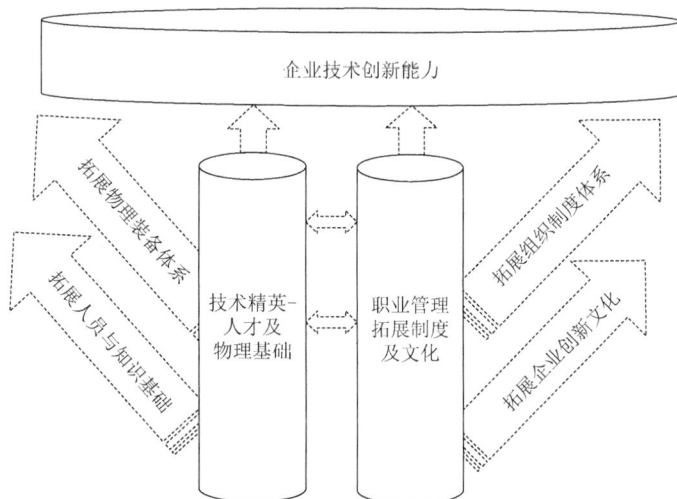

图 5-2 依托技术精英构建企业创新能力的机理

2. 稀缺性资源 + 遗传性知识产权

能够作为企业技术创新能力建设核心依托的稀缺性的自然资源主要指同时兼有稀缺性和技术加工价值的自然资源。例如，相对于中药企业而言的稀缺药材，相对于化妆品企业而言的稀缺香料，相对于工业企业的稀缺原材料，等等。

1）稀缺性资源 + 遗传性知识产权的重要作用

众所周知，很多中药、化妆品、陶瓷企业之所以能够生产出好的产品，具备较高的技术创新能力，很大程度上是因为拥有稀缺的自然资源。当然，在国际贸易和科学技术都高度发达的今天，单纯依赖自然资源难以形成企业的竞争优势，更不会自然形成企业的技术创新能力，但只有拥有这种资源，才具备对其加工、在其身上注入技术知识力量的机会或可能。因而，尽管资源并不能等同于能力，但这种资源是能力建设的重要基础，故亦将其视为企业技术创新能力的重要依托。这种资源不仅包括天然的自然资源，也包括遗传性知识产权。

遗传知识性产权主要指由先人开发并具有独占性，通过家族代际遗传等形式流传到今天，仍然具有显著价值的知识性资产，如有些传统食品或药品企业的配方，有些陶瓷、工艺品等的加工工艺（技术诀窍）等。一般说来，这两类稀缺资源在实践中融合应用，才能体现出价值创造能力，才构成企业技术创新能力的重要依托。以云南白药为例，其主要依托云南省江川区等地特产的植物，加之科学配方、制造工艺等，成为具有核心竞争力的优秀制药企业，并将其拓展到牙膏等生活日用品领域。

云南白药由云南名医曲焕章先生于 1902 年创制，依托当地独特资源并独家掌握秘密配方。1955 年，曲家人将云南白药秘方献给云南省政府。1984 年 8 月，原国家医药管理局将云南白药配方、工艺列入国家绝密。云南白药问世百余年来，不仅拯救了无数大众百姓的生命，还在北伐战争、长征、抗日战争、解放战争等关系中国命运的重大历史事件中发挥了极大作用，享有"伤科圣药""药冠南滇"等美誉。也正是因为享有云南白药秘密配方，作为上市公司的云南白药公司具有一般企业难以企及的经营业绩和技术创新能力。2018 年 4 月发布的云南白药公司年报显示：2017 年公司实现营业收入 243.15 亿元，较上年同期净增 19.04 亿元，增幅 8.50%；归属于上市公司股东的净利润 31.45 亿元，较上年同期增幅为 7.71%；基本每股收益 3.02 元。云南白药产品的独特效应和企业的巨大价值创造能力，使得很多人或企业企图模仿、人工制造云南白药替代品。近年来，其原植物考证与鉴定一直是各国科学家关注的热点问题，很多机构使用过各种现代分析方法进行过解析。正是云南白药资源稀缺性和配方、制作工艺独占性的高度融合，使得破解其配方、仿制其原料的行为至今没有取得突破性进展。

2）依托稀缺性资源 + 遗传性知识产权构建企业创新能力

稀缺性资源和遗传性知识产权都是基础性要素，其并不能自动生成能力。依托其建设企业技术创新能力必须融入人的能动性作用，特别是企业家或企业高级管理人员的作用。企业家或管理人员不仅要对遗传性知识产权进行挖掘、保护，还必须通过管理或制度手段保证稀缺性资源的独占性开发和利用。在上述两项工作的基础上，依据需要组建技术人才队伍、建设技术平台等物质条件基础，并依据企业生产经营活动的实际需要，建立适应稀缺性资源和遗传性知识产权持续开发利用的管理制度和文化体系，进而形成和拓展企业技术创新能力，如图 5-3 所示。

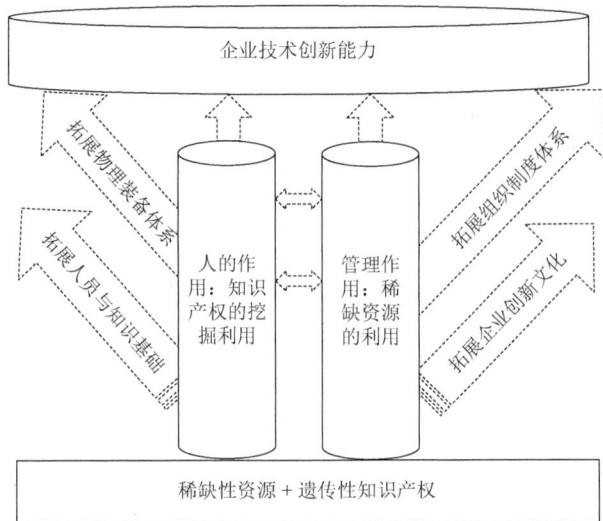

图 5-3　依托稀缺性资源 + 遗传性知识产权构建企业创新能力

3. 主导技术平台＋商业模式创新

如果说稀缺性资源主要来自自然的赏赐，遗传性知识产权主要来自前辈的恩泽，主导性技术平台则主要来自企业的创造。也正是因为创造性，技术平台一般伴有技术和商业模式融合的双重创新。技术平台化的概念前文已经有所阐释，其主要来源于信息时代人们对产品研发和试验数据的积累，并通过对积累数据的挖掘和提炼，形成指导后续研发和创新的重要知识性资产。同时，由于技术平台具有先发优势特征，先行者一般可以凭借技术平台构筑后发企业难以企及的竞争优势，进而形成具有一定独占性（或少数企业独占）的稀缺资源。因而，数字化技术平台成为当今企业研发、设计、创新的重要依托，也成为企业技术创新能力建设的重要依托。

1）技术平台在企业技术创新能力构建中的核心支撑作用

企业研发界流传着一句话：无平台，不研发；无平台，不设计；无平台，不创新。这充分说明了技术平台在当今企业技术创新中的不可替代地位和作用，而其对企业技术创新能力构建的核心支撑作用可概括为以下四个方面。

第一，技术平台是知识数据的有形载体。在没有计算机的时代，记载企业研发、试验、设计等活动的知识载体主要是图纸等，尽管企业对这些图纸进行有效管理，也基本处于彼此独立的状态，难以形成有效的数字化知识平台。计算机走进人类社会以后，人们对知识、数据的管理发生了翻天覆地的变化。将企业研发、试验、设计等活动形成的知识置于计算机之中，通过开发一定的管理程序，就可以将这些数据融为一体，使之形成数字化平台资产。尽管有了计算机，技术知识的创造或掌握者依然非常重要，甚至在某些方面还不可替代，但个人存储的技术知识大多处于隐性状态。为了使技术知识在企业获得更加广泛的应用，将重要的核心技术知识借助计算机等手段表达或储存，即将图纸、数据库、软件、规程等以数字化形态表现出来，实现技术知识与技术知识创造者的分离，也实现个体隐性知识的显性化和组织化。将这些表现技术知识的图纸、数据库、软件、规程等构建为依托计算机的数字化技术平台，其便成为企业技术知识具体的、有形的载体。对很多企业而言，相对于拥有和控制技术知识创造者，通过构建技术平台掌握技术知识的有形载体更加容易，也具有更加现实的意义。因而，数字化技术平台，是企业重要的动态数据库。与此同时，因为技术知识并不具有实物商品所具有的明显独占性特征，一种技术知识甚至可以同时供多人共同使用，这无疑将极大提高技术知识在企业应用的频率和效率。当然，对技术知识的拥有和使用者而言，尽管别人同时使用知识并不会造成技术知识物理价值的耗损，但会影响其商业价值。因而，对创新型企业来说，必将努力形成对技术知识的独占，其中包括通过技术平台这样的有形载体将员工个人的技术知识外化为系统的组织知识。实践中，产品开发、控制技术开发等核心技术知识就是通过有形的技术平台进行保护，限制不具有技术平台使用权的人应用技术知识。只有掌握了技术平台的使用权，甚至是排他性使用权，才能保护自己的商业利益，同时保护企业赖以创建和发展的核心资源。

第二，技术平台是技术知识应用的重要工具。作为企业研发、试验、设计等相关数据的有形载体，技术平台不仅能够保证企业有效拥有和保护知识，也能够有效促进企业应用知识。首先，通过对技术平台中数据、知识的有效加工和挖掘，能够提炼和总结出各种有指导意义的规律，借助这些规律对产品运行情境和态势进行拟合，可以帮助企业进行更为有效的产品开发。显然，技术平台在建立以后，其就演化为企业应用既有知识的重要工具。没有计算机等信息工具的时候，研发人员主要凭借经验和自己的简单梳理和加工对个体、知识进行管理和应用；而有了计算机和数字化技术平台以后，平台本身依托管理系统能够对知识进行更为有效的加工，自然使其应用效率显著提升，甚至在能力上远远超越研发人员个体。战胜李世石和柯洁的计算机 AlphaGo 实际上就是通过对各种棋谱、博弈棋局数据的有效聚集和处理，成功提炼出如何应用围棋知识的知识，进而成为一种指导围棋技术研究和开发的新型工具。其次，在人工智能技术的推动下，技术平台能够在现有技术应用基础上创造新知识，极大拓展原有技术知识的应用领域。例如，谷歌公司开发的 AlphaGo Zero，是将现有围棋对弈规则输入两台计算机中，并使其按照规则自主博弈，在短时间内完成了大量博弈棋局，而计算机能够从这些自主博弈的棋局中寻找知识，衍生出远远超越人类的博弈能力。因而，数字化数据平台的长期应用和知识积累，加之融入人工智能技术，必将能够创造更多的产品应用情境，拟合出更精致的产品设计和控制技术，进而实现产品的无人化操作，并超越按照人的思维对产品的设计和制造。也可以说，数字化平台积累的知识是智能化的基础，也将在智能化技术推动下如虎添翼，创造出超越人的认知的新知识。最后，伴随数字化技术平台衍生出的数据挖掘、拟合等技术，将可以拓展到其他领域，进而形成企业技术创新能力的重要内容。不论是谷歌公司在人工智能技术上的领先优势，还是阿里巴巴在云技术上的拓展，都得益于他们对平台数据进行处理养成的数据挖掘和分析能力。

第三，技术平台具有先发优势特征。数字化技术平台是重要的知识性资产，对数字化平台的开发和应用能够形成独特的能力。不仅如此，数字化平台还具有先发优势或赢者通吃特征，进而使构建或拥有主体形成独占性能力。技术平台的先发性优势主要来自四个方面：一是知识聚集的倍增效应，即一个知识加上一个知识不一定只有两个知识，更多时候可能产生更多知识。二是网络外部性效应，即使用平台的主体获得的效应与用户数量呈正相关。也就是说，使用平台的用户越多，平台聚集的数据越多，平台的拟合功能越好，使用平台用户的效应会随着用户数量增加而递增。三是平台建设成本的分摊，即随着用户数量或平台使用频次的增加，分摊到每个用户或每个频次上的建设成本越来越低。四是技术平台体现着企业产品的技术体系。任何产业技术都不是单纯的知识，其中还包括这个技术被选择的制度和服务的市场。因而，产业技术是知识、制度和市场三种力量的有机融合。数字化的技术平台往往是产品核心技术的载体，是产业技术体系的核心环节。因而，一个成熟的数字化技术平台往往代表的不是一项技术，而是一个产业技术体系；也就是说，数字化平台不仅具有先发优势，还具有系统性优势。这使得后发者往往难以超越，甚至难以企及。正是由于上述四个方面效应的综合作用，技术平台建设主体往往形成赢者通吃格局。特别是当技术平台体现着行业技术标准时，政府或有关部门选择或确定技术标准，一般以行业具有领先优势的企业技术为基础，这无疑又会强化平台的网络外部性效应。因而，依托数字化技术平台，企业可以构建具有领先性，甚至独占性的技术资产和能力，成为企业核心技术能力的重要内容和支撑。

第四，技术平台伴随和带动商业模式创新。数字化技术平台的构建和应用，一般都伴随和带动商业模式的创新。从理论上说，在科技及产业革命推动下，产业技术已经成为企业竞争的核心依据；而数字化技术平台构建丰富了产业技术的内容，变换了产业核心技术的表达方式。企业核心竞争依据的变化，自然带动商业逻辑的重大变化，必然导致商业模式的创新和调整。从实践的角度看，数字化平台技术产生于以计算机、控制技术为代表的第三次科技及产业革命以后。与数字化技术平台同时出现的是社会生产方式的模块化分工，即企业由过去的一体化生产方式，转化为以专业化外包为主的模块化生产方式。模块化生产方式是人类社会生产史上的一次伟大革命，完全颠覆了工业时代的社会生产方式和商业逻辑，导致优势企业不再以产品为生产经营对象，而是以核心技术谋求对产业价值分配的控制，这是宏观层次的商业模式革命。在进入智能网络时代以后，数字化的技术平台将成为全球万物相连制造生态系统的底层技术标准，并将升级为一个新型商业生态系统。技术平台的升级，同样会带来商业模式的重大变化和调整。当技术创新与商业模式创新高度融合、并行发生时，则使得技术平台的先发性、独占性更加稳固。

2）依托主导技术平台＋商业模式创新构建企业创新能力

与稀缺资源和遗传性知识产权不同，主导技术平台和商业模式创新都是由人构建的，而且一般是由企业家或管理团队构建的。也可以说，主导技术平台和商业模式创新都是企业家独特商业悟性及价值构造能力的具体体现。因而，依托主导技术平台＋商业模式创新构建企业创新能力的过程机理，可以用图5-4表示。首先，企业家或管理团队发挥其在商业认知及价值构造方面的独特能力，提出主导技术平台的开发构想，经过技术团队长期的协同努力，构造出初始技术平台并逐步在企业研发及创新中应用。当技术平台模式成为企业研发和创新不可或缺的重要工具，并逐步得到业界认同和市场认可后，以其为重要价值载体的商业模式创新也得到认同，并在其基础上形成企业的创新能力。

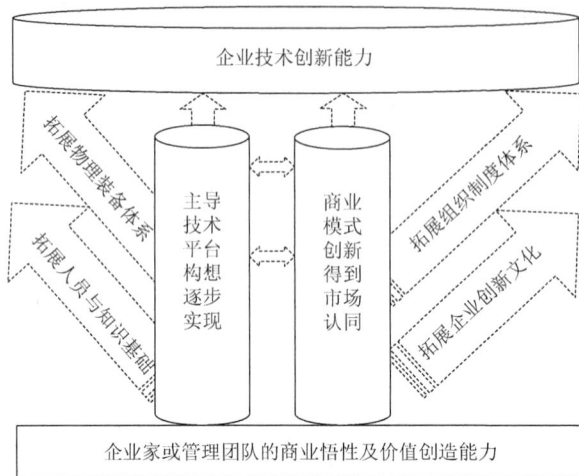

图 5-4　依托主导技术平台＋商业模式创新构建企业创新能力的过程梳理

二、组织方式视角

组织方式视角与核心依托视角并不相互矛盾和冲突。核心依托只是更多强调构建企业技术创新能力时的根本依据，而组织方式视角只是更多强调创新活动的组织方式差异。实际上，两者之间甚至有交叉和融合。从理论上说，可以将迄今为止的企业技术创新活动分为三种典型的组织模式：一是内部一体化组织模式，这种组织模式主要起源并应用于工业时代，标志性案例就是在企业科技创新史上创造过巨大辉煌的贝尔实验室、PARC 等；二是开放式创新组织模式，这种组织模式主要起源并应用于信息时代，典型代表是英特尔、IBM 公司等世界著名跨国公司；三是众创组织模式，这种组织模式主要起源并应用于智能网络时代，典型代表是美国的礼来制药公司和中国的海尔公司等。

（一）以内部研发中心构建企业技术创新能力

内部研发中心模式产生于工业时代，也发展于工业时代。在科技及产业革命推动下，瓦特、爱迪生等技术巨匠通过创新获得了巨大成功，启发了一些企业以创新获得价值、推动发展。在这种背景下，德国的拜耳公司、巴斯夫公司等化工企业率先在企业内部建立了独立的研发中心，其具体做法是：聘请一流的研发人员，建设高水平的研发设施，让研发人员自主开展研究工作。这个时候企业支持技术创新，更多是希冀以组织化方式降低创新的不确定性，获取具有巨大价值的创新成果。其实，这个时候还谈不上企业的创新战略。如果非要将企业这种支持创新的活动上升为战略，也只能将其归结为希望战略模式。

1. 内部研发中心的发展

早期的企业并没有自己的独立研究机构。如果对科技成果寄予希望的话，有些企业选择从大学等公共研究机构获得，或者从少数个体发明家手中购买；也有一些企业雇佣一些专业技术人员进行自主研发。以拜耳公司为例，其创始人拜耳和韦斯考特曾在自己的厨房里成功制造出煤焦油染料——品红，并以此创办了公司。然而，随着公司迅速发展，染料研究进入深化阶段，工艺逐渐复杂起来，即使是像拜耳和韦斯考特这样受过化学训练的染料企业主，也难以继续依靠自己的力量完成技术改造和产品升级，完成新染料开发的难度更大。于是，他们尝试雇佣一名化学专家来做研究工作，但由于染料等化学品研究依赖实验条件，单纯聘用化学家成效甚微。到了19世纪70年代末80年代初，有机化学不断成熟，染料企业内部逐渐暴露出的技术问题越来越多，企业主们被日益复杂的技术难题搞得精疲力竭。此时，德国高等教育改革取得成功，培养了大量专业人才，为工业界储备了充足的人力资源。在这种背景下，19世纪60年代后期开始，德国的一些染料制造商采取了具有开创性的决定性的步骤，即聘请一些科学家或受过专业训练的研究人员建立实验室，以寻找到更好的产品配方和制造工艺。

拜耳公司是这些企业中的先行者，其在1884年引进一个年轻的化学博士杜思堡。杜思堡在读书期间即接受一些机构委托，进行过偶氮染料的研究工作。在到拜耳公司工作之后的几年里，杜思堡的研究大获成功，拜耳公司也因其研究成果收获满满。在这种背景下，拜耳公司为了让杜思堡专心从事研究开发工作，专门为他配备了助手。随后，以杜思堡为中心集聚的人越来越多，逐渐形成了一个独立的研究团体。这个团队不断发现和开发出新染料，使得拜耳公司业绩遥遥领先，牢牢坐上了业界第一把交椅。同时，拜耳公司越来越认识到工业研究的重要性，斥巨资为杜思堡的研究团队建造了一座大型实验室，于1891年竣工。这样，内部化的工业研究特定组织——工业研究实验室便在德国企业诞生了。

实际上，英国是合成染料业的发源地。世界上第一种煤焦油染料由皇家化学学院实验室一名叫柏金的英国人于19世纪中叶发明。虽然柏金是意外发现了苯胺紫，但他很快就嗅到了这种染料的商机，并建立了世界上最早生产合成染料的企业。然而，英国并未成为染料业发展最大的受益者，德国反而成为世界染料业界的后起之秀，相继出现了赫希斯特、拜耳、巴斯夫等十几家著名染料企业。这些染料企业的生产规模日益扩大，几近垄断全球染料市场，染料业也因此被誉为"德意志帝国最伟大的工业成就"。造成这种现象的根本原因在于德国企业建立了工业研究实验室这样的专业研发组织。德国企业的经验很快传到了其他国家，特别是已经进入工业化、正在寻求自主技术的美国。进入 20 世纪以后，美国的大企业相继模仿拜耳建立内部实验室。美国第一家真正意义的工业实验室于 1900 年诞生在爱迪生创办的通用电气公司，1902 年杜邦公司创办了东方实验室，1911 年 AT&T 公司创立了后来享誉世界的贝尔实验室。

2. 依托内部研发中心形成企业技术创新能力

内部研发中心在构建企业技术创新能力上具有直接的支撑作用，也是企业界构建自己独立创新能力的起点。从其使命和目标考察，就是支撑企业价值创造，这恰恰也是企业技术创新能力建设的宗旨；而从其构建内容考察，则搭建了企业技术能力的基本要素。依托内部研发中心构建企业创新能力的机制如图 5-5 所示。

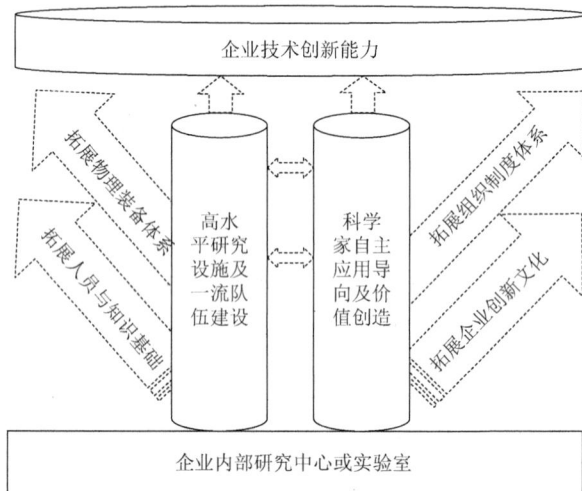

图 5-5　依托内部研发中心构建企业创新能力的机制

首先，企业内部的工业研究实验室或研发中心具有明确的追求，即为企业创造商业价值。尽管当时在研究内容上并没有明确界定，工业研究实验室开展包括基础研究、应用研究、产品开发等一系列研发活动；单纯从研究活动考察，工业研究实验室和一般意义上的研究活动并无本质区别，但其无疑具有更为明显的功利特征和价值导向特点。工业研究实验室或研发中心不是漫无天际地开展研究，而是在支持其建立的公司业务范围之内开展研究，至少是在其相关的领域内开展研究。这种研究活动之所以被定义为"工业研究"，主要是其强调开展"与工业有关的研究与发展活动"或者"企业内部已经制度化的研究和发展活动"。具体地说，工业研究实验室更加侧重向企业提供新的或者经过改进的产品及工艺，提供工业可以直接利用的技术知识，以使企业能在激烈的市场经济竞争中发展壮大。

在工业研究实验室发展初期，更多在于为企业生产提供技术支持，后来则更加强调为企业长远发展提供技术源泉。因而，以特定方式保持和工业的联系、促进企业更好发展，是工业研究实验室不变的使命。即使一向以发明创造著称、培养了8个诺贝尔奖得主的贝尔实验室，也始终宣称：应该确保科研成果是可利用的东西，贝尔实验室的科研工作始终要以用户能够使用为目标；按照这个目标确定研究方向，并且必须考虑到成本的大小和是否便于生产制造，从而关系到是否可以有序地推动通信事业的发展和飞跃。

其次，起步于19世纪末20世纪初的企业内部工业研究实验室或内部研发中心，以高水平科学家或专业技术队伍构建为基础，以一流实验条件为支撑，且大多也采用了研发人员自主管理的模式。或者说，工业研究实验室在科学家引进并为其提供良好的研究条件后，对研究活动和专业技术人员实行信任管理，即对研究人员高度信任，使其在很大程度上拥有自主权。这一方面得益于拜耳公司杜思堡研究团队这样的研发群体取得的突出成就，使得当时的社会及企业主对科学家充满了尊重和信任；另一方面，当时社会普遍认同的观点是，科学家是具有较高职业操守和道德修养的人群，值得社会对科学家给予充分信任。与此同时，当时的企业家群体并不认为自己能够对科学做出独立判断，让专业技术人员决定工业研究的方向理所当然。企业能够做的就是为专业技术人员创造良好的研究保障。以拜耳公司的大型实验室为例，其建筑令人赞叹、布局别具一格，实验室被齐肩高的隔板隔开，化学家们既可以互相自由交流，又可以保护各自的研究秘密。化验员、实习生、图书馆工作人员等及设施配备也是一应俱全，这是当时任何一座大学的实验室都无可比拟的。其他工业实验室大多追随拜耳实验室模式——完备工业研究条件、高水平的专门研究人才、充沛的研究资金投入。正是这种优越的条件和宽松式管理，使得工业研究中心成为很多科学家趋之若鹜的场所。

显然，清晰的使命目标定位，系统的创新能力要素构建，使得当时的企业内部研发中心形成了支撑企业发展的强大能力。源源不断的技术创新成果向公司传送，包括新产品、新技术、新材料、新装备、新工艺等。同时，企业内部研发中心也成为社会科学研究的中坚力量。当然，支持其建设的公司也从创新中获得丰厚的利润回报。如此形成良性循环，研究中心和公司都快速发展壮大。

3. 内部研发中心模式分析

自科技及产业革命发生以来，人类社会对创新重要性的认识逐步深化，创新活动从少数发明家的个体性探索创新，转化为企业内部有组织的创新，内部研发中心就是企业组织性创新的第一代组织模式。

我们必须肯定企业内部研究中心在构建企业技术创新能力，支撑经济社会快速发展上做出的巨大贡献。首先，相对于瓦特发明蒸汽机、爱迪生发明灯泡等个体性创新而言，企业组织性创新使得创新资源得到更好保障、创新队伍更加系统和强大、创新条件和环境更为完善，有效提高了社会创新的频率和成功率，极大地促进了工业技术进步和人类社会发展。其次，内部研发中心以技术应用为主要目的，同时又充分发挥科学家及专业技术人员的创新自主性，较好地解决了基础科学知识和企业技术之间的"鸿沟"。限于当时的技术管理研究水平，人们并没有今天已经得到公认的产业共性技术或竞争前技术的概念，只是在实践中观察到从高校的研究到企业研究之间存在着一个巨大的"陷阱"，即将高校的研究成果直接向产品转化时，绝大多数将失败。企业的内部研发中心虽然没有直接指向产业共性技术，但来自高校等专业研究机构的科学家知晓技术的发展脉络和成熟度，特别是企业给予他们的自主权及一流的研发条件，保证了按照他们的意志开展研究。这种由科学家及专业技术人员主导的研究，恰恰是面向被后来一些学者称作的"根本性创新"的研究，而所谓"根本性创新"的研究对象，就是今天的产业技术基础或共性技术创新。E. Duer. Reeves 通过研究发现了这种现象，他指出：工业研究是以商业为定向的活动，强调在其他类型（如基础研究）中不会出现的因素，其中重要的一点是，工业研究是整个商业战略的一部分，其价值主要依赖于它对整个商业战略取得成功所做的贡献。显然，工业研究与企业的经济利益关系极为密切。也可以说，工业技术不再像 19 世纪中叶以前一样，完全依赖个体发明；内部一体化的工业技术研究中心，意味着一个新的技术研发时代悄然来临。可以说，这种极具创造性的工业研究模式就是现代工业研究实验室的起源，同时开创了一个工业研究的新时代。同时，工业研究也使社会创新由大学主导成功转向由企业，特别是大公司主导，使科技创新由此跨越了与生产、销售之间的"死亡谷"。以著名的贝尔实验室为例，其由 1911 年 AT&T 公司创立的工业实验室演化而来。1925 年 1 月 1 日，当时的 AT&T 公司总裁华特·基佛德（Walter Gifford）收购了西方电子公司的研究部门，组建了一个叫作贝尔电话实验室公司的独立实体，后来改称为贝尔实验室。在其后近一个世纪的发展历程中，贝尔实验室为全世界带来无数产生重大影响的创新成果，其中包括第一台传真机、按键电话、数字调制解调器、蜂窝电话、通信卫星、高速无线数据系统、太阳能电池、电荷耦合器件、数字信号处理器、单芯片、激光器和光纤、光放大器、密集波分复用系统、首次长途电视传输、高清晰度电视、语音合成装置等。同时，贝尔实验室发明的存储程序控制和电子交换、数据库及分组技术为智能网的应用铺平了道路，它开发的UNIX 操作系统使各类计算机得以大规模联网，从而成就了今天使用的 Internet。贝尔实验室开发的 C 和 C++语言是使用最为广泛的编程语言之一，而由其推出的网络管理与操作系统，每天支持着世界范围内数十亿的电话呼叫与数据连接。可以说，人类迈向文明的每一步都与贝尔实验室息息相关。显然，工业研究实验室在企业发展史上发挥了重要作用，在推进人类社会科技进步上做出了不朽贡献。

与此同时，也应该看到，企业内部研究中心在发展中也难免遇到一些问题，有些企业内部研究中心甚至与自身技术创新能力建设背道而驰。首先，企业内部研究中心主要依赖从社会上引入的科学家及高水平专业技术人员构建，当他们在企业及社会获得重要地位后，难免表现出科学家主导科研的倾向。前文已经指出，尽管工业研究实验室的研究内容没有明确界定，但基本目标是为企业创造更多价值。然而，随着工业实验室规模的扩大、研究能力和水平的提高，其在企业中的地位越来越重要。这些工业研究实验室衍生出大量大牌科学家，甚至出现了诺贝尔物理学、化学奖获得者。无疑，这些大牌科学家在确定企业研发方向上的发言权越来越大，而成为大牌科学家后的研发方向选择，也会越来越倾向水平高深、影响巨大的研究。其次，随着内部研究中心的发展壮大，其必然表现出越来越独立于企业主导业务的倾向。以贝尔实验室为例，随着其在 20 世纪 20 年代取得了一系列重大创新成果，其自身规模也得到快速膨胀，其研究领域包括基础研究、系统工程和应用研究三个方面。以基础研究为例，虽然研究内容限定在电信技术的基础理论研究，但研究内容涵盖了数学、物理学、化学、材料科学、行为科学和计算机编程理论等多个学科。伴随研究领域的扩张，研究人员队伍也快速膨胀，贝尔实验室的研究队伍很快达到几千人，最后发展到 28 000 多人。如此庞大的研究机构不可能局限于支撑和引领母公司的主导业务。最后，建设内部研究中心的企业，也难以长期支持如此规模的研究机构从事与自己的主导业务越来越不相关、与自身能力建设越来越远的研究。著名的贝尔实验室为人类社会创造了大量高水平创新成果，但真正支持 AT&T 业务的越来越少。大量的高水平研究需要大量人力、财力和物力投入，而这些高水平成果转化为商业价值的路途相对遥远，需要配套的系统性投入也非常高。长此以往，导致企业难以支撑这样的研究。在这种背景下，企业内部研究中心必然与其构建公司分离，贝尔实验室、PARC 研发中心都走向了这个结局。也正是由于这个原因，贝尔实验室等在其后的生涯中不断被收购和变卖，逐步失去了昔日获得的荣光。

（二）以开放式创新模式构建企业技术创新能力

企业内部研发中心在实践上取得了重大成就，并在世界主要国家得到了推广，但外部环境的发展变化，以及其自身发展中遇到的一系列问题，也促使众多企业开始探索更为科学、更为合理的研发组织形式。当然，这种探索并不是一步到位的，而是随着实践的发展而不断演进的。自 20 世纪 50 年代起，后来才被学者提炼为概念化的、新的创新组织形式——开放式创新模式。

1. 开放式创新模式的发展

面对企业内部研发中心出现的越来越强化的科学家主导现象，人们首先审视和思考了企业创新的特点，并分析科学家创新倾向与企业创新需求之间的差距。人们发现，科学家追求的高水平创新、奉行问题分解的思路，沿着越来越精深的方向发展；而企业的产品创新具有集成特征，需要把专业知识进行综合应用。以施乐公司的 PARC 研发中心为例，其建立初衷是为了形成技术储备，避免外部出现的破坏性创新对企业造成伤害。为此，PARC 研发中心仿效贝尔实验室的做法，招聘高水平科学家，并由科学家确定未来技术方向。当时的 PARC 研发中心负责人选择了个人计算机技术，并凭借优越的条件成功地网罗到了当时最优秀的计算机天才，从激光实验室的物理学家，到制作微芯片的技工，再到计算机语言设计者、人工智能程序员、认知生理学家、视频设计家、音响工程师、机械师等，组成了一个无与伦比的技术王国。有人评论道：当时"全世界 100 名顶尖计算机研究人才中，有 58 名在 PARC 研发中心工作"。PARC 研发中心创造了非常理想的科研环境，科学家们也不负众望，他们在计算机领域取得了一系列创造性成果，其中包括个人电脑、激光打印机、鼠标、以太网，图形用户界面、Small talk、页面描述语言 Interpress（PostScript 的先驱）、图标和下拉菜单、所见即所得文本编辑器、语音压缩技术等，涵盖了后来被市场接受的个人计算机产品的几乎所有技术。其实，PARC 研发中心甚至于 1973 年成功开发出人类历史上第一台个人电脑奥托（Alto），只是它不是面向市场的商品，而是用以展现技术研发成果的试验品或样机。当时，苹果电脑的发明人史蒂芬·沃兹尼亚克尚处于构思阶段，甚至还没有形成完整的产品概念。当沃兹尼亚克开发出具有革命性的苹果Ⅱ（Apple Ⅱ）时，PARC 研发中心里的几乎所有人，从科学家到助手乃至秘书，都已经在使用个人电脑，而且其性能远在苹果Ⅱ之上。不仅如此，奥托还被当作试验品送到著名大学，甚至白宫和国会、众参两院都成了其用户。非常遗憾的是，PARC 研发中心的科学家并没有意识到个人电脑会成为一个庞大的产业，他们仍然将研究重点放到与施乐相关的文字图像和更重要的信息交流上，施乐公司也没有应用 PARC 研发中心创新的所有技术。最后，只能眼睁睁地看着苹果公司、IBM 公司借鉴奥托的构架、融合了 PARC 研发中心发明的所见即所得文本编辑器、鼠标等技术，分别成功开发出被市场认同的 Macintosh 和 IBM PC，错失了个人计算机革命的丰硕果实。因而，内部研究中心模式虽然支撑了企业的技术和产品研发能力，但却没有同时提升其产品市场价值开发能力，在技术与商业价值实现之间形成显著的漏斗现象。

　　其实，这种漏斗现象不仅存在于贝尔实验室、PARC 研发中心等著名研究机构，也普遍存在于很多企业建立的内部研究中心或企业实验室。显然，单纯依靠内部研究中心的科学家推动创新，并不能导致企业获得充分的市场价值。这种现象促使企业更加深入地思考企业研究和创新的本质。人们更加清晰地认识到，创新不是单纯的技术或产品开发，而主要的是新技术的市场化应用。将技术综合应用并非科学家或研发人员的事情，而涉及研发、制造、市场等多元主体。因而，探索解决科学家主导创新矛盾的第一个思路，就是第二次世界大战期间及之后形成的系统性创新思想，即将创新视为一个企业的系统性活动，由企业内多元主体共同承担、并行完成。因而，很多企业的创新不再是内部研发人员的活动，而转变成为涉及社会或组织多方面人才的综合性、系统性活动。正是在这种背景下，日本丰田等公司于 20 世纪 50～60 年代提出并行工程思想，不仅吸引企业内部的多元主体参与研发和创新活动，还将设计、研发、制造、销售等与创新相关的业务活动按时序递进并行开展。并行工程实际上推动了企业研发活动的对内开放，极大提高了创新效率和速度，成为日本企业赢得国际竞争的重要法宝。

　　企业创新组织方式的探索不仅要解决企业内部研发中心出现的问题，还必须适应社会发展出现的新趋势，满足社会发展变化衍生出的各种新需求。首先，进入 20 世纪 80 年代后期，特别是进入 90 年代以后，在以计算机控制为主要代表的第三次技术革命推动下，企业研发及创新活动也随之出现专业化分工倾向。基于追求速度、降低成本等切实需要，企业将一些自身并不具备优势，或自身开展并不经济的创新活动委托社会上的其他机构承担，进而导致原有内部一体化的研发模式逐步解体，成为产业或产品技术开放式创新的重大推动力量。其次，随着科技进步速度的加快，科学技术本身越来越复杂，特别是基础科学研究需要长期的积累、雄厚的基础和庞大的支出；同时，基础科学研究又具有显著的公共性及外部效应。在这种背景下，越来越多的企业尝试将基础研究委托高校等研究机构承担，更加突出企业自身研究的应用导向性质。这一方面提高了企业内部研究的效率，另一方面，也能够充分利用社会或全球创新资源。最后，适应顾客需求多样化发展趋势，也需要将创新过程面向社会和顾客开放。一方面，对社会及消费者群体而言，很多产业或产品都出现了从卖方市场到买方市场的转变，消费者掌握的专业知识越来越广博，由顾客或消费者主导企业经营的时代逐步到来；另一方面，消费者的个性化需求越来越多，而且变化越来越快，满足多元消费主体的个性化需要，要求企业的创新活动必须采取开放式态度，一些企业甚至尝试邀请顾客先期介入企业研发。请顾客先期介入企业研发并不等同于需求导向的创新，而是顾客直接介入创新，使企业的创新在与顾客的互动中迭代完成。

　　上述变化在第二次世界大战之后各国恢复建设过程中频繁出现，使得企业的创新组织模式逐步从封闭式创新，转化为面向企业内部多元合作主体、面向企业外部多元相关主体、面向多元化消费者及客户的开放式创新。基于这种背景，哈佛大学 Henry Chesbrough 教授于 2003 年出版《开放式创新》著作，系统阐释了开放式创新理论和方法，直接推动了更多企业从封闭式创新走向开放式创新。与此同时，开放式创新的社会或环境影响因素骤然增加，使得创新活动越来越呈现社会系统特征，即创新不仅涉及与技术和产品开发相关的主体，还涉及技术和产品应用的市场因素，在技术和产品存在竞争的情况下，技术的选择和发展还涉及政府规制；因而，技术创新活动被视为涉及技术、市场和制度等多种力量作用的综合社会体系。

2. 开放式创新与企业创新能力

开放式创新是在内部研究中心模式基础上演化而来的，是基于内部研究中心一体化暴露出的问题进行的修正和完善；因而，以内部研究中心为基础，实施开放式创新有利于企业技术创新能力的构建和发展。当然，随着开放式创新模式在实践中应用并取得良好效果，有些企业主要依托外部机构、外部资源构建技术创新能力建设，形成一种不同的依托开放式创新模式构建企业创新能力形式。

1) 依托内部研究中心＋开放式创新构建企业创新能力

可以用图 5-6 表示以内部研究中心为基础，依托实施开放式创新模式构建企业创新能力的机理。

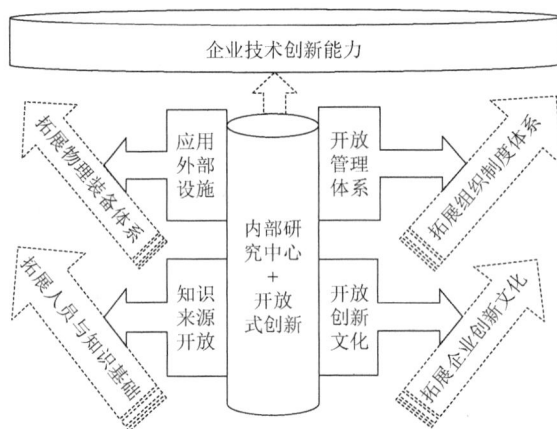

图 5-6　依托内部研发中心＋开放式创新建设企业创新能力

第一，以内部研究中心为基础，使得企业具备技术知识人才、研发物质条件设施等企业技术创新能力建设的最基本要素。在其基础上，应用开放式创新模式，可以更加多元地获取外部科学技术空间的知识，也可以借用企业外部的相关公共研究设施或专业化技术平台等，缩短研发时间（提高创新速度）、降低创新成本、提高创新质量。

第二，在实施开放式创新的背景下，企业吸收外部市场力量参与到创新中来，使得整个创新过程自始至终在市场需求的引导下展开，能够有效提高创新的有效性，提高企业研发活动的商业价值创造能力。同时，在现代产业全球分工的背景下，实施开放式创新也为供应商参与创新创造了条件，有利于企业内部创新与外部需求和技术连接的协同，进而提升企业的创新能力。

第三，实施开放式创新企业首先要树立开放的意识，这有利于企业形成和拓展开放式的创新文化；同时，在广泛利用社会资源时，必然涉及对导入外部资源的选择和整合，因而，有利于培养企业形成机遇意识和系统集成思想。在科技进步一日千里的时代，不断关注和把握外部机遇，拥有对全球资源进行有效集成和整理能力，是当今企业创新能力的核心内容。

2）主要依托开放式创新构建企业创新能力

在创新资源全球开放、研发外包广泛兴起的背景下，市场上衍生出很多专业的研发性企业。这些企业自己并不生产产品，而是单纯面向一些企业提供研发和设计服务。同时，也有一些企业尝试内部并不建立研究中心或实验室，而主要依托开放式创新模式构建技术创新能力的做法，即将主要研发活动及产品设计等完全外包给专业技术公司。实践证明，主要依托开放式创新只能作为特定发展阶段的权宜之计，企业单纯依赖研发专业化外包并不能有效形成自主的技术创新能力，而必须建立自主的研发队伍和机构，这只是时间先后问题。也就是说，企业先期可以主要依托开放式创新获取技术，并不能由此获得创新能力。前些年，我国一些企业通过对外开放获取了相关技术，但由于没有适时建立自己的研发力量，没有形成自主创新能力，甚至落入循环引进的陷阱。之所以造成这种现象，主要在于以下几方面。

第一，创新能力具有主体依附性。企业技术创新能力并不是抽象的，一定是依附于特定主体之上。首先，创新能力必须由研发人员承载。也就是说，如果企业没有自己的研发人员，没有自己独立的研发机构，单纯利用社会创新资源（聘用人员或直接委托外部专业机构）可以获得相关技术知识，但不可能获得创造和高效使用这些知识能力。其次，有些技术创新能力体现在研发装置或平台上，如研发数据库、产品开发数字化平台等；没有独立自主的研发活动，不可能形成具有价值创新能力的技术装置或平台。

第二，创新能力具有内生性。不论是人还是企业，要想获得特定的创新能力，必须在创新活动实践中获得。首先，能力不是简单的知识聚集，而更多是知识创造和知识在特定情境的应用。显然，能力的产生和拓展需要在特定情境中完成。也就是说，没有特定的实践活动做支撑，不了解创新过程及情境条件，不可能形成技术创新能力。其次，尽管理论知识可以构成能力要素，也可以帮助能力形成（如提升能力形成速度等），但理论知识不可能自动转化为能力。最后，能力不会从一个主体向另外一个主体转移。因而，单纯依赖利用他人知识的开放式创新，不可能使企业形成自主的创新能力。

第三，整合建立在特定依据之上。有些企业认为，既然所有研发和创新任务都有专业机构承担，自己只要建立系统集成和整理能力就可以了，没有必要从事专业化开发、建立专业化研究力量。首先，不同创新成果或者技术知识的整合建立在特定依据之上，最常见的就是主导设计或技术标准。也就是说，整合技术知识需要首先建立主导设计或技术标准。依赖别人的主导设计或技术标准进行整合，违背知识产权保护的基本原则，难以得到市场的认同和接受。其次，自己提出主导设计和技术标准，但不掌握产业或产品核心技术的话，实际上根本难以做到，即使提出建议方案，也不可能得到市场及业界的认同。特别是在产业核心技术开发高度依赖数字化平台的背景下，没有自主创新实践，不掌握高水平数字化平台的企业，根本不可能提出主导设计和产品技术标准。因此，基于不同技术整合的产品集成创新，并不是简单的构件拼凑或堆砌，而是建立在主导设计和产品技术标准之上的高层次能力。显然，幻想整合全球先进技术获得技术创新能力和核心竞争优势的企业，也只能处于幻想之中。

因而，先期主要依托开放式创新获取技术，然后逐步构建企业自主创新能力的合理机制如图 5-7 所示。首先，企业通过开放式创新模式获取技术知识，支撑企业的产品生产或服务运营；其次，企业以开放式创新形式利用社会的研发装备，并逐步熟悉其构造和使用；最后，在引进技术知识和生产装备的过程中，学习和掌握产品研发和设计等方面的经验。在上述工作基础上，企业建立自主的研发机构、建立专业化技术力量，并在与多元社会主体的互动中，拓展人员与知识技能、物理技术装备、管理制度体系、创新文化等能力要素，使企业技术创新能力建设逐步推进。

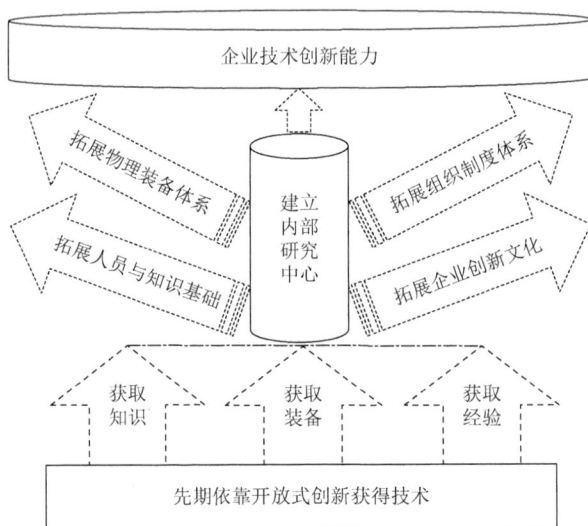

图 5-7　依托内部研发中心 + 开放式创新建设企业创新能力

（三）以众创模式构建企业技术创新能力

众创是进入互联网时代以后新出现的企业技术创新组织形式。实际上，众创是开放式创新的深化和发展，其开放范围更大、程度更高、领域更广。比较而言，众创的深化和拓展体现在以下几个方面：第一，由面向特定合作伙伴的开放转向面向非限定公众的开放，使任何愿意参与企业创新过程的人都能够参与；第二，从对创新过程的有限开放发展到对创新过程的全部开放，甚至出现开放创新源程序、源代码的开源式创新；第三，从追求对创新成果的独占或与少数合作者的分享拓展到与所有愿意使用者的共享，出现不少企业将专利等创新成果免费让业界企业使用的情况。在这种背景下，企业可以利用的社会资源更为广泛，而对创新过程的组织和管理当然更加复杂，对资源整合和集成能力的要求也更高。

1. 众创模式产生和发展

进入 21 世纪以后，随着互联网在企业生产及创新活动中的广泛应用，企业创新的开放度越来越高，从基于广泛利用外部资源、降低成本、提升速度为主要目的的开放式创新，逐步发展演化以构建和控制商业生态系统为主要追求的开源式创新或众创组织形式。为什么会出现开源式创新或众创呢？主要由市场需求和技术进步双轮推动。就市场需求而言，当今时代消费者需求日益呈现多元化、个性化趋势，而技术进步推动的互联网为企业提供了快速获得消费者需求的通道。从企业的角度讲，为了满足消费者的多元化、个性化需求，一方面要将现有生产及创新过程进行更为深入的专业化分工，另一方面需要寻求全球创新智慧和资源的支持。就分布在全球的创新爱好者或创客而言，企业生产及创新过程更为深入的专业化分工，使很多创新和生产任务变为更小的单元，以至于越来越适合个体创新和生产者承担，这无疑为他们开辟了广泛的市场空间和现实需求。正是在这双重力量推动下，众创及开源式创新模式得到很多企业重视和应用。

开源式创新或众创有三个主要特点：一是公开、共享，即颠覆了以往各种代际的创新活动中谋求创新成果由少数主体独占、其他主体必须有偿使用等通行做法，而是将成果公之于众，供社会多元主体无偿使用。这样的创新理念和方式极大丰富了社会知识共享空间和工具平台，为个体创新创造前所未有的良好条件，如网上由创客开发的成熟"工具箱"及"工具链"，已经成为个体创新的重要帮手。人们不用精通程序设计可以用 MATLAB 从数学函数直接生成程序或逻辑电路；不用精通结构力学，就能用软件从一个大坝的简单特征条件，导出整个大坝的初始设计。二是创新过程可以大众参与、全球互动，即颠覆了以往各种创新中创新过程由特定主体主导、有限数量主体参与的组织形式，而是使创新成为公众可以自由参与、在全球同时开展的公共性活动。例如，目前活跃于世界各地的创客们，应用以用户创新为核心的创新 2.0 模式，自己动手创造、生产有自生产工具，以放松、惬意、自由的心态在"玩"中创新，并力图以此改变人类生活、创造新的社会生产方式。三是基于全球网络的开源式创新往往形成一个综合生态，生态化成为众创时代的最主要特征和普遍追求，或者说，众创时代的重要成果往往不是一个具有使用价值的产品或服务，而是这个产品或服务寄生的生态。众创时代的到来，无疑为社会，特别是企业对全球创新资源的应用奠定了坚实基础。

2. 以众创模式构建企业技术创新能力

首先需要指出，以众创模式构建企业技术创新能力并不完全等同于使用开放式创新模式，其中最大的差异在于众创模式使用了互联网。在互联网上的创新和生产活动具有平台特征，并必然衍生为一个生态体系。然而，平台则具有先发优势特点，即先行企业往往能够在客户吸引、知识集聚、市场影响、品牌效应等方面形成领先优势，特别是知识聚集效应，可以使先行企业形成正向强化效应，进而形成后发企业难以企及的核心优势。因而，使用众创模式和使用开放式创新模式比较，自然就出现两个不同：一是先发企业和后行企业不同，二是大企业和小企业不同。大企业一般拥有更多技术问题和创新资源，也具有更大的市场影响力和号召力，其构建的众创平台容易得到社会或市场认同，而小企业在这方面明显处于劣势。显然，尽管所有企业都可以使用众创模式构建企业技术创新能力，但能构建成被社会或市场高度认同的众创平台的企业只是少数，多数企业可以借用大企业构筑的众创平台开展创新活动。

其次，应用众创模式构建技术创新能力，需要企业具有较好的技术能力基础。这种技术能力基础主要体现在以下几个方面：一是技术知识分解能力，即当一个企业有需要通过众创模式解决的技术问题时，要对技术知识进行有效分解，并将其在基于互联网的众创平台上发布。这里会衍生出一对矛盾，一方面，为了使众创参与者清晰了解企业技术需求，需要对技术进行尽可能详细的描述；另一方面，在众创平台上详细描述企业技术，可能引致企业研发动态等信息被竞争对手获取。因而，技术知识分解是一种重要能力；一般说来，具有坚实技术能力基础、拥有丰富相关知识产权的企业，更容易做好这项工作。二是技术知识整合能力，即将从众创平台获得的技术知识有效整合到企业现有技术体系之中。当然，技术知识整合之前是技术知识的有效鉴别和选择。三是平台构建和运营能力，主要是对众创平台进行有效的运营管理。建设众创平台不容易，维系众创平台的有效运营更难，这里最为重要的是对众创参与者的有效管理和激励，特别是使众创参与者获得合理回报的能力，这需要将有价值的众创成果进行商业化开发和应用，当然需要资本、产业链等一系列的资源支持。显然，大企业在构建及维系众创平台运营上具有更多优势，也更适合采用这种方式提升技术创新能力。可以用图 5-8 表示在具备较强企业技术创新能力基础的前提下，应用众创组织模式进一步拓展和提升企业创新能力的机理。

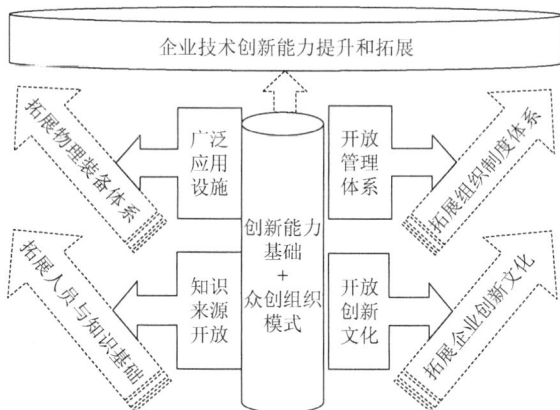

图 5-8 应用众创模式提升和拓展企业技术创新能力

第二节 基于案例的企业技术创新能力构建路径

在上述企业技术创新能力构建模式分析中，分别提炼了每种模式对应的能力基础依托与形成及发展演化机制。通过上述分析可以看出，不同模式下企业技术创新能力构建基础和形成机制并不相同，但基本都遵从了以单一要素为依托到多元要素协同进化，进而形成系统性组织力量的过程。也可以说，企业技术创新能力构建具有以单一要素为基础，逐步丰富和发展为多元能力要素，进而形成系统化组织能力的共同机制和路径。为了更为系统地阐释企业技术创新能力建设的合理路径，我们选择一个综合的企业技术创新能力建设案例，对其进行系统性研究。鉴于我国绝大多数企业处于技术后发的基本现实，本节重点分析和介绍我国企业通过技术学习成功构建自主技术创新能力的案例，并依托其揭示企业技术创新能力建设的一般或基础性路径。同时，鉴于我国科技创新已经进入领跑、并跑、跟跑并行的阶段，也介绍和分析一些著名跨国公司技术创新能力构建的经验和教训，并将视为企业技术创新能力建设的拓展性路径。

一、企业技术创新能力构建的基础路径

（一）案例企业及背景

本案例介绍的是烟台万华聚氨酯股份有限公司。该公司在 1998 年之前，是烟台合成革厂 MDI[①]分厂。1998 年 12 月 20 日，烟台万华聚氨酯股份有限公司成立，

---

① MDI 即 diphenyl-methane-diisocyanate，二苯甲烷二异氰酸酯。

是山东省第一家先改制后上市的股份制公司，2013 年 6 月 6 日更名为万华化学集团股份有限公司。现在的万华化学集团股份有限公司是一家全球化运营的化工新材料公司，依托不断创新的核心技术、产业化装置及高效的运营模式，为客户提供更具竞争力的产品及解决方案。该公司业务涵盖 MDI、TDI①、聚醚多元醇等聚氨酯产业集群，丙烯酸及酯、环氧丙烷等石化产业集群，水性 PUD②、PA③乳液、TPU④、ADI⑤系列等功能化学品及材料产业集群。目前，该公司拥有烟台、宁波、珠海三大国内生产基地，2011 年托管匈牙利 BC 公司后建立了第一个海外生产基地；在烟台、北京、宁波、上海等地建有研发中心，2017 年建设在休斯敦的北美技术中心正式投入使用。另外，万华化学在欧洲、美国、日本等十余个国家和地区均设有公司和办事处。截至 2019 年底，该公司在全球范围内拥有员工近 15 000 人（含 BC 公司），近三分之一为外籍员工。本案例重点介绍烟台万华聚氨酯股份有限公司在 MDI 产品自主创新上的努力，并依托该产品自主创新建立企业系统性技术创新能力的过程。

　　MDI 是一种化学合成材料，1937 年由德国化学家率先合成，1950 年由美国企业实现工业化生产。MDI 是制备聚氨酯的最主要原料之一，广泛应用于化工、轻工、纺织、建筑、家电、建材、汽车、航空航天、军工等领域。自 20 世纪 50 年代末开始，为满足军工需要，我国开始组织异氰酸酯和聚氨酯研究，并在 60 年代建设了数套百吨级间歇法小型 MDI 生产装置。由于工艺落后、能耗高、污染重，上述装置到 20 世纪 80 年代初全部关闭。1976 年，为解决我国皮革工业对 MDI 的迫切需求，当时的轻工业部在山东烟台建设了合成革厂。1978 年，从英国帝国化学（ICI）在日本的合资公司——日本聚氨酯公司（NPU）引进一套年产 1 万吨的 MDI 产生线。当时日本聚氨酯公司的生产能力是年产 2 万吨，转让给我国的生产线做了缩减。引进生产线 1984 年建成，但由于生产技术系统非常复杂，在 6～7 年的时间里一直不能正常运行，更没有达到设计生产能力。经过技术人员的持续努力，引进生产线勉强在 20 世纪 90 年代初期达到设计生产力，但整体水平已明显落后于当时国外主流技术。伴随我国经济快速发展对 MDI 提出巨大需求，当时的烟台合成革厂希望再引进一条年产 2 万吨的 MDI 生产线。用了 2 年多时间，几乎与当时掌握 MDI 制造生产技术的每个跨国企业都进行了谈判，但没有一家企业愿意向烟台合成革厂转让生产线。1978 年转让生产线的日本聚氨酯公司，同意帮助将原生产线的年生产能力提高至 2 万吨产能，却开出了 17 亿日元的天价技

① TDI 即 toluene diisocyanate，甲苯二异氰酸酯。
② PUD 即 polyurethane dispersion，聚氨酯分散体。
③ PA 即 polymeraseacidicprotein，聚合酶。
④ TPU 即 thermoplastic polyurethanes，热塑性聚氨酯弹性体橡胶。
⑤ ADI 即 aliphatic isocyanate，脂肪族异氰酸酯。

术转让服务费。面对供不应求的市场局面，当时的国家计划委员会先后批准 4 家企业引进 MDI 产生线，但都因国外技术封锁而未能实施。

（二）烟台万华主导的 MDI 自主创新历程

1. 原有生产装置的技术改造

烟台万华聚氨酯股份有限公司的自主技术学习及创新起步于 1993 年。当时，从日本引进的生产线在还未实现稳定运行的情况下就到了 10 年寿命期。面对这条整体水平已经落后、关键装备已经老化的生产线，国家行业主管部门感到失望，企业也陷入进退维谷的艰难境地。对于当时的烟台合成革厂 MDI 分厂来说，可选择的道路只有两条：一是等待破产、死亡，二是通过自主创新求得生机。出于对企业的深厚感情，也出于不服输的个人秉性，时任 MDI 分厂副厂长、总工程师丁建生向合成革厂请缨，愿意领衔现有生产线的技术改造，力争通过自主创新使生产线发挥效益。基于当时的确没有其他路可走，烟台合成革厂领导也被丁建生的勇气和豪迈精神所感动，经过慎重讨论，决定破釜沉舟，投入企业几乎全部家当启动技术改造工程。

1994 年 6 月 18 日，烟台合成革厂正式开始实施"9688 工程计划"（MDI 扩建改造工程）。丁建生带领技术人员日夜拼搏，以置之死地而后生的气概，对多个重要生产装置逐一进行解剖，对关键核心工艺逐一进行研究。从制约生产线正常运转的关键设备及装置入手，联合国内专业研究机构对核心零部件进行自主开发制造。1995 年 12 月 23 日，MDI 装置年产量首次达到 1 万吨的设计能力。在取得初步成功的基础上，丁建生等技术人员再接再厉，又进行了 3 年艰苦攻关。连续 6 年多的不懈努力，其中经历了无数次失败，终于在 1998 年自主完成对原有生产线的改造，使其实现稳定运行，并达到了 1.5 万吨的年生产能力。虽然这次技术改造未能使产品质量得到实质提高，但技术团队在生产线改造和设计、生产工艺革新、生产过程控制等方面积累了经验，对制造装备系统、制备流程及产品制造技术体系有了较为深入的认识，也增强了企业自主创新的信心。

2. 建立企业技术创新能力基础

1998 年，世界著名跨国公司已能实现年产 10 万吨 MDI，其技术水平远远领先当时的烟台合成革厂。基于国内市场不断增长的市场需求，基于推动企业持续发展的迫切期望，也基于对以丁建生为首的技术团队的信任，更为消除进一步推动技术创新可能遇到的体制性障碍，烟台合成革厂对 MDI 分厂进行改制，在其基础上成立烟台万华聚氨酯股份有限公司，由丁建生任总经理。1998 年 12 月 20 日，经过股份制改造，烟台万华聚氨酯股份有限公司正式成立。

改制后的烟台万华不仅得到总公司在研发上的持续支持，总公司还吸纳了由万华剥离的 3000 多名不能适应发展需要的员工。轻装上阵的烟台万华围绕开展更高层次的技术创新任务进行布局，着手建立企业的自主的技术创新能力。在丁建生的倡议和主导下，企业开展了以下几方面工作。

第一，大规模引进技术人才，以建设高水平的研发队伍。当时，国内企业绝大多数企业总经理的年薪只有 1 万元左右，烟台万华却以 10 万年薪聘得第一个高分子学博士，以 20 万年薪从海外聘得技术总监，也以比同行高得多的报酬从其他企业聘得技术骨干。以技术总监和高水平技术人才为核心，建立了企业技术人员队伍，并初步掌握了产业技术基础。

第二，进行管理体制创新，建立支持持续创新的制度体系。鉴于当时国内企业，特别是国有企业对科技人员激励机制上的多重约束，利用企业改制契机建立和完善针对技术人员的激励政策。烟台万华聚氨酯股份有限公司突破了当时的宏观体制制约，允许技术人员以创新成果在企业收益中提成。这些政策极大地激发了科技人员及企业员工的创新热情。

第三，依据产品技术特点完善物理技术基础。MDI 产品的数量和质量都高度依赖生产技术装备，烟台万华聚氨酯股份有限公司将技术创新的重点放在生产线改造和建设上。在公司成立以后，先是经过 1 年多努力，使 MDI 生产线达到年产 2 万吨生产能力，产品质量也明显提高。在上述成就的基础上，烟台万华的科技人员一鼓作气，通过对关键设备及生产装置的自主创新和持续改造，于 2000 年实现 MDI 年生产能力 4 万吨，产品质量也跃升到国际先进水平。

经过前后累积了 8 年的持续技术学习和自主攻关，年产 4 万吨 MDI 生产线获得成功，标志着烟台万华基本掌握了 MDI 关键制造技术，初步具备了自主技术创新能力；同时，初步的成功也更加激发和坚定了他们走自主创新道路的信心和决心。技术的成功也得到了丰厚的市场回报，大幅度提升了烟台万华的整体实力和企业形象。1999 年 4 月 6 日，公司被国家认定为国家火炬计划重点高新技术企业。1999 年 9 月，烟台万华的 MDI、改性 MDI、MDA[①]系列产品被法国科技质量监督评价委员会推荐为高质量科技产品和向欧盟市场推荐产品。与此同时，公司积极筹备上市融资，并酝酿自主建设一条年产 10 万吨的 MDI 生产线。

3. MDI 制造技术的系统性创新

2001 年 1 月 5 日，烟台万华聚氨酯股份有限公司流通股股票在上海证券交易所正式挂牌交易，证券简称烟台万华，股票代码：600309，为 21 世纪上海证券交易所第一上市股票。次日，当时的国家计划委员会便发布了批准美国亨茨曼和德国巴斯夫合作、斥资 10 亿美元在上海漕河泾化工园区建设年产 16 万吨 MDI 生产线的消息。同年 10 月，德国拜耳与上海华谊集团签署在上海金山合资建设年产

---

① MDA 为二氨基二苯基甲。

23 万吨 MDI 生产线的意向书,并得到两国领导人的支持。行业发展环境的突然变化,使烟台万华必须准备迎接跨国公司走到家门口的竞争。如果仍然按照原来的节奏、主要依靠自身积累逐步发展,则可能被无情的市场竞争边缘化;同时,国内刚刚建立起的自主 MDI 产业很可能陷入任跨国公司摆布的局面。因此,他们大胆调整企业自主创新规划,在快速启动年产 10 万吨 MDI 生产线的同时,开始谋划建设年产 16 万吨 MDI 生产线。

　　2000 年,烟台万华年销售收入只有 3.4 亿元,净资产 6 亿元;而建设一条年产 16 万吨的 MDI 生产线,至少需要投资 40 亿元人民币。尚不考虑企业的技术创新能力,能否筹集到足够的资源、争取到社会的足够支持都存在极大变数。鉴于 MDI 的高技术含量、高风险特征和高投资门槛,中央政府对 MDI 投资非常慎重,这也是当时的国家计划委员会先后批准引进 3 家著名跨国公司的重要原因。2001 年 4 月,烟台万华公司顺利通过审核,成为中国通过质量、职业安全卫生、环保三位一体认证的第一家化工企业。与此同时,公司也计划启动年产 16 万吨 MDI 项目立项工作。由于充分认识到这个高水平系统性制造技术创新的艰巨性,烟台万华没有选择孤军奋战,而是发挥行业龙头企业的带动作用,主动构建政产学研等多元主体广泛参与的产业技术创新体系,以实现产业技术跨越的使命。

　　首先,烟台万华积极争取将企业的自主创新意志上升为国家战略。基于当时企业自身实力还比较薄弱、而 MDI 技术及产业是国家战略需求的现实,烟台万华主动呼请国家行业主管部门——中国轻工业联合会和中国石油和化学工业协会支持,并积极促成行业著名专家对我国 MDI 产业自主创新的支持,力图通过这种努力,将企业的自主创新意志上升为国家战略。应该说,这种基于中国国情的正确选择,也是获取社会资源支持,构建系统性自主创新力量的基础性手段。2001 年 7 月 8 日,他们约请包括中国科学院和中国工程院资深院士、中国轻工业联合会和中国石油和化学工业协会会长、国家发展和改革委员会、中国聚氨酯工业协会、化学工业部规划设计院等机构领导共 40 多位专家齐聚一堂,共同谋划中国 MDI 产业自主创新;与会领导和专家一致支持由烟台万华主导实施年产 16 万吨 MDI 自主创新项目。2001 年 11 月,烟台万华主持的《年产 16 万吨 MDI 制造技术开发》被列为国家科技攻关计划引导项目。鉴于项目本身的战略意义,在企业的不懈努力下,在化学工业界老领导、老专家的积极推动下,2002 年 4 月 30 日,项目终于得到第 57 次国务院常务会议批准,并获得 18 亿元国债贴息贷款。

　　其次,烟台万华主动构建产学研结合的协同产业创新体系。MDI 制造技术开发和自主创新是个复杂的系统工程,其中既涉及基础材料设计,更涉及制造工艺、系统生产线、控制系统开发,需要多元主体协同作战。为此,基于充分利用国内外优势资源实现协同创新的目标,在继续吸收、引进人才,不断充实和提升企业自身研发队伍实力的基础上,与清华大学、青岛化工学院(现青岛科技大学)等国内高校及专业研究机构建立了密切合作关系，以社会力量充实企业技术创新的知识创造和应用能力，使年产 16 万吨 MDI 自主创新项目成为由烟台万华主导和主持，国内相关企业、高校及研究机构广泛参与的国家级产业技术协同创新项目。

最后，烟台万华高度珍惜和重视发挥我国庞大市场的优势。在积极拓展自主创新能力基础，扩大产品市场营销力度的同时，烟台万华也基于后发企业必须充分利用本土市场资源的经验，极力促进政府有关部门保护公平竞争的市场环境。为维护企业自主创新成果获得合理回报，烟台万华带头向跨国公司的倾销策略发起挑战。在烟台万华生产出高质量 MDI 产品以后，跨国公司将在中国市场销售的产品降价 70%，企图将我国自主的 MDI 产业扼杀在摇篮之中。烟台万华果断拿起反倾销利器，2002 年 8 月 5 日，公司向商务部产业损害调查局提出对原产于某些跨国公司的 MDI 产品进行反倾销调查的申请。2002 年 9 月 20 日，国家对外经济贸易合作部开始立案调查。鉴于 MDI 反倾销调查迫使跨国公司收敛了其做法，同时为了维护国家整体利益，特别是保证了下游产业的健康发展，2003 年 11 月 6 日，烟台万华提出撤诉。烟台万华利用世界贸易组织商业准则，打了一场保护中国幼稚 MDI 产业的漂亮战，该案例被国家商务部列为典型案例。

2002 年 10 月，烟台万华完成了 16 万吨 MDI 工艺软件包。2002 年 10 月 2 日至 11 月 10 日，经过年度大修，烟台万华的 MDI 装置产能扩至 10 万吨。2003 年 3 月 28 日，国家计划委员会批复了烟台万华年产 16 万吨 MDI 工程项目可行性研究报告。2003 年 8 月 8 日，烟台万华年产 16 万吨的 MDI 工程项目建设在宁波大榭岛正式开始，成为中国聚氨酯工业发展史上重要的里程碑。2004 年 12 月 1 日，年产 8 万吨 MDI 制造技术开发项目通过国家验收和鉴定。2005 年 5 月，公司年产 8 万吨 MDI 制造技术开发获得石油和化工行业科技进步一等奖，年产 8 万吨 MDI 装置工程获全国化学工业优质工程奖。2005 年 9 月 20 日，烟台万华派代表团参加了在美国奥兰多市举办的第十七届工作安全与健康世界代表大会，签署了《世界安全宣言》，成为第一个加入该宣言的中国企业。2005 年 11 月 23 日，烟台万华年产 16 万吨的 MDI 装置一次性投料试车成功。2006 年 1 月 19 日，烟台万华年产 16 万吨 MDI 制造技术开发项目通过科技部鉴定与验收。2006 年 1 月，烟台万华入选国家认定企业技术中心企业。2006 年 11 月 8 日，烟台万华顺利通过国家安全标准化验收，成为国家安全标准化一级企业。2006 年 11 月，烟台万华大规模 MDI 生产技术开发及产业化获得中国石油和化学工业协会颁发的科技进步特等奖。2008 年 7 月 8 日，烟台万华年产 16 万吨 MDI 工程获评国家环境友好工程称号，是化工行业唯一入选的项目。2008 年 7 月 28 日，烟台万华被评为全国首批创新型企业。2008 年 10 月 29 日，万华工业园（宁波）举行百亿工程奠基典礼，标志着万华二期年产 30 万吨 MDI 主装置及配套项目正式启动。

之后又经过 3 年的反复探索和创新实践，依托年产 16 万吨 MDI 自主创新项目，烟台万华成功研发了世界领先的全连续 MDI 制造新工艺，建成年产 20 万吨大规模 MDI 制造技术和装置，并于 2005 年 11 月 23 日在万华工业园（宁波）联动试车成功。生产实践证明：烟台万华研制的生产装置运转稳定、能耗比行业平均水平降低近 10%，同等规模的 MDI 投资比行业平均水平低 30%～40%，产品质量达到国际一流。这不仅标志着我国 MDI 产业自主创新的成功，还使我国 MDI 产业技术体系实现对行业领先者的超越，一跃跨入世界领先行列。作为 MDI 产业自主创新的发起者、主导者和实践者，烟台万华成为国内唯一掌握 MDI 制造核心技术并成功实现大规模产业化的企业。由于已经具有先进技术的坚实支撑，已经形成系统性创新能力，烟台万华也以可靠的产品质量赢得了经营管理上的骄人业绩，并获得了社会的广泛认可。2006 年，公司被 CCTV（China Central Television，中国中央电视台）评选为最具价值的上市公司，2007 年被评选为"CCTV 中国年度最佳雇主"。2007 年，烟台万华主持完成的年产 20 万吨大规模 MDI 生产技术开发及产业化项目成果获得国家科技进步一等奖。2008 年，烟台万华开始设计年产 36 万吨 MDI 生产线并于 2011 年 1 月试车成功，其 MDI 生产能力实际达到年产 60 万吨。目前，烟台万华已成为稳居亚洲首位、世界前三的 MDI 领军企业。

（三）烟台万华技术创新能力构建路径分析

经过多年不懈的自主创新努力，烟台万华（万华化学）完成了产业技术跨越及企业创新能力提升，成为后发企业通过技术学习获得成功的典型。正是由于具备了强大的自主创新能力并能够做到持续改进，使得公司在激烈的市场竞争中站稳脚跟，并取得良好业绩。表 5-1 为烟台万华持续开展自主创新并使技术创新能力得到稳步提升的证据，表 5-2 为 2013～2017 年烟台万华主要财务数据变化情况，也从价值实现的角度佐证了其自身创新能力的持续作用。

表 5-1　2014～2015 年企业技术创新活动及效果

时间	技术创新活动	取得的效果	创新能力拓展
2014 年 1 月	4 万吨单体聚醚生产线	三期项目投产	产品产能和质量提高
2014 年 12 月	千吨级 HDI[①] 缩二脲中试	一次性开车成功	率先打破国外技术垄断
2015 年 6 月	HDI1.5 万吨/年三聚体装置	建成投用	形成规模产业化能力
2015 年 7 月	99.5%纯度新戊二醇优等品	成功产出	自主研发工艺开车成功
2015 年 8 月	PO[②]/AE[③]一体化项目	全线投产	形成系统性创新能力

---

① HDI 即 hexamethylene diisocyanate，六亚甲基二异氰酸酯。

② PO 即 propylene oxide，环氧丙烷。

③ AE 为活性酯。

表 5-2　2013～2017 年烟台万华主要财务数据

主要指标	2017 年	2016 年	2015 年	2014 年	2013 年
总资产/万元	6 582 773	5 078 389	4 780 442	4 159 209	3 114 368
归属母公司股东权益/万元	2 727 953	1 482 204	1 157 097	1 059 408	967 792
每股收益/元	4.09	1.42	0.62	1.12	1.34
归属于上市公司股东的每股净资产/元	9.98	6.85	5.35	4.90	4.48
销售收入/万元	5 312 317	3 009 986	1 949 238	2 208 837	2 023 797
净利润/万元	1 021 214	367 987	160 974	241 937	289 141

1. 分析构架

在总结烟台万华技术创新能力构建案例的基础上，我们拟提出一个分析构架，以为一般企业的技术创新能力构建提供借鉴。我们认为，企业的技术创新能力构建是通过一系列创新活动完成的，而企业对创新活动组织模式、能力构建路径和机制等的选择，应该以高效实现目标为基本追求和主要判据。因而，从影响企业技术创新效率的核心因素出发，以其为依据构造一个结构性模型，可以寻找和界定影响及决定企业技术创新能力建设路径的关键变量。

1）影响企业技术创新效率的关键变量

将企业技术创新活动视为一个整体或黑箱（其技术创新能力构成要素亦在前面详细阐述），则影响其效率的因素主要是外在变量。基于突出重点和后发企业的技术学习特征，我们将影响企业技术创新活动效率的外在因素归结为三个综合变量，一是产业技术周期阶段，二是产业技术创新链特征，三是产业技术创新体系完善度，将其作为影响技术创新能力构建路径和机制选择的基础维度。

A. 产业技术周期阶段

企业创新活动在特定的产业背景下展开和完成，产业是企业创新活动不可忽视的关键影响因素，而企业创新活动方式及路径的选择首先受产业所处技术周期的影响。产业是企业的集合，是一个不断演化的有机体。受社会科技进步及产业自身发展影响，产业技术演进具有一定的周期特征。Leoncini（1998）研究了长周期背景下的技术演化本质，揭示了技术变革与创新呈现系统性演化的特征，即技术以系统性方式进化。也就是说，伴随产业的新生和发展，企业之间也进行着不断的重组、兼并，优势或主导企业通过对技术知识的选择、吸纳、调试、融合，将一系列技术知识匹配起来，构造一个系统化、具有特定结构的技术体系。Iansiti（1995）研究了以技术集成方式对复杂环境中技术演进进行管理的方法。因而，体系化是产业技术发展和演化的基本特征，如汽车技术体系包括底盘技术、发动机技术、电子控制技术等一系列技术。Utterback 和 Suárez（1993）曾经用"主导设计"概念表征产业技术的集中，并认为这种集中会锁定产业技术发展路线，引发一系列过程创新。也就是说，产业技术初步形成以后，在支撑产业发展和进化的同时，自身还不断吸收新知识向更高层次演化，构成产业技术周期的三个不同阶段，即发散、收敛和衰落或革命。产业技术发展周期阶段既是产业技术演化的本质特征之一，也在一定程度上反映着产业技术的发展前景，还表征着产业技术发展的市场环境特征，是影响企业创新活动方式选择的关键变量。

产业技术处于发散阶段，一般对应产业新生期。在产业新生期，一方面，新技术刚开始在产业中应用，技术本身不够成熟，不同技术之间的契合也不够通畅；另一方面，一般只有少量厂家进行尝试开发。承载新技术的产品或服务在多次试验、逐步走向成熟的过程中，既伴随着产业技术知识的不断吸纳和调整，将其他技术融合到产业中来，也会有其他厂商的不断加入，产业技术在发散中集聚成长、产业形态在变化中逐步成型，构建起产业本身及产业技术的初始结构。这个发展阶段，无疑对企业技术创新提供了较为宽松的外部环境；由于产业技术尚在探索和选择中，企业也必然面对较高风险。

当产业技术积聚到一定程度、产品功能能够较好满足市场需要时，产业发展进入成熟阶段，集聚起来的各种技术知识以一定的结构形成相对稳定的技术体系。此时，产业技术发展便进入相对稳定期。同时，伴随新厂商的进入，整个产业进入规模化生产和自由竞争阶段。为了适应大规模且竞争不断加剧的市场需要，产业本身逐步开始分化和整合。产业分化是指产业走向深层次的专业分工，产品中相对成熟的零部件从原来的总装企业中分离出去，形成大量专业的零部件供应企业。产业整合是指产业中的一些厂商，为了谋求在产业竞争和发展中的主导地位，通过加大研发等投入措施，打造技术领先和市场竞争位势；同时，加大对产业内其他厂商的兼并和收购力度。在产业分化和整合交织发展的过程中，产品技术体系发生重构和调整，分化为产业一般技术和产业核心技术。少数厂商利用自己的竞争优势和技术积累，凝练和培育出产业核心技术，并围绕核心技术重构产业技术体系，使原有的产业技术体系高度收敛到核心技术体系。把握核心技术体系的厂商占据产业价值链的高端，支配和引领产业发展；多数厂商利用一般产业技术，占据产业价值链的中低端。把握核心技术的厂商不再谋求大规模创新，而是以边际创新为主，整个产业呈现出缺少活力的"垄断化倾向"。此时，企业技术创新的外部约束已经形成，即必须服从由主导企业构建的产业技术体系，进入产业技术体系的门槛也相对提高。

产业技术发展在经过发散集聚、越过一个高位转折点后，进入技术收敛期。伴随掌握核心技术的"垄断"厂商市场地位不断加强，来自产业内的创新越来越少，承载技术的原有产品或服务逐步失去市场的青睐，加之可能受到其他替代品的冲击，产业不可避免地进入成熟之后的衰退期。掌握核心技术的"垄断"厂商或任凭现有技术体系逐步衰落，或对现有技术体系进行革命性改造，再次发散并吸纳新科技革命成果，使产业技术越过低位转折点而进入革命期。产业及产业技术演进关系如图 5-9 所示。

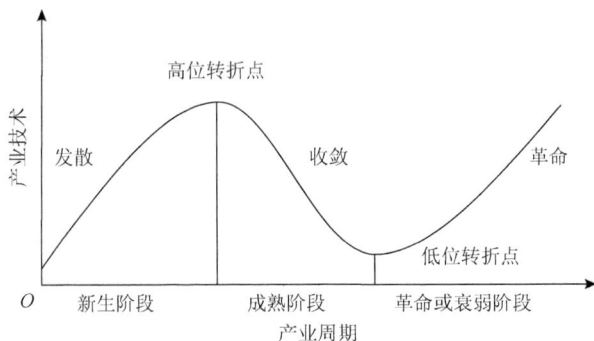

图 5-9 产业及产业技术演进关系模型

B. 产业技术创新链特征

不同产业具有不同的技术创新链，即不同创新环节或多元创新主体的连接。任何企业的技术创新活动都是产业技术创新链的一个节点，故其活动方式的选择必须考虑所处产业技术创新链的特点，以及自身在产业技术创新链中的地位。产业技术创新链很大程度上决定着创新对知识、资本、市场信息等各种资源的依赖程度，自然对创新组织模式和机制有重要影响。我们将产业技术创新链作为影响创新组织模式选择的重要变量，并依据创新链长短将产业分为以下两种类型。

（1）长技术创新链类型。产业技术创新链长，说明这些产业在将基础科学创新成果向产业化发展和转移时环节较多、过程复杂，典型的如装备制造、集成电路、石油化工、钢铁、制药等产业。技术发展环节多主要体现在：这些产业取得的基础科学成果要经过小试、中试、工程化等多个环节，首先形成能够实现特定功能的器件，然后将器件融入现有产品或将不同器件集成为新产品，才能实现商业应用价值。技术转移过程复杂主要体现在：技术知识的发展及应用需要复杂的环境和条件支撑，实验室取得的成果在放大的环境下可能失效，功能化器件制造对装备、工艺、经验等有很高要求。因而，这样产业的技术创新既对资源量有比较高的要求，需要大量的研发投入、大规模的生产装备、综合的人才队伍等，也对资源的稳定性、创新活动的持续性有很高要求。显然，这些产业技术创新适宜采用以大企业为核心的创新组织模式，即熊彼特主义创新模式。在熊彼特主义创新模式下，大企业是产业技术创新的绝对主体，大企业借用自身相对完善的创新条件、特别是内部研发机构和支持性资源条件（包括资本、市场网络、市场条件等），在产业创新中发挥主导、组织和实施主体等作用。同时，为了保证产业技术持续发展，大企业与高校、研究单位等机构紧密合作，以自身为核心构筑开放式创新网络，按照产业技术联系形成特定的产业技术创新链。

（2）短技术创新链类型。产业技术创新链短，说明这些产业在将基础科学创新成果向产业化发展和转移时环节较少、过程相对简单，典型的如简单产品、应用软件、网络服务、生物技术应用等产业。技术发展环节少主要体现在：这些产业的基础科学成果、应用技术及产品或服务技术之间界限相对模糊，技术知识应用不一定经过小试、中试、工程化等多个环节，有些科学知识可以直接转化为产品或服务技术。技术转移过程相对简单主要体现在：技术知识的发展及应用不需要复杂的环境和条件支撑，有些甚至可以越过功能化器件开发阶段，不需要复杂的装备、工艺及操作经验等。因而，这样产业的技术创新或对基础科学知识创新依赖度较高，或对市场需求信息依赖度较高，或兼而有之。显然，这些产业的技术创新具有一定的偶然性，组织性和可规划性较低，适宜采用马歇尔主义创新模式。所谓马歇尔主义创新模式，是指在市场需求引导和激励下，以企业家的自发式创新为主的组织模式，创新的主体是创业企业及创新型企业。当然，随着成功企业规模的扩张，这些产业内也会形成有实力的大企业，但创新型企业在产业技术发展的主导地位难以改变。鉴于产业技术变化快、对基础科学知识和市场依赖度高，创新型企业往往非常重视与其他企业及机构的合作，通常的产业形态是众多企业形成特定的创新网络或集群。

C. 产业技术配套的体系

产业技术配套主要指特定企业开展技术创新活动或构建技术创新能力时，需要得到外部相关主体的技术支持。一般说来，从事创新活动的企业能够利用的产业技术配套越完善，则企业的创新效率越高。当然，针对特定企业而言的产业技术配套并不等同于这个产业技术创新体系的完善度。有些由先行或优势企业主导的产业技术创新体系已经很完善，但限于政策规制、地理距离、自身能力等原因，后发企业并不能享受或利用成熟的产业技术创新体系。因而，这里的产业技术配套完善度主要指特定企业可以利用的外部技术支持。基于实践，可以将特定企业的产业技术配套程度分为两个类型：一是产业配套比较好，二是产业配套比较差。

（1）产业技术配套体系比较好。特定产业内的企业能够拥有较好的技术配套，说明这个产业自主的技术创新能力已经相对较高，自主的技术创新体系已经基本具备并相对完整。在这种情况下，特定企业的技术创新活动可以从相对较高的起点开始，并在相对专业的方向或领域展开。以国内造船、军工等产业为例，由于我国在这些技术领域较好贯彻了自主创新精神，形成了相对完整的自主产业技术链，对这个行业中的企业自主创新能够提供较多支持。一些大型船舶企业保持较强的制造能力，维护了较好的产业配套体系，使特定企业的技术创新能够得到较多支持。在巨大市场需求引导和国家政策强力支持下，主要依托大型造船厂开展产业自主创新，均取得了较好的创新成果。

（2）产业技术配套体系比较差。特定产业内的企业缺乏完整或相对较好的技术配套，说明这个产业自主的技术创新能力还相对较低，自主的技术创新体系也还不够完整。在这种情况下，特定企业的技术创新活动难以从较高起点开始，也必须投入很多资源用于相关配套体系建设，难以在相对专业的方向或领域布局内研究。以国内半导体装备制造产业为例，由于我国长期缺乏这方面的技术积累，特别是进入芯片生产制造数字化以后，我们严重缺乏相关产业技术支持，基础研究的力量也比较薄弱，不能对这个行业中的企业自主创新提供有效支持，导致在这个产业领域中的有些企业，虽然在自主创新上投入了大量人力、物力，但技术创新绩效不能令人满意。

2）企业构建技术创新能力的路径模型

前文重点分析了影响企业技术创新效率的外在环境因素，当然，企业自身的技术创新能力基础也对技术创新效率有重要影响。因而，这些内外部因素综合在一起，势必影响企业技术创新能力构建的路径与机制。将企业技术创新能力基础、上述三个外在因素等作为影响变量，可以构建分析企业技术创新能力构建合理路径与机制的模型。当然需要指出，上述三个外在因素的重要度并不相同。我们认为，产业技术创新链特征对创新组织模式选择的影响更为根本，产业技术周期阶段、产业技术配套体系也不能忽视。先将上述三个外在变量综合起来，可以构造一个如图 5-10 所示的三维选择模型。在这个模型中，产业技术创新链有长、短两

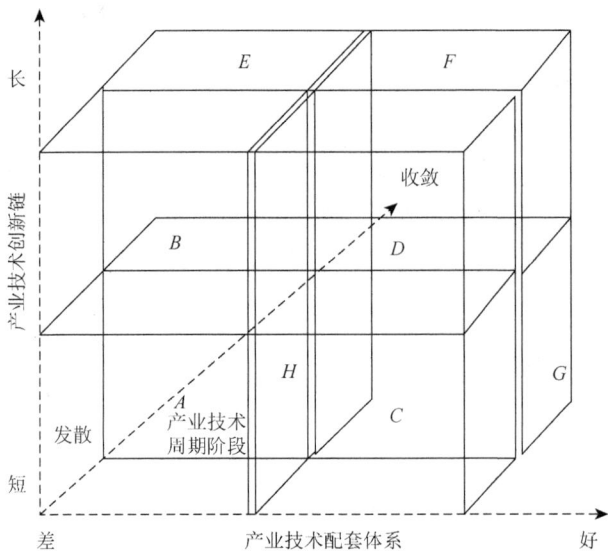

图 5-10　企业技术创新能力建设路径三维选择模型

个取值，产业技术配套体系也有好、差两个取值；鉴于产业技术周期中的革命阶段是更高基础上的发散，而处于衰落中的产业没有组织技术创新的必要，产业技术周期阶段也取发散和收敛两个值。这样，三个变量就可以把整个坐标空间分为八个部分。每个企业都可以依据上述三个变量的特征落到一个特定的空间，再依据自身的能力基础等因素，选择与之相适应的创新能力生成路径与机制。

3）创新环境处于 A 空间的企业

在图 5-10 所示的 A 空间中，产业技术创新链短、产业技术配套体系较差、产业技术周期处于发散阶段，我国生物能源技术应用产业基本处于这种状况。产业技术发散意味着产业尚处于发展过程之中，还存在较多技术机会；产业技术创新链短说明对产业经验、生产装备等资源要求不高，对知识和市场信息依赖程度较高。尽管我国生物能源技术产业技术配套体系较差，但产业市场结构仍然处于竞争阶段，尚未形成具有垄断优势的企业。这样产业的技术创新适宜采用培育创新型企业，并以创新型企业为主构造产业网络或集群（族）的模式。从创新型企业角度将，要瞄准市场需求、坚持以自己为主的创新，同时借助高校等基础研究机构力量，力争形成并不断强化技术先进性。从政府的角度讲，应积极创造良好的公共服务设施及产业发展环境，特别是市场环境，大力支持基础科学研究，培育基础科学成果，努力构建完善的产业创新服务体系。

在图 5-10 中的 B 空间：产业技术创新链长、产业技术配套体系差、产业技术周期处于发散阶段，日本发展汽车产业时基本处于这种状况。由于产业技术创新链较长的产业对行业技术创新经验、生产装备、工艺等资源要求较高，尽管产业技术发散还存在较多技术机会，但在产业技术配套体系较差的情况下，一些创新型企业即使完成若干技术创新，也难以对技术进行工程化开发，特别是无力开展工艺研究，单凭自身力量难以构造系统化产业技术优势。在这样的产业内开展技术创新，必须首先筹措必要的资源或通过重组形成具有较强实力的企业主体，再通过长期持续的创新积累行业经验、特别是工程化技术经验，努力借助多元力量实现技术创新。对于政府部门而言，则应大力推动企业重组，以多种措施尽快培育产业内的龙头企业，做好产业技术发展整体规划，并以龙头企业为核心、组织开展系统化的产业技术创新。

2. 案例分析

应用上述模型，我们对烟台万华的技术创新能力建设路径和机制进行分析。相对于同行业的上海华谊集团、南京扬子石化等国内石化行业龙头企业从世界著名跨国公司引进技术和生产装置而言，烟台万华主导的 MDI 产业自主创新走了一条不同的路径，采用了不同的创新组织模式。为什么当年名不见经传的烟台万华能够异军突起，并取得巨大成功？选择了引进技术装置路径的当年行业龙头企业却没有获得如期的成功？我们认为有以下几条原因：一是陷于死地的烟台万华表现出比其他企业更为强烈的自主创新愿望，具有更为强烈的内生动力；二是联合国内相关机构建立了产学研合作的机制，并通过争取政府支持构建了支撑自主创新的体制环境；三是清晰识别 MDI 产业技术的发展特征和技术创新链特点，采用与产业技术链特征、生命周期阶段和自身能力水平相适宜的创新组织模式、路径和机制。也就是说，烟台万华构建了以提升自主能力为目标、以企业自我创新为核心、以社会资源支持为保障的产业创新体系，形成了社会各种主体协同创新的合力，把握了 MDI 技术及产业的发展机遇。我们首先分析影响产业技术创新组织模式选择的三个基本变量，进而应用前文模型进行综合分析。

1）三个变量的分析

A. MDI 的技术创新链特征

MDI 是一种化学合成材料。自 Wurtz 于 1848 年用硫酸二乙酯和氰酸钾首次合成异氰酸酯，到 1937 年德国化学家 Bayer 成功合成 MDI，前后经历了 90 年的时间。再到 1950 年美国率先实现异氰酸酯工业化，又经历了十多年时间；期间，德国拜耳及法本公司等都曾经对 MDI 的应用做过系统研究。可见，从异氰酸酯合成基础科学原理到具有应用前景的 MDI 应用技术产生再到技术成果实现工业化应用，MDI 产业技术创新链不仅较长，而且极其复杂。特别是 MDI 的产业化制造过程，其生产工艺及装置非常复杂，包括缩合、光化、分离三道核心工序，涉及催化燃烧装置、缩合装置、光化装置、分离装置、包装装置等多个系统。各个生产装置系统不仅都涉及复杂的设计、制造和安装等环节，更需要复杂的计算机系统实现精密控制。同时，建设这些装备需要大量的资金投入，生产运作过程中需要极高的安全保障。在美国成功实现 MDI 工业化生产后，受广阔市场需求和高回报引导，世界上有多家公司曾经涉足 MDI 开发和生产，但由于技术水平、安全保障、投资等门槛等限制，绝大多数以失败告终。因此，MDI 成为技术门槛最高的化工产品之一。到了 20 世纪 70~80 年代，德国拜耳、巴斯夫和美国陶氏化学、亨斯曼四大巨头控制整个产业的格局基本稳定。显然，MDI 产业技术具有高度的体系化特征和较长的技术创新链。

B. MDI 的技术周期阶段

MDI 的工业化生产是 1950 年实现的。在随后 50 多年的时间里，MDI 技术及产业一直处于快速发展之中。具体体现在以下几个方面：一是 MDI 的生产工艺方法不断优化，从早期的间歇法逐步发展为现在的全连续新工艺；二是单套装置年生产能力不断扩大，从早期的百吨、千吨发展到今天的十万吨、几十万吨。正是由于快速增长的过程中技术不断更新和变化，从 20 世纪 50 年代到 70 年代末的30 年时间里，整个产业技术一直处于发散阶段。

进入 20 世纪 80 年代，伴随计算机技术的飞速发展并成功应用于工业领域，不论是 MDI 生产装置的设计、建造，还是 MDI 生产过程都逐步进入精益化和信息化阶段。获得高质量的生产线与一流的产品越来越依赖生产装置设计和控制系统的准确性和灵活性，生产装置设计和运行控制软件成为 MDI 技术体系中的核心技术。当然，生产装置建造和运行过程也有赖于一流的管理。到了 20 世纪 90 年代，由于整个产业核心技术只控制在四家寡头企业手中，产业技术探索已经持续 30 多年，加之计算机及信息技术的不断成熟，MDI 产业技术已经向核心技术集中，开始步入技术收敛阶段；到 21 世纪初期，MDI 产业技术已经高度收敛。

C. MDI 产业技术配套能力

我国自 20 世纪 50 年代开始组织 MDI 研究，并且建立过多条生产线；但受当时技术及经济条件制约，不仅没能生产出合格的产品，产业技术上也没有形成多少积累。1978 年烟台合成革厂引进日本生产线后，由于当时引进的只是生产设备和简单工艺流程，日本专家在试车成功后就撤走了，对如何提升 MDI 质量、如何提高装备效率、如何降低消耗等技术问题一概闭口不谈。致使多年装置运行极其困难，不能达到设计能力。因而，到 1993 年时，我国 MDI 产业技术创新能力还处于比较低的水平。作为烟台万华的前身，烟台合成革厂 MDI 分厂虽然是国内最早引进 MDI 产生线的实际运作者，也只有在 1993 年自主开展对 MDI 产生线的技术改造以后，才开始积累起生产装置设计改造、有效运作、工艺开发方面的经验。在 1998 年独立完成原有生产线改造，并使生产能力提升到 1.5 万吨时，企业自主创新已经具备了一定基础。股份制改造后，企业将自主创新作为发展的根本性依托，制定了一系列支持和保证技术创新的政策措施，加大了技术人才，特别是学术领军人物的引进和培养力度，建立起一支高水平的创新队伍。在 2000 年独立完成年产 4 万吨生产装置开发及安装调试技术时，烟台万华已经形成较强的创新能力。

基于快速发展我国 MDI 产业的愿望，相关行业管理及政府主管部门都高度重视对 MDI 产业的支持，烟台万华自主创新的步伐没有停息，一直在探索更大规模生产技术体系，积累行业技术知识和经验，国内有化学工业部规划设计院、清华大学、青岛化工学院等相关研究机构支持；同时，快速增长的市场需求为产业发展开辟了广阔的空间，创造了巨大的发展动力。因而，到 21 世纪初期，我国 MDI 产业已经具备较强的创新能力。

2）应用模型的综合分析

烟台万华主导的 MDI 产业技术创新实际上是一个逐步发展过程。在起步时期的 1993 年，由于产业技术已经呈现收敛特征、我国 MDI 产业自主创新能力较低，处于图 5-10 所示的 E 空间。到了实施年产 16 万吨 MDI 生产技术自主创新的 2002 年，产业技术高度收敛，但国内已经拥有了较强的产业技术创新能力基础，处于图 5-10 所示的 F 空间。处于不同空间具有不同的创新内容，适宜采用不同的技术创新组织形式。

在 E 空间，由于 MDI 产业技术创新链较长，对生产装备、工艺技术、行业经验、资本投入等要求较高；同时，由于产业技术已经呈现收敛特征，技术路径已经相对稳定。对于创新能力基础较低的主体而言，适宜的创新组织模式是开展以自我创新实践为主的技术学习和技术消化、吸收。这种创新组织模式有两个基点：一是以实践为主，强调必须建立产业内部研发机构、通过技术创新实践实现技术学习的目的，不能只是单纯的知识引进和书本学习，只有这样才能获得基于经验的工程技术，特别是工艺技术能力；二是以自我为主，这既是保证技术学习动力的前提，也是保证技术学习权力的需要。对具有较长技术创新链又已经出现收敛特征的产业不宜采用单纯技术引进或合资组织模式。单纯依赖技术引进，可以获得显性化的有形技术知识，但技术知识输出方完全可以将已经收敛、高度体系化的核心技术知识与一般技术知识分离开来，就像微软的计算机软件技术、跨国公司的汽车电控技术；同时，技术引进也容易降低技术引进方的自主创新动力。依赖合资方式，可以得到先进的生产线，但难以实现基于实践经验、内生型技术能力的转移，还有可能失去通过技术创新实践实现技术学习的权力，如上海大众汽车将技术主导权交给外方，中方失去了开展自主技术学习的载体。显然，基于自主创新实践的技术学习，是这个空间产业技术创新的合理形式，如 20 世纪 60～70 年代日本、韩国的汽车产业。尽管出于无奈，但 1993 年烟台万华主导的 MDI 产业采用了这种创新组织模式，契合了产业技术特征及自身能力特点。如果 1993 年烟台万华能够引进新的生产线，也许就没有了自主创新的努力，也就失去了培育自主创新能力的机会。

在 F 空间，产业技术已经高度收敛，核心技术主要体现在 MDI 生产装置设计和运行控制技术上。产业技术发展到这个阶段，通过模仿性学习已经难以获得核心技术；同时，国内也形成了较好的自主创新能力基础和环境，动员产业整体力量，瞄准关键核心技术进行系统性攻关，才有望掌握核心技术、形成自主创新能力，并实现产业技术能级的整体跃迁。这个空间的产业适宜采用以产业内的龙头企业为主导，构建完整的产业技术创新体系组织模式。这种组织模式同样有两个基点：一是以龙头骨干企业为主导，二是政府政策的全力支持。龙头骨干企业的作用在于：体现企业的技术创新主体地位，发挥其产业技术经验丰富、自主创新动力和能力强等优势，成为产业技术创新体系的核心和组织者。政府政策的作用在于为承担创新任务的企业提供必要支持，保护创新环境和创新成果，为创新价值实现奠定良好基础。这个空间中的产业不适宜采用依赖创新型小企业的组织模式。创新型小企业难以承担高度系统化的产业技术创新任务，即使在某些技术方向上取得突破，也无力在短时间完成工程装备建造及工艺技术开发任务，难以建立起系统化优势。同时，创新型小企业也无力动员和组织起整个产业的创新力量，建立起完整的产业技术创新体系。例如，日本、韩国集成电路产业技术的赶超，都由行业内龙头骨干企业主导完成；而我国集成电路产业，尽管有一些创新企业取得了技术开发上的成功，但并没有形成系统化的产业优势。我国年产 16 万吨MDI 产业技术自主创新就是由龙头企业烟台万华主导，积极征得政府研发投入及市场保护等多方面政策支持，调动了化学工业部规划设计院、清华大学等多元创新主体的力量，形成了相对完整的产业技术创新体系，保证了技术创新任务的顺利完成和科技成果的全面实施。

3. 企业技术创新能力构建路径

通过上述理论分析和案例研究，结合图 5-10 企业技术创新能力建设路径三维选择模型，可以对企业技术创新能力构建的基本路径和机制进行总结。

第一，确定企业技术创新能力建设的合理起点和目标。要确定企业技术创新能力构建路径，首先要确定其合理起点。借用前文提供的分析构架，要认真分析企业所处行业的发展环境，特别是产业技术生命周期阶段、产业技术创新链特征及产业技术配套的完善度。也就是说，基于上述三个变量的具体状况确定其起点在图 5-10 的哪个区间，并将其确定为企业技术创新能力建设的合理起点。其次，要确定技术创新能力建设的目标。在特定发展阶段，企业技术创新能力建设目标必须依据企业自身现有能力基础，同时并考虑行业技术特征等综合确定。一般说来，如果企业技术创新能力基础较差，则需要先行强化技术创新能力的构成要素，如建设和完善研发人员队伍、购置和充实物理技术装备等，按照打好基础、循序渐进的方式确定特定时段的发展目标；如果企业技术创新能力基础较好，则应该重点放在激活现有技术创新能力构成要素的活性，特别是应该注重创新活动合理组织方式和制度、文化等建设，努力推进现有能力的拓展和持续提升。

第二，科学选择企业技术创新能力建设的路径。企业技术创新能力建设的起点和目标确定以后，便可以基于图 5-10 中两点的连线确定发展路径。当然，由于不同产业具有不同的技术演化和发展规律，产业技术创新链特征及产业技术周期阶段是反映产业技术演化和发展的核心变量。产业技术创新链特征不同，其创新过程对科学知识、资金装备、行业经验、市场信息、政府政策等资源的依赖程度不同；产业处于不同的技术周期发展阶段，其对外部技术知识的吸纳程度、产业技术体系的开放度和稳定性不同。因而，企业技术创新能力建设的路径首先不是线性的；其次，由于不同产业技术创新适宜采用不同的创新组织模式，不同类型的企业也适宜采用不同的技术创新构建路径和机制。对特定国家、区域或产业内的企业而言，可以依据产业技术创新链特征、技术生命周期发展阶段、产业现有创新能力基础等三个关键变量，参照图 5-10 起点和目标之间的关系，科学选择企业技术创新能力构建路径。以烟台万华为例，其自主创新活动及企业技术创新能力构建起点落在了图 5-10 所示的 E 空间，产业技术已经呈现收敛特征，而我国 MDI 产业自主创新能力整体较低，产业配套体系较差，故其技术创新能力建设路径必然包含自身能力基础提高和产业技术配套体系构建双重任务。就烟台万华的自主创新实践讲，其自身技术创新能力基础提升主要体现在坚定不移的自主学习及外部技术人员的引进；而产业技术配套体系构建主要是建设多元主体参与的产学研合作体系，并广泛争取社会各种力量的支持。正是由于坚持了这样的发展路径，到了实施年产 16 万吨 MDI 生产技术自主创新的 2002 年，产业技术高度收敛，但国内已经拥有了较强的产业技术创新能力基础，处于图 5-10 所示的 F 空间，其技术创新能力建设路径更多体现为从产品制造工艺技术能力向综合性、系统性技术能力拓展。由于处于不同空间具有不同的创新内容，企业技术创新能力建设适宜采用不同的技术创新组织形式。由烟台万华主导的我国 MDI 产业技术自主创新，恰恰在不同发展阶段均采用了与产业技术创新链特征、技术生命周期发展阶段、产业现有创新能力基础相适宜的创新组织模式。

第三，完善实施企业技术创新能力构建路径的保障因素。企业技术创新能力建设路径的实施需要多重因素保障，诸如要素投入、组织变革等。依据图 5-10 确定的企业技术创新能力建设路径，只是启示我们必须遵从产业技术的基本规律，并不能体现企业的创新意志和战略。正如前文已经指出的，企业技术创新能力建设路径的选择受企业自主创新意志等多重因素影响。比如烟台万华初期产品制造工艺技术的积累，主要依靠企业内部科研人员的努力，但也离不开当时合成革总厂领导的坚定决心和投入；而其从产品制造工艺技术能力向系统性技术能力拓展，更需要社会创新体系的有力支持。如果烟台万华没有得到行业主管部门的支持，没有科技部支撑计划的支持，没有国家技术改造贷款的支持，单凭一己之力，难以构建以企业为主体的产业创新体系，难以开展深入的产学研合作。上海华谊等引进跨国公司 MDI 生产线的企业，由于没有选择合理的企业技术创新能力建设路径，或者说对自主创新能力建设的重要性认识不足，投入不够，在自身技术创新能力建设上没有取得显著进步。改革开放初期，我国汽车、集成电路等产业在自主创新能力建设上进步迟缓，很大程度上跟缺乏科学界定其技术创新能力建设起点、科学选择自主创新能力建设路径和机制等密切相关。上述分析表明：企业技术创新能力建设路径、技术创新组织模式等均是影响创新资源配置、创新活动效率和创新成功与否的重要变量，可以通过合理的分析构架做出合理选择，以确保企业技术创新能力建设行走在正确的轨道上。

二、企业技术创新能力构建的拓展路径

烟台万华（万华化学）案例揭示了起点较低的后发企业技术创新能力构建的基础性路径；然而，企业技术创新能力建设不能一劳永逸。所有企业的技术创新能力都需要在后续发展中，随着自身业务的拓展和发展情境的变化而不断进化和提升。基于我国企业技术创新跟跑、并跑和领跑等现象并存，本节再介绍几种针对不同类型企业、在特定情境下技术创新能力建设的拓展路径。

（一）沿着主导产品拓展企业技术创新能力

沿着主导产品拓展技术能力是很多企业都将面对的现实课题，烟台万华也是如此。企业在 MDI 主导产品上建立了自主的技术创新能力以后，一方面，要逐步强化自己在主导产品上的技术优势，稳步建立起行业技术引领能力；另一方面，则依据市场需求及企业技术创新能力基础，沿着主导产品拓展企业的产品系列，并在拓展产品上形成有效的技术能力。以烟台万华为例，在自主创新能力支撑下，其在 2014 年 11 月 7 日实现万华烟台工业园老厂搬迁异氰酸酯一体化项目全线一次投产成功并生产出合格的 MDI 产品，使 MDI 年总产能达到 180 万吨，稳居世界首位。与此同时，他们依据自身能力基础和我国国民经济的迫切需要，积极布局新的产品，力争在更多领域实现技术和市场领先，2014 年 12 月 30 日，烟台万华的 HDI 缩二脲千吨级中试装置一次性开车成功，打破了长期以来国外跨国公司的技术垄断，使烟台万华成为第一家成功进行缩二脲生产的中国企业。其实，MDI 和 HDI 都属于异氰酸酯，两者在生产制造技术上具有相似性。实际上，烟台万华的产品业务已经从异氰酸酯拓展到多元醇和 TPU 等聚氨酯领域、丙烯酸及丙烯酸酯等石化领域、水性涂料树脂和 ADI 表面材料、特种化学品等多元领域。但从产品技术和企业技术能力上讲，HDI 等产品技术是 MDI 产品技术的同轴拓展。

实际上，很多制造企业在技术创新能力构建上都选择了同轴拓展路径。以日本的佳能公司为例，其 1937 年创立时初衷只是研究高品质相机发展，并以制造世界一流相机为目标。然而，随着企业在光学技术方面创新能力的建立，企业具备了适应市场需要不断开发新技术、拓展新产品的能力。20 世纪 70 年代初，佳能研制出日本第一台普通纸复印机。20 世纪 80 年代，佳能首次开发成功气泡喷墨打印技术，并且将其产品推向全世界。总之，自创立以来，佳能始终以创造世界一流产品为奋斗目标，积极推动事业向多元化和全球化发展，其研发、生产及销售活动在全球展开，并通过在美洲、欧洲、大洋洲、亚洲建立区域性总部，展开全球化多种经营战略。佳能在全球以光学为核心的个人消费产品、办公产品及工业产品等领域发挥着引领作用。佳能的远景目标是成为一百年、两百年永久发展、

持续繁荣的"真正的全球优企业"。因而，沿着主导产品同轴拓展技术能力的做法，可以成为众多此类企业构建和发展技术创新能力的有效路径，其机理如图 5-11 所示。

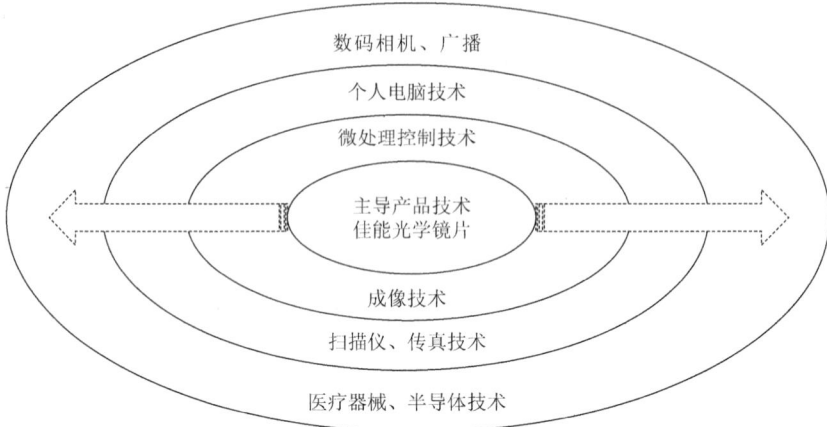

图 5-11　沿着主导产品技术同轴拓展模式

（二）以创新管理和文化拓展企业技术创新能力

在一些技术飞快变化的产业领域，很多企业并不采用产品系列拓展的发展模式，至少不以产品系列拓展作为主要发展模式，而是着眼于主导产品本身的不断升级和换代，即企业不是追求在系列、多元产品上形成技术创新能力，而是在主导产品的迭代发展中形成领先优势，成为主导产品技术升级换代的引领者。当然，也有居于技术变革速度并非很快产业中的企业，亦不采用产品系列拓展的发展模式，不追求企业规模的扩张，而是专注于细分市场上的特定产品，将这些产品做得极致，做到全世界最好。这类企业即为被人们称颂的工匠式企业，往往是特定细分市场上专业化技术或产品的隐形冠军。如日本和德国大量的专业化百年企业，数十年、数百年如一日只生产一种产品，专攻一门技术，磨炼一项工艺。长时间专注，使这些企业成为某个细小领域中的王者。对这类企业而言，不仅要建立雄厚的初始主导产品技术创新能力，还必须使之与时俱进地持续升级和进化，以应对瞬息万变的技术变革挑战。在过去几十年的发展过程中，芯片产业即处于这种状况。随着电子产品创新的层出不穷，市场对新兴芯片的要求非常迫切，居于行业领军地位的企业也不敢怠慢，必须保持足够强大而灵活的快速反应能力。建立强大而灵活的技术创新能力，不仅依赖人才队伍和物质装备的有力支撑，更需要建立高效和富有弹性的创新管理，构建彼此相互信任和富有创业激情的企业文化。因而，这类企业拓展技术创新能力的合理路径是以创新管理和文化为依托，在自身能力强大的同时保持高度敏锐性和灵活性。

以英特尔公司为例，这家由天才创业者和梦幻组合团队打造的企业，自1968年创立以来，在芯片研发、设计和制造，产品数字化平台构建等方面一直保持着全球领先地位，并始终引领着芯片产业技术创新及市场发展。英特尔公司的创业者诺伊斯、摩尔都是半导体行业的技术天才，合作者格鲁夫与诺伊斯和摩尔在个性特质和能力上高度协同，良好的创业基因使英特尔形成了技术领先、人才先行两个至关重要的发展根基。1971年，英特尔推出了全球第一个微处理器，直接催生了计算机和互联网革命。随着个人电脑的普及，英特尔成为全世界最大的半导体设计和生产巨擘，为全球日益发展的计算机工业提供基础模块，包括微处理器、芯片组、板卡、系统及软件等。这些产品成为标准计算机架构的重要组成部分。个人计算机产业利用这些模块为最终用户设计制造出先进的计算机。英特尔公司致力于在客户机、服务器、网络通信、互联网解决方案和互联网服务方面为日益兴起的全球互联网经济提供基础模块。

英特尔一直坚守创新理念，遵从摩尔定律推进产品和技术创新，在奇数年推出新工艺，而在偶数年推出新架构，以钟摆策略推动企业技术发展和演化。然而为了适应这种快速技术变革的需要，英特尔长期坚持人才先行理念、不断推动组织创新。在人才政策上，首先，他们高度重视"因事择人"，依据不同岗位人才的需要制定了科学的招聘流程；其次，英特尔制定了员工与企业共增长的激励制度，每个员工都有股票认购权，即每个员工都可以从自己的薪酬里拿出10%购买股票，以使员工可以分享企业增长的价值；最后，建立科学的行为管理和绩效评价体系，英特尔注重引导员工的价值观行为，实施包括杰出、优秀、需要提高三个等级的业绩评价和较快、平均、较慢三个等级的进步速度评价。对人才的持续高度重视，也导致了优秀人才对英特尔公司的青睐。以英特尔中国研究院为例，其早已成为"中国公司学历最高的部门"。在英特尔中国研究院60位正式研究员中，博士及博士后人员占比达70%，而且大多是国内外著名大学的优秀毕业生。

在组织管理创新上，英特尔实施最小的等级制度，公司给予每个贡献者极大的尊重和应得的报酬，同时鼓励所有的员工在自己的岗位上承担决策责任；这种充分授权的管理制度，首先充分保证了整个公司的快速反应和员工工作主动性。其次，由于芯片技术快速发展变化，单纯依靠内部研发难以实现技术领先，英特尔主动实施开放式创新，不仅与高校等基础研究机构建立长期合作关系，以及时获取基础科学支持，还建立投资公司，积极收购新技术创业公司，用以支撑公司主导技术发展；同时，以投资和创业服务等多种形式，鼓励研究人员以自己的科研成果进行内部创业，极大促进了研发的应用导向和科技成果转化。最后，英特尔高度重视发挥顾客在产品和技术创新中的重要作用，主动接触客户并从中获得研发的有益信息，并引导客户参与企业技术和产品的创新过程；与此同时，基于芯片创新的复杂性，英特尔着力构造与相关多元主体共同打造创新生态系统。总之，英特尔以与时俱进的组织管理创新保障了技术创新的持续发展，也催生和培育了宽容失败、鼓励创新的企业文化，使之成为企业技术创新能力拓展的重要依托。因而，在技术进步速度飞快的产业领域，持续的管理创新和坚守人才先行战略，可以成为企业拓展技术创新能力的可经路径，其机理如图 5-12 所示。

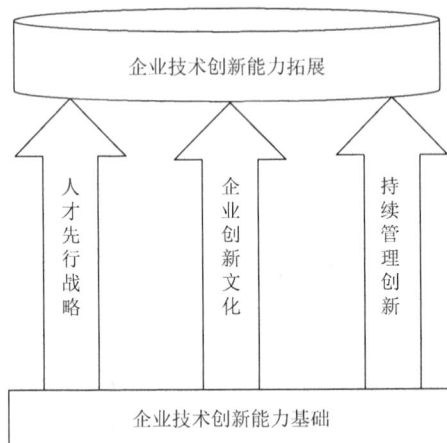

图 5-12　以创新管理和文化拓展企业技术创新能力的机理

（三）以产业技术标准拓展企业技术创新能力

将企业技术升级为产业技术标准，既是巩固企业市场竞争地位的重要措施，也是强化和拓展企业技术创新能力的有效手段。当然，将企业技术升级为产业技术标准并非易事，只有少数行业领军企业才能做到。比如英特尔公司，就将自己的芯片技术升级为产业技术标准，特别是通过与微软公司的合作，构建了个人电脑产业存储芯片和操作系统融合的世界标准。在构建行业技术标准上，微软具有突出代表和普遍借鉴意义。

微软创业初期主要业务是推广 BASIC 语言。这种由两位学者于 1964 年共同研制出来的计算机语言，主要服务于初学者进行计算机程序设计，而且在当时流行的小型机上应用。20 世纪 70 年代初期，美国微型仪器与自动测量系统公司（MITS）生产出了世界上第一台个人电脑，比尔·盖茨和保罗·艾伦创立的微软主要为其开发编程软件，具体产品是将 BASIC 转换到个人电脑上应用的解译器。当时也有一些计算机爱好者自行开发小型 BASIC 解译器，并在朋友中免费分发。伴随个人计算机产业的兴起，当时的家庭计算机生产商在其系统中大多采用微软的 BASIC 解译器。为了方便客户使用，个人计算机厂商需要保证软件兼容。由于微软 BASIC 解译器起步较早、市场占有率高，逐渐成为公认的市场标准。成为市场标准以后的微软自然在市场上独领风骚，也使其形成了强大的标准意识。

　　IBM 公司进入个人电脑领域后，极大地改变了市场竞争格局。具有品牌和技术优势的 IBM 公司，很快成为个人电脑产业的领军者和市场占有率最高企业。微软意识到，将自己的软件融入 IBM 公司个人电脑，是获得广泛市场认同，进而形成新的行业标准的必由之路。为此，当时并没有完整操作系统技术的微软，首先以 5 万美元购买了被 IBM 公司青睐的 Q-DOS 系统（西雅图程序编制者 Paterson 开发的），将其拓展升级为 MS-DOS，并很快得到 IBM 公司的认可。其次，微软将 MS-DOS 设计为一个开放系统，允许用户基于自己的偏好加入应用程序；同时，开发了中继调用程序，将所有应用程序纳入 MS-DOS 统一体系之下。最后，微软说服 IBM 公司可以将 MS-DOS 交付第三方使用。当时，完全陶醉于在计算机产业领导地位和具有品牌优势的 IBM 公司居然同意了微软的建议。此后，很多 PC 厂商出于与 IBM 公司电脑兼容的需要，都纷纷采用了微软的 MS-DOS，而 MS-DOS 也自然成为个人电脑的标准操作系统。微软在更高层次、更新技术上，再次成为产业技术标准。

　　在 1982 年的 Comdex 计算机行业大会上，世界上最强的微型计算机应用软件公司——VisiCorp 展示了一款名为 VisiOn 的产品，它是今天普遍使用的 Windows 与 Office 系列产品的前身。盖茨看完 VisiOn 三个完整系列产品展示后，感到了其对 MS-DOS 的威胁。为此，盖茨发动了对 VisiOn 产品的进攻。他利用客户因为对 MS-DOS 认同而形成的对微软 PC 软件的高度信赖，利用微软与 PC 硬件制造企业的长期合作关系，大力向市场推介还未面世的 Windows 操作系统，从心理上和精神上让用户形成对 Windows 系统的期待，致使 VisiOn 产品根本卖不出去。直到 1985 年，微软发行了 Microsoft Windows1.0，这是 Windows 系列的第一个产品，这也是微软第一次个人电脑操作系统进行用户图形界面尝试。微软发挥自身的技术优势，努力使 Windows 完美地满足客户偏好。很快，Windows 就成为新一代的个人电脑操作系统标准，并在其基础上拓展形成 Office 软件系统。同时，微软在销售上开始采用捆绑系列软件做法。首先，微软不再针对每一个应用软件单独定价，而是以较低价格（或较大优惠）将 Office 软件系统与 Windows 捆绑销售，无形中强化了微软计算机软件的排他性和对行业的控制；其次，对大企业而言，微软首创了并行许可证。也就是说，一个大公司可以为公司所有用户批量购买软件的使用权，而不是为每一台机器购买一份软件。这种销售方式在大公司用户中受到广泛欢迎，迅速扩展了微软计算机软件的市场占有率。快速增长的用户数量给微软带来了巨大的规模收益递增效应，其用户越多，在行业标准竞争中越拥有优势地位；同时，更多的用户也能够加速软件的成熟，使其具有更好的稳定性。

　　产业技术标准不仅存在于软件，也存在于装备、手机、电视等有形产品，甚至存在于更为广阔的军事技术体系等。将自己的技术升级为行业技术标准，成为众多优势企业的追求和梦想。尽管有形产品的技术标准形态与软件有所不同，但其构建路径大同小异。依据微软构建个人计算机软件技术标准的案例，可以提炼和总结以产业技术标准拓展企业技术创新能力的基本路径：第一，将企业技术提升到行业技术领先水平。可以肯定地说，如果一个企业自身的技术水平不居于行业领先或引领地位，根本不可能得到市场和同行厂商的认同，故不具备拓展为产业技术标准的条件。因而，企业在建立了初始的技术创新能力以后，必须沿着主导技术深耕细作，持续投入和创新，使之达到全球领先水平。达到全球领先水平的标志，就是技术及依托技术的产品具有更高的性能满足客户的高层次需求、更好的稳定性获得客户最高满意度、更好的经济性获得广大消费者认同。第二，要构筑主导技术的系统化优势。所谓产业技术标准，就是根据不同时期的产业技术水平和实践经验，针对具有普遍性和重复出现的技术问题而提出的最佳解决方案。产业技术标准的主要作用在于实现不同厂商或不同技术模块之间的有效连接，以实现全社会降低交易费用、促进规模经济、提高生产效率等目的。显然，需要制定技术标准的产业都具有多元厂商、多元技术模块有效连接的特点，能够被采纳为产业技术标准的技术必须具备与其他技术有效连接的属性。对一个准备提出技术标准的企业而言，其技术越具备系统性优势或得到更多上下游企业认可，或者其技术在整个产业技术链中占据重要的决定性地位，其被接受为产业技术标准的可能性就越高。第三，技术本身要得到社会和市场的广泛认同。具体地说，要将企业技术提升为产业技术标准，必须首先具备庞大的消费者群体。拥有庞大的客户或消费者群体，意味着企业技术经受了市场检验，也具备更为扎实的社会应用基础。综合而论，以产业技术标准拓展企业技术创新能力的路径，其机理可以用图 5-13 表示。

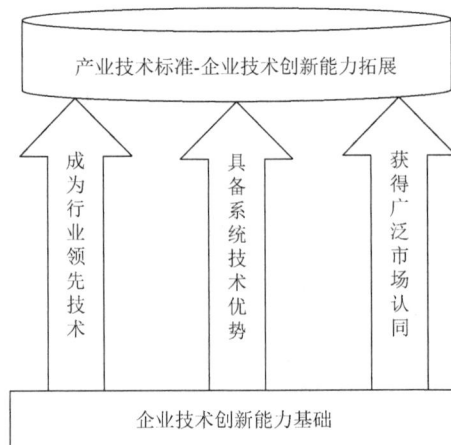

图 5-13　以产业技术标准拓展企业技术创新能力

参 考 文 献

艾莉 V. 1998. 知识的进化. 刘民慧，等，译. 珠海：珠海出版社.

巴顿 D L. 2000. 知识与创新. 孟庆国，等，译. 北京：新华出版社.

波特 M E. 2005. 竞争战略. 陈小悦，译. 北京：华夏出版社.

布什 V，等. 2004. 科学：没有止境的前沿. 范岱年，等，译. 北京：商务印书馆.

陈劲. 1994. 从技术引进到自主创新的学习模式. 科研管理，（2）：32-34，31.

陈力田. 2012. 企业技术创新能力演进规律研究——基于适应性演化和协同视角. 浙江大学博
　　士学位论文.

达文波特，顾信文. 1998. 知识管理的若干原则. 现代外国哲学社会科学文摘，（6）：2-6.

戴 G，休梅克 P. 2002. 沃顿论新兴技术管理. 石莹，等，译. 北京：华夏出版社.

道格森 M，罗斯韦尔 R. 2000. 创新聚集：产业创新手册. 陈劲，等，译. 北京：清华大学出版社.

狄德罗. 2007. 百科全书. 梁从诚，译. 广州：花城出版社.

弗里曼 C. 2008. 技术政策与经济绩效：日本国家创新系统的经验. 张宇轩，译. 南京：东南大
　　学出版社.

福布斯 N，韦尔德 D. 2005. 从追随者到领先者：管理新兴工业化经济的技术与创新. 沈瑶，叶
　　莉蓓，等，译. 北京：高等教育出版社.

傅家骥. 1998. 技术创新学. 北京：清华大学出版社.

高建. 1997. 中国企业技术创新分析. 北京：清华大学出版社.

黄欣荣. 2012. 卡普技术哲学的三个基本问题. 自然辩证法研究，28（8）：27-31.

焦玉灿，罗亚非. 2005. 企业技术创新能力评价研究综述. 科技管理研究，25（7）：88-91.

克里斯坦森 C. 2010. 创新者的窘境. 胡建桥，译. 北京：中信出版社.

李晓慧. 2008. PARC，甘为别人做嫁衣. 中国计算机用户，（25）：34-35.

联合国工业发展组织. 1981. 发展中国家技术引进指南. 北京：中国社会科学出版社.

刘长久. 2006. 中国禅宗. 桂林：广西师范大学出版社.

刘云. 2014. 中国航空发动机之痛：高端轴承被美日德瑞垄断. http://www.sxsm.com.cn/jspd/jslt/
　　201401/t20140103_58336.html [2019-07-08].

麦耶斯 P S. 1998. 知识管理与组织设计. 蒋惠工，等，译. 珠海：珠海出版社.

梅永红. 2011. 自主创新高端访谈. 北京：知识产权出版社.

佩蕾丝 C. 2007. 技术革命与金融资本：泡沫与黄金时代的动力学. 田方萌，胡叶青，刘然，等，
　　译. 北京：中国人民大学出版社.

史宪睿，李兆友. 2004. 企业技术创新能力研究综述. 科技管理研究，24（2）：53-55.

斯莱沃斯基 A，莫里森 D，艾伯茨 L，等. 2010. 发现利润区. 凌晓东，等，译. 北京：中信出版社.

斯特菲克 M，斯特菲克 B. 2008. 创新突围：美国著名企业的创新策略与案例. 吴金希，译. 北
　　京：知识产权出版社.

斯通曼 P. 1989. 技术变革的经济分析. 北京技术经济和管理现代化研究会，译. 北京：机械工业出版社.

魏江，寒午. 1998. 企业技术创新能力的界定及其与核心能力的关联. 科研管理，19（6）：12-17.

吴晓波. 1995. 二次创新的进化过程. 科研管理，16（2）：27-35.

吴运建，王晓松. 1994. 企业技术能力与技术创新能力研究现状. 科学管理研究，（4）：33-38.

谢佩洪. 2013. 3M 用机制支持无边界创新. 商界（评论），（11）：60-61.

谢伟. 1999. 技术学习过程的新模式. 科研管理，（4）：1-7.

熊彼特 J. 1991. 经济发展理论. 何畏，易家详，译. 北京：商务印书馆.

许庆瑞. 2000. 研究、发展与技术创新管理. 北京：高等教育出版社.

杨真珍. 2012. 韩国汽车企业自主创新模式及对中国的启示. 改革与战略，28（2）：184-186.

詹雯婷，章熙春，胡军燕. 2015. 产学研合作对企业技术能力结构的双元性影响. 科学学研究，33（10）：1528-1537.

张学文，张平，杨省贵，等. 2001. 企业技术创新能力系统研究. 经济体制改革，（6）：93-95.

张玉臣，杜千卉. 2018. 科技创业企业创新行为与成长绩效——基于分位数回归法的实证研究. 科技进步与对策，35（5）：74-80.

张志诚，张佐友，林万雄，等. 2002. 生产力经济学辞典. 上海：立信会计出版社.

赵玉林，谷军健. 2018. 技术与制度协同创新机制及对产业升级的协同效应. 中国科技论坛，（3）：1-9.

Barton D L. 1992. Core capabilities and core rigidities：a paradox in managing new product development. Strategic Management Journal，13（S1）：111-125.

Barton D L. 1995. Wellsprings of Knowledge：Building and Sustaining the sources of innovation. Boston：Harvard Business School Press.

Carayannis E G. 1996. Re-engineering high risk，high complexity industries through multiple level technological learning a case study of the world nuclear power industry. Journal of Engineering and Technology Management，（4）：301-318.

Carayannis E G，Popescu D，Sipp C，et al. 2006. Technological learning for entrepreneurial development（TL4ED）in the knowledge economy（KE）：case studies and lessons learned. Technovation，26：419-443.

Carlsson B，Stankiewicz R. 1991. On the nature，function and composition of technological systems. Journal of Evolutionary Economics，1（2）：93-118.

Dore R. 1984. Technological self-reliance: sturdy ideal or self-serving rhetoric//Fransman M，King K. Technological Capability in the Third World. London and Basingstoke：Macmillan：37-52.

Enos J L. 1986. Korean industrial policy. Prometheus，4（2）：239-253.

Forbes N，Wield D. 2000. Managing R&D in technology-followers. Research Policy，29（9）：1095-1109.

Forbes N，Wield D. 2004. From Followers to Leaders. London：Routledge & CRC Press.

Fransman M，King K. 1984. Technological Capability in the Third World. London and Basingstoke：Macmillan.

Geels F W. 2004. From sectoral systems of innovation to socio-technical systems：insights about dynamics and change from sociology and institutional theory. Research Policy，33（6/7）：897-920.

Gibbons M. 1984. Is science industrially relevant? The interaction between science and technology//

Gibbons M, Gummett P. Science, Technology and Society. Manchester: Manchester University Press: 100-101.

Hamel G, Prahalad C K. 1991. Strategic intent: to revitalize corporate performance, we need a whole new model of strategy. Harvard Business Review, 67 (3): 63-76.

Iansiti M. 1995. Technology integration: managing technological evolution in a complex environment. Research Policy, 24 (4): 521-542.

Kim L. 1997. Imitation to Innovation, Boston: Harvard Business School Press.

Kline S J, Rosenberg N. 2009. An overview of innovation//Rosenberg N. Studies on Science and the Innovation Process: Selected Works of Nathan Rosenberg. Washington D. C.: National Academy Press: 173-203.

Laursen K, Salter A. 2006. Open for innovation: the role of openness in explaining innovation performance among U. K. manufacturing firms. Strategic Management Journal, 27(2): 131-150.

Lee K, Lim C. 2001. Technological regimes, catching-up and leapfrogging: findings from the Korean industries. Research Policy, 30 (3): 459-483.

Lee Y, Cavusgil S T. 2006. Enhancing alliance performance: the effects of contractual-based versus relational-based governance. Journal of Business Research, 59 (8): 896-905.

Leoncini R. 1998. The nature of long-run technological change: innovation, evolution and technological systems. Research Policy, 27 (1): 75-93.

Lynn G, Carhart R. 1963. Influence of attack and release in compression amplification on understanding of speech by hypoacusics. The Journal of Speech and Hearing Disorders, 28: 124-140.

Mansfield E. 1962. Entry, Gibrat's Law, Innovation and the growth of firms. American Economic Review, 48: 1023-1051.

Mitchell G R, Hamilton W F. 2007. Managing R&D as a strategic option. Research & Technology Management, 50 (2): 41-50.

Mowery D C, Rosenberg N. 1991. Technology and the Pursuit of Economic Growth. New York: Cambridge University Press.

Nonaka I, Takeuchi H. 1995. The Knowledge-creating Company: How Japanese Companies Create the Dynamics of Innovation. Oxford: Oxford University Press.

Quinn J B, Andersen P, Findelstein S. 1996. Managing professional intellect: making the most of the best. Harvard Business Review, 74 (2): 71-80.

Ruckman K. 2009. Technology sourcing acquisitions: what they mean for innovation potential. Journal of Strategy and Management, 2 (1): 56-75

Solo C S. 1951. Innovation in the capitalist process: a critique of the Schumpeterian theory. The Quarterly Journal of Economics, 65 (3): 417-428.

Utterback J M, Suárez F F. 1993. Innovation, competition, and industry structure. Research Policy, 22 (1): 1-21.

后　记

　　三年前，本书作者在科学出版社立项，拟将国家创新方法工作专项"基于战略视角的企业技术创新能力评价模型及持续改进方法库开发"（2010IM020900）项目的研究成果，拓展为《基于战略视角的企业技术创新方法》著作。当时的想法很朴实，一方面，将研究成果以著作的形式公开发表，能够更多地服务于社会；另一方面，为企业提供一套全面认识创新能力及持续改进的方法体系，也符合我国转型发展时期绝大多数企业的现实需求。然而，在书稿充实和写作过程中，越发觉得这样的视角尚有不足，特别是感觉其难以全面满足当今时代的企业需要。首先，原来更多是想介绍项目开发的创新方法及管理系统的学术思考和理论逻辑，主要内容包括如何认识和评价企业技术创新能力，如何对企业创新能力定价并对存在的问题进行诊断，如何根据创新能力存在的问题选择科学方法进行持续改进。总之，此时按照"自主创新，方法先行"的思路，力图为企业提供一套卓有成效的创新能力评价及持续改进方法体系，并阐明这个体系背后的理论逻辑。尽管做了基于战略视角的限定，但总体上奉行"好方法使创新事半功倍"的逻辑，主要目标在于通过持续改进创新能力确保企业的创新绩效或效率。然而，深度审视我国企业的技术创新实践，特别是芯片、汽车等的技术创新实践，我们发现效率逻辑主要适合于工业时代，而到信息时代，特别是进入当今智能时代以后，创新效率的提升远远不如创新方向和路径的选择正确重要，而决定创新方向和路径选择的核心依据应该是特定时代的创新主导逻辑。因而，阐述基于创新效率目标的创新方法开发和选择逻辑，我国的绝大多数企业仍然需要，但不能更好适应当今时代企业技术创新的实际需要；因而，揭示和阐释基于持续发展目标、决定企业创新方向和路径选择的时代创新主导逻辑，则成为企业创新能力研究需要拓展的内容。其次，经济和社会时代的发展变迁，既源于新技术革命的推动，也源于社会及市场需求的多元变化，进而引致社会生产方式、产业创新组织模式以及创新主导逻辑的更迭。在变化成为常态、企业创新方向及路径选择的重要性已经超越维持或提高创新活动效率的情况下，建立在创新主导逻辑之上、正确做出创新方向与路径选择的能力，就成为企业技术创新能力的重要内容。当然，伴随企业技术创新能力内容的不断丰富和拓展，服务于企业创新能力提升的创新方法也必须不断创新和发展。只是，丰富之后的企业技术创新能力不仅作为保证企业创新活动效率的手段，更作为企业应对时代变化、支撑持续发展的根本依托。基于上述认识，作者对写作内容进行了充实和拓展，并决定同时写作两本书：一是按照原来立项要求完成《基于战略视角的企业技术创新方法》；同时，写作一部新书《时代企业：能力制胜》，两者作为姊妹篇同时出版，配合使用。

　　与《基于战略视角的企业技术创新方法》相比，《时代企业：能力制胜》的丰富和拓展主要体现在以下三个方面：第一，将基于战略视角评价和改进创新能力，拓展为基于商业生态的动态演化使创新能力持续升级。基于战略视角研究创新能力主要有两个含义：一是指评价企业创新能力涉及企业战略的各个方面，二是要将提升和改进创新能力视为企业战略的核心内容。然而，这样的视角总体上是向内性的；尽管其中也关注影响创新的组织网络、利用外部创新资源等，但企业创新能力建设的基点是企业自身，即以企业为本体，同时注重对外部资源的利用。基于商业生态的动态演化视角构造企业创新能力，当然也重视企业自身的能动作用，但更强调企业与外部环境的协同和互动。这种协同和互动不是企业对坏境资源的简单利用，也不是与利益相关者的合作与竞争，而是强调共生于一个商业生态系统中，与其他利益相关者共同进化。显然，基于商业生态的动态演化构造企业创新能力，比单纯强调战略视角是一种管理理念的升级和进化。第二，将主要面向企业现有创新能力的短板进行改进和提升，拓展为面向未来和发展的需要，特别是面向新技术引致的商业时代和商业生态变化，对多层次的企业创新能力进行合理构建并对其进行迭代升级。原来的写作计划中也有企业创新能力构建内容，但当时的设想主要是基于成功企业的经验提炼和总结可行模式；随着对信息时代、智能时代企业创新能力层次性及不同层次创新能力性质和作用重大差异认识的深化，探究了战略技术、数字技术、平台技术等新型技术的形成机理，充实了与之相对应的创新能力的构建模式和方法。第三，将重点向企业推介项目研制的创新方法及管理体系，拓展为对企业创新能力类型及不同类型创新能力生成演化规律的探讨，并基于不同类型、不同层次创新能力之间的递阶演进关系，丰富了企业创新能力持续改进与升级的可行路径、合理机制与科学方法等。

　　本书写作过程中，得到我的研究生王圣慧、杜千卉、刘与轩、许多、郑冲等同学的支持，在此一并表示感谢。特别要感谢科学出版社的编辑魏如萍老师为本书出版付出辛勤劳动。本书写作过程中，参考了众多学者相关研究成果，在此一并表示谢忱。

张玉臣
2019 年 3 月